目次

第3章　ビザンツ帝国と黒海――偉大なる海――五〇〇－一五〇〇年

凡　例

一、本書は Charles King, *The Black Sea: A History*, Oxford University Press, 2004 の全訳である。

一、原注や用語の置き換え等については原則として（　）で、訳注は［　］で記した。

一、多くの用語は原書執筆時に一般的であったと思われる日本語を当てたが、近年表記が変化しつつある用語については改めたものもある。日本語表記に際して百科辞典や教科書等を参照した他、邦訳書の有無も参考にした。そのため、ギリシア語とラテン語由来の表記が混在する箇所などがある。また、著者に確認した上で、一部改変した箇所がある。

一、引用文中、本文と表記を統一したり、一部改編した箇所がある。

謝辞

アルメニア人の歴史家アガタンゲロスは、書物の執筆を航海になぞらえて、次のように記している。曰く、「作家も航海者も、進んで危険に身を晒し、国に帰って見聞きしたことを伝えようと望む人びとなのである」と。私は今、彼が記したことの意味を理解した。

本書執筆にあたり、私は訪れるべきではない場所を幾度となく訪れることになった。ナゴルノ・カラバフでは、破壊されたモスクに勇んで足を踏み入れたところ、ロケット砲の砲弾の覆いを見つけてしまい、あたりに不発弾が転がっていないか、大いに心配する羽目に陥った。黒海の歴史に取り組むことも、戦地を訪れることと同様の勇気を必要とした。私がその歴史について知っていたことは多くはなかったし、そのほとんどは未知の世界だったのだから。書物執筆の常として、学ぶことの多い道のりであった。この旅において、手をさしのべてくれたすべての人びとに深く感謝したい。

オックスフォード大学出版局の編集者であるドミニク・ビャットは、本書のアイデアに大いに賛同した上で、クレア・クラフトとともに、校了まで携わった。同ニューヨーク支局のスーザン・ファーバーは重要な局面で的確なアドバイスを著者に与えた。ハカンとアイシェ・ギュル・アルトゥナイは、ボスポラスに面した邸宅の中で奥まった部屋を提供してくれた。本書の構想はその部屋の中で練られたものである。

本書執筆作業のほとんどは、米国議会図書館の大閲覧室の中で、特にヘロドトスの胸像が見下ろす席で行われた。最高の環境を提供してくれた専門スタッフに心から感謝する。印刷物・写真部門、稀覯図書・特別コレクション閲覧室、地理書・地図閲覧室、アフリカ・中東図書閲覧室、ヨーロッパ図書閲覧室の面々、特にグラント・ハリスに謝意を表する。フーヴァー研究所文書館のスタッフ、特に所長のエレナ・S・ダニエルソンは特別な配慮を示してくれた。ジョージタウン大学、大英図書館、公共文書館（PRO）（ロンドン）、ルーマニア・アカデミー図書館（ブカレスト）、中央歴史文書館（ブカレスト）、アメリカ・ピウスツキ研究所（ニューヨーク）の司書と文書専門家諸氏にも感謝したい。クリス・ロビンソンは地図を作成してくれた。

　本書の一部はセミナーや会議での報告をもとにしているが、こうした機会が執筆に役立ったことはいうまでもない。特に二〇〇一年九月にオハイオ州立大学で開催されたロシア史家のいわば「秘密会議」（コンクラーヴェ）への参加を許可してくれたニコラス・ブレイフォーグル、アビー・シュレイダー、ウィラード・サンダーランドに感謝する。フルブライト基金とジョージタウン大学の支援を受け、一九九八年と二〇〇〇年にバルカン、ウクライナ、トルコ、南コーカサスを回る調査旅行が可能になった。その前後にはジョージタウン大学に寄付されたラツィウ家基金によって調査を行うことができた。トニー・グリーンウッド、ローレンスとアミー・タルは筆者の黒海への道中において宿を提供し、心地よい会話で持てなしてくれた。

　多くの専門家・友人諸氏が私のナイーブな質問に回答を寄せ、また草稿に目を通してくれた。私は彼らから多くを学んだが、文責はすべて筆者が負っている。アレクサンドル・ボロガ、アンソニー・ブライヤー、イアン・コルヴィン、オーウェン・ドーナン、マーク・モルジェ・ハワード、クリストファー・ジョイナー、エドワード・キーナン、ロリ・ハチャドゥリアン、ジョン・マクニール、ウィラード・・サンダーランド、そしてオックスフォード大学出版局の四名の覆面審査員に感謝する。本書が扱う分野は多岐にわたるが、筆者の能力は限られている。本書の注と文献目録において、専門家の貴重な文献を挙げているが、そうした専門家諸氏に深く謝意を表する。

私の学術補助員であるフェリシア・ロシュとアダム・トルナイは類い稀な才能の持ち主である。彼らに深く感謝するとともに、彼らが博士論文を完成させ、しかるべき職を得ることを願ってやまない。同様にジョージタウン大学の卒業生であるミルジャナ・モロシニ＝ドミニクは翻訳で本書に大きく貢献した。

名称について

黒海とその周辺の地域［本書では、以降、環黒海地域と記す］では、名称の綴り方をめぐって政治問題に発展することもある。本書では歴史的な展開にしたがって記すように努めた。

本書の章題は、過去において呼ばれた黒海の名称にちなんでいる。知られている最古のギリシア名ポントス・アクセイノス（暗いないし薄暗い海、Pontos Axeinos）は、より古いイラン語の呼び方を借用した可能性がある。それはまた、嵐吹きすさぶ海を航行した船乗りの経験によっていたかもしれないし、あるいは地中海よりもはるかに水深の深い黒海では、海面の色もより暗く見えるという単純な事実を反映しているのかもしれない。ギリシア時代後期とローマ時代の著述家がポントゥス・エウクシヌス（客あしらいのよい海、Pontus Euxinus）に変更した理由は不明であるが、そうあってほしいという願望を込めた意図的な変更であったとも考えられる。

ビザンツ期には、黒海は単に「海」（Pontos）と呼ばれる場合が多い。そのため、アラビア語のテキストでは黒海は「ブントゥス（ポントス）海」（bahr Buntus）、つまり字面通りにはいささか奇妙な「海海」の名前で呼ばれるほどである。もっとも、中世にはアラビア語やオスマン語のテキストの多くで別の呼び方も用いられていた。特に有力都市にちなんだ呼び名がよく見られ、「トラブゾンの海」、「コンスタンティノープルの海」と呼ばれていた。中世には「偉大なる海」の呼び名も様々な言葉で用いられており、イタリア語の「豊穣の海」（Mare Maius）や「偉大なる海」（Mare Maggiore）はこうした例である。また、環黒海地域で勢威を振るったり、著者がその活躍を伝えようとする集団の名前にちなむ命名も少なくなかった。たとえば「スキタイ（スキュタイ）人の海」、「サルマタイ人の海」、「ハザール人の海」、「ルーシ人の海」、「ブルガール人の海」、「グルジア（ジョージア）人の海」等々である。これに対して、アラビア語文献では地中海は「ローマ人の海」（この場合ローマはビザンツの自称による）と呼ばれていた。

こうした様々な名称に比して、「黒海」という呼び名が定着したのは後の時代である。初期のオスマン朝史料には様々な書き方でこの呼び方を確認することができる。したがって、おそらく王朝の成立後間もない時期から、口語ではすでに使われていたのであろう。西ヨーロッパでの初出は一四世紀末であるが、一般に使用されるようになるまでおよそ三世紀かかった。それまでヨーロッパでは主に古典期の呼び方が踏襲されており、たとえば英語ではパンタス（Pontus）とかヨクザイン（Euxine）と記すことが多かった。こうした呼び方はいささか単純な黒海という名称に対して、現在も詩的な響きを保っている。シェークスピアの『オセロ』では、怒り狂った主人公は「あのポンティック海の冷たいすさまじい潮流がけっして退くことなく、（中略）しゃにむになだれこむように、おれの復讐の血ははげしい勢いで突き進むのみだ［小田島雄志訳『シェイクスピア全集I』白水社、一九八〇年（第六刷）三六九頁］」と激白して復讐を誓うのである。

しかし、いったいどうして「黒」なのだろう？　確実な理由は知られていない。しかし、少なくとも三つの解釈が存在する。一つ目は最古のイラン・ギリシア名が復活したという見方である。すなわち、ギリシア本土やローマによってより比喩に富む「客あしらいのよい」（Euxinus）という呼び名が使用されるようになった後も、黒海沿岸の現地の住民がより古い呼び名を保ち、それがテュルク系住民のアナトリアへの移動に伴い、西方にもたらされてオスマン語のカラ・デニズ（黒いあるいは暗い海、Kara Deniz）と呼ばれるようになったという説である。二番目の説は、カラに「偉大な」「途方もない」という意味もあることに注目する。すなわち、中世ヨーロッパ、特にイタリア人の航海者や地図制作者によって使用されていた「偉大なる海」の呼び名が、そのままオスマン語に翻案されたという見方である。第三の見方は、ユーラシアのステップ住民の持っていた色彩地理学とも言うべき伝統に依拠する。これは方角と特定の色を結びつける中国起源の考え方であり、黒は北、白は西、赤は南、時に青は東を意味する。もちろん、これはどこから方角を見るかに左右されるわけだが、オスマンが北方の海を「黒」で表現したことは、このユーラシアの伝統によるのかもしれない。これはオスマンが遠くユーラシアの遊牧民の伝統に連なること、あるいは後にオスマンの地理学者がモンゴルの伝統を継承したことに由来する可能性もある。ちなみにオスマン語と現代トルコ語では、地中海は対照的に「白海」（Ak Deniz）として知られている。

ロシアや西ヨーロッパで黒海が広く知られるようになったのは一七－一八世紀の頃である。おそらく、当時この地域でもっとも強力であった勢力が用いていた呼び方をそのまま自国語に翻訳したのであろう。そして、この借用が、やはりこの頃に近代化と規範・標準化の道を辿りつつあった黒海沿岸の住民が使用していた他の言語にも、おそらく翻訳されていった。この渦を巻くかのごとき歴史の結果として、今日環黒海地域諸国では黒海をまさにみな「黒い海」と呼んでいる。トルコ語ではカラ・デニズ、現代ギリシア語ではマヴリ・サラサ（Maure Thalassa）、ブルガリア語ではチェルノ・モーレ（Cherno More）、ルーマニア語ではマレヤ・ネヤグラ（Marea Neagră）、ウクライナ語ではチョールネ・モーレ（Chorne More）、ロシア語ではチョールノエ・モーレ（Chernoe More）、グルジア語ではシャヴィ・ズグヴァ（Shavi Zghva）である。

地名については、特定の時代に適した用語を用いるように努めた。したがって、古典期のトラペズスは、中世ではトレビゾンドとなり、現代ではトラブゾンと記した。もっとも同時代でも複数の呼び方が存在する場合も少なくない。その場合、より広く用いられていたであろう名前で記すように心がけた。たとえば、ギリシア名はラテン語の綴りで一般に記した。一四五三年まではコンスタンティノープルを用い、それ以降はイスタンブルと記した。ただし、実際にはオスマン期にも古い形はよく用いられていた。セバストポル（Sebastopol）やバトゥーム（Batoum）といった英語での古い綴りについては、引用文を除いて現在の表記に統一した。文化的なまとまりを持った集団についても同様である（たとえば「タルタル人」など）。本書でいう「ギリシア人」とは、たとえ現代の民族的な意味でギリシア人と自らのことを捉えていなくても、当時、様々なギリシア語系の言葉を話していた人びとを指している。「オスマン」については、オスマン帝国に関係する文脈で使用した。これは「トルコ」とは扱いが異なる。現在の「トルコ語を話す人びと」（Turkish-speakers）と同様の意味を持たせるには、二〇世紀以前についてあまりに問題が多い言葉である。アナトリア史においてテュルク系遊牧民とその指導者について、今やあまり使われなくなったトルクマンの語を（テュルクメンではなく）使うのは、現代中央アジアのトルクメニスタンの人びとや文化と区別するためである。

ラテン文字以外の文字を使用する言語については、米国議会図書館のより簡便な翻字システムを利用した。したがって、たとえば現代ロシア語の語末の軟音符は示されない。ラテン文字で区別的発音符を使用する言語については、これをそのまま表記した。よりわかりにくい文字の発音については、以下に例示する。

â, î（ルーマニア語）は英語の cousin の "i"
ă（ルーマニア語）は英語の about の "a"
ı（トルコ語）は英語の cousin の "i"
ö（トルコ語）はフランス語 oeuvre の "oeu"
ü（トルコ語）はフランス語 tu の "u"
c（ルーマニア語）は e あるいは i の前では英語 church の "ch"、他の場合は kit の "k"
c（トルコ語）は英語 jam の "j"
ç（トルコ語）は英語 church の "ch"
ch（ルーマニア語）は e あるいは i の前では英語 kit の "k"
g（ルーマニア語）は e あるいは i の前では英語 jam の "j"、他の場合は goat の "g"
ğ（トルコ語）は発音しないが前の母音を伸ばす
gh（ルーマニア語）は e あるいは i の前では英語 goat の "g"
ş（ルーマニア語とトルコ語）は英語 ship の "sh"
ţ（ルーマニア語）は英語 cats の "ts"

古典期史料については、特に明記する場合以外は、ローブ古典叢書（ハーバード大学出版局）の翻訳によった。古典期およびビザンツ期のテキストについては、多くの場合で、頁よりも節を示す。

1と2　環黒海地域を往来した旅行者たち。スキタイ人アナカルシスは古典期の教養あるギリシア人にはよく知られた文学作品の登場人物であり、黒海出身の粗野な蛮人がギリシア文化の影響によって文明化された一つの象徴であった。ローマの詩人オウィディウスは紀元後一世紀に黒海沿岸地方に流された。土着の人びとと接する中で、流刑にあった知識人の悲しみと苦境を訴える高名な作品が記された。彼を称える彫像が、現在ルーマニアのコンスタンツァ（古代のトミス）港の中央広場に立っている。

〔出典〕1.アナカルシスのイメージ。ルッツ・ゲルドセッツァー教授の個人蔵書より。Url. http://www.philfak.uni-duesseldorf.de/philo/geldsetzer/index.html.　2.オウィディウス像―著者撮影。

3　ダキア王デケバルス（デチェバル）は、彼に飛びかかろうとするローマ兵の前で自殺を図った。ローマにそびえるトラヤヌスの記念柱に彫られたダキア戦争の勝利を祝う一連の彫刻より。〔出典〕ドイツ考古学研究所（ローマ）。

4　「海の火（ギリシアの火）」で敵船を攻撃するビザンツの水兵。14世紀の写本より。いわば火炎放射器のプロトタイプともいうべきこの武器の可燃性燃料として、ビザンツ人はおそらく黒海岸産出の石油生成物を使用した。〔出典〕国立図書館（マドリード）。

5　港湾都市トラブゾンの内陸に位置するスメラ修道院の印象的な光景。スメラ修道院は、トレビゾンド帝国の皇帝から厚い庇護を受けて繁栄した。1920年代にギリシア語話者のキリスト教徒共同体が事実上消滅するまで、スメラはポントス高地におけるギリシア文化の中心であった。〔出典〕©David Samuel Robbins/CORBIS.

6　伝統衣装をまとったチェルケス人の女性。19世紀にはオスマン人にもヨーロッパ人にも異国情緒あふれる美しさを象徴していた。北岸および北東岸からアナトリア（そしてしばしばその後ヨーロッパ）へ移動する奴隷の男女は、オスマン統治下の初期の黒海経済の中心であった。〔出典〕ケンブリッジ大学図書館。Edmund Spencer, *Turkey, Russia, the Black Sea and Circassia* (1855), XIX.40.23. より。

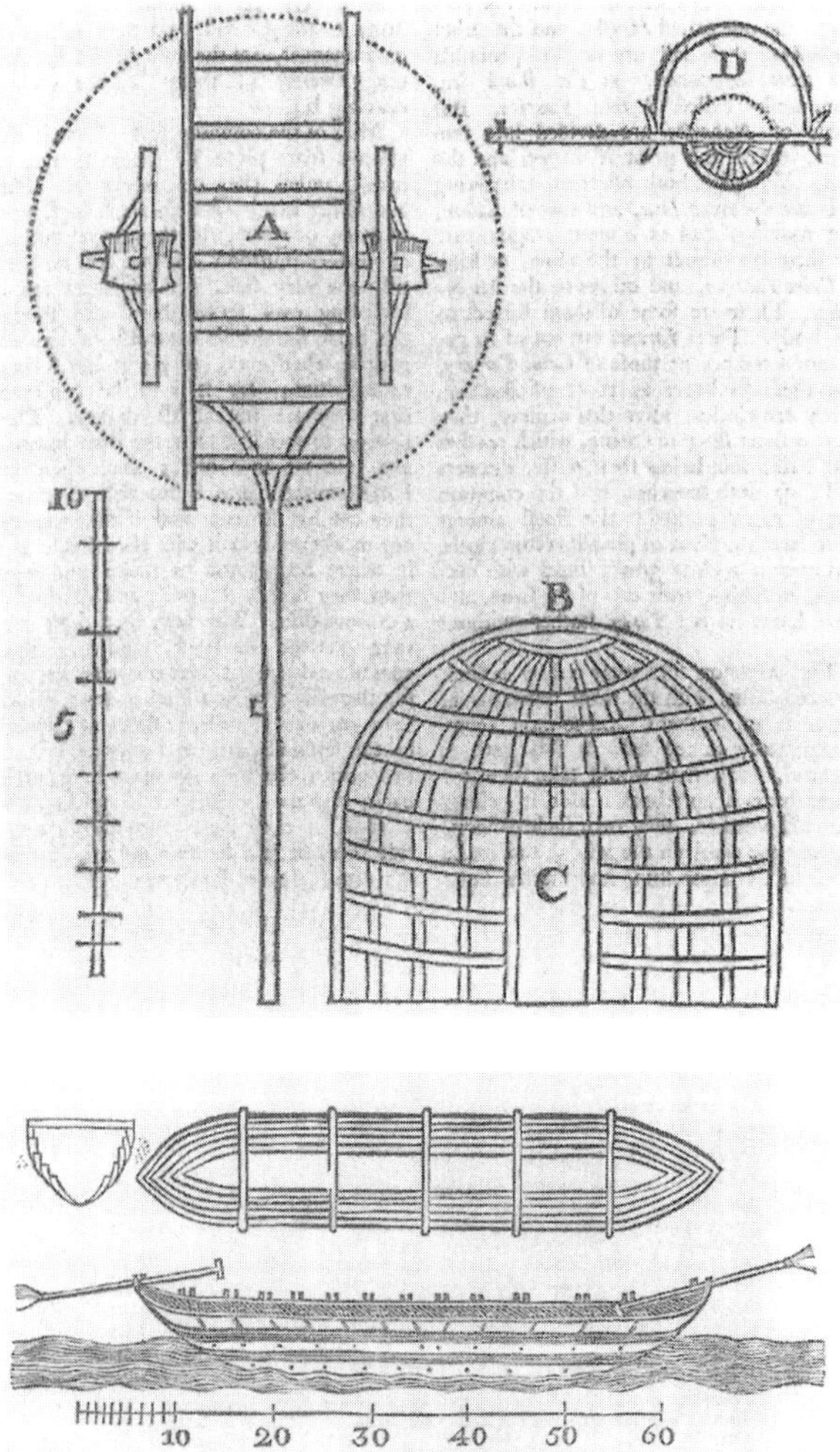

7 陸上および海上輸送。黒海ステップ地帯のノガイ遊牧民が使用した荷車と、オスマン軍艦を急襲するコサック兵が使用したチャイカ（かもめ）と呼ばれた小船の図面。〔出典〕大英図書館。 Guillaume le Vasseur Beauplan, *Description of Ukraine* (1732), 566kb.

8　ジョン・ポール・ジョーンズの胸像（ウードン作）。アメリカ独立戦争における海軍の英雄として名高いジョーンズは、女帝エカチェリーナのもとでその軍歴を終えた。しかし、ポチョムキン公ら女帝の取り巻きとの対立により、寵を失いロシアを去った。〔出典〕ジョン・ポール・ジョーンズ生誕地博物館基金。

9　ハインリッヒ・ブッフホルツ作「ロシア艦隊が 1768—1774 年の対トルコ戦争で収めた勝利の寓喩」（1777 年）。ピョートル大帝は、彼の戦略ビジョンをエカチェリーナ大帝が完成させる様子を見つめている。それは、何にも妨害されない黒海と地中海への進出路の確保である。1774 年の勝利はロシアの旗を掲げる商業船に黒海への門戸を開き、ロシア南部の経済が急激に発展するきっかけとなった。〔出典〕エルミタージュ美術館（サンクトペテルブルク）。

10　モルドヴァにおける危険な旅「オオカミとの夜の戦い」。エドマンド・スペンサーの旅行記から（1855年）。19世紀には黒海めぐりは「グランドツアー」にしっかり組み込まれていた。にもかかわらず、バルカン、カルパチア、コーカサスの内陸部を旅するにはいまだ冒険心が必要とされた。〔出典〕ケンブリッジ大学図書館。Edmund Spencer, *Turkey, Russia, the Black Sea and Circassia* (1855), XIX.40.23. より。

11　クリミア戦争時におけるバラクラヴァのコサック波止場。港の混雑ぶりとテントが張られている様子から、連合軍とロシア軍が疫病の流行に苦しんだことがわかる。〔出典〕ロジャー・フェントン・クリミア戦争写真コレクション、米国議会図書館、印刷物・写真部門。

12　機材を持った潜水夫と援助隊（オスマン帝国海軍造兵廠、1890年頃）。スルタン・アブデュルハミト二世の写真アルバムより。オスマン帝国は19世紀末に大規模な海軍近代化計画に着手した。しかし、クリミア戦争のときと同じように、結局のところは西ヨーロッパ列強の海軍力に頼り続けた。〔出典〕アブデュルハミト・コレクション、米国議会図書館、印刷物・写真部門。

13　手掘りの油井（ルーマニア、1923年）。20世紀に入ると、19世紀の小麦に代わり、石油がロシアとバルカンの港から輸出される主要産品となった。〔出典〕カーペンター・コレクション、米国議会図書館、印刷物・写真部門。

14　難民と白軍兵士を乗せてセヴァストーポリを離れる船（ロシア内戦時、1919 年）
〔出典〕米国議会図書館、印刷物・写真部門。

15　戦争の宿命・ロシアから逃れてロンドンのウォータールー駅に到着した子どもたち。1920 年頃、南アフリカに向かう途上にて。1860 年代から 1920 年代にかけて、そしてその後も、強制的な住民の移動は、環黒海地域の人口構成を大きく変えていった。
〔出典〕アメリカ救援局、ヨーロッパ活動記録集、フーヴァー研究所文書館。

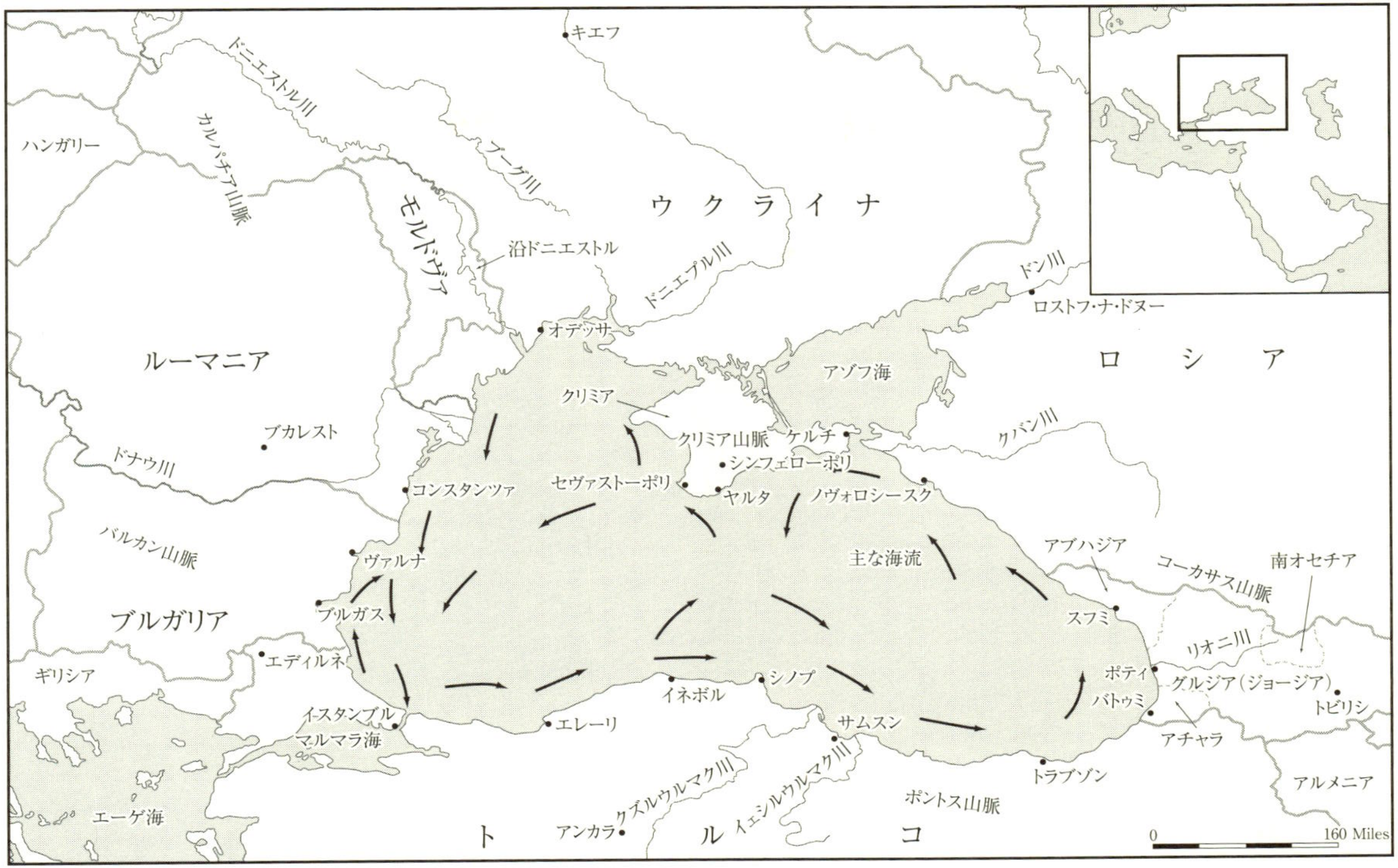
キエフ
ドニエストル川
ハンガリー
カルパチア山脈
ブーグ川
ウクライナ
モルドヴァ
沿ドニエストル
ドニエプル川
ドン川
ロストフ・ナ・ドヌー
オデッサ
ルーマニア
ロシア
アゾフ海
クリミア
ブカレスト
クバン川
クリミア山脈
ケルチ
ドナウ川
シンフェローポリ
コンスタンツァ
セヴァストーポリ
ヤルタ
ノヴォロシースク
バルカン山脈
アブハジア
主な海流
コーカサス山脈
南オセチア
ヴァルナ
ブルガス
スフミ
ブルガリア
リオニ川
エディルネ
ポティ
ギリシア
シノプ
グルジア（ジョージア）
イネボル
バトゥミ
トビリシ
イスタンブル
サムスン
エレーリ
アチャラ
マルマラ海
クズルウルマク川
イェシルウルマク川
トラブゾン
アルメニア
ポントス山脈
エーゲ海
トルコ
アンカラ
0
160 Miles

現在の黒海

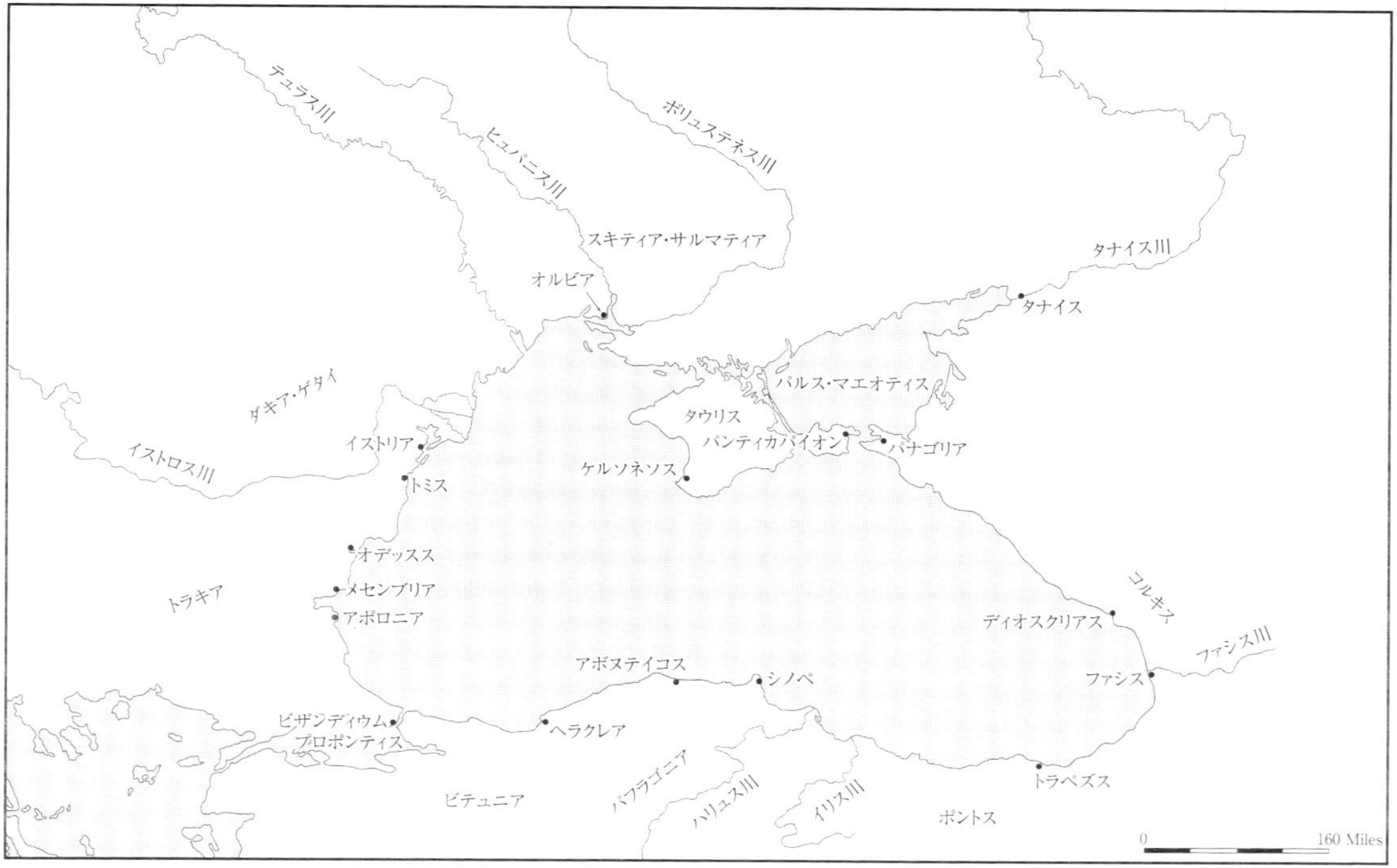
テュラス川
ヒュパニス川
ボリュステネス川
スキティア・サルマティア
タナイス川
オルビア
タナイス
ダキア・ゲタイ
パルス・マエオティス
タウリス
イストリア
パンティカパイオン
パナゴリア
イストロス川
ケルソネソス
トミス
オデッスス
メセンブリア
トラキア
コルキス
アポロニア
ディオスクリアス
ファシス川
アボヌテイコス
シノペ
ファシス
ビザンディウム
ヘラクレア
プロポンティス
パフラゴニア
ハリュス川
イリス川
トラペズス
ビテュニア
ポントス
0
160 Miles

古典時代後期の黒海

キプチャク平原
モルドヴァ
ワラキア
マウロカストロ/アッケルマン
アジャク
リコストモ/キリア
タナ/アゾフ
クリミア・タタール
カッファ/ケフェ
バフチサライ
ソルダイア/スダク
オスマン帝国
コンスタンティノープル/イスタンブル
シノポリ/シノプ
グルジア(ジョージア)
トレビゾンド
トレビゾンド帝国
0
160 Miles

中世の黒海

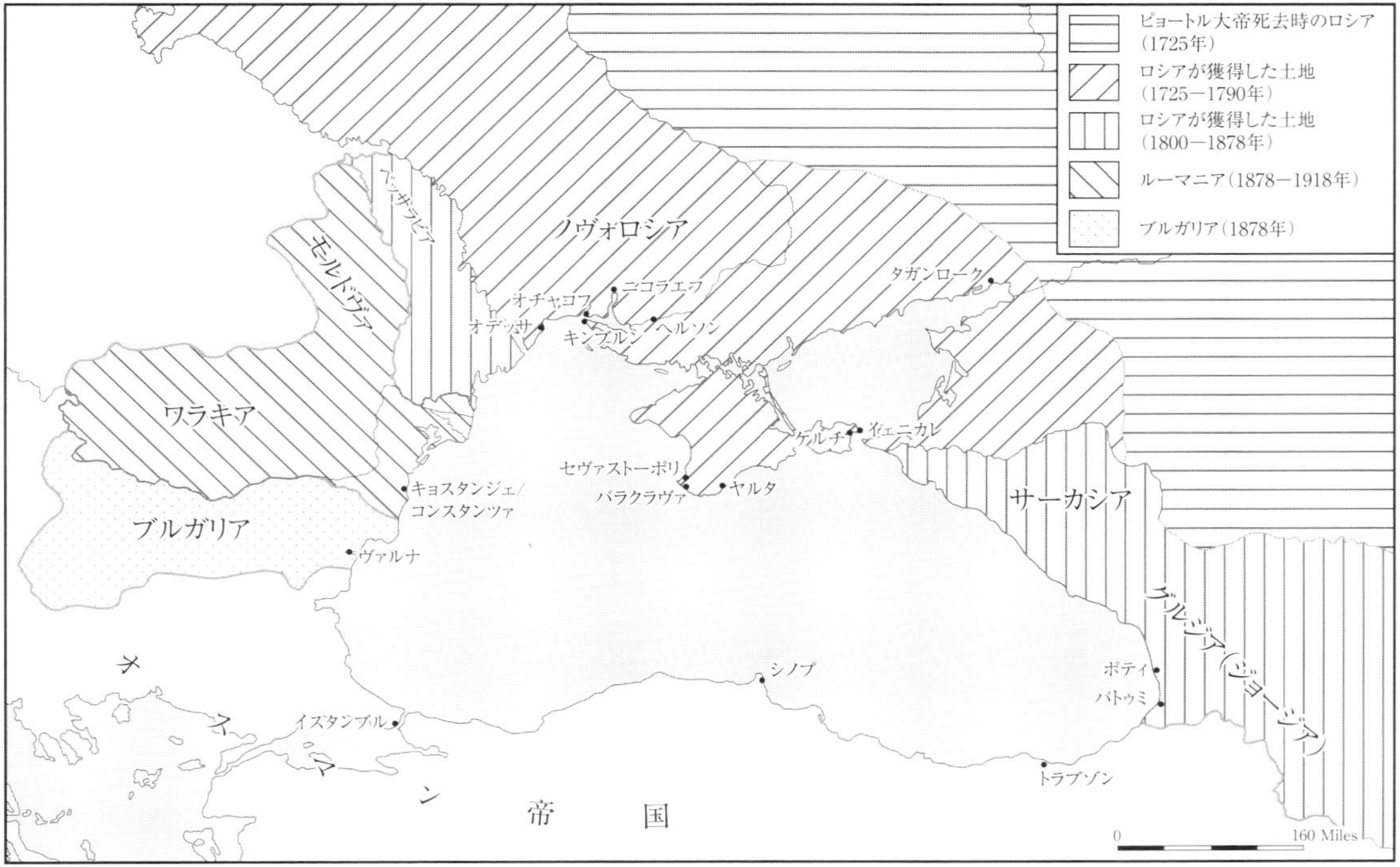

18世紀・19世紀の黒海

古典古代の人がそのように呼んだとはいえ、黒海が黒いということはまったくない。
黒い海と名づけられたに過ぎない。

ジョゼフ・ピトン・ド・トゥルヌフォール（ルイ一四世のお抱え植物学者、一七一八年）

およそ船客が反吐《へど》をはく
海のうちでこのエウクセイノスほど
危ない寄せ浪を逆だてる海はほかにはないのである。

バイロン

考古学者が、鋤で、
遠い昔に棄てられた住居を探りあてる。
現在は想像もつかない
暮らしの証拠が掘り出されていく。

W・H・オーデン

第1章　先史時代の黒海

水域から見た歴史

これまで、歴史や社会に関する学問では、「陸地中心史観」ともいうべき歴史観が幅をきかせてきた。それは、いかにも海のことを知らない陸の人間が抱きそうな偏見にあふれている。我々は、社会生活の重要なでき事は、いつも陸の上で起こるものと考えがちである。水域で起こることといえば、海洋を航海中であれ、川下りの最中であれ、あくまで陸地の間を移動中に起こった些細なでき事に過ぎないと思い込んでいるのだ。しかし、海洋や河川など大小様々な水流がそれ自体の歴史を持っていることを忘れてはならない。それは単なる交通路や境界線ではなく、人類の交流の歴史において主要な役割を果たしてきた存在である。マーク・トウェインが記したように、ミシシッピー川はまさに「生き物としての歴史」(physical history)を持っていた。堆積物も、水の流れも、氾濫も物理的現実であった。しかし、それ以上に自らの「歴史的な歴史」(historical history)を持っていたのであった。川はうたた寝をするときもあれば、活発に動き回るときもある。そして、沿岸を行き来する人びともまた、川の歴史の一部なのだ。[1] 陸地から水域に視点を移すことはきわめて魅力的な試みである。「地域（リージョン）」とか「ネーション」といった便宜的な区分で我々は地上を切り分けてきたが、こうした容易な枠組みの特権性そのものを批判的にとらえ直す糸口になる。つまり、水域について思いをめぐらすことで、空間概念とその変遷について理解を深めることができる。そして、人類と文明について我々が認識してきた知的境界が、実は想像以上に気まぐれであることに気づかされるのだ。

本書は黒海に捧げられる。黒海が、周辺の人びとや国家の歴史、文化、政治においてどのような役割を果たしてきたのかを考察していく。世界には、水域が地域を束ねるという考え方が陳腐なほどまで一般化している地域さえある。たとえば、「地中海世界」のイメージを我々は共有している。地中海料理とか、地中海で過ごすバカンスといえば、石灰色の台地と紺碧の海、オリーブとワインと山羊の群れといった一連の生き生きとしたイメージが想起されるだろう。学問の世界でも、無数の学術成果が著されてきた。もっとも著名なものは、フェルナン・ブローデルが描いた近代黎明期の地中海世界であろう。[2] 他にも特有の具体的な特徴を喚起する水域は少なくない。南太平洋やチェサピーク湾［アメリカ独立戦争における重要な海戦の舞台となった。カニやカキなど海産物でも有名］、アマゾンやミシシッピーの大河といえば、旅行者向けの案内に記された小話から、実際の生活記録に基づく体験記まで、すぐさま具体的なイメージが思い起こされるだろう。学者もまた、水域と、時にははるか遠方の別の水域を結ぶ共通の経済活動、生活様式、政治変動などについて研究を進めてきた。[3]

もっとも、黒海については具体的なイメージが浮かばないというのが大方の人にとって実感ではないだろうか。実際に、その沿岸地域の人びと以外には、黒海はほとんど知られていない。おそらく七〇〇ないし八〇〇万年前に形成されてから、黒海は長い歴史を有しており、二〇世紀末に起こった革命的な政治事件や環境問題なども耳目を集めてきた。にもかかわらず、黒海を専門的に取り上げた著作は驚くほど少ない。ビザンツ帝国、オスマン帝国、ロシア帝国など、強大な帝国がこの海そのものを自らの戦略的目標の中心に設定してきた。しかし、諸帝国における黒海の役割に焦点を当てた研究も、ほとんど見当たらないのである。たしかに、黒海とその周辺は異なる様々な専門的学知の重なり合う場であり、それゆえに黒海に特化した研究は生まれにくい。とりわけアメリカ合衆国では、冷戦によって生み出されたある種の地理的な偏見が、冷戦終結後も根強く残っている。専門家は狭い領域に閉じこもり、内政問題や国際関係だけではなく、歴史や文化問題でさえ、冷戦期の地域境界に基づいて研究を行っている。実際のところ、専門家は滅多に境界を越えようとしない。

したがって、環黒海地域の歴史や社会に関する研究が、様々な分野や国家のまとまりにしたがって分断されてきたことは驚くことではない。たとえば、バルカンの近代史は、中央ヨーロッパ史の付属物のように扱われるか、互いに関係することがない、各民族史の寄せ集めとして叙述されてきた。ウクライナと南ロシアがバルカンと関連づけて考えられることもなく、ロシア帝国史の一部として記されるか、あるいはウクライナの伝統史学の中では遅れてきた民族解放の悲劇的な歴史として描かれてきた。コーカサス（カフカス）の南北でも同様に分断の歴史叙述が繰り返されてきた。また、オスマン帝国は、かつてヨーロッパ史において、いわば欠かせない役者であり、普段は舞台袖で密かに舞台を見つめているが、時にはステージ上で脚光を浴びる存在であった。しかし、トルコ共和国の成立以降、ヨーロッパからその姿を消してもっぱら中東研究の枠の中で扱われるようになった。こうした地域認識には、研究資金の提供元の考え方も大きく影響している。社会科学や人文学において、財団や政府の紐付き研究は地域区分を強調してきた。アメリカ合衆国では「東ヨーロッパ」研究に振り向けられる財源は「旧ソヴィエト連邦研究」ないし「新独立国家研究」とは異なるし、さらにトルコを含む中東研究は別の範疇である。

強調しなければならないのは、こうした知的枠組みが優れて近代的発明（modern vintage）であるということだ。「黒海」がある種の地政学的単位として有効に機能していたのは、それほど昔のことではない。それは、政治指導者を含む地元住民だけではなく、黒海とこれをめぐる難題に向き合った西洋の外交官や戦略家、著術家にも明確に認識されていたのである。一九世紀には、黒海は東方問題のまさに中心地域であった。それは、弱体化していくオスマン帝国と、その領域の分割をめぐって相争うヨーロッパ列強の複雑な力学の中に置かれていた。第一次世界大戦と第二次世界大戦の戦間期には、混乱するバルカン、ボリシェヴィキ国家、そしてレヴァント地方［地中海東部沿岸地方］のヨーロッパ保護国を結ぶ重要な戦略的位置にあった。大戦後には、全地球規模で争う資本主義と共産主義陣営の対立の最前線となり、たとえばアルバニア、ユーゴスラヴィア、ルーマニアは共産国家の中では独自の路線をとる一方で、ギリシアとトルコがソ連に対する前線基地の役割を果たしていた。共産主義体制の終焉の後、ヨーロッパは豊かな統一欧州建設を目指したが、体制移行に伴う混乱や脆弱な経済構造のため、南東ヨーロッパは常に彼らの悩みの種となった。実は第二次世界大戦前にも、この地域では、貿易やエネルギー供給網をめぐる問題が政治の中心的課題であり、弱小国家と混乱する地域秩序の迷走がさらなる国際紛争を呼び込んだのであった。ソ連解体の後、ふたたび同様の事象が国際政治を賑わせることになったのである。

　本書では、黒海周辺で生活する人びとの歴史・文化・政治を総合的に見つめ直してみたい。そのためにも、ヨーロッパの南東フロンティアがかつてどのような知的枠組みからとらえられていたのか、あらためて検討する必要がある。短い二〇世紀のそのまた比較的短い期間を除いて、東ヨーロッパ（Eastern Europe）――つまりEの大文字二字で表される地域――は「大陸の東の端」などとは思われていなかった。バルト海から黒海にかけて広がる地域が、共通のイデオロギーに覆われ、よく似た政治構造を持ち、類似した対外政策を採用した時代も確かに存在した。しかし、一九八九年から時間がたつにつれ、もはや共産主義は「普遍的」重要性を失いつつある（しかも、それは当時も多様な姿をしていたのだ）。それは多くの国では、単に一つの世代が生きた時間に存在したに過ぎず、ギリシアやトルコといった周辺国の権威主義的体制も、マルクス主義に基づいたものではなかった。ヨーロッパの東と呼べるだろう地域の歴史は、我々の考えてきた単一の「東ヨーロッパ」の歴史などではない[4]。

　一方で、一九九〇年代、同質的な東ヨーロッパという見方は、多種族が拮抗する南東ヨーロッパへとおおよそ置き換わった。この地域は敵対する宗教と文化が永遠に衝突し続ける場であり、真のヨーロッパからそれとは異なる地域へと移行する境界地域とされたのである。新聞の見出しはその「証拠」に満ちていた。血で血を洗ったユーゴスラヴィアにまつわる諸紛争、旧ソ連の継承国家の戦乱、すなわちモルドヴァ、グルジア（ジョージア）、アゼルバイジャンなど各地で発生した小規模だが悪意に満ちた武力衝突、トルコとクルド・ゲリラとの長年にわたる戦いなどである。たしかに共同体への信念とか親類縁者への思い入れの強さがこの地域には存在し、それが事態を一層複雑にしていった。かつて傑出したアメリカの学者であり、外交官であったジョージ・ケナンがバルカンについて記したように、一九九〇年代の暴力は「はるか昔の部族時代から継承してきた根深い性質」によって、もっともよく説明される。人びとは無意識のうちにその犠牲者となったのである[5]。

しかし、長い歴史の中で、黒海とその周辺地域――拡大南東ヨーロッパとか、古い言い方を用いればかつて近東とも呼ばれた地域――がヨーロッパやユーラシアの他の地域と比べて、より不安定であり、エスニックなアイデンティティがより明確に主張され、土地や習慣や宗教をめぐる問題が深刻であったと主張することは実際には難しいのである。それどころか、多くの時代において、むしろこうした種類の問題は他の地域よりも少なかったとさえいうことができる。もし黒海の歴史全体について俯瞰的に眺めるのであれば、それは紛争や暴力に満ちたものではなく、ましてや折り合いの悪い諸「文明」の間で常に破滅的な争いが起こる地域などとみなすことは到底できない。むしろ今日の諸問題は、一九世紀から二〇世紀にかけてヨーロッパを覆った中央集権的な思考が遅れて到来したことに由来している。この場所は、近代国家の形成が遅く、文化的に規定されたネーションはその後に生じ、ネーション・ステート（国民国家）はさらに遅く生まれた場所なのである。この地域では、ネーション・ステートは二〇世紀初頭に形成された場合もあれば、二〇世紀の最後にようやく形成されたところもある。

したがって、本書の後半では、ナショナルな思考法になじみの薄かった環黒海地域に、この考え方が急激に広まっていった経緯について追うことになる。この地域では、かつては職業や宗教といった結びつきとか、あるいは沿岸ないし内陸部のどこの村の生まれであるといった地縁などが一般に重要であった（そして、こういった「区別」さえ流動的であった）。やがて子どもたちは祖父の時代には考えられなかったような奇妙な考え方で自らを規定するようになり、混ざり合って重なり合っていた複合的なアイデンティティは、単一でナショナルなアイデンティティに塗り替えられていった。また、環黒海地域は、かつて確固たる地理的空間を形成していたが、数世紀の時間をかけて解体されていったのである。ヨーロッパとユーラシアの政治・経済・戦略環境が変化する中で、環黒海地域の人びとをつなぐ糸はもつれ、絡み、またほつれていった。本書は黒海を通していわば地理考古学（geographical archaeology）ともいうべき実験を行う。その目的は、二〇世紀後半の共産主義時代とそれ以降のわずかな時代の間に覆い隠され、忘れ去られてしまった人びとの結びつきを再発見することである。まさに黒海のただ中に、我々は透かし細工ともいうべき見えない絆を探り当てるのだ。

地域・フロンティア・ネーション

これまで本書におけるいくつかの重要な用語について、前置きなしに使ってきた。ここで改めてその意味するところについて解説を加えよう。まず、「地域（リージョン、region）」であるが、文化や人種といった用語と並んで、定義の非常に難しい概念として悪名高い。この用語は、分析概念として使うと地域の多面的なあり方をかえって見えにくくしてしまう。しかも調べれば調べるほど、一つの呼び方に集約することが難しくなる。というのも、これが他の地域と異なるこの対象地域の本質だと考えるやいなや、一瞬のうちにそれは陳腐で一面的なものに過ぎないように見えてきてしまう。しかし、結局のところ、地域とは、個人・民族・国家などが共有する言語とか文化とか宗教といった要素でまとめられるものではない。むしろ人びとや共同体が深いところで長年結びついている「つながり」が地域を構成するのである。

環黒海地域の定義は非常に曖昧である。なにしろこの地域の歴史の中に登場した様々な民族も、帝国も、国家も、皆異なる特徴を有していた上に、次々と消えていったのだ。また、ヨーロッパという別の要素が入り込んだときもあれば、逆にはねつけられるといった具合である。しかし、黒海という海域とその周辺の陸域を中心とする地域は紛れもなく存在してきた。黒海は、西はバルカンから東はコーカサス山脈まで、北はウクライナと南ロシアから南は中央アナトリアまで、その翼を広げて覆っている。折良くこの地域のほとんどすべての国が今日、一九九二年に南東ヨーロッパ諸国の商業的、政治的、文化的絆を強めるために設立された国際フォーラムである黒海経済協力機構（Organization of the Black Sea Economic Cooperation 略して BSEC）のメンバーである。

それでも、この空間を本当に「地域」とまとめて呼ぶことには一定の留保が必要である。結局のところ、地域の眺め方こそが肝心であり、おのずと「環黒海地域」のとらえ方も異なってくる。地理的に狭く限定すれば、現在わずかに六つの国が加盟の権利を主張できる。ブルガリア、ルーマニア、ウクライナ、ロシア、グルジア、トルコである。これらの国は黒海の主要な港湾都市を有し、したがって領海を主張することができるのである。しかし、より広い定義として、黒海に流れ込む流水を遡れば、アルプスからウラルまで「環黒海諸国」はおよそ二二の国家を数える。実際、ドナウ、ドニエプル、ドン川の上流域の情勢は黒海とその周辺の人びとの生活に大きな影響を与えてきた。歴史的には、黒海とその周辺地域は部分的に広域帝国の支配を受けた時代もあるが、その歴史の大部分において、地方領主や近代諸国家によって分割支配されてきた。最近では、ここで触れたように一九九〇年代はじめ、沿岸諸国は周辺地域の国も交えて新たな地域協力機構の設立に関与した。しかし、域内協力よりも、各国は二一世紀初頭の真の勲章ともいえる欧州連合への加盟に非常に熱心であり、実際、いくつかの国は加盟に近づいていったのである［ブルガリアとルーマニアは二〇〇七年に加盟］。

重要なのは眺め方だけではない。どの時代に焦点を当てるかで環黒海地域のとらえ方も大きく異なってくる。古代においては、ギリシア人の築いた都市と交易中心地が黒海の四隅を結び、単一の商業ネットワークを形成していた。やがて黒海を結ぶギリシア人の力はより内陸の勢力の伸張と、ペルシアとローマの拡大によって弱まっていった。ビザンツと北方の遊牧諸勢力、バルカンとコーカサスのキリスト教徒君侯との関係は、当初地域の一体性を強めたが、後には逆にこれを弱める方向に傾いた。中世においてはジェノヴァとヴェネツィアの起業家精神が、統合された地域としての黒海世界を蘇らせた。さらに、しばらくの間、オスマン朝のスルタンという、ただ一つの帝国の、それもただ一人の君主が黒海世界を支配したのである。その後にはロシアの勃興により、北岸と南岸を支配する二つの権力の間で一世紀もの間、黒海支配をめぐって争いが繰り広げられた。次に登場したのが、一九世紀と二〇世紀の民族運動であり、帝国から小さな国々への転換により、黒海沿岸には新たに形成された諸ネーション・ステートが広がることになった。

今日では、沿岸住民や国家の間で、「環黒海地域アイデンティティ」が共有されているということは到底できないし、その見通しも暗い。南東ヨーロッパとその周辺国は、民主主義と権威主義、改革派と守旧派など、実際の統治体制も政治路線も大きく異なっているし、そもそもそれぞれの国家の中で現実と理想の乖離が甚だしい。政治指導者は自らをよりヨーロッパ的で、ヨーロッパと大西洋の諸機構の一員になることがふさわしい存在であると強調しようとするばかりで、隣国とは距離を置こうとする。時には自らをより「文明的」とみなして、本格的な地域統合には背を向けるばかりである。それでも、黒海は常に一つの特別な空間である。黒海は、時には協力し、時には争う様々な勢力を抱えながら、人びと、物資、そして思想が往来する場であり続けた。長い歴史の中で、黒海沿岸と内陸部の各共同体の交流が絶えることはなかったし、宗教実践、言語形式、音楽と文学表現、民間伝承と食文化など、社会生活の様々な局面で、お互いに影響を与え合ってきたのである。旅行者は短期間滞在するだけでこのことに気づくだろう。たしかに民族のユニークさを強調する言説はこうした深層の真実を隠そうとする。今日こうした言説は支配的であるが、それでもそれはこの一〇〇年間のことに過ぎない。

重要なキーワードのもう一つは「フロンティア（境域、frontier）」である。内陸アジア史の専門家であるオーエン・ラティモアによれば、フロンティアは境界（boundary）とは異なる[6]。後者は政治権力が行使される境であり、ある国家や帝国がその意思を実行できる地理的空間の極限の場所なのである。一方、フロンティアはゾーンであり、境界の両側に広がる。そこでは、人びとは、政治的な現実の境界と、民族、宗教、言語集団を隔てる社会的境界の双方を自由に行き来する越境者になるのだ。フロンティアの住民は、ユーラシアのコサックやカナダの森林で活躍する罠猟師、アメリカ西部のマウンテンマン［一八一〇年から一八四〇年代はじめまで、ロッキー山脈を徘徊していた罠猟師、探検家］ら同様、単なる境界居住者ではなく、きわめて順応性の高い独自の文化を誇る人びとである。

さらに、フロンティアとその住民との接触こそが、帝国やナショナルなアイデンティティ形成において、決定的な役割を果たすこともあった。アメリカの歴史学者フレデリック・ジャクソン・ターナーによれば、西部開拓と征服の歴史こそがアメリカ人特有のアイデンティティを作り上げたのである。それは、ヨーロッパと土着の特性が境界の過酷な坩堝の中で渾然一体と混ざり合って形成されたものだった。ターナーは、高名な『アメリカ史における辺境（フロンティア）』の中で次のように述べている。「末端部における継続的な堆積が氷河作用の結果であるのと同様に、フロンティアはそれぞれその背後に痕跡をとどめているのだ。そしてフロンティアがたとえ定住地域となってからも、その地域はやはりどことなく辺境の特徴を漂わせているものだ[7]」。ただし、ターナーは社会発展における自然の脅威がもたらす影響にもっぱら関心を寄せており、もう一つの根源的な関係については触れていない。たしかにフロンティアは人びとのアイデンティティを形作るだろう。しかし、同様に、あるいはそれ以上に、人びとはフロンティアのイメージに対して自らを形作っていくのである。ラティモアの著作が示すように、まさにユーラシアのテュルク系民族との邂逅により、中国人は文明と振る舞い方についての認識を深めていったのである。一九世紀のロシアもまた、シベリアとコーカサスにおける勢力拡大の中で自らの帝国アイデンティティと、ユーラシアの陸の大国としてのロシア国家像を形作っていった。そしてまた、実は陸上だけではなく、海上でも同様のアイデンティティ形成を観察することができるのである。

歴史の様々な局面において、黒海とその周辺は二重のフロンティアであった。そこでは様々な共同体が、帝国あるいは国家の間での自らの立ち位置をめぐって揺れ動く一方で、黒海との接触により、他者は自らの文化的あるいは政治的アイデンティティを形作っていったのである。しかし、黒海をギリシアと蛮族、キリスト教徒とムスリムなど異文明の出会う、永続するフロンティアとみなしたり、あるいはヨーロッパ人が自己規定にいつも用いる他者としての想像された東洋やバルカン、ユーラシアの辺境の一部などとみなすことは、今日の偏見を遠い過去に読み込むような作業に変わりない。

環黒海地域の大部分は、実際には、前者の意味で初期近代におけるフロンティアそのものであった。北岸の平原は、当時のヨーロッパ人地図制作者が記した通り、「人もまばらな草原地帯（campi deserti et inhabitati）」であり、オスマン帝国、ポーランド、ロシアの間に横たわる境界地域であった。一方、一九世紀において黒海は後者の意味でフロンティアに変化した。そこは、ヨーロッパの新興国と没落国すなわちロシアとオスマン帝国を隔てる海であった。もっとも、黒海とその沿岸地域の歴史は、地理的な辺境が帝国や後の近代国家に次第に組み込まれていく話に単純に置き換えられるものではない。ましてや、後進的で非文明の欺瞞に満ちた地域と決めつけることなどできない。むしろ、それは引き潮と上げ潮を繰り返す黒海の波が象徴するように、あるときは後ろに退いて孤立を好む一方、時にはより広域の地中海、ヨーロッパ、ユーラシア世界の中でその存在感を示すという、反復現象の物語なのである。黒海をめぐるフロンティアは海岸線に沿って展開したり、海のただ中にも存在した。自然生態においても、軍事でも、宗教でも、経済でも、そして疫病学の視点からも常に多様なフロンティアが黒海に存在したが、一つの要素として永続的なものはなく、微妙に重なり合いながらもそれぞれ異なった姿を維持していたのである。

古代ギリシア人が初めて黒海に漕ぎ出したとき、この海は文字通り世界の果てであり、神話世界に生息する獣や半人半獣、英雄たちの住む世界であった。しかし、前千年紀半ばから、ギリシア人の商業共同体が広がるにつれ、沿岸地域は相互の結びつきを強め、地中海と連続するより広い交易ネットワークを形成した。その後、紀元千年紀はじめに、エジプトから穀物をはじめとする産品が流入し、また、インド洋を通る東方交易ルートが開かれたことで、黒海の港の重要性が下がり、ネットワークもいったん衰えた。ビザンツ帝国の初期には、黒海を南北に横断する形でコンスタンティノープルと北方の森林ステップ地帯の住民の間で、毛皮などの交易がさかんになった時期もある。ふたたび黒海がグローバルな経済社会システムの中心として機能したのは、一三世紀から一四世紀にかけてであり、イタリアの都市国家が建設した商業帝国がその主役であった。そして、オスマン帝国によるコンスタンティノープル征服から後の時代に至るまで、このネットワークは機能し続けたのである。ジェノヴァとヴェネツィアを引き継いで、オスマン帝国はしばらくの間、沿岸地域のほとんどをその影響下に置いた。帝国は直接征服したり、現地の支配者と共存したりしながら、黒海の資源を帝国建設に利用した。やがて地中海におけるオスマン帝国の覇権が失われると、オスマン皇帝にとって黒海の重要性がより増していった。政治的な考慮から、沿岸に外国籍の艦船が近づくことは禁止され、帝国は海の独占に躍起となったのである。この状態は一八世紀末にヨーロッパ商人に海が開かれるまで続いたが、それは黒海が単一の支配者に統治された最後の事例となった。以降、黒海沿岸の富をめぐる競争は激化し、とりわけロシア帝国領の黒海南岸において急増した小麦交易によって黒海は地中海との交易ネットワークを復活させ、さらにそれは大西洋ともつながることになった。

一九世紀末から二〇世紀にかけて、新興のネーション・ステート群が黒海の周囲に誕生し、海域にも支配を広げていった。しかし、近代国家の成長は、必ずしも黒海を覆う広域の経済・社会構造の出現には結びつかなかった。それぞれの国民国家はむしろ首都を内陸に置き、沿岸地域は実に今日まで国家の周縁部に位置づけられてきたからである。黒海とドナウ川およびドニエストル川に挟まれたドブロジャやベッサラビア地方は、二〇世紀前半のルーマニアにおいて多民族の混住度合いがもっとも高い地域であり、強盗団や分離主義の温床となった。この地域は現在でもルーマニアとモルドヴァ共和国の中でもっとも文化的に多様な地域であり、また不景気と社会福祉の欠如に苦しんでいる。ウクライナでは、クリミア半島をめぐる問題が常に中央政府を悩ませてきた。主にロシア語を話す住民やロシア海軍の大きな存在感、失業に苦しんで不満をため込んだクリミア・タタール人は、新たなウクライナ国家建設においてしばしば障害となっている。グルジアでは、黒海に面するアブハジアにおいて、その地位をめぐる凄惨な内戦が発生し、同国は支配を失った。そして、港湾都市スフミを主邑とするアブハズ政権が成立し、一九九〇年代から事実上、地域を実効支配している。南東部ではクルド人問題を抱えるトルコであるが、旧ソ連地域で発生したような暴力を伴った紛争はこの地域では発生していない。もっともトルコ、トルクマン（トルコマン、トゥルクマーン）、ラズ、ヘムシンなどトルコの黒海地域はやはり民族的に多様な地域で、黒海沿岸出身者がイスタンブルを囲むスラム街を形成するなど、経済発展において著しく取り残された地域である。このように、黒海の近代史は、沿岸諸国家の中心と辺境の関係をめぐる物語でもある。

最後に「ネーション」について触れる必要がある。ネーションの理念について、近代ヨーロッパ史では通常少なくとも三つの定理・枠組みで理解される。第一は分析的な見方であり、共通の言語、共通の文化、共有された歴史の記憶、しばしば明瞭な故郷によって定義されるネーションは、常に人類社会の根本的な単位であり、階級や宗教やその他の紐帯よりもはるかに根源的なものとする見方である。第二は規範的な見方であり、ネーションはすべての構成員の排他的な忠誠を一身に引き受ける存在であり、彼らのアイデンティティも運命もネーションに結びつけられているとする見方である。第三は預言的な見方であり、ネーションの人口分布の境界とステートの政治的領域が一致しないような場合、このような分断を修正しようとする社会運動の発生は当然であり、歓迎されるというものである。最初の定義は一般に民族意識（national identity）と呼ばれるものである。第二の定義は民族自決（national self-determination）権に相応し、第三は民族主義・運動（nationalism）の定義となろう。大学で勉強したものは誰もが知るように、こうしたコンセプトにはそれ自身の歴史がある。これらは一八世紀末に出現し、一九世紀には世界を覆い尽くしはじめ、今では人類社会と国際政治の規範中の規範となっている。我々にとって、ナショナルな考え方が支配的になる前の時代は想像することさえ難しい。

今日では、ヨーロッパ東部ではネーションに基づく歴史のとらえ方が優勢である。歴史叙述で一般に見られるパターンは、ネーションがあるときに目覚めて外国人による抑圧的な支配に対して立ち上がり、これを打倒するというものである。これは、ある意味において、人びとがどのようにしてネーションを形成し、ネーションがいかにしてネーション・ステートとなるのかの物語である。もちろんこうした見方は驚くことではない。東ヨーロッパの知識人の中には、今でも共産主義時代に公式に禁止されていたような題材を探し出すことに精を出す人もいるし、ナショナリズムもそうした題材の一つである。また、特にユーゴスラヴィアとソ連から出現した新しい国家では、多数の知識人にとって、歴史について語ることで新たに得られた独立を正当化することは義務そのものである。

しかし、ネーションの歴史を記すことは常に他者の声を消し去ることにつながる。それは、人びとの間に線を引き、共同体の間のつながりを断ち切り、複雑な過去の歴史を純一のアイデンティティと不変の境界線に読み替えていく作業なのである。たとえば人びとの生活や文化を合唱になぞらえてみよう。すぐにわかることだが、普段はばらばらで統一がとれないことがままあるものだ。もちろん時には声がそろい、そして一層見事に歌い上げることもあるだろう。しかし、独唱であることはほとんどないのではないだろうか。そこで、読者のみなさんには過去の中に沈黙の声を探すことをお願いしたい。悠久の歴史の中で、黒海は障壁などではなかった。むしろ、ヨーロッパないしユーラシアのどの地域にも増して、宗教共同体、言語グループ、帝国、そして後にネーションとステートを結びつけて、一つの具体的な地域を形成することに寄与してきた「橋」そのものなのだ。

黒海の誕生

幾千年にもわたって、黒海は二つのことで知られてきた。荒波とその誕生にまつわる神話である。前者により、黒海を航海するには鋼のように固い意思と、それを上回る強靭な胃袋が必要とされてきた。シカゴ・デイリー・ニュース記者のスタンリー・ワッシュバーンは、第一次ロシア革命の最中、クリミア沖の蒸気船から記事を送っていた。彼は真冬の嵐に苦しみつつ、「黒海をでっち上げる」メニューを考案した。「まず縦九〇〇マイル［一マイルは約一六〇〇メートル］、横七〇〇マイルのくぼ地を用意しましょう」。多少誇張を交えつつ、彼は以下のように続けた。

底にはざっと岩を敷き詰めましょう。一番気づかれないところに隠れた島を置いておきましょう。そしてよく冷えた水で浸してください。周囲はメイン州のような海岸線［入り組んでおり、岩でごつごつしている］で囲んでみましょう。避難する場所を確保するためにも、目立たないところに切り立った岩礁と岩棚をお忘れなく。（中略）それでは南洋から台風を入れてみましょう。ノース・ダコタ名物の暴風雪とよく混ぜて、そのまま放っておきましょう。雪とみぞれの砂糖衣を加え、白波のつまを乗せ、引き船から全体を給仕します。これで黒海のいつもの一二月の天気のできあがりです。[8]

古代の旅行者もワッシュバーンの描写に同意したに違いない。ギリシア人ははじめに黒海をアクセイノス（Axeinos）と呼んだが、これはおそらく「暗い」とか「くすんだ」を意味するイラン語に由来する。人びとはやがてより人口に膾炙するアクセノス（Axenos）すなわち「歓迎されない」に呼び名を変えたが、これは初期の航海者たちの実際の経験にも合致しただろう。なにしろ暴風はどこからでもわき上がり、見通しの悪い霧により陸地も霞んで航海すら時には不可能になるのであった。乗船時から水は濁っており、数メートル下はまったく見えないが、これは澄み切った地中海とは対照的である。やがてギリシアとローマの船乗りたちはこの海に不思議な呼び名をつけた。それは「客あしらいのよい海」（Pontus Euxinus）である。名前の変更は、神の怒りを避けるための方便であったかもしれない。はるか後の時代、アフリカ南端の危険な岬が「喜望峰」と命名されたのと同じような理屈であろう。[9] 航海者たちは、天空の神は皮肉を好むと信じていたかのようである。

黒海についてもう一つ言い伝えられてきたのは、黒海が若くて新鮮な海であり、その予測できない振る舞いもまた、荒々しい誕生に由来するというものである。前一世紀、ディオドロス・シケリオス（シケリアのディオドロス）は旅行記の中でエーゲ海のサモトラケ島に伝わる奇妙な伝説を記している。古老によれば、かつてこの島は海に飲み込まれたのであった。太古の昔、東方の黒海は大きな湖だったが、あるとき、その水は突然あふれ出し、洪水は沿海の村を破壊し、エーゲ海に向かって道を切り開いていった。それが後のボスポラスとダーダネルス両海峡となったのであるが、黒海で発生した大洪水により地中海もまた水位が上がり、どの島も水浸しとなったというのである。ディオドロスによれば、サモトラケ島では彫刻の施された大理石の柱の一部が漁師の網にかかることがあるという。それは洪水によって滅んだ文明の遺物であると考えられていた。[10]

奇譚を伝えるのはディオドロスだけではない。同時代に活躍した地理学者ストラボンも、黒海がかつて湖であったが、流れ込む川があまりに多く、遠くない昔に洪水を起こしたことを記している。黒海の水はとても新鮮で、厳しい冬には凍りつき、蛮人は喜々としてその上に荷車を走らせ、魚釣りに興じた。[11] 家畜もまた浅瀬を歩いてわたり、打ち寄せる塩水を飲んでいたという。[12] 地中海と黒海を結ぶ両海峡も特別な場所であった。漁師がボスポラスに網を投げると、それはS字型となる。先端は地中海側に流れる一方、底の方は黒海に逆流する底流に戻されるというのである。[13] 船乗りたちは、水流と格闘するとき、つなぎ縄でつないだ重しを船底から垂らし、逆方向に流れる底流によってバランスをとろうとした。

黒海の起源と特徴に関する古代の記述はまったくの絵空事というわけではなかった。氷河期の終わり、およそ一万八〇〇〇年から二万年前に、黒海は小さな、底の浅い湖で、大きさは現在の約三分の二程度であった。これを地質学者は原黒海湖［字義通りには新黒海湖（the Neoeuxine lake）］と呼んでいる。この湖は数百万年にわたって膨張と収縮を繰り返しており、その最終局面にあった。黒海はより大きな大海と接続したり、今日のカスピ海の原型とつながることもあれば、縮小し、単体で小さな半塩水湖として存在する時期もあったのである。ヨーロッパと小アジアを結ぶ細長い地峡により地中海から離された窪地の中にこの新しい湖は形成された。氷河が後退していくと、解けた氷水が世界の海を増水させ、ある段階で湖は地中海と接続し、ボスポラスとダーダネルスをえぐって、マルマラ海をつくったと考えられる。

もっとも、どのように、そしていつ黒海が地中海とつながったのかについては現在でも論争が続いている。啓蒙期の自然哲学者たちは古代作家の見方を受け入れた。すなわち湖は流れ込む河川により膨張し、洪水を起こしてエーゲ海までつながったというのである。フランスの博物学者ジョゼフ・ピトン・ド・トゥルネフォールは、聖書に基づいて大洪水は前一二六三年より少し前に起こったと考えた。彼は次のように記している。「このルート（ボスポラス）は、「自然」の創造者［すなわち神を示す］によって引かれたものに違いない。彼が確立した運動の法則によれば、水は抵抗の少ないほうに必ず流れるのである」[14]。一九世紀から二〇世紀の大半にかけて、科学者は二つの理由でこの主張を否定してきた。まず、地質学的証拠から、地中海と湖はともに氷河水により水位が上がったので、両者は約九〇〇〇年前から徐々につながるようになっていったと考えられた。第二点として、古代の地理学者とその遺産を受け継いだ啓蒙期の学者たちは、経過を逆にとらえていたように見えた。つまり、氷河期終了後の海面の上昇の度合いは、河川流入でしか水量が増えない原黒海湖よりもはるかに大きいはずである。したがって、地中海の海水こそ、原黒海湖に侵入したはずであると。

一九九〇年代、海洋学者や地質学者は、黒海の成立について古代と近代の見方を融合させる新たなモデルを提唱するようになった[15]。黒海の成立はこれまで考えられてきたよりも、より近年のもので、より急速であったとするのである。海底の沈殿物を採取し、調べると、議論を巻き起こすような成果が得られた。より低層では淡水で生きる生物の遺物を含んでおり、これは古代湖の名残と考えられる。一方、上層では、海洋生物の遺物が見つかり、湖が海に変化した後に積もった。ところが、この二つの層の間には事実上移行を示すような地層が見られない。すなわち、淡水生物が生息していた時期と、これに海洋からの侵入者が取って代わった時期を挟む沈泥層が非常に狭いため、淡水と塩水が混ざった時間は地質学的時間であたかも一晩に過ぎないというのである。沈殿物の中で見つかる軟体動物の殻を分析すると、この変化はおそらくわずか七五〇〇年ほど前、すなわち新石器時代中期の前五五〇〇年頃に起こったと推測された。

その頃までに、黒海沿岸、特に南岸では人類は定住集落を持ち、おそらく古代の湖を船で横断し、交易や略奪活動を繰り広げていたであろう。しかし、こうした共同体の生活は一変したはずである。

その頃、原黒海湖の湖面は地中海の海面よりはるかに低かった。しかし、海面が上昇をはじめ、地中海の海水が湖に流入するようになった。最初はわずかな流れでもすぐに急激な奔流が押し寄せたに違いない。まもなくヨーロッパとアジアを結ぶ地峡は地中海から低い位置にある原黒海湖を襲った洪水に浸された。湖面の水位は驚異的な早さで上昇し、わずか六日足らずの間で地中海と新たな黒海は同じ水位に達した。この間、たとえば北岸のステップ低地では、毎日一マイルのスピードで水域が広がっていった。[16] かつての湖の水位は現在の黒海より約一五〇メートル低い位置にあり、湖面下の調査ではっきりとその痕跡を認めることができる。[17] 近年、海洋学者が提出した報告は興味をそそるものである。彼らは水没した人類の旧跡がかつての湖畔に存在する可能性を示唆する。いまだ否定的な見方も少ないとはいえ、もし洪水理論が正しければ、人類が黒海の誕生の目撃者であった可能性があるのだ。

湖畔に住んでいた新石器時代の人びとにとって、この変化のもたらした影響を推測することは難しくない。水面が迫る中、居住地は根こそぎ水没していったはずである。彼らは沿岸部からヨーロッパや近東の別の場所に移住せざるをえなかっただろう。黒海の誕生は、甚大な災禍の記憶を刻むイベントであり、近東の人びとの間で口頭伝承として語り継がれた可能性がある。シケリアのディオドロスが記録したように、ギリシア語を話す人びとは破滅的な洪水についての記憶を保持していたが、これは黒海がおそらく形成されてから約五〇〇〇年後のことである。シュメールのギルガメシュ神話や旧約聖書の創世記にはより古い洪水伝説が登場するが、これらも黒海の大洪水に由来する可能性もあるのだ。もちろん、洪水の物語は多くの文化に存在する。とりわけ低地農業で季節洪水に農地の補充を依存する人びとにとってはなおさらである。さらに、洪水神話の原型があたかも世界が破局を迎えるようなでき事であったとしても、これをただ一つの事件に由来すると信じる理由もない。しかし、もし人びとが神の怒りによって発生したと考えたような巨大な災害の原型を追求するのであれば、まさに黒海誕生の物語は有力候補であろう。

地理と生態系

今日、黒海の面積は四二万三〇〇〇平方キロであり、およそ北米の五大湖の二倍の広さである［琵琶湖のおよそ六三〇倍］。隣接するカスピ海と比べると大きさでは少し上回るだけだが、深さは約二倍で、二〇〇〇メートルに達する。西端に位置するブルガリアのブルガス港から東端のグルジア・バトゥミ港まで一一七四キロの距離がある一方、クリミア半島の先端からトルコのイネボル港まで南北間は二六〇キロの距離しかない。晴れた日には黒海の真ん中から南北両方の陸地が見えると実に二〇〇〇年前からいわれてきた。[18] 無論これは老練な水夫の喩え話だが、航海術にもつながる話である。航海者は両岸を一体のものと認識し、地形のまとまりをよく理解していたのである。南北をまたぐ航海は比較的早く済む上、多くの時間、陸を見ながら航行することが可能であった。

その昔、作家たちは黒海を蛮人の複合弓になぞらえたが、たしかにこれは言い得て妙である。[19] 西端であるボスポラス海峡（より正確にはトラキアのボスポラスというべきだが）は世界中の海域と接続し、東端はコーカサス山脈の水を湛えたリオニ川につながる。黒海は北に向かって二つの弧を描いている。一方の弧はブルガリア、ルーマニア、ウクライナの海岸線となり、もう一方はグルジアとロシアの沿岸となる。二つの弧はともによくしなっており、それぞれ東西の浅い港湾を形成する。一つはドナウ川とドニエプル川の河口付近であり、もう一つはケルチ海峡（キンメリアのボスポラスとしても知られる）の先に位置している。ここで黒海は姉妹海である浅海のアゾフ海と接続する。二つの弧は射手の腕のもとで一つになるが、それがダイヤモンドの形をしたクリミア半島である。南岸について、古代の地理学者はほとんど直線のように考えており、弓の弦になぞらえていた。実際には必ずしもそうではないが、現在はトルコ共和国の黒海沿岸部にあたる。

主な水流は、反時計回り、すなわち左まきで、真ん中に北と南に向かう二つの移動水勢が存在する。一八二三年、イギリス海軍のある艦長は、オデッサからイスタンブルまで、帆を上げずとも海流に任せれば自然に到達すると述べている[20]。古代の航海者たちは一般に海岸線に沿って位置を確認しながら航海し、岸から吹き付ける風を利用することを好んだ。もっとも黒海の海流を利用して中央を突っ切れば、わずか一昼夜で横断可能なことをギリシア語文献も伝えている[21]。

黒海の海流は東西で相似形をなす海岸線とも相性が良い。東端と西端において、ドナウとリオニという重要な河川がそれぞれ河口で左回りの強い水流を発生させており、海流に勢いを与えるのである。北東では、ドン川がアゾフ海、ケルチ海峡を通じて黒海に水流を送り込んでいる。南西でもボスポラス海峡を通過した冷たい黒海の水がマルマラ海から地中海に流れ込んでいる。（黒海の水は上層を流れており、ギリシア人はより暖かく密度の濃い地中海の底流が同じ海峡で反対の方向に流れていること、つまり黒海に注ぎ込んでいることを知っていた）。北方に位置するクリミア半島は、あたかも南に放たれる矢のようであり、南岸ではケレンペとインジェの二つの先端がこれに呼応している。対称性は際立っており、実際、古代の地理学者には黒海を東西二つに分かれた海と考える者もいた。クリミアのサルチ岬とアナトリアのケレンペ岬の間はわずか二二五キロの距離であり、この間で二つの海に分かれると考えたのである[22]。航海者はこの間を航海するときに海流と風が急に変化して船が横転しないよう警告を受けていた[23]。

もっとも、黒海の東西が相似形をなしているといっても、その後背地の姿がそれぞれまったく異なっていることを忘れてはならない。ドナウ川を遡れば、大ハンガリー平原とアルプスを経て、ヨーロッパの中央部に達するし、リオニ川を上っていけば、わずかな平地を抜けた後に水源地であるコーカサスの荒々しい山並みに至る。クリミアは北方のユーラシア平原につながり、南岸の岬はアナトリア高原の突き出しにあたるのである。

つまり、地形の対称性ゆえになかなか気づきにくいが、その環境はまったく非対称的なのである。ボスポラスのアジア側では、荒々しい風と波が海岸線を洗う。後背地の丘陵は、アナトリアからトロス山脈へと南に連なる高原につながっている。南岸を進むと、丘陵は勾配の角度を上げて、やがてポントス・アルプスに至る。海岸線の横幅は狭く、広くても一マイル、狭ければ砂や灰色の小石の浜辺だけだが、今日はここを舗装された幹線道路が通り、樫と松の青々とした森が山々を覆い尽くして、そのまま海岸まで迫っている。やがて、コーカサスの山並みが姿を見せる。それは黒海をカスピ海から隔てている地峡を横断して、北西から南東に展開している。北方ではユーラシアのステップが海岸線にまでせり出し、時には岩壁まで、あるいは大河の畔でそのまま水辺まで達したり、塩気のある河口の堆積物ないしリマンと呼ばれる潟にその姿を変えていく。北岸と西岸ではドナウ、ドニエプル、ドンといった大河の河口に湿地帯が広がるが、これは南岸や東岸でクズルウルマク、イェシルウルマク、リオニといった流れの速い川がつくる小規模なデルタ地帯と好対照である。気候の違いもまた顕著であり、北西のステップ地では、冬の厳しい冷え込みの後、暑く乾燥した夏がやってくる一方、南東の高地では降雨も多く、亜熱帯気候が温暖な冬と湿気に富んだ夏をもたらす。黒海の上で、冷涼で乾いた大陸性の気候と、温暖で湿潤な亜熱帯気候が出会い、それは幾千年にもわたって航海者が恐れてきた劇的な嵐を生み出してきた。

黒海は一つの生態系をもつが、それはおそらく原黒海湖の突然の洪水と結びつけて考えることもできるだろう。地中海の海水が進入したとき、密度の濃い海水は湖の底を満たしたが、上層はおおよそ海水の半分の塩分をもつにとどまった。その後、黒海と地中海の間で、ボスポラスとダーダネルス両海峡を通して海水は継続的に交換されてきた。しかし、黒海では塩分の異なる階層が存在したままで、海水が上層と下層を循環することはまれであった。すなわち二〇〇メートル以上深いところでは、海水は無酸素の状態に置かれ、それゆえに（ある種の丈夫なバクテリアを除けば）生物が住むことができない。海底は黒い泥の沼で、硫化水素に満ち、腐った卵の臭気を放出している。上層から降ってくる枯れた植物と動物の死骸は海底に蓄積していき、あたかも雪のブランケットのように海底を覆っていった。たしかに低酸素層は他の海域でも観察することはできるが、黒海は圧倒的にその規模が大きい。およそ九〇パーセントの海水が無酸素状態であり、硫化水素の世界最大の貯蔵庫なのである。

有酸素地帯における有機物の腐敗が無酸素化に拍車をかけている。黒海に真水が流れ込む場所の面積は実に二〇〇万平方キロにものぼる。というのも、黒海に流れ込むドナウ、ドニエプル、ドンは、それぞれヨーロッパで二番目、三番目、四番目に大きな川なのである［最大はヴォルガ川］。おびただしい量の真水が流れ込むことで農地や集落から発生する廃棄物など大量の有機物が黒海にもたらされる。有機物が腐敗するとき、さらに多くの酸素を消費し、表層の有酸素水の帯もまた使い尽くされていくのである。

海洋の生命体は、わずかな上層の水域になんとかその命をつないでいる。ニシンやチョウザメなど、原黒海湖時代から生き残った魚も存在するし、カレイ、ホワイティング［ヨーロッパ産の中型のタラ］、スプラット［小型ニシン］、黒海マスといった魚類は、冷涼な気候の土地から川を下り、黒海沿岸の塩分の少ない海域に生息している。数千年前に地中海から新たに形成された黒海に移ってきた温水域からの生物が、もっとも繁栄しており、今の黒海生命体のおよそ八割を占めている。沿岸の漁民の生活を数千年にわたって支えてきたこうした魚類は、まったく系統の異なる言語でも同じように呼ばれている。カツオはギリシア語ではペラムスであり、ルーマニア語でもパラミダという。ブルーフィッシュはロシア語ではルファル、トルコ語ではリュフェルとなる。サバはグルジア語ではスクンブリア、ブルガリア語ではスクンリーアという。ハムスィと呼ばれる小型魚、すなわちアンチョビは、トルコ沿岸では特に愛でられ、歌に唄われるほど人気があり、水分の多い身からデザートがつくられるほどである。

魚類は黒海の特殊な生態環境にもよく適応し、上層の水域で繁殖している。一方、不毛な海底にも、実はお宝が存在した。一九七〇年代初頭、先駆的な海洋学者であるウィラード・バスカムは、深海、特に無酸素ゾーンが海洋考古学にとって最良のフィールドである可能性を指摘した。すなわち、酸素がないために、深海は木材を浸食する軟体動物や他の生き物から自由であり、古代船が手つかずのままで残っているかもしれないというのである[24]。その後、バスカムの予言は的中した。

一九九〇年代末、タイタニック号の発見で知られる探検家のロバート・バラードは、トルコ沿岸の街シノプに近い古代海港周辺の無酸素海域に挑み、彼の研究チームは画期的な業績を上げた。小型の潜水ロボットの助けも借りて、彼らは深海を探索し、これまで技術的に不可能であり、また深海の張力により妨げられてきた地点まで到達することに成功したのである。最初期の成果として挙げられるのが、五世紀のビザンツ期の船である。揚げ綱のいくつかは失われておらず、マストの木材はあたかも数日前に組まれたようであった。その後、より古い難破船がブルガリア沖で見つかった。おそらく前四世紀の船であり、アンフォラ［両取っ手付きの壺］や淡水魚の干物を積んでいた[25]。バラードは感激し、次のように述べている。「まったく信じられないくらい奇妙な光景だ。人類の最古の時代から現代に至るまで、黒海を航海し、そして沈んだすべての船が――おそらく五万艘に上るだろうが――海底に横たわって保存されている可能性もある[26]」。劇的な発見の裏ではもう一つ奇妙な運命のいたずらが生じた。ウィラード・バスカムがまさにこの頃この世を去ったのである。バラードの研究チームがその成果を報告し、黒海海底に関するバスカムの理論を初めて実証したのは、わずか数日後のことであった。

黒海沿岸部に最初に住み着いた人びとの文化や習俗について、我々の知ることはあまりに少ないし、それゆえにその相互の関係について知る手がかりにも乏しい。しかし、より高地に新たに形成された沿岸線にやがて人びとは住み始め、農耕を行い、貴金属の加工すら行っていた。ブルガリアの沿岸部では、前四五〇〇年頃と考えられる世界最古の黄金細工が発見されている。おそらく古代の住民はすでに黒海沿岸の別の種族の存在を知っており、邂逅し、交易を行い、婚姻関係を結んだり、戦ったりしていたのではないだろうか。実際、この地域で見つかる陶器と金属器のデザインには共通性を見ることができるので、相互の交流と交換を想定することができる。[27] 前二千年紀初頭に遡るとされる翡翠の斧と槍先が黒海北西部で発見されているが、これはトロイアの遺物と著しく類似している。[28]

もっとも、古代から沿岸に住み着いておそらく海を横断して活動していた人びとがいたとしても、彼らについて具体的に我々が知るようになるのは、地中海文化の持ち主がダーダネルスとボスポラス両海峡を通過し、前一世紀中頃に交易を中継する植民市を建設し始めてからである。すなわち、古代ギリシア人こそが、黒海を初めて歴史の中に登場させ、個性を持った地域として描くことを可能にしたのである。

黒海は、スキタイ人を除いては世界中でもっとも無知蒙昧な民族を擁する地域である。

ヘロドトス（紀元前五世紀）

海だ！海だ！

黒海に到達したクセノフォンの部隊（紀元前四世紀）

厳しい地域で病に臥せている私がどういう気持ちでいるのか、
（サウロマタエ族とゲタエ族の間にいるのだ）想像できるかい？
気候には我慢できないし、ここの水には慣れないし、
どういうわけか知らないが、ここの土地も気に入らない。
病人にふさわしい家はないし、食べ物も役に立たない、
アポロンの枝で苦痛を軽くしてくれる薬もなく、
慰めてくれたり、遅々として進まぬ時間を
話によってごまかしてくれる友もいない。
この最果ての地と人びとの中で、私はぐったりと横になっており、
弱り果てた私に思い浮かぶのはすべてここにないものばかり。

オウィディウス（紀元一世紀）

第2章 ギリシア・ローマと黒海
――客あしらいのよい海――紀元前七〇〇年―紀元五〇〇年

古典期における黒海のイメージについて検討する際に、我々はごくわずかな数の文献史料に頼らざるをえない。しかも、これらの史料は、それぞれに避けがたい問題を抱えている。たとえば、外部の観察者が記述している場合である。紀元前五世紀の歴史家ヘロドトスについて、彼が実際に黒海地方を訪れたかどうかについて確証はなく、紀元前四世紀に黒海南岸を行軍したクセノフォンは現地の記録を残したが、独善的な記述が目立つ。その中では、紀元前一世紀頃に活躍した地理学者ストラボンは黒海沿岸から遠くない地域（現トルコ・アマスィヤ）で生まれたため、より信頼できる情報を伝えていると考えられる。そのほかにも、政治的に追放された者や、また聞きの報告者たちも記述を残しているが、前者は不快な気候と敵対的な現地民について強調し、後者は話を面白くしたり、でっち上げたりすることが多い。

黒海から遠く離れたギリシアの著述家たちは、黒海の住民たち、すなわち奥地の蛮族と、海岸沿いに発展した都市や入植地に住むギリシア移民の双方に対して一般的に曖昧なイメージしか持っていなかった。クセノフォンによれば、トラペズスからボスポラスに至る黒海南岸において、彼が目撃した真の「ギリシア人の街」はビュザンティオン（ビザンティウム）のみであり、そのほかの都市は非ギリシア人との交流による影響でほとんど（ギリシアらしさが）認識できないほどであった[1]。古代の著述家には、彼らが知っている世界との対比と、黒海周辺で見聞きした現地の奇妙な習慣や信仰の記述こそが、しばしばもっとも重要であった。一方で、数世代にわたる考古学者や他分野の学者の研究によって、黒海は「文明」と「野蛮」が出会う場などではなかったことがすでに明らかにされている。そこは、むしろ外来者――ギリシア人、後にはローマ人――が現地に息づく生活様式と習慣の中に取り込まれ、その担い手の一部に転じる場であった。ギリシア人による最初期の探検からローマ帝国軍団の到来まで、言語・人間集団・文化の境界線が曖昧なことこそが黒海をとりまく生活の特徴であった。

最果ての世界

ギリシア人が黒海での活動を始めたのは紀元前一千年紀の前半あるいはさらに早い時期にまで遡る。最初は、おそらく南岸での鉱物資源探索を目的としており、のちには北岸の河川を上って、ユーラシア草原地帯にまで到達した。彼らはすぐにこの場所に引きつけられたであろう。なぜなら、川幅は広く、航行が容易であり、加えて魚類と造船用木材が豊富なため、交易の算段が十分にたったからである。エーゲ海沿岸で急増した人口と、それに伴う食料危機もまた、おそらく人びとを北方への探検へと駆り立てた[2]。

古代の旅行者にとって、黒海に向かって漕ぎ出すことは、文字通り人知のかなたの世界への冒険に乗り出すことに等しかった。プラトンにとって、世界とは「ヘラクレスの柱［ジブラルタル海峡］」からファシス（リオニ）川まで広がるものであった。すなわち地中海の西端から黒海の東端までということになる[3]。古代の世界観においては、大陸と島は平面上にあり、大海、すなわち世界の大河（ナイル川、ドナウ川、ドン川）の水源である膨大な水域［オケアノス］によって囲まれているとされていた。理論上、人は世界の外縁を航行でき、河川を経由して寄航したり、連水陸路で荷を運び、大海の循環流に乗ることで出発地点に戻ってくることができると考えられていた。

古代の著述家によれば、ギリシア人と黒海との出会いは神話の英雄時代にまで遡る。それゆえに、世界の果てに関する様々な現実離れした属性が黒海に付与された。すなわち、黒海は、ギリシア人によく知られた信仰の起源とされた様々な神話の里となったのである。ドナウ川河口（あるいはおそらくドニエプル川河口）の岩がちな島にはアキレウスの墓があるとされ、ヘラクレスが番犬ケルベロスを捕まえるために冥府へ下った場所は黒海南岸であるとされた。アマゾネスはやはり黒海南岸のテルモドン（テルメ）川河口付近（現在のトルコ北部）ないしタナイス（ドン）川流域（ロシア南部）に住んでいた。また、クリミア半島にはタウロイ人が住み、その残虐な女祭司イフィゲネイアは厄介な旅人をアルテミスへの犠牲にしてしまったという。東方のコーカサス山脈では、火を盗んだプロメテウスが岩に鎖で縛りつけられ、鷲に内蔵をついばまれていた。この責苦は彼がヘラクレスに助けられるまで続いたとされている。

地中海からの旅行者は、実際に出会った黒海の住民について、こうした空想上の物語と乖離しないような形で叙述している。たとえば、クセノフォンは黒海南岸の勇猛なモッシノエツィ人について、三〇〇隻の丸木船による襲撃船団を組むことができたと記した。[4] また、黒海西岸のトラキア人による略奪については、次のようなやり方が伝わっている。彼らは海岸線に広がる岩礁に灯火をさげ、風下の入り江を目指す船乗りたちを惑わせる。船乗りたちは飛んで火に入る蛾のごとく、自滅へと突き進んでしまい、あとには海岸に財宝の残骸が散在しているという寸法である。[5] 獰猛なクリミアのタウロイ人にまつわる話も、現地民の似たような襲撃譚に由来するかもしれない。北東の沿岸部でよそ者の船を攻撃した海賊の物語は、地元民の神話上の先祖を生み出すことになった。コーカサスのアカエイ人はトロイア戦争からの帰還の途上で迷ったアガメムノンの軍勢の子孫とされた。その隣人のヘニオコイ人(「手綱を引く人びと」)は、イアソンの金羊毛を求める探検に同道した半神のカストルとポルックスの御者の子孫とみなされた。この二部族は屋根付きの船で海岸をうろつき、よそ者の船の積み荷を奪い、乗組員を捕虜にすると噂された。事をなした後、彼らは港ではなく岸辺にそのまま上陸し、自分たちの船を肩に担ぎ、幻のように森の中に消えていくのであった。[6]

他にも漠然としか知られていない奇妙な集団がおり、ヘロドトスやストラボン、プリニウスなどのギリシア・ローマの著述家たちがまるでカーニバルの余興のようにこれらを記述の中で並べたてている。黒海西岸、現在はブルガリアのヴァルナ港が位置する付近には鶴によって放逐された小人族が住むとされた。[7] 極北に住むヒュペルボレオイ人——直訳すれば「北風の向こう側の人びと」——は長寿の民で、奇跡を行うと考えられた。その近くには、金鉱をめぐってグリフィンと永遠の闘争を繰り返す一つ目のアリマスポイ人、片方の目は二つの瞳を持ち、もう一つの目は馬のような瞳をもつ種族、異常に髭の長い種族、シラミを食す種族、狼に変身する種族、山羊脚をもつ種族、一年のうち六ヵ月は眠りにつく種族といった、さらに奇妙な種族が住むとされた[8]。

黒海沿岸の種族について詳細に書き残した古代の著述家もいたが、その記述は空想や噂が混ざり合ったものであり、後のビザンツ時代に至っても自身の体験に基づいたものは稀であった。ギリシア人が最初に黒海沿岸に到達したときには、すでに定住民の共同体あるいは遊牧民の部族連合がこの地に存在していたであろう。しかし今日では、これらの人びとに関して、おおよその居住地域が知られているに過ぎない。黒海西方には古代後期に戦闘技術の高さと短剣の使用で知られたトラキア人が居住していた。北の遠方に住むスキタイ人は遊牧生活を営む者の他、定住している者たちもおり、馬を飼育したり、穀物の栽培に勤しんでいた。ギリシアの商人や移住者を黒海にひきつけたのもスキタイ人の産する穀物であった。黒海東方には好戦的な諸集団が広大なコーカサス山脈に居住しており、低地に住んでいたコルキス人は、リオニ川沿いの湿地中の小さな丘に丸太小屋の村々を建設して、おそらく青銅器時代にはすでに強力な王国を築いていた[9]。南岸にはトラキア系出自と思われるビテュニア人とパフラゴニア人や、コーカサスから移住してきた山の民がいた。これらの種族についてはギリシア人も自分たちと同じように人として認識していたが、しばしばにわかには信じられない出自を与えられた。たとえば、ヘロドトスはコルキス人をエジプト人の末裔と考えていた。なぜなら、両者がともに巻き毛で、割礼とリネン織りの習慣を持っていたからというのである[10]。

黒海沿岸に存在した古代の住民と現代の民族集団を結びつける試みは、その住民が架空にせよ実在したにせよ、あまり意味のあることではないだろう。ギリシア人も含め、古代の住民とその末裔を主張する現代の民族の間には必ず断絶が存在するのである。古代の著述家によって具体的な名前が記された集団であっても、歴史上の足跡はもどかしいほど曖昧で、自身の文化や習慣に関する証拠をほとんど残さぬまま現れては消えていった。キンメリア人は、黒海沿岸でもっとも早く記録された種族の一つであるが、まさしくこの例にあてはまる。この人びとは、黒海の北と東の故地を追われ、武装したまま各地を流浪した。そのために彼らと接触した中央アナトリアやメソポタミアの文字文明の担い手たちは、この種族の到来についての記録を残したのであった。伝承によれば、キンメリア人を郷里から追放したのは、東方から侵入してきたスキタイ人であった。キンメリア人の一部は南西方面へ下ってトラキアに入り、別の集団は南東のコーカサスへ向かった。両者は小アジアで合流し、現地の王国を崩壊させた後、アッシリアの影響下に入ったとされる。このでき事はヘロドトスや他の古典期の著述家にとってもすでに故事として伝わっており、おそらく外来の亡命者がもたらした危機についての初めての歴史叙述である[11]。

キンメリア人は近東の古代史料にあたかも亡霊のように現れる。創世記ではノアの孫の一人ゴメルと結びつけられ（創世記一〇章二―三節）、預言者エレミヤは「北方から」現れ、弓と槍で武装して「海のように咆吼する」残虐な騎兵の侵攻のために悲嘆に暮れた（エレミヤ書六章二二―二三節）。もしこのような北の遊牧民による侵攻が実際に起こったとすれば、史料からは紀元前八世紀のことと推測される。もっとも、それは単発の侵攻であったかもしれないし、あるいは一連の遊牧民のアナトリア移住であったかもしれない。キンメリア人はわずかな史料だけを残して間もなく歴史から姿を消したが、その足跡は確かに残された。たとえば、黒海の主要な半島であるクリミアは彼らの名前に由来する。さらに現代においてその名はアメリカにまで到達し、ふたたび世界によく知られるようになった。

一九三〇年代にパルプ・フィクション作家ロバート・E・ハワードは想像上の王国「キンメリア」の王子である英雄コナン（Conan the Barbarian）を生み出した。この小説はマーベル・コミックスによって再販され、アーノルド・シュワルツェネッガー主演の映画化により半永久的に名を残すこととなった。

キンメリア人の侵攻からほどなくして、エーゲ海沿岸のギリシア系住民は黒海地域への関心を高めた。おそらく、キンメリア人がもたらした北方の富に関する情報がギリシアの船乗りと商人の黒海進出に拍車をかけたのであろう。[12] 小アジアの海岸沿いに発展したイオニアのポリスは北方と東方に小規模な探検隊を送り出した。野心にあふれた船乗りたちはボスポラス海峡を抜けて黒海に漕ぎ出し、最初の岩場を通り抜けて帆を揚げた。おそらく、海流にしたがって東方のビテュニアやパフラゴニア地方の海岸沿いを進むか、あるいは追い風を受けて西に方向転換してトラキア地方の海岸をなぞって進んだことであろう。

ギリシア植民市の展開

ギリシア人の黒海進出については、後に叙事詩的な要素が付け加えられていった。しかし、実際に彼らを探検に駆り立てたのは征服欲や冒険心ではなく、その商人魂であった。彼らは、帆船の船中や櫂船のベンチの下に、織物とワインやオリーブ油を詰めたアンフォラを満載して出航したのである。そして、帰路にはポントス・アルプスやコーカサス山脈から切り出された船舶建設用木材、コーカサス山脈やカルパチア山脈から採取される鉄や貴金属、リオニ川河口の三角州で収穫される雑穀、北方の河川が潤す平野で育った小麦といった積み荷を載せて郷里に戻っていった。やがてイオニア地方のポリスが母市となり、黒海沿岸で長期滞在用の集落建設に乗り出して、紀元前七世紀半ばまでには植民市が出現した。そこには現地民や仲買人として働くギリシア人移住者らが住みついていった。

複数のポリスが黒海の恵みから利益を得ようと試みたが、中でもミレトスの収めた成功は突出していた。ミレトスはイオニア海岸の主要な都市の中で最南端に位置し、長期間にわたってエーゲ海交易の中心地の一つであった。さらに、前六〇〇年代中頃、ミレトスは北方との交易に傾注するようになり、ボスポラス海峡の通行を事実上管理下に置いた。そして、前五〇〇年頃までの一世紀半にわたって、穀物・金属・保存加工された魚の交易で富をかき集めてギリシア世界でもっとも強力な都市の一つとして繁栄したのである。ミレトスはあたかも宝石をちりばめて飾るように、黒海沿岸に植民市を展開させた。南岸にはシノペを、コーカサス山麓にはディオスクリアスを建設した。パンティカパイオンはアゾフ海の入口を守り、ヒュパニス川（現在のブーグ川）の河口のオルビアは北方の草原地帯への玄関口となった。

紀元前五世紀には、「もてなしに欠ける海」はギリシア人にとって過去数世紀よりもはるかに快適なものになっていた。ギリシア人の居住地が沿岸に点在し、それぞれ港を通じてつながっている様をソクラテスは「池のまわりの蟻か蛙」になぞらえた[13]。マルマラ海とエーゲ海の港から四角い帆を張った船が到来し、沿岸航行用の小型船は植民市から植民市へと駆け回り、丸木船が商品を運んで広い川を上ったり下ったりしていた。仲介貿易をつなぐ交易拠点（emporion）の地位にとどまる都市もあったが、自治政府と公共財によって支えられた組織を持つ都市国家、すなわちポリスの地位を獲得する都市も現れた。富を得た植民市の指導者たちは悪名高い嵐から港を守るために波止場や防波堤を建設し、浸食に備えて海岸線を補強して港湾設備を整えた。新たなパートナーや顧客が次々に登場し、植民市と本来の母市との従属関係はやがて遠い過去の記憶となっていった。

いくつかの都市の名はギリシア世界、のちにはローマ世界にも広く知れわたった。たとえば、シノペ（現トルコ・シノプ）について、前一世紀にストラボンは「この地方にある市の中でもっとも名高い」と記している。[14] この都市は大きな半島の風下にあたる狭い地峡に位置しており、水深も深く、それゆえにボスポラス海峡からコーカサスまでの南航路の中で最良の港であった。波止場には立派な繋船場が備えられ、市内には競技場や市場、柱廊つきの建築物が存在した。荘厳なアクロポリスを城壁が取り囲み、ハリュス川（現在のクズルウルマク川）の流れる肥沃な草原では羊とガゼルが草を食んでいた。オリーブ栽培は黒海周辺では一般的ではなかったが、シノペ周辺では可能であった。こうした商品などの交易がこの都市を豊かにしたのである。シノペはクリミアに向けて黒海を渡る前に寄港する要所となり、この黒海縦断交易が経済の活力源となった。オレンジ色と黒色で彩色され、しばしば鉤爪でイルカを捕えた鷲という独特の印影がほどこされているシノペ型アンフォラは、黒海北岸の考古学遺跡から大量に発見されている。

シノペは貨幣を発行し、さらに自身の植民市をもつまでに発展した。実際に、黒海南東岸に位置する都市のほとんどすべてがシノペによって建設されたものであった。中でも特に抜きん出ていたのが東方のトラペズス（現トルコ・トラブゾン）である。この港の自然堤防は貧弱であったが、地の利に恵まれていた。トラペズスはポントス山脈を越えてジガナ峠を抜け、アルメニア高原を横切ってティグリス川およびユーフラテス川の流域にまで達する古来の街道の終点に位置していたのである。さらに、深い渓谷で隔てられた断崖の上にそびえ立つ街の要塞は、周辺の高原の民と対立した際に十分な防御力を提供した。

コーカサス周辺の都市にはこうした誇れるような特別な備えはなかったが、不十分な点は自然の恵みや地域の特色で補うことができた。たとえば、リオニ川河口につくられたミレトスの植民市ファシスでは、木材が上流から運ばれて沿岸航行用の船に積み込まれた。この街では他にも、帆綱用の麻、防水用の蠟と瀝青、帆の制作で用いる有名なコルキス亜麻布など、造船業に重要な商品が載せられた。これらの商品は二、三日中にはシノペに到着し、エーゲ海まで航行できる大型船に移し替えられた。[15]ファシスから海岸沿いにさらに進むとディオスクリアス（現グルジア・スフミ近郊）があり、数多くの非ギリシア系部族が外来船を迎えるためにコーカサス山中からやってきていた。ここでは商人は取引のために一三〇人もの通訳を必要としたと伝えられている。もちろんこれは誇張された数字であろうが、あながち見当外れでもなかったであろう。[16]黒海交易の利益は次第に奥地も潤し始めた。紀元前一世紀には、ファシス川の対岸にいくつかの街とタイル張りの屋根を備えた農園、市場などの公共施設が存在していた。ローマの歴史家プリニウスも、一世紀、ファシス川にかかる多くの橋は常に市場へ向かう人びとで賑わっていると伝えている。[17]

クリミアは天然の良港に恵まれ、アゾフ海付近の豊富な漁獲量も魅力的であった。しかしながら、おそらく現地民への恐怖が妨げとなって、大規模なギリシア人の植民活動は比較的後代になるまで行われなかった。紀元前五世紀にギリシア本土のメガラからの植民者がケルソネソス（現ウクライナ・セヴァストーポリ近郊）を建設したが、メガラ人の活動は彼らのもっとも重要な植民市ビュザンティオンの影に隠れて他はあまり目立っていない。クリミアにおいても、とりわけ精力的に活動したのは他の黒海沿岸地域と同様にミレトス人であり、彼らの植民市パンティカパイオン（現在のケルチ）はアゾフ海の入口を支配していた。パンティカパイオンのアクロポリスには様々な公共施設が置かれ、その港は三〇隻の船を収容することができた。海岸を西に進むと、テオドシア（現在のフェオドシア）に至るが、そこには前者の三倍以上の船が停泊できる港が建設され、肥沃な後背地から市内の住民に食料が供給された[18]。

北西の沿岸は浅い港が多く、良港に欠いていたが、大河の河口や沿岸湖は良い漁場となり、また内陸部へのアクセスを容易にした。ヘロドトスはとりわけ、ボリュステネス川（現在のドニエプル川）を高く評価している。

> ボリュステネス川は（中略）筆者の見解によれば、単にスキュティア（スキティア）の河川のみならず全世界の河川のうちでも、エジプトのナイル川を除いてはもっとも資源に富む。（中略）家畜の飼育用にもっとも良質で豊富な牧場もあれば、質も量も他に類のない魚類を産し、その水は清く澄んで飲用に最適である。（中略）また、この河岸一帯は穀物の栽培によく適し、耕作の行われないところでは草が見事に繁茂している[19]。

ベレザニは、おそらく黒海北岸における最初の集落であり、ボリュステネス川河口の半島（現在は島になっている）に位置していた。やがて、近隣の新興植民市がこの初期の集落に代わって繁栄した。ブーグ川沿いの街オルビアは、この川がドニエプル川の入り江に合流する付近に存在し、最盛期には一万人ばかりの人口をかかえていたと推測される。そして、ゼウスとアポロンに捧げられた神域を持ち、大きな市場も存在していた[20]。また、この街は金細工で知られ、職人がギリシアと蛮族の芸術要素を混ぜ合わせた複雑な作品を生み出した。これらの金製品は、今日ウクライナとロシアの博物館においてもっとも価値の高い考古的学遺物である。

ギリシア人と現地人の交流は西方の植民市においてよりさかんであった。ドナウ川のデルタにほど近いミレトスの植民市であるイストリア（イストロス）とトミス（現ルーマニア・コンスタンツァ）、やはりミレトスの植民市で雨風をしのげる湾を持つオデッソス（オデッスス、現ブルガリア・ヴァルナ）、より南方ではメガラとミレトスの植民市であり、漁業だけでなく農耕もさかんであったメセンブリアとアポロニア（現在のネセブルとソゾポル）がそれにあたる。これらは地理的にギリシア世界の中心に近かったために、陸路と海路のどちらにおいても交易に有利であった。またこれらの植民市を取り囲む非ギリシア系のトラキア系部族は植民初期から比較的安定して強力な勢力を保ち、外来者との交流による利益獲得に熱心であった[21]。

黒海沿岸の植民市は、順調に成長し、古代世界の経済において重要な位置を占めるようになった。アゾフ海からエーゲ海のロドス島まで、風向きがよければ九日間で航行することが可能であり[22]、船体いっぱいに積み込まれた品物は各地で大いに歓迎された。内陸部で栽培されていた小麦や大麦は、イオニアやギリシア本土にとって必要不可欠な食料であった（スパルタとの戦争中、アテナイは黒海からの輸入穀物に依存するようになったため、スパルタによるダーダネルス海峡の封鎖がアテナイ降伏の一因となったのである）[23]。現在でも黒海南東部の名産であるヘーゼルナッツは、はるかアレクサンドリアにまで輸出されていた[24]。詩人のウェルギリウスはローマの商船が黒海から運んでくる鉄や香りの強い油、松材についての賛辞を述べている[25]。

珍しい動植物もまた西方に紹介された。黒海東岸で商人たちが発見した赤銅色をした奇妙な鳥は、長い尾羽と濃い色をした肉汁たっぷりの身を持っていた。その鳥は植民市ファシスに近い低地で捕獲され、ギリシアやイタリアに輸出された。やがてギリシア人やローマ人はその鳥の後ろ姿も知るようになり、雉は「フェザント」(pheasant)、すなわち「ファシスの鳥」の名で今日も知られている。黒海南岸のケラスス周辺で栽培されていた赤く酸味のある果物もローマ時代には広く知られるようになった。ラテン語のケラスム（cerasum）や英語のチェリー（cherry）はこの植民市の名前に由来するという。一方で、珍しいものには常にささやかな危険がつきものであった。たとえば、紀元前四世紀にクセノフォンがギリシア人傭兵たちとともに黒海南岸を行軍していた際、彼らはその地域の美味な蜂蜜が錯乱状態を引き起こすことを知った[26]。

黒海は魚類も豊富で、なおかつ塩の供給も沿岸各地域で可能であった。とりわけクリミア半島と北方を結ぶ地峡の両岸の浅瀬は塩の生産に適しており、したがって保存した魚をエーゲ海まで輸送することができた。カツオ類やマグロ類の需要は大きく、丸ごと塩漬けにしたり、サイコロ状に切って酢漬けにして輸送された。紀元前一世紀のローマでは、黒海産の魚の漬物一瓶は、労働者一人の日当に相当したという[27]。プリニウスが指摘したように、こうした珍味は過度の誇張を引き起こした。しかし、それでも珍重されたことには違いない[28]。

黒海では、季節ごとに多様な魚類が回遊し、漁師や商人にかき入れ時をもたらした。冬には、黒海でもっとも温暖なアナトリアやクリミア沖の浅瀬にアンチョビが集まり、春にかけて産卵のためにアゾフ海へ北上した。アンチョビの最大の捕食者であるサバは、より南方のマルマラ海で越冬し、春には群れをなして黒海の餌場を回遊した。ハガツオは、夏から秋にかけて黒海北西部の岩棚からボスポラス海峡へ時計回りに回遊するというパターンをとる。この間、群れは南の温暖な海域への出口を求めて海岸に沿って進むので、ストラボンの記すところでは、最初にトラペズスの住民が、次にシノペの住民が、その恩恵にあずかった。ビュザンティオンが漁を行うのは最後であったが、それでも群れがボスポラス海峡へ至ったときでさえ、手づかみで魚を捕まえることができるほどの大群であったという[29]。一八世紀末の博物学者ペーター・ジーモン・パラスによると、南ロシアの農民は二千年前の人びととほとんど同じように生計を立てていた。すなわち、アゾフ海で収穫した魚の身を薄切りにして加工し、エーゲ海方面に輸出していたのであった[30]。

混じり合う人びと ——「民族の共同体」

黒海の活発な商業活動は、イオニアの母市とその植民市の熱意だけではなく、ギリシア系移民と非ギリシア系現地民との共生関係によっても支えられていた。地中海からの移民と旅人にとっては、黒海の現地民は「バルバロイ」——非ギリシア語話者——であった。しかし、現地民は少なくともこの言葉が現在含んでいるように、「野蛮」とみなされたわけでは必ずしもなかった。他の辺境地域と同様に、黒海のギリシア人は出会った人びとの文化に順応したり、取り入れたりさえした。これは、ひとつには「ギリシアらしさ」の概念そのものが流動的であったためであり、また文化集団間において長期にわたって交流が維持されたために習慣のやり取りが自然に行われていたためである。やがて、沿岸部とその後背地の芸術形式や生活様式、言語さえも混ぜ合わせたある種のハイブリッドな文明が発達した。ロシア人学者M・ロストフツェフはこれを「民族の共同体」(community of race)と呼んでいる。[31] 時が経つにつれ、詩人や劇作家たちが想い描いた「ギリシア人」と「バルバロイ」の間の文化的境界線はすっかり曖昧なものになったのである。[32]

彼らの共生の正確な特徴は明らかになってはいない。しかし、考古学的証拠からもその存在は明らかである。また、ヘロドトスのような著述家も、同時代の黒海沿岸で移民と現地民の相互作用が生み出した文化に感銘を受けている。ベレザニでは初期のギリシア人植民者が冬の寒さから身を守るために現地民を真似た地下型の家を建設した。[33] バルバロイ像をコインのデザインに加えた都市もあり、また黒海西岸では「トラキアの騎手」と呼ばれる、馬にまたがりマントをなびかせた戦士像を数多くの墓地に見ることができる。文化的影響は双方向であった。北方のブディノイ人の土地にあるゲロヌス市では、石材より木材を利用しつつ、ギリシア様式の彫像と神殿が建立され、ディオニュソス祭を祝っていた。ヘロドトスによると、ブディノイ人の言語はギリシア語とバルバロイの言葉が混ざったものであり、もともとはギリシア人であったがバルバロイ化したのではないかと推測している[34](ヘロドトスが言及しているのは、ドニエプル川支流で現在発掘されている、三〇キロメートル以上にわたる木壁からなる大規模遺跡の持ち主の可能性がある）[35]。ギリシア人と非ギリシア人との結びつきは現実世界に限らず、神話の世界にまで及んでいた。二世紀のパウサニアスに至ってもまだ、神話上のヒュペルボレオイ人が黒海北岸のバルバロイを仲介者としてアテナイ人に初物を献上していると主張するのであった[36]。

特に黒海北岸および北西岸で文化交流がさかんであったが、これには二つの理由があった。第一に、起伏がなく、広い川が横切る海岸沿いの平原という地形は、沿岸と内陸の都市間の地理的なつながりを容易にした。一方で、南岸と南東岸では、移民は背後に高地が迫った水際に居住せざるをえなかった。第二に、北岸・北西岸にギリシア人が到達したときには「バルバロイ」はすでに十分に発達した文明および社会構造をもっていたようであり、移民たちはこの人びとと交流したからである。ギリシア人がスキタイ人と出会ったのはまさにこの地域であった。アテナイなどの地中海におけるギリシア文明の中心地に住む著述家たちのイメージの中で、様々な種族からなるスキタイ人は、黒海世界における典型的「バルバロイ」を代表する存在となった。

古代の著述家にとって「スキタイ人」という呼称は第一義的に地理的なものであった。スキタイ人といえば、冷涼な気候の中で生活し、おそらく馬の飼育を中心においた遊牧生活を送っている人びとを指していた。我々は、この大雑把な括りに含まれる様々な人びとの言語・文化に関する知識を主にヘロドトスから得ることができる。もっとも、彼自身は他の旅行者からの伝聞や単純な噂話をもとに記述している可能性がある。ヘロドトスによれば、スキタイ人は自身をもっとも若い民族だと考えていた。彼らの神話では、民族の発祥は「神と河の乙女の結婚」に由来し、それはわずか千年前のでき事だったからである。[37]スキタイ人は輸出用に穀物を育てる部族、森に住む部族、草原を放浪する部族などに分かれ、それぞれは互いに理解できない言葉を用いていた。彼らは敵の頭蓋骨を酒杯に、頭皮をマントに加工し、牝馬の肛門［原文では生殖器］に息を吹き込んで乳しぼりを行い、大麻の蒸気風呂で体を清める。この風呂で、彼らは「上機嫌になって大声でうなりたてる」[38]のである。彼らは戦の神を愛好しており、山のように積み上げた枝の上に剣を載せた祭壇をつくって崇拝している。また、一部のスキタイ人は男が女に変わる病に罹っているという（これは社会的な両性者あるいは長期間の騎乗による痔疾の出血について述べている可能性がある）。[39]ヘロドトスはその自己防衛能力の高さを評価しているが、それは侵略に対して臆病な鹿の群れのように草原に逃げて姿を隠してしまうというものだった。[40]

ヘロドトスが描いたスキタイ像は、北方のすべての蛮人について真実を語ったものとして、多くの古代の地理学者に受け入れられ、さらにローマやビザンツの著述家にもあまり考慮なく踏襲された。本土のギリシア人の多くは実際に本物のスキタイ人と接触したであろうが、その中で既存のイメージが増幅し、時にはさらに現実離れしたものが加わっていった。アテナイでは、移住してきたスキタイ人射手が衛兵として雇われたが、アリストファネスの喜劇ではさながら古代のキーストン・コップス［二〇世紀初頭米国の警官コメディー映画で有名］よろしく劇の主役になった。考古学資料によって、ヘロドトスの記述の一部は証明されている。強力な遊牧文化はたしかに黒海の草原各地に存在しており、この文化共同体が馬や大麻、戦争を好んでいたことは、数多くの埋葬遺跡の発掘によって十分に裏づけられる。そして、そうした遺跡は、現代のルーマニアから中国の西部境界地域にまで広がっている。[41]

たしかにイオニア地方やギリシア本土の著述家にとって、スキタイ人は文明のアンチテーゼのように見えたかもしれない。一方で黒海沿岸のギリシア人にとって、スキタイ人は植民市への供給用あるいは輸出用穀物の提供者であり、その軍事力は社会状況に応じて脅威にもなるが、安全を保証する場合もあったのである。

現実のスキタイ人は多様な人びとからなる集団であり、おそらくもともとは牧畜に従事していたイラン人を起源としていた。彼らは馬・羊・牛などの群れを駆って中央アジアから西方へ移住するという遊牧民の動きの嚆矢となり、前七〇〇年代にはおそらく先に東方から移住していたキンメリア人にとって代わったと考えられている。

スキタイ人の黒海到来に近東の諸王国は動揺した。古代の史料の中にはスキタイ人を思わせる記述をいくつか見ることができる。ヘブライ語史料（創世記一〇章三節）に現れるアシュケナズ（*Ashkenaz*）はおそらく彼らのことであり、紀元前六世紀にはペルシア人がサカと呼ばれる東方の人びとを討伐したという。西イランにある有名なベヒストゥーン碑文には、ダレイオス王が征服した敵とともに彫り込まれているが、その中には手枷でつながれたサカ人の王スクンカの姿も見える。スクンカは長い髭と先の尖った帽子という、北方蛮族の典型的な表象で描かれている（東方のスキタイ人の征服後、ダレイオス王は前五一三年頃に西方の同族に対しても遠征を行っているが、それは失敗に終わった）。

ギリシア人たちが黒海北岸に進出したときにはすでに、ドナウ川からドン川にかけての地域ではスキタイ諸部族が勢力を拡大しており、前三〇〇年にはおそらくクリミア高地を除いてほぼ地域全体の覇権を握っていた。スキタイ人の中には遊牧生活を放棄して定住し、農耕生活を送っている者もいたが、彼らが産する穀物は地中海商人たちには特に魅力的に映った。今日のウクライナやロシア南部の考古学遺跡の中で、もっとも豊富な出土物で知られるものは、まさにこのスキタイの「黄金時代」に属する。たとえば、木と土盛りによる住居、今でも草原中に点在する古墳（クルガン）、あるいはおそらく海岸に近い地域で職人によって製作された手の込んだ黄金細工などである。

これらの作品の一部には当初は神聖な動物や狩猟といった遊牧民的なモチーフが使われていたが、のちに、羊の乳搾りや弓の弦張り、獣皮のなめし作業といった家庭生活の精巧な表現や、さらにはギリシアのパンテオンから借用された神々や英雄の表象も用いられるようになった。ゴリュトス（*gorytos*、矢筒と弓袋が一体化した弓矢入れ）に代表される、高価な宝石などで装飾のほどこされた非実用的な武器は、草原の移動文化の中に隣人であるギリシア人の定住文化の要素が次第に取り入れられていったことを示している。これはおそらく後のローマ史料に「スキタイ人の王」（Rex Scytharum）として現れるアテアス王の治世の頃で、この王は前三三九年夏にマケドニアのフィリッポス二世との戦いで死んだとされている。[42]

スキタイ人は馬の騎乗技術に長け、彼らの物質文化や戦闘習俗の根幹には常に馬の存在があった。それは特に外来者には強烈な印象を与えており、「馬の乳を絞る者」などのスキタイ諸部族に対する様々なイメージはすでに古代ギリシア叙事詩のイリアスの中にも現れている。発酵させた馬乳――弱度のアルコールを含み、今日でも中央アジアで広く嗜まれている――等のスキタイ人の一風変わった食生活はギリシア人には興味深いものだった。また、馬が生活に欠かせない動物とすれば、鹿は神話を象徴する動物であった。スキタイ人の墓から発見された見事な金製品には、背中の上に渦を巻いた角をもつ鹿のモチーフが連なっていた。そして、そのスタイルは幾世紀も後にアール・ヌーヴォーの信奉者を喜ばせることになる。また、スキタイ人の戦士は、馬のために精巧に鹿角を用いた頭飾りをつくり、聖なる鹿の神秘的なエネルギーを家畜に吹き込もうとすらしたのであった。

ヘロドトスは、『歴史』の中で、スキタイ人についてエジプト人の次に多くの記述を割いている。実際、この二つの民族はギリシア人による古代世界の辺境理解において対を為す存在であった。ヘロドトスは、エジプト人は地上でもっとも文明的な人びとであると述べ、その習俗や建築・農業について詳しく伝えようと努めているが、黒海沿岸の民への関心は比較的薄かったようである。ヘロドトスや他の著述家は、スキタイ人の社会的習慣がいかにギリシア人と異なるかについて、多大な関心を寄せていた。あるいは別の言い方をすれば、相似形といえるほど奇妙なほどに似ている点を持ちながら、両者は細部でことごとく異なっていたのである。ギリシア人が船で波をかきわけて航海する一方、スキタイ人は屋根付きの荷馬車で草原を移動していた。ギリシア人同様に、高貴な人物の追悼儀礼を盛大に行ったり、英雄の記念碑を建てたりするのだが、スキタイ人は狂乱状態で人間を生贄に捧げることもあった。両者ともにワインを嗜んだが、ギリシア人のように水で割るという当たり前のことをスキタイ人はしなかった。

しかしながら、こうした粗野な余所者というイメージにはそぐわないスキタイ人もまた存在した。アナカルシスこそ、ヘロドトスがスキティア［スキタイ人の土地］出身の人間の中で唯一詳細を記す価値のある男だと評価した人物である。そしてこの男こそ、めぐりめぐって西洋的な文明を発明したとみなすこともできるのである。

文明を救ったスキタイ人

考古学資料から見出されるように、ギリシア人とスキタイ人の間に双方向の文化的影響が存在したにもかかわらず、ギリシアの著述家は、一般的にスキタイ人を自文化に固執して異質な生活様式を警戒するような、排他的で偏狭な人びととして描くことが多い。しかしヘロドトスによれば、アナカルシスは例外的に偉大な旅行家であり大いに学のある人物であった。アナカルシスは世界各地に滞在し教鞭をとって過ごしていたが、後に故郷へと向かった。道中、ボスポラス海峡を抜けて黒海へ入る手前でマルマラ海岸のギリシア植民地に寄航し、キュベレの祭祀を目撃した。これは小アジアでもっとも信仰されていた女神で、その祭祀はギリシア中に広まっていた。非常に感銘を受けたアナカルシスは、もしキュベレ女神がこの先の航海の安全を約束するならば、スキティアで祭祀を執り行うと誓いを立てた。

女神の加護のもと、願掛け通りにアナカルシスは無事に帰国し、したがって彼は約束を果たすことになった。帰国後すぐに深い森の中に引きこもり、太鼓を手にして、彼が見た通りにギリシア人と同じやり方で祭祀を実行した。しかし、間もなく悲劇が彼を襲ったのである。詩人ディオゲネス・ラエルティオスは後に次のように語っている。

スキティアへ帰った旅人アナカルシス

同胞たちをギリシア人の生き方へと誘おうとした
けれど翼を持つ矢が彼を不死なる人びとの世界へと連れ去ってしまった
まだ語られるべき言葉が彼の口の中に残っていたというのに[43]

祭祀に夢中になっていたアナカルシスはスキタイ王に見つかってしまい、王は弓を引いて道を踏み外した同胞を射殺した。スキティアへと旅行した人がアナカルシスについて質問しても地元の民は聞いたことのない人物だと答えるのは、ヘロドトスによれば、それは彼が異国を旅して、その有害な風習に染まってしまったからなのであった[44]。

ヘロドトスの時代（紀元前五世紀）にはすでにアナカルシスはアテナイの知識人層の間で広く引き合いに出される存在であったようである。彼は道徳について鋭い観察眼を持ち、高慢な哲学者の鼻を折る能力を備えていた。当時におけるオスカー・ワイルドともいうべき人物であった。プラトンはアナカルシスを才能ある彼はまた、徳を積んだ野蛮人の見本ともいうべき人物であったのかもしれない。発明家かつ実務に長けた者として賞賛し、アリストテレスは尊敬すべき修辞家であるとしている（ただし論理学者としては批判している）。ストラボンは質素と正義を重んじた人物であると記した。また、プリニウスはろくろと新型の錨の発明を彼に帰している[45]。

もっとも、アナカルシスが実在したかどうかは難しい問題である。彼についての同時代史料は存在せず、続く時代にもヘロドトスによる逸話以外はほとんど知られていない。彼の物語は古代ギリシア人がスキタイ人一般に結びつけていた異国の事物に対する嫌悪、弓、原始的な森などのイメージをあまりに多く含んでおり、実在を印象づけるための作為性を感じさせる[46]。もっとも、ある伝承では彼はスキタイ王族の一員とされており、現地の王とギリシア人女性の間に生まれた子であるという説さえある。彼は紀元前六世紀初頭に、個人旅行者として、あるいはスキタイ使節団の一員としてギリシアへやってきた人物なのかもしれない。アナカルシスは、アテナイ市民権とエレウシスの秘技への参加権という、ギリシア文化への完全な同化を示す二つの名誉を受け取った稀な人物とされた。一方で、常に「アナカルシス・ホ・スキュテス（Anacharsis ho Skythes）」すなわちスキタイ人のアナカルシスとして知られていた。

ギリシア文学において、アナカルシスは蛮族出身にもかかわらず実践的な知恵を体現する人物として賞賛された。彼が異邦人であることが文学上の仕掛けとして時には有用であった。蛮族の口を借りた社会批判は好まれた手法で、地に足のついた道徳家である蛮人アナカルシスとアテナイの立法者ソロンの対比というモチーフは複数の文学作品に見られる。プルタルコスは、饗宴における会話集の中でアナカルシスを七賢人の一人に加え、イソップらと話をさせた。また、その粗野な外見を和らげるために若い娘が彼の髪を結わえるというエピソードを添えた[47]。プルタルコスは、ギリシア人と蛮族の間の隔たりは人が考えるよりも大きくないといわんばかりである。

この作品の影響もあり、アナカルシスの逸話はギリシア世界からローマやさらに外へと広がっていった。その中で、口うるさい毒舌な剽軽者というアナカルシスのイメージが増幅されていった。ルネサンス以降の西洋文明の偉大な作品においても、その端々に彼が登場する。たとえば、エラスムスは、アナカルシスには手で口を隠して就寝する習慣があったが、これは言葉の危うさを示すものだと述べている。また、モンテーニュは統治における徳の役割を議論する際に彼について言及した。また、ラファエロの絵画「アテナイの学堂」の背景の中で、アリストテレスの肩のそばに描かれている、厳めしい顔つきで金髪・ぼさぼさ頭の男もアナカルシスの可能性がある。

さらに、この賢明なるスキタイ人は一八世紀末に思いもよらない時と場所で真価を認められる機会を得た。それは、一八世紀末フランスのベストセラー小説の主題としてであった。『小アナカルシスのギリシア旅行記』と題して一七八八年に出版されたこの作品は、実際には古代のアナカルシスについて書かれたものではなく、古典文明について面白く書かれた概略本であった。著者ジャン・ジャック・バルテルミー神父はイエズス会士で、ルイ一六世の宮廷で勲章の管理係を務めた人物である。バルテルミーは古典語と古銭学の権威で、三〇年以上かけてこの旅行記全七巻を執筆したのであった。彼は、スキティアからアテナイへ旅した著名な祖先を持つ小アナカルシスによる旅物語を創作した。その筋書きは、主人公が当時の賢人たち全員と面会し、彼らと対話や議論を行いながら、ギリシア哲学者の考えや古代世界の名所を詳しく紹介するというものであった。

出版時から一世紀以上、この旅行記はベストセラーであり続けた。「その成功は私の予想を越えていました。作品は非常に好意的に受け入れられ、フランスや各国の雑誌が賞賛しました」とバルテルミー自身が後に振り返っている。学生たちは古典への入門としてこの本を利用し、プライドの高いブルジョワは、フランス語版や翻訳版をこぞって所有した。翻訳は多様な言語で出されたが、英語版の翻訳者は以下のように記した。

英語圏の読者たちに提供されることとなったこの作品は、最盛期の古代ギリシアの遺物、作法、習慣、宗教儀式、法律、芸術と文学のすべてを完璧に再現したものである。この分野に関する知識はこれまで骨折りな読書を通じてのみ獲得され、そこには読者への気遣いなどまったく感じられなかった。一方アナカルシスの旅行記は対照的に、しばしば読者はページの一番下まで目を通す間に、単なる娯楽作品や創作、空想小説を読んでいるかのように感じるほどである。[48]

バルテルミーは様々な引用や議論・推論のたびに原典を参照した脚注をつけていた。そのため、ギリシア語やラテン語の読めない読者も古典作品についての確かな知識を得ることができ、さらに冒険譚を楽しむことにもなったのである。

この旅行記は文学と芸術分野におけるフランス新古典主義の発展を促すと同時に、様々な翻訳を通じてヨーロッパ中のギリシア文化愛好家にも影響を与えた。黒海へと向かう旅行者たちは大アナカルシスと小アナカルシスの両者を頭に思い浮かべながら旅立っていった。一七八〇年代以降、驚くほど多くの作家が黒海航海と沿岸探検の記述においてアナカルシスに言及している。大アナカルシスが同胞に殺された森を発見したと主張する者もいれば、小アナカルシスがギリシア旅行へと旅立った場所を特定した者もいた。それはバルテルミーの作品がフィクションであることにあたかも気づいていないかのようだった。[49]

アナカルシスの物語の中心にある皮肉が、バルテルミーの小説の絶大な人気を支えていた。スキタイ人の目を通して、秩序ある、理性的で道徳的・文明的という古代ギリシアのイメージが描き出されており、これはしばしばヨーロッパ人が自身に対して抱くようになっていたイメージでもあった。右も左もわからない旅行者に、ありふれた主題について新鮮な目線で語らせるというバルテルミーの語り口は一八世紀当時には珍しいものではなかった。しかし、一般的なヨーロッパの教養人が、古代世界の芸術・建築・哲学を理解するにあたって、もっとも大きい影響を与えたのはまさにこの小アナカルシスの旅行記であった。近代ヨーロッパのグラマースクールや中流階級の家庭において古代ギリシアを紹介する役目を果たしたのは黒海からきた蛮人だったのである。その男は、近代ヨーロッパ人による「自己認識」形成を促すという役目を担っていた。

アルゴー号の探検

老アナカルシスの名声は、紀元前一千年紀後半にかつてないほど高まった。この賢明なスキタイ人は批判的道徳を体現しており、ギリシアの哲学者たちが自らの社会を照らし出す際にもきわめて有効であった。そして、ほぼ時を同じくして、黒海を舞台にしたもう一つの物語が人気を博した。イアソンとアルゴナウタイ［アルゴー号の船乗りたち］の伝説はホメロスやヘシオドスの時代から知られていたが、この物語の初めての完成版は、アナカルシスの金言や物語と同様に、ヘレニズム期に著された。すなわち前四世紀末から三世紀後の共和政ローマの台頭まで続いた時代である。ロドスのアポロニオスは、前三世紀にイアソン伝説についてのもっとも重要な文献である『アルゴナウティカ』を著した。アポロニオスは有名なアレクサンドリア図書館の管理者という名誉ある役職に昇りつめたが、それはこの作品が受けた称賛ゆえかもしれない。

「彼らを送り出したのはペリアス王であった」。アポロニオスはこのように叙述を始める。イオルコスの簒奪者ペリアスは、片足が裸足の男が彼に死をもたらすことを神託から知った。おりしも彼の甥イアソンが、冬の終わりで増水した川の泥の中に片方のサンダルを落とし、片足を引きずって彼の宮廷にやってきたのであった。そこで、ペリアスは一計を案じた。イアソンを危険な遠征に送って遠ざけ、運命を逃れようとしたのである。イアソンに与えられた使命とは、コルキス王アイエテスのもとから黄金の羊の毛皮を持って帰るというものであり、それは嵐の海の彼方で蛇に守られているとのことだった。アテナ女神の入念な監督のもとで、これまでにオールを備えつけられた船のうちでもっとも精巧なものが建造された。船体にはゼウスの神聖なドドナの樫からつくられた厚板が用いられ、船に人の言葉を話す力を与えた。さらに、もっとも勇敢で優れた半神と英雄たちが乗組員として集められた。危険な航海はまさに彼らにとって腕試しの場であった。敵意に満ちた部族が沿岸に潜み、魔獣が立ちはだかって道を遮った。そしてひとたび宝が手に入れば、復讐心に満ちた王とその家族が、それを取り返すためにいかなる努力も惜しまなかった。英雄たちを失いながらも、最後には、アルゴナウタイは金羊毛とコルキス王の娘メデイアをたずさえてギリシアへ帰り着いた。

イアソン伝承の起源を探る努力は実際に数多くなされてきた。アナカルシスの逸話と同様に、古典期から旅行家たちはアポロニオスの英雄譚に描かれた場所やでき事の証拠を熱心に探してまわった。一九八〇年代にはイギリスの冒険家ティム・セヴェリンが青銅器時代の技術に則って船を建造し、ギリシアからソヴィエト連邦のグルジア――即ちかつてのコルキス――まで航海を行った。これはもちろんイアソンの旅路を再現しようとするものであった[50]、イアソン伝説は神話として人気を博しているものの、それが古代の船乗りたちの経験を反映していることは疑うべくもない。地理学者ストラボンは、黒海での経験が神話の形成にどれだけ寄与したかをよく知っていた。

当時［ホメロスの時代］の人びとは黒海をいわばもうひとつの大洋オケアノスだと推測し、ここへ船を進める舟人たちはヘラクレスの柱より外側へはるかに乗出す人びととおなじくらい遠い世界へ出て行くのだ、と思っていた。この海は、海のなかでも一番大きく、「詩人」といえばホメロスを指すのとおなじように、格別の意味を込めてここをポントス（海）という名で呼んでいた[51]。

ストラボンによれば、金羊毛伝説もまた、川から黄金を取り出すために羊毛を使って一時的に水をせき止めるというコーカサスの人びとの技術に由来するかもしれない[52]。

もっとも、イアソン伝説を実証しようとすればするほど、この作品のもっとも重要な点を見過ごしてしまうだろう。つまり、アポロニオスの『アルゴナウティカ』は、ギリシア人が黒海を訪れたもっとも初期の時代を探求した作品というよりも、著者自身の時代を映し出している文学作品にほかならないのである。アポロニオスがこの作品を記した頃、アレクサンドロス大王の大征服はすでに終わり、かつて彼に仕えた将軍らが大王の遺産をめぐって抗争を繰り広げていた。アレクサンドロスの征服により、ギリシアの言葉と文化は当時彼らに知られていた世界でもっとも有力となったが、前三二三年に彼が亡くなると、継承者［ディアドコイ］の間での絶え間ない戦争の時代に突入していた。ヘレニズム時代を通して、アポロニオスら著述家は神話的過去の栄光を再構成することで、当時の厳しい現実を乗り越えようとしたのである。冒険への欲求ではなく、ノスタルジアの牽引力こそが彼の叙事詩の真の主題であった。

実際には、アポロニオスの記したアルゴナウタイの航海ルートも時代錯誤的である。世界最古の商用旅行の記録は、ペリプロイと呼ばれる地名辞典と航海案内を併せたような書式で現在まで一部伝わっており、それらはおそらく紀元前六世紀頃にまで遡る。ところが、こうしたペリプロイは、時代ごとに顕著な変化を示すのである。最初期のものは船乗りたちに黒海に入ったら左に舵をとるように、すなわちまず西に向かって沿岸沿いに北に向かうよう指示している。より後の時代になってから、船乗りたちは右に旋回し、コーカサスに向かうようにと説かれる。この最初期の左旋回の理由は明らかではない。しかし、おそらくは北岸と西岸において魅力的な取引が見込まれたことと関係があるのだろう。[53]たしかに南岸に位置するシノペは黒海沿岸の他の都市よりも古いのだが、来訪者を惹きつけたのは黒海の魚介と穀物であり、これらはトラキアとスキティア沿岸でもっとも豊富であった。後の時代に、シノペがより東方に植民地を建設し、またファシスのような東方の都市が発達したことによって、南岸廻りの長距離ルートが初めて定着したのである。つまり、コルキスに直接航海するにあたってアルゴナウタイがとった方角は、アポロニオスが物語の題材を求めたおぼろげな過去のものというよりも、作者の生きた時代によりありえそうな方角だったのである。

紀元前三世紀には、あるいはおそらく、それ以前にも、旅行者は黒海のいたるところで航海中のでき事に因んで名づけられた岬や入江、特定の乗組員に関連づけられた地元の神話等、イアソンとアルゴナウタイの痕跡を目の当たりにしていた。しかし、これらはおそらく比較的新しい時代に創出されたものであり、古代の英雄的冒険者による旅路の名残ではなかったであろう。また、ヘレニズム時代の文化的記憶の中では主要なでき事も、東方の現地民にとっては特に気にかけるべきことではなかったようである。沿海の諸民族の神話や民間伝承において、アルゴナウタイと彼らの伝説的な旅路についての情報は驚くほど少ない。地中海世界との交易が拡大しはじめ、都市が繁栄してようやく、ギリシア人移民と、そしてギリシア化された現地民までもが、彼らの街の歴史と想像上の過去を結びつけることの有用性に気づいたのである。市民たちは街の起源譚と伝説的な先祖をアルゴー号に結びつけて考案し、卓越した地理上の景勝地に古代の由緒を与えた。南東岸のとりわけ目立つ岬は『アルゴナウティカ』においては一度も言及されなかったが、それでも二〇〇〇年以上にわたって「イアソン岬」（現在はトルコ語でヤスン・ブルヌ）と呼ばれ続けている。[54] 今日でも来訪者たちはソヴィエト連邦から独立したグルジアの海岸沿いの「メデイア」という名の〔グルジア語ではメデア〕レストランで夕食をとりながら「アルゴー〔同じくアルゴ〕」ビールを楽しむことができる。両者はおそらく同じような発想であろう。マーケティング技術は近代の発明ではないのである。

植民市の苦難――より野蛮なギリシア人

ギリシア人が黒海にはじめて足を踏み入れてから数世紀の時をかけて、植民市は順調に成長し、富を蓄え、名声を獲得していった。穀物と奢侈品を地中海に輸出して経済力をつけ、ついには哲学者と文筆家さえも輩出するなど文化力も高めていったのである。もっとも彼らの成功には、必要不可欠な条件が二つあった。それは、イオニアとギリシア本土という（とりわけ穀物にとっての）保証された輸出市場の存在であり、内陸の非ギリシア人との良好な関係である。次第に、この二つの条件はいずれも満たされなくなっていった。アレクサンドロス大王の征服は黒海諸都市に即座に大きな影響を与えることはなかった。しかし、この時代以降、エジプトが地中海域への穀物供給源として存在感を増すことになり、黒海沿岸諸都市の特権的地位を脅かしはじめた。交易のパターンは南方へとシフトした。たとえばナイル川を下ってアフリカの角へ、紅海を下ってインド洋と東方へ、アンティオキアとダマスカスから陸路を通ってペルシアと中央アジアへと至るルートなどである。後にローマが東地中海地域に勢力を拡大すると、これらのルートは黒海に通じる古い交通路よりも一層重要になった。

内陸の蛮族との関係についても雲行きが怪しくなりはじめた。後背地の勢力とは長い間にわたって微妙な関係にあり、諸都市はしばしば平和への見返りとして蛮族の首長に多額の支払いを強要されていた。トゥキュディデスによれば、西岸の諸都市は現在のブルガリアの大半を支配していたトラキア系の部族であるオドリュサイ人に大量の金や銀、そして毛織物を送り届けるように義務づけられていた。[55] しかし、前二世紀から、こうした古くからの貢納関係すらも揺らぎはじめる。特に北方諸都市において、蛮族の支配者への貢納の量と頻度は増加したようであり、地方の公庫では公共事業に使える資金が底を突きはじめていた。多くの都市では郊外の農地（コーラ）も縮小しはじめ、公共の建築物は朽ちるに任されるか、攻撃によって破壊されていった。防御壁はたとえ建設されても修理もできず、さらに襲撃の餌食となった。[56] 海上では、植民市の建設期においては稀であった海賊行為が次第に増えていった。おそらく地元の王ないしは蛮族の支配者が、略奪者の活動から利益を得ようとしてこうした行為を奨励したのであろう[57]。

訪問者たちもまた、古くからの植民市のことが気に入らなかったようである。住民の多くはギリシア語の話し方を忘れるか、あるいはあまりにも古風な話し方をするので、まるで彼らのイオニア人の先祖がふたたびこの世に現れたかのようだった。紀元一世紀、著作家ディオン・クリュソストモスは古代都市オルビアを訪問した。この都市の繁栄ぶりを数世紀前にはヘロドトスも描写していたが、ディオンの期待は裏切られた。

この都市（オルビア）は、その大きさに関しては、古代の名声にまったくふさわしくない有様である。これは略奪と戦争が繰り返されたためである。この都市は蛮族たちのただ中に長らく置かれていたので――しかもこの蛮族たちは、もっとも好戦的な種族であった――、常に戦争に晒され、何度も占領された。いちばん最近の、そしてもっとも損害の大きかった占領が起こったのは、およそ一五〇年前のことである[58]。

周囲を取り巻く蛮族であるゲタイ（ゲタエ）人は、しばしば戦争を引き起こし、北岸と西岸の都市を攻撃し、ビザンティウムまで南下して略奪することさえあった。オルビアの住民は、かつては広大な郊外農地を有していたが、ぼろぼろの城壁の内側に退き、聖域と墓所はひどく荒れていた。エーゲ海から船がくる頻度は減り、投錨する船に乗っているのももっぱら海賊か詐欺師であった。オルビア人には次のような不平を漏らす者がいた。「よくあることだが、ここにくる連中はギリシア人といっても、我々よりもよほど野蛮だ。なにしろ商人とか市場の人間とかいっても、安いボロ布と質の悪いワインを持ってきて、その代わりにろくでもないものをもって行くだけだ[59]」。植民市における文化混淆に、時に訪問者は大いに困惑した。ディオンは、蛮族の騎乗者のようにズボンを履いて黒い外套をまとい、ベルトに大きな騎兵用の剣を差したカリストラトス某と出会った。もっとも、こうした出立ちにもかかわらず、ディオンは、この人物が実際の心の中はギリシア人ではないかと疑った。というものも、彼が仄めかすところでは、カリストラトスはディオンを誘惑したのである[60]。

黒海は今や流刑地とみなされ、豊かさや異国趣味の淵源というよりも、最初期のギリシアの詩人や地誌学者が想像したような住みづらい世界の果てとふたたびみなされるようになった。オウィディウスは紀元八年にアウグストゥス帝によって西岸のトミスに追放されたが、植民市の衰退期における黒海沿岸のもっとも辛辣な生の記録を綴っている。そこは惨めな場所である。寒い、彼の故郷アブルッツォ［現イタリア中部のアドリア海沿岸に位置する州］よりも、とてつもなく寒いと、彼は嘆く。冬には海面が凍てつく年もあり、イルカたちは跳ぼうとして頭をぶつけた。雪は二年間地表を覆い続け、ワインを容器から注ごうとすれば、出てくるのはシャーベットである。男たちは髭についた氷柱をチリンチリンと鳴らしながら歩きまわった。騒々しい蛮族たちが周りを取り囲み、駿足の小さな馬に乗った略奪者たちが北からやってきて、人びとがなんとかして手にしたなけなしの文明の兆しさえをも摘み取っていく。彼はこのように書いている。「彼らはこの地を「エウクシヌス」すなわち「客あしらいのよい」と呼んでいるが、それは嘘だ[61]」。

オウィディウスは詩人であり、もちろん彼にとって脚色は悪いことではない。しかも、特に彼は手の込んだ描写により、刑期が短縮されるのではないかという、ある絶望的な希望を抱いていたからなおさらである。しかし、古くからのギリシア植民市で深甚な変化が起こっていることを彼は正しく理解していたのだろう。たしかに、地中海世界の食通は、塩漬け魚を入れた奇妙な壺を世界の遠い果てからの輸入品として依然珍重していた。しかし、新たな穀物の供給源と東方への交易路は、今や成長著しいローマの力に守られ、黒海の至宝の価値を地におとしめたのである。この頃、黒海沿岸や後背地には、次々に新たな勢力が出現した。はるか東から到達した新たな遊牧民たちや、ギリシア語話者のエリートがギリシア人と蛮族が混ざり合った住民を支配するハイブリッドな王国、ギリシアの母市による創建の記憶すら、もはやおぼろげで地中海世界との関係がほぼ絶たれた独立都市国家である。ギリシアの植民市が建設されていた時期には、地域に一体性が存在していたかもしれない。しかし、今や黒海には多様な経済的・文化的空間が併存し、政治的支配への欲求と無秩序な挑戦がぶつかり合うフロンティアに転じた。

ポントス王国とローマ

前六二年、将軍・執政官ポンペイウスはローマに凱旋帰国し、その栄誉を称える記念のパレードが全市を挙げて催された。行進は二日以上にわたって続き、その壮大さはあらゆる先例を凌いだ。新たに征服された土地の名前が、行進で運ばれた記念碑に刻み込まれていた。パフラゴニアとポントス、アルメニアとカッパドキア、メディア、コルキス、イベリア、アルバニア、シリアとキリキアおよびフェニキア、パレスチナとユダエア、メソポタミアとアラビアである。征服された要塞は一〇〇〇を数え、遠征軍は八〇〇艘もの船を拿捕した。九〇〇の都市を手中に収めるだけでなく、新たに三九の未知の街を発見した。莫大な数の略奪品がローマにもたらされた。金や宝石など財宝を街に運び込むために、何百もの荷車と輿が必要であった。

ポンペイウス自身は宝石をちりばめた馬車に乗り込み、かつてアレクサンドロス大王の持ち物であったとされる外套を着て入市した。彼の後ろには征服地から連れてこられた貴顕がそれぞれの故地の衣装をまとって続いたが、その数は三〇〇人を超えた。アルメニア王の息子と義理の娘、ユダヤの王、コルキスの王、コーカサスの山々の首長たち、海賊の頭領たち、そして最後に、アマゾネスとされるスキタイ人女性の一団が続いた[62]。

だが、そこにはある重要な人物が欠けていた。その代わりに、一二フィート［三・七メートル］もの高さの純金製の像が用意された。そして、行進では、この人物の数多い息子や娘たちの中で、ローマによって連行された者たちがこの彫像に続いた。この人物とは、ポントス王ミトリダテスその人であり、この凱旋パレードは主に彼の打倒を祝賀するものであった。最終的にポンペイウスの主導のもとで疲弊しきった軍団が復活するまで、ローマの将軍たちは何十年にもわたって彼と戦ったが、すべて不首尾に終わっていた。そして最期まで、ミトリダテスはローマの将軍に最高の栄誉を与えること、すなわち王自身の身柄をローマに引き渡すことだけは拒んだ。この行進に遡ること二年前、敗北を悟ったミトリダテスはすでに自ら命を絶っていた。そして、このときはシノペにポンペイウスが建設した壮麗な墓の中に眠っていたのである。

文字通りに、また比喩的な意味でも、前一世紀における征服により黒海はローマ世界の一部となった。ミトリダテスに対する勝利は、ローマの境界を東ではユーフラテス川、北ではスキタイ人の地にまで押し広げた。この新たな領土の獲得により、共和制ローマの税および貢納による歳入は二倍以上に増加した。そして、それまでの二世紀にわたって土着の支配者たちの戦乱が絶えなかったこの地域に、一定の秩序の回復をもたらした。船は海賊を怖れることなく航海できるようになり、沿岸を支配する地方有力者たちは共和政ローマ、のちには帝政ローマの宗主権下に組み込まれたのである。

かつてギリシア人たちが黒海で経験したものは、植民市という名の陸の孤島であり、それはよそ者をよせつけない後背地や、荒れるに任せる海に囲まれていた。しかし、ローマ人は、さらなる大望を抱いていた。彼らは黒海を帝国の秩序の中に組み込み、魚介類、穀物、貴金属、そして帝国の権力にとってとりわけ重要であった、海とその沿岸地域が供給する戦士の力の活用をもくろんでいた。しかし、ミトリダテスの事例が示すように、黒海を征服することは決して容易なことではなかった。帝国のフロンティアは決して明確に線引きされた境界などではなかった。それらは文字通りに限界——ラテン語ではリメス（limes）であり、どの程度ローマが正当に軍事力を行使できるかの尺度であり、しかもそれは常に一定ではなく、毎月変動することすらあった。もちろんローマのフロンティア政策は時を追って変化した。それでも基本的には、黒海周辺でのローマの拡大過程が、周辺地域に近代的な意味での国家的支配を打ち立てることはまれであった。むしろ征服とは、主に帝国と土着民との関係をせいぜい組み変えること[63]——つまり協約を結んだり、潜在的な敵を買収したり、そして可能であれば競争相手を従属者にすること——であった。

　全盛期のローマ帝国は、北西のドニエストル川流域からトラキア、アナトリアを経て東のコーカサス山麓にかけて、黒海の海岸線の半分以上を領有していた。ローマの軍船と商人は、長いオールを持った漕ぎ手と亜麻布の帆とともに、現代のルーマニアからグルジアにかけて、航路上のあらゆる港を訪れた。もっとも、黒海は決してローマの関心の中心ではなかった。前二〇〇年代に共和政ローマが東地中海域への拡大を開始したとき、環黒海地域のほとんどはアレクサンドロス大王の没後に形成された独立王国の間で分割されていた。黒海の南岸と東岸地帯は彼の将軍の一人であるセレウコス（セレウコス朝帝国の名祖）の支配するところとなり、西岸は歴代のマケドニア王がたびたび領有を主張した。しかし、環黒海地域において、彼らの権力が名目以上の意味をもつことはまれであった。すなわち、ヘレニズム期には黒海は政治的に不安定な状態に置かれていたのである。旧来のギリシア植民市の多くは混乱し、内陸の部族による占領・再占領が繰り返され、数世紀前の活気ある市場の面影はほとんど残っていなかった。外部の者が海岸線を制覇した民族に関心を払うことはほとんどなかった。西ではゲタイ人と他の西トラキアの部族が、北ではスキタイ人やサルマタイ人の首長たちの一群が、東ではコーカサスの好戦的な人びとが、それぞれ群雄割拠していた。そしてクリミアと南岸にはいくつかの小王国が存在し、そのいくつかは君主（モナルコス）の称号を冠したギリシア語話者の支配者を戴いていたが、その玉座の命脈もひとたび有力な隣人が簒奪を決意すれば尽きるものであった。このように、アポロニオスが『アルゴナウティカ』において英雄譚を追憶したことには、それなりの理由があったのである。

もしポントスの王たちが野心を抱かなければ、実はこうした状態が続いたのかもしれない。ヘレニズム期とローマ期において、「ポントス」の名称はそれ以前と同じように黒海自体を指すこともあれば、おおよそシノペからトラペズスまで伸びる黒海南岸沿いの特定地域を指すこともあった。近隣勢力と同様に、ポントス王もアレクサンドロスの死後に続いた政治的動揺の中で自らの王権を打ち立てた。彼らは肥沃な地域を支配したが、この地域のみずみずしい渓谷と鬱蒼と茂った森林は、数世紀前にはギリシア人移住者を惹きつけたものであった。王都アマセイア（現トルコ・アマスィヤ）の崖の上に彫り込まれた彼らの壮大な霊廟は、その勢威を今に伝えている。

しかし、ポントス王国の本当の強みとは、黒海のもつ力を明確に理解していたことであり、さらに彼らは戦略的思考においても長けていた。他の小アジアの支配者たちが自らの状態に安座する中、ポントスの王たちは遠く対岸に視線を遣った。彼らは北岸に渡ることのできる頑強なガレー船の海軍を編成し、かの地の古来のギリシア植民市との結びつきを強めたのである。海の向こうのケルソネソスで彼らは協定を取り交わし、スキタイ人の侵入から街を防護することになった。また彼らは西岸の諸都市からの確固たる協力も取りつけた。古の植民市パンティカパイオンを拠点とする強力なボスポロス（ボスポラス）王国と友好関係を結び、その結果、アゾフ海での漁業権も確かなものとなった。また国王たちは、ローマの著しい勢力伸長がもたらす影響についても敏感に察知した。彼らはカルタゴとの戦争でローマに協力し、ローマの東方遠征軍団にも援軍を差し向けた。

ポントス王国は前一世紀にミトリダテス六世エウパトルのもとで全盛を迎えたが、彼はほとんど神話上の人物のような逸話でよく知られる。ミトリダテスは父の暗殺後に少年王として即位した。もっとも王座は容易に得られたわけではなかった。彼の母は息子を殺してその弟を王位につけようとした。ミトリダテスは山中に逃れたが、協力者の軍勢を得ると野を出て母を投獄し、簒奪者たる弟を処刑したのである。

古代の史料はミトリダテスを超人間的な力の持ち主として描いている。彼はおよそ二四もの言葉を話したといわれている。彼は熟達した狩人にして戦士であり、誰よりも速く走り、馬で駆け抜けることができた。文化的には彼はほぼギリシア人であり、コイネー〔共通ギリシア語〕を話した。コイネーは、数世紀にわたる様々なギリシア語方言の相互作用と、非ギリシア人の影響の中で形成された。もっとも彼は、ペルシアや東方の伝統にも多くを負っていた。後代の劇作家や作曲家は、ミトリダテスを半ばヘレニズム的愛国者、半ばオリエント的専制君主として描き出した（ラシーヌ版の『ミトリダート』はルイ一四世のお気に入りであり、モーツァルトとスカルラッティもこの王を主役に据えたオペラを作曲した）。

ミトリダテスの野心は歴代の王を凌ぐものであった。彼はケルソネソスとの古くからの協定を、同市を併合する口実として利用した。また、ボスポロス王国を支配して、その首都パンティカパイオンに副王を置いた。そしてわずか数年のうちに、彼はコルキス、中央アナトリア、ビテュニアを征服し、縁者や友人をその君主の座につけた。彼の領土は現在のトルコ北部のほとんど、南ウクライナ、そして西コーカサスにまで広がった。小麦と銀で支払われた貢納は彼の財源を豊かにし、北方の土地は熟練した騎兵・弓兵の有力な補充源となった。また彼はアルメニア王ティグランとの同盟を締結した。アルメニア王もまた東アナトリアにおいて、ミトリダテスが黒海沿岸で展開していたのと同様の領土拡張政策をとっていたのである。

ミトリダテスの急速な征服活動と強力な軍勢はローマ人の気をもませた。ローマは紀元前二世紀に小アジアに足がかりを獲得し、古のイオニア海沿岸はすぐに属州アシア（アジア）として編成されたのだが、この属州と強大なポントス王国を隔てるものは、いつ背を向けるとも知れないような、心もとないローマの小同盟者たちだけであった。対するミトリダテスは、二五万の歩兵と四万の騎兵、そして黒海沿岸全域から徴募された兵士と乗組員に満ちた数百隻の艦隊を従えていたとされる。小アジアにはなけなしの軍勢しかおらず、ポンペイウスに先立つローマの司令官たちは、ミトリダテスと直接戦うことはできなかった。そこで彼らは地方の同盟者たちに、代理として、ポントスに先制攻撃を仕掛けるように仕向けた。しかし、この作戦の結果は悲惨であった。ミトリダテスは容易く侵略軍を蹴散らし、小アジアを通ってエーゲ海沿岸まで進出したのである。さらにその際、王国がそれまで結んできたローマとの同盟を破棄し、この西の新興勢力に対抗してヘレニズムの偉大な国家を復活させることを約束した。その遠征のおり、即ち前八八年、ミトリダテスは自分の軍勢が遭遇したローマの男女子どもすべてを無差別に虐殺することを命令し、おそらく全部で八万人ほどがその犠牲者となった[64]。

ミトリダテスの勝利は目を見張るものであった。軍船を使って海兵と歩兵はエーゲ海を渡り、ギリシア本土に侵入するとローマ軍を蹴散らしてアテナイを占領した。だが、さらなる前進は困難であった。ローマ軍は他の地域からも増援を得るようになり、その行く手を阻んだ。ギリシアの諸都市も、当初はミトリダテスを解放者として歓迎していたが、しだいに少しもローマ人たちと変わらないことを理解し始めた。こうした情勢を受けて、ミトリダテスはローマと早急に和平協定を取り結んだ。彼は征服地を放棄し、和平を乱したことに対する賠償金を支払うことでローマと合意したが、それは対立に終止符を打つことにはならなかった。その後に続いたのは一連の、小規模ながらも血にまみれた戦争であり、ふたたびミトリダテスは周辺勢力に立ち向かい、結局はまたローマと対立するようになった。

数年のうちにローマ側の忍耐もとうとう限界に達した。元老院は最高指揮権をポンペイウスに付与し、東方戦線に打って出るように彼を説得した。彼は以前にもローマ勢力の別の境界地域、すなわちリビアとスペインで歴史的な勝利を記録しており、それによって四〇歳を前にして二度もローマで凱旋行進の場に立つことを許されていた。元老院は彼が三度目の行進の権利を得ることができるものと期待したのであった。

ミトリダテスに対する新たな遠征は迅速に遂行された。以前と同様に、王は戦略的な撤退を命じ、ローマ軍団を険しい地域に誘い込んで疲弊させようとしたが、ポンペイウスは撒餌に食いつくことを拒んだ。ミトリダテスがコーカサスに逃亡すると、ポンペイウスはアルメニアに矛先を向け、素早く王の同盟者ティグランを屈服させ、さらに黒海南岸を進軍し、それまでにミトリダテスの手に落ちていた都市を再征服し、ついでポントス本国に侵攻した。

同じ頃、王は逃亡をはかっていた。ローマ軍船によって哨戒されていた沿岸部を避けて、彼はコーカサスの諸部族の間を抜けて北へ向かったのである。ミトリダテスは、最終的に、息子の一人をクリミアの支配者として配置していたパンティカパイオンに辿り着いた。ポントスのほとんどを手中に収めたポンペイウスは、各地の反乱を鎮圧することに注意を向けており、追い立てられた王は北の蛮族たちの間でしばらく雌伏の時を過ごしていた。

もっとも、クリミアの砦にあってなお、ミトリダテスは帰還を企んでいた。彼はスキタイ人とゲタイ人から新たな軍勢を呼び集め、ドナウ川を遡行して進軍し、ガリア人の助けでイタリアに侵入してローマ本市を攻撃するという壮大な計画を練っていた。しかしながら今回ばかりは、彼の能力が目標に追いつかなかった。彼は当初こそ小アジアと黒海のヘレニズム君主たちに歓迎されはした。しかし、結局のところ、地元の有力者にローマが課すだろうと警告したのと同額の貢納を求め、じきに単なる圧制者とみなされるようになっていたのである。配下の兵士たちの間でも反乱が勃発し、息子の一人ファルナケスは、父の代わりに自身を王位につけるように将兵たちを説得した。王位が失われたことを悟ると、ミトリダテスは毒を飲んで自殺を試みた。それが効かないとみるや、ガリア人の家臣の一人はこれを哀れみ、剣でとどめをさした。

ファルナケスはただちに好意と友情の証としてポンペイウスに父の遺体を送った。防腐処置人が脳を取り除くのを忘れるという杜撰な仕事を行ったため、王の遺体は腐敗して顔面を著しく崩壊させ、ほとんど身元判別不能な有り様であった。[65] しかし、ミトリダテスの遺体を確認すると、ポンペイウスは彼を今までにローマが東方で出くわした中でもっとも偉大な敵であると宣言し、シノペに特別に誂えられた霊廟に埋葬した。その後、小規模な掃討作戦を経て、ポンペイウスは新たに得られた土地をローマの属州ポントスに再編し、凱旋の途についた。

ミトリダテスは、彼の結末が実際にこのようになるだろうと予見していたとされる。ポンペイウスと干戈を交える前、彼は夢の中で、穏やかな風の中で黒海を航海し、遠くにボスポラス海峡の入口がちょうど視界に入るところにいた。彼は仲間の乗組員に顔を向け、地中海への通路まで安全に来られた幸運にねぎらいの言葉をかけようとしていた。しかし次の瞬間、彼は嵐の最中に自分を見出した。仲間たちは消えて船は打ち砕かれ、偉大な君主は漂流物のただ中に投げ出されていたのである。66 黒海を取り巻く王国をつくろうという彼の試みも同じ運命を辿ることになった。こうして、かつての都市国家やヘレニズム君主ではなく、ローマが環黒海地域の大部分の領有を主張するようになったのであった。

トラヤヌス帝のダキア征服

ミトリダテスの敗北の後も、黒海をめぐる情勢はいまだに落ち着きを見せなかった。ポンペイウスの凱旋帰国からほどなくして、かつて父王を裏切ったファルナケスが、ローマとの同盟を破棄し、クリミアから黒海を渡って兵を挙げたのである。父の帝国の再興を目論んだファルナケスであったが、カエサル率いる遠征軍に一蹴されてしまった。この遠征は、カエサルによる「来た、見た、勝った（"Veni. vidi. vici"）」の言葉でもよく知られている。

もっとも、この言葉は、ローマと黒海の沿岸および後背地の諸民族との複雑な関係を正しく伝えていない。実際にはミトリダテスもファルナケスも蛮族の力を結集して、強力な連合を形成し、その勢力はあと少しでローマにも拮抗しうるほどであった。フロンティアに位置する集団が団結すれば、大きな軍事的脅威にいつでもなりうることは、帝国にとって常に懸案事項であった。これらの集団のうち、西岸のゲタイ人は、もっとも重要な集団の一つであった。

ローマが黒海世界に進出するよりもかなり以前に、ヘロドトスはゲタイ人を、トラキアの民族の中で「もっとも雄々しく、法を守る人びとである」と記している。また彼は、ザルモクシス神と通じることによって、死後に新たな生命を得るという思想を含む、彼らの一風変わった信仰にも魅せられていた。ゲタイ人にとり、死は住処の移動に他ならない。それゆえ彼らはギリシア人によって一般に「アタナティゾンテス」、即ち不死の渾名を与えられている。ローマ人にはゲタイ人はむしろダキア（ダキイ）人としてよく知られていた。ダキア人はおそらく元来は言語と文化においてゲタイ人と緊密な関係を持っていた別の部族であった。ヘロドトス以降の数世紀をかけて、彼らは交易、とりわけ黒海北西部のカルパチア山脈を越えた地域であるトランシルヴァニアの鉱山から産出される金と銀の取引によって強大な勢力を築いた。彼らは長きにわたって畏怖される戦士であり続けたが、ユリウス・カエサルと同時代に君臨したブレビスタ王の治世において、ダキア人は軍事的にさらに勢力を伸ばして黒海沿岸に広がる古くからのギリシア植民市を支配するようになった。ダキア人の脅威に対して、カエサルは軍事遠征を計画したが、両者の対決は実現しなかった。ほぼ時を同じくして、両者ともに変心した友人に暗殺されるという奇遇な運命を共有したからである。その後、アウグストゥスのもとでダキア人は名目上ローマに従属するようになったが、冬になれば凍結するドナウ川を渡って進軍し、今日のブルガリアに存在した帝国の属州モエシアを略奪するのであった。「ここにいるのはスキタイの暴徒、胡服を着たゲタイである」と、当時、黒海沿岸に流されていたオウィディウスは不平を漏らしている。[67]

東方のミトリダテスと同様、ローマ人たちはダキア人たちと数々の小競り合いを繰り返したが、その政治的な帰結は毎回ほぼ変わらなかった。すなわち、ダキア人はローマの宗主権を形式上は認めたが、これが順守されることはほとんどなかったのである。二世紀のはじめになって、トラヤヌス帝はダキア人と彼らの王デケバルスの勢力を完全に葬り去ることを決意した。こうして一〇一年から一〇六年の間に行われた二度の遠征によって、ダキアは徹底的に略奪された。強固な橋梁がドナウに架けられたが、それは基底から一五〇フィート［四五・七メートル］の高さを誇る二〇の石造の橋脚がアーチを支えるものだった。この橋をわたって補給線はダキアの奥深くまで伸びた。ローマ軍は最終的に南カルパチアのダキア人の首都サルミゼゲトゥサを包囲したが、デケバルスもミトリダテスと同様に、捕らわれて生きながらにしてローマに送致されるよりも自死を選んだ。彼の首級が、ダキアの要害で発見された金銀の財宝とともに送られた。トラヤヌス帝の戦勝を祝う宴は一二三日間にわたって続いたが、これには一万名の剣闘士が動員され、犠牲となった獣は一万一〇〇〇頭を数えたという。[68]勝利を称えるために壮大な記念碑が建立されたが、そこには征服の経緯を描写するレリーフがらせん状に刻まれた。一一三年に皇帝自身によって奉献されたトラヤヌス帝の柱は現在もローマに立ち続けている。

柱に刻まれたダキア人の姿はおそらくヘロドトスの時代と変わらなかったであろう。彼らは髭を生やし、ズボンを履いており、おそらく征服者たちを称えることも意図して戦闘における獰猛さがよく描かれている。特徴的なダキアの三日月刀は、おそらく東方の民族から取り入れた武器であり、ローマの軍団に多くの流血をもたらした。また、ステップのスキタイ人の影響を強く受けたダキア人の騎兵戦術も怖れられていた。

しかしながら、征服を進める軍団兵たちがおそらくもっとも衝撃を受けたのは、自分たちと蛮族だと思っていた敵たちが、多くの共通点を持っているという事実であった。ダキア人は何世代にもわたって黒海沿岸諸都市と関わりを持っており、石壁で囲まれた城塞は古来のギリシア植民市で見られるものと同じくらい洗練されていた。さらには、ローマ人たち自身も以前にダキア人の要塞建造を援助するために技術者を送っていたのであった（あまりにも多くの技術を供与したために、後に戦略上の問題が浮上する事例は、近代の列強にもまま見られる）。金属製の狼の頭は彼らの象徴であり、微風にはためく風見用の吹き流しに取りつけられていたが、後にローマ軍団はこれを軍旗に取り入れた。

ダキア人の敗北後、彼らの地域は属州ダキア、あるいは征服者に因んでダキア・トラヤナ［トラヤヌスのダキア］と呼ばれるようになったが、その領域は今日のルーマニアの大部分に相当する。ローマ軍団がこの地に駐屯し、植民者たちが鉱山やドナウ平原の肥沃な土地で働くために帝国各地から連れてこられた。地理学者プトレマイオスはダキアにおける約四四ヵ所の定住地について言及しているが、それは「もっとも重要な街」だけでもそれほどの数にのぼるということであった[69]。

それでもなお、ダキアは常に最前線の属州であった。北方のステップから遊牧民がたびたび侵入するため、もともと乏しい防衛の負担は甚大だった。早い段階で属州が放棄されなかったのは、移り住んだ定住者を慮ってのことであろう。西寄りの地域は比較的早い時期にローマの支配が確立したが、東側、すなわち黒海に近い平原では、ローマの影響力は複雑な地域勢力図のごく一部に過ぎなかった。

ダキア人の多くは属州の中にとどまっていたし、東のステップの遊牧民たちも、かつて数世紀前にヘロドトスが描写したように、木製の馬車で平地を動きまわった。定住民にせよ、遊牧民にせよ、様々な集団がドナウ川で漁業を行い、氾濫原に農場を営み、カルパチアの山麓で狩りに精を出していた。結局、ドナウ川北方におけるローマの支配は一世紀半ほどしか続かなかった。二七五年までにアウレリアヌス帝がダキアを放棄し、より容易に防衛できる自然国境である大河の南に軍団を引き上げることを決定したのである。ローマ人定住者の一部は、農場や家畜を捨てる気になれず、明らかに残留したようである。北方ステップからの新来の民族の流入に押し出されるように、カルパチアの広大な花崗岩地帯を越えてさらに北に進む者もいた。

アッリアノスの巡察旅行

実のところ、ダキア放棄の前についても、後の時代についても、ローマ期の黒海世界について、文献史料が伝えるところは非常に少ない。多くはローマが到来するより数世紀も前に記されたヘロドトスの記述に依拠するばかりである。しかし、それでもなお重要な一つの史料として、フラウィオス・アッリアノスの記述が挙げられる。彼の黒海との馴れ初めは、かつてミトリダテス王が予知夢の中で見たものと同様の、幸先の悪いものであった。

突然、雲が現れて我々の東方に立ち込め、激しい嵐を呼び、それは我々の航路に対して完全に向かい風となった。迂回する間もなく、瞬く間に大きな海のうねりが生じ、見るも恐ろしい光景となり、我々には大洪水のごとく大波が押し寄せた。状況は実に悲劇的なものであった。というのも、我々が排水を行うと同時に、同じ早さで水が流れ込んできたからである。[70]

船は大揺れに見舞われたが、アッリアノスは無傷で生き延びた。それはローマにとっては僥倖であった。なぜならば、彼はちょうどその頃、黒海南岸の大部分の地域を支配する総督に任命されたばかりだったからである。なお、彼の管轄区域には、ローマ帝国の属州に組み込まれたミトリダテス王の旧領も含まれていた。

彼の海での幸運は、何かの力に護られたような一生へとつながった。アッリアノス――あるいは英語圏ではよくアッリアンの名で知られる――は生まれにおいてはギリシア人であり、ビテュニア出身であったが、ローマ軍の高級指揮官にまで昇り詰めた。同時代にそのような出世をしたギリシア人は彼ただ一人である。若い頃は哲学を好み、彼が残したエピクテトスの講義録『語録』はストア派学徒たちの間ではよく知られている。のちに転じて文学を追い求めるようになり、アレクサンドロス大王の事績をまとめ『アレクサンドロス東征記』、さらに軍事戦術、狩猟、そしてインドについての論文を著した。一三一年、齢三五にしてカッパドキアの属州総督に指名された。この属州はポントス王国の旧領を含み、黒海沿岸東部とコーカサスにおけるローマの前線を監視する役割を担っていた。

アッリアノスの時代には、山岳民族の略奪隊が前線を荒らしていた。同様に、海の向こうのダキアでも遊牧民による侵入が始まっていた。東方の大国パルティアも、帝国建設を積極的に推し進め、ローマの弱点につけ込む隙を眈々と狙っていた。海賊は地中海では実質上駆逐されていたが、黒海では深刻な問題であり続け、ローマに名目上忠誠を誓っている現地の支配者がその黒幕である場合も少なくなかった。それゆえに、治安維持は地方の有力者との協約に依拠していた。総督に就任したアッリアノスのはじめの仕事は、そうした協約が実際にどの程度守られているのかを調査し、トラヤヌス帝の後継者ハドリアヌス帝に報告書を送ることであった。この報告書の一部は、『黒海周航記』（*Periplus Ponti Euxini*）として残存している。

アッリアノスの旅路の記録はトラペズスから始まる。この街は、黒海東部において、ローマ帝国が実質的に支配していた最後の領域に位置しており、その先には辺境駐屯兵が点在するのみであった。もっともそのトラペズスでさえ、洗練されたメトロポリスには程遠かった。街の祭壇は「蛮族にはよくあるように」粗削りな石でつくられており、みすぼらしい彫刻と綴りの誤った銘文が添えられていた。これを見て、アッリアノスは即座に新しい祭壇を送るように皇帝に要請した。この古くからのギリシア都市の人びとは、十分に忠実で良心的であるように見え、彼らは新しく建立された、栄えあるハドリアヌスが海の方向を指さしている姿が描かれた像を誇りに思っていた。しかし、実際の皇帝にはあまりにも似ておらず、これはとても彼の名誉を称えたものとはいえないとアッリアノスは残念そうに記している[71]。

トラペズスを出ると、アッリアノスは海岸沿いを東へと航海した。一日のうちに彼の一行はヒュッソスの港（現トルコ・スュルメネ付近）へと辿り着いた。そこで彼はローマ歩兵の一隊と出会い、彼らに調練を施した。彼らがふたたび出発すると、当初は河口から吹き付ける早朝のそよ風が帆を満たしたが、暫くするとオールの使用を強いられるようになった。すぐにまた風が得られたが、今度は強風であった。大波が舷縁を押し寄せ、甲板を水浸しにした。漕ぎ手が水を汲み出す間、船長の熟達した技だけが頼りであり、なんとか船が波で転覆するのを防ぐことができた。もっとも船団のうちの他の一隻は操舵不能となり岩の岸壁に打ちつけられた。その船自体は失われたが、アッリアノスは乗組員たちに命じて帆と索具を引きあげさせ、貴重な密封剤である蠟を船体から削り取らせた。

嵐は二日続いた。待機後、一行はふたたび海に出て、アプサルス（現トルコ・サルプ付近）へと航海した。アプサルスの名はアプシュルトスという人物に由来するとされていた。彼はコルキス王位の継承者であったが、姉メデイアがイアソンとアルゴナウタイとともに逃亡する際に、姉に殺害されてこの地に埋葬されたということである。彼のものだとされている墓は、現地人たちが世話をする巡礼地であり、長きにわたって西方のローマ領からの旅行者を惹きつけていた。しかし、この街でアッリアノスはさらに感銘を受けることになった。ローマの大型要塞であり、そこには比較的よく整備された五大隊が駐屯していたのである。総督（アッリアノス）は長いこと待ちわびられていた彼らの給料を届け、装備品と防壁を点検した。彼はまたアカンプシス（現チョルフ）川沿いの不健康な空気で病を得た軍団兵たちを世話する病棟も巡検した。

アプサルスは重要な駐屯地であった。というのも、アカンプシス川近辺は東方においてローマの支配が確立している最果ての地であったからである。船が河口付近を通過してさらに東方に進むと、もはやローマの力はほとんど及んでいないということを、アッリアノス自身もよく承知していた。彼はかつてのミレトスの植民地で、ローマが小さな拠点を築いていたディオスクリアスに入渠した。港の使している証左はほとんど見出すことができなかった。東海岸沿いでは、現地の部族が敵対的で、内陸への旅はほとんど不可能であった。時としてローマは貢ぎ物を納めさせたり、彼らの指導者から忠誠の約束を取りつけたりすることもできたし、マラッサス王に支配されていたラズ人たちは、名目上はローマの従属民であった。同様に、アプシラエ人の王ユリアヌスも、かつてハドリアヌスの父から王冠を授かった。また、そもそもサニガエ人とアバスキ人の王たちはハドリアヌスによって王位を授けられており、そのためローマの軍勢がディオスクリアスに駐屯可能になっていたのであった。しかし、サンニ人などは、少し前に貢納を支払うという約束を反故にし、代わりに沿岸の都市を略奪してのうのうと過ごす有様であった。「我々は彼らに決められたとおりに貢納するよう義務づけます。さもなければ彼らを殲滅いたします」とアッリアノスはハドリアヌスに報告している[72]。

もっともそれは大法螺であった。おそらくアッリアノスは、巧みな外交と時々織り交ぜる甘言によってのみ、これらの人びとをローマに従わせることができることをよく知っていた。だからこそ、彼は実質的な帝国の限界を越えた地域の政治状況についていくらかでも自身で理解しようとしていたのである。彼はディオスクリアスにおいて、かつてミトリダテスによって支配されていたボスポロス王国の君主が最近亡くなり、彼の死によって引き起こされた政治的混乱が、黒海北岸におけるローマの権益を拡大する好機となるかもしれないと耳にした。しかし、それ以上に得られた情報は少なかった。人びとは、北岸でのでき事についてたとえ情報を持っていたとしても、詮索好きのローマの役人にそれを教えることに乗り気ではなかったのである。

黒海の他地域についてアッリアノスの伝える情報は大雑把であり、伝説とその土地についての二次的情報を混同していた。その理解も不完全で、その多くは五〇〇年ほど前にヘロドトスによって報告された絵空事を回顧するものであった。ディオスクリアスの北方には「シラミ食い」がいるとアッリアノスは皇帝に報告している。また、タナイス（ドン）川についてはヨーロッパとアジアの境界であると信じられていること以外の情報はなかった。彼は情報源に基づいて、かつて繁栄したクリミアのテオドシアの港は今や打ち捨てられ、アキレウスはドナウ川河口の島で眠る人びとの夢の中に出没しているとも報告している。[73] もっとも、アッリアノスが報告しなければならなかったのは航海可能な近隣地域の状況を伝えることだけであった。残りの地域については、ヘロドトスの時代の詩人たちや劇作家と同じように、彼もまた想像に任せたのである。

アボヌテイコスの偽預言者

黒海沿岸には人が住める島はない。しかしローマ人たちにとっては、沿岸部の諸都市もまた、そのようなものだと考えられていたのかもしれない。たしかにそれらは帝国にとって一息つくことのできるオアシスのような存在であり、いくつかは要塞化されて駐屯兵を抱えていた。しかし、沿岸部にはそれ以外のものはほとんど何もなかったのである。ユーフラテス川沿いで見つかったローマ時代の兵士の盾に描かれた、知られている限りでは最古の黒海の地図がまさにこのことを物語っている。海岸は個々の都市の連なりとして描かれており、他には何も記されていない。それらの都市の中でさえ、地域社会――ローマ兵、植民したギリシア人の子孫、内陸からやってきた蛮族、そして何世代もの通婚で混淆した者たち――は、地中海にほど近い都市のそれとはほとんど似ても似つかなかった。西方の人びとにとって、黒海の住民たちは良くいえば騙されやすい田舎者であり、悪くいえば半ば蛮族であった。アッリアノスが前線での任務を退いてから数十年後、ローマの風刺詩家ルキアノスは、帝国の他地域の観察者からは黒海世界の人びとがどれだけ奇妙に見えるかを示すような、一つのでき事を記録している。

紀元一五〇年頃、崇高な預言が黒海南岸パフラゴニア地方の街アボヌテイコス（現トルコ・イネボル）で示された。神殿で働いていた者たちが、アポロン神の子で治癒者アスクレピオス神の出現を告げる数枚の不思議な銅板を発見したのである。地上には壮大な都市があまた存在するが、その神は自身が顕現する場所として、よりにもよって地方属州のアボヌテイコスを選んだのである。神慮とは、常々計り知れないものである。

地元の名士たちは、即座に天からの訪問者を街に迎える準備をした。新たに神殿での工事が始まり、神が到来した際に休息し、崇拝者たちを受け入れられるよう準備が整えられた。しかし、基礎固めの作業が終わりに近づいた頃、さらに別の奇蹟が起こった。地元の男、アレクサンドロス某が、工事中の土の中から完璧な形をした卵を発見したのである。彼がそれを割って開けると、生まれたばかりの蛇が外へと這い出てきた。彼はこの蛇こそが実はアスクレピオスであると宣言した。こうしてついに、神は自身に捧げられた神殿の内部において、アボヌテイコスに登場した。それは時期尚早かつ予期せぬ形ではあったが、ありえなくはないように思われた。

奇跡的なことに、蛇は数日のうちに大蛇の大きさにまで成長し、アレクサンドロスはその主な仲介者として、もてはやされるようになった。それというのも、神は即座に仕事を始めたからである。アスクレピオスは神託を下し、それをアレクサンドロスが預って信徒たちに伝えた。神は、最上層の市民たちには、直接ギリシア語で話しかけることさえあった。

その後二〇年にわたって、アボヌテイコスはローマ世界に他に比肩すべきものがないほどのアスクレピオス崇拝の中心地となった。高位の者たちも、自らの運命を知るために、ローマからはるばる旅してきた。有力氏族は這いまわる神の一瞥を得ようと、競って美しい息子たちをアスクレピオスの神殿の合唱隊に送り込んだ。夫たちは自分の妻を差し出し、その女がアレクサンドロスと寝て、神の寵愛の証として子を授かることを求めた。

これらはすべて見事に機能していた。もちろんすべてはアレクサンドロス自身が考案したはかりごとであった。彼こそが事の発端の銅板を埋めた張本人であり、空のガチョウの卵に蛇の新生児を詰めるという難儀な試みも、期待していたよりよい結果をもたらした。蛇の成体—すなわち実体化した神の化身—は、彼の傑作であった。彼は張り子の一種で頭をつくり、それとなく人間らしい特徴を持つように色を塗ったのである。蝶番と馬の毛でできた装置を用いることで、蛇の口を開けて二股の舌を出すこともできた。そして、その頭を長い蛇の体の上に載せ、嘆願者たちを受け入れるように神殿の中に設置したのである。

彼はさらに、蛇に話す力を授けた。鶴の気管をいくつかつなげることで、彼は神殿の壁を通して別の部屋につながる伝声管をつくったのである。群衆が神の声を聞こうと集まると、アレクサンドロスは神の御前から中座し、裏の部屋へと退き、オズの魔法使いのように蛇の口から彼自身の言葉を発したのである。彼が行った預言が間違いだったと判明するようなことがあった場合には、神は遅れて間違いを正す託宣を下した。

この商売は上々であった。預言の発声の値段は、特に蛇の口から直接発せられるものは、一日の労働の対価の数倍であり、アレクサンドロスは巧みに一日に百以上の預言を行うことができた。彼は顔立ちの整った合唱隊の少年たちと、アスクレピオスの預言者に奉仕する意志を持つ女性たちの矢継ぎ早な供給に大いに喜んだ。彼は長生きし、七〇歳近くになったが、最終的には彼に相応しい詩的ともいえる最期を迎えた。彼は鼠径部に蛆の湧くような壊疽を患って死んだのである。

アボヌテイコスの預言事業は、教養あるローマ人たちが黒海の人びとをどう考えていたかを単に示しているに過ぎない。しかしルキアノスは被害者の落ち度を見逃してやるように読者に要請している。「実際のところ、我々はパフラゴニアとポントスの人びとを許さなければならない。彼らは愚か者で、教育を受けていない連中なのだから[74]」と。住民がしゃべる蛇を用いた取るに足らないペテンに引っ掛かったとしても、それは許されうる悪である。つまるところ、帝国の異国情緒ただよう限界点に住む人びとに、何を期待できるというのであろうか?

我々はつい、後期ローマの黒海での経験を、増長する蛮族の脅威に対して脆弱な国境を強化する試みとみなしがちである。それは文明の衝突であり、綺麗に髭を剃ってスカートを履いた人びとと、髭をはやしてズボンを履いた人びとの間の闘争なのだと。しかし、アボヌテイコスのような地方の人びとは、そのような線引きは、決して見かけのようには明らかではないということを、実は確実に理解していた。
実際に、征服者と被征服者を区別することは、時として困難であった。アッリアノスが閲兵したローマ兵たちは、おそらくは混成集団であり、帝国の最果ての地と地元の人びとからかき集められた者であった。アルプスの高地人、ヒスパニアやガリアからの補充兵、トラペズスやコルキスのわずかな現地人の兵士に加え、もしかするとダキア人たちもいたかもしれない[75]。遠方からやってきた兵士たちは、いつの時代でも、慣れない環境で生き残る術をもっとも優れた教師たち、すなわち地元の人びとから学んだのである。かつては敵としてローマと戦った地元兵も今や軍団兵として帝国に奉仕していた。アッリアノスは、戦術書の中で次のように述べている[76]。

（皇帝ハドリアヌスは）兵士たちに蛮族の動きを修得するように義務づけた。パルティアの弓騎兵や、サルマタイ人やケルト人の迅速な機動力が彼の念頭にあった。彼らはまた、そのような動きにふさわしい鬨の声を学ぶように義務づけられた。ケルト人、ダキア人、そしてラエティ人のそれである。彼らはまた馬で塹壕や壁を飛び越えられるように訓練を施された。ひとことでいえば、古来からの演習に加えて、洗練され、素早く動き、そして敵に恐怖心を与えるべく発案されたすべてを学んだのである。

これは即ち、双方の戦列の鬨の声がしばしば同じものであったことを意味するが、ハドリアヌスはおそらくそれを自身の経験から知っていた。彼は先帝トラヤヌスのもとでダキア遠征に従軍したが、その際に蛮族たちが彼の戦列に会敵しようと殺到するたびに雄叫びを聞いていたのであり、また彼自身もアッリアノスを代理として派遣する数年前に黒海南岸を旅したことがあった。彼はまた、愛馬に、スキティアの川にちなんでボリュステネスと名づけていた。

結局、ローマ人たちはそのような互恵的影響にかつてないほど価値を見出すようになった。ポンペイウスは黒海世界をローマ世界にもたらした。ポントス王国の征服により、帝国の前線はコーカサス地方にまで達したのであった。それに続く数世紀の間、西岸および南岸の属州では直接統治を通して、そして、北岸と東岸ではパトロン―クライアント関係に基づきながら、ローマは環黒海地域への関与を増していった。そして、間もなくローマと黒海世界の区別自体が消えてなくなったのであった。ダキア撤退から一世紀と経たないうちに、黒海への入り口、即ちビザンティウムが帝国の首都に定められたのである。

客あしらいのよい海はビザンティウムから湖（アゾフ海）にかけて広がるが、そのすべてを正確に語ることはできない。なぜなら、イステル川またの名をドナウ川の向こうにいる蛮族たちのせいで、ローマ人たちが黒海沿岸部へ近づくことはほとんど不可能だからである。

プロコピオス（六世紀）

タルタル人は定住的な都市は持っておらず、また、今後きたるべきものについても何も知らない。かれらはドナウ河から太陽の昇る地点にまで拡がっているスキタイを仲間どうしで分け合っている。タルタル人の各首領は、その支配下の人々の多寡に応じて、自分の牧地の境界、および、冬・夏・春・秋に自分の家畜群を放牧すべき場所を知っている。

修道士ウィリアム・ルブルック（タタールへのフランスからの使節、一二五三年）

黒海周辺の国々には、コルキスの民、アジア・スキティアの民、フン、アヴァール、アラン、ハンガリー・テュルク、ブルガール、ペチェネグその他の諸民族が居住している。こうした民族は、それぞれ異なる時代にドナウ川に沿って移住してきた。もっとも、そのドナウ川流域は、ガリア、ヴァンダル、バスタルナエ、ゴート、ゲピド、スラヴ、クロアート、セルブといった北方から南下してきた諸民族がすでに占拠してきた地でもあった。

クロード・シャルル・ド・ペイソンネル（クリミア・タタールのフランス人領事 一七六五年）

第3章 ビザンツ帝国と黒海
——偉大なる海——五〇〇—一五〇〇年

ビザンツ帝国初期の歴史家プロコピオスにとって、黒海はきわめて危険な場所であった。沿岸部には敵意に満ちた部族がひしめいており、プロコピオスのパトロンでもあったユスティニアヌス帝［在位五二七—六五年］は沿岸諸都市の防御を必死で固めたが、内陸部の蛮族には常に悩まされた。プロコピオスはまさにグロテスクとしか言いようがない黒海にまつわる奇怪なでき事を記している。ポルピュリオスと綽名される巨大なクジラがボスポラス海峡の渡航を脅かしていたので、この怪物が浅瀬に乗り上げるや、村人たちが海岸に押し寄せ、斧でめった斬りにして殺してしまったというのだ[1]。もっとも蛮族に対しては、このように事が簡単にすむ由もなかった。

プロコピオスは、黒海と地中海双方に開かれた港湾都市コンスタンティノープルで執筆に勤しんでいた。コンスタンティヌス帝がこの都市に玉座を移したのは三三〇年のことである。こうしてこの都市はローマ帝国の首都となり、帝国の東西分裂にも拍車がかかった。帝国の中心をこの街に置いたことは、意外な選択であったかもしれない。なぜなら、この都市は繰り返し破壊され、主要な王国や帝国の首都となったことはそれまで一度もなかったからである。しかし、海に囲まれた自然環境は最大の利点であった。

　コンスタンティノープルの前身であるビザンティウムは紀元前七世紀中頃にギリシア人の植民都市として建設された。伝説では、メガラの王ビザスに次のようにデルフォイの神託が下った。曰く、盲目の男の土地の向かいに街を建てよと。たしかに、ビザンティウムの立地はこの記述に一致している。この場所は、ボスポラス海峡入口の三角形の岬に位置しているため、三方面のうち二方面において防衛が容易である。そしてカルケドンに存在したメガラの植民地と海峡を挟んで向かい合っていた。西にある素晴らしい岬ではなく、東の丘や開かれた低地に街を建設することを選んだカルケドンの人びとはたしかに盲目であったといえる。ビザスも神託に納得したことだろう[2]。

　もっともビザンティウム転じてコンスタンティノープルは、ローマの後継都市ではなかった。ビザンツ人たちの意識の中では、それはまさにローマそのものであった。皇帝の臣民は「ロマイオイ」（ローマ人、Romaioi）を自称し、時に他者からもそう呼ばれた。そして彼らの帝国は「ロマニア」（Romania）と略称で呼ばれた（「ビザンツ帝国」の名称は、後世のヨーロッパの歴史家たちによって考案されたものである）。もちろん、古のローマとの間には二つの根本的な違いがある。一つは、新しい帝国はエーゲ海、黒海そして東地中海の諸都市で育まれたヘレニズムの伝統に立脚し、文化の上ではギリシア的であったということである（今日でも、トルコではギリシア語話者を「ルムラル」［ローマ人、Rumlar］と呼ぶが、これはビザンツ＝ローマの名残といえる）。もう一つの違いは、帝都が今やテヴェレ川沿いの帝国の地理的中心ではなく、帝国の前線の近くに位置したということである。

　本来、コンスタンティノープルは黒海へのアクセスを管理できる利点を有していた。しかし、新たなローマ帝国は、以前と異なり、地の利を生かしたというよりは、むしろその犠牲になったといえる。黒海がもたらす富は外部からは羨望の的であった。しかし、海の入口に都を置く帝国は、皮肉なことにそこから利益を得ようという意思をほとんど見せることはなかったのである。当初、ビザンツの陸海軍は、敵対者たち――とりわけペルシアとアラブ――が黒海の南岸と東岸に足場を確保することを阻んでいた。クリミア半島の都市ケルソネソスは、ビザンツの歴代王朝によって要塞として整備され、帝国の北方における戦略的利益をよく守った。しかし、これらの成果からもその防御的性格が明らかである。たしかにビザンツ人たちは、穀物や塩など必需品の供給を確保し、北方のステップの人びととの交易から税収を得ることに大きな注意を払っていた。しかし、彼らがもっとも心を砕いていたのは、黒海から富を得ることではなく、いかにその悪影響から身を守るかということであった。中世には黒海の経済的可能性がふたたび明確に意識されたが、その際にもビザンツの皇帝たちは事実上すべての商業的利権を代理人――すなわちジェノヴァやヴェネツィアといったイタリアの都市国家に委ねてしまったのである。やがてビザンツ艦隊は著しく縮小し、首都防衛を請け負うのみとなった。市民たちの頼みの綱は、貧弱な最終防衛ライン――コンスタンティノープルの港に対する海からの侵入を防ぐために平底船の間をつないだ巨大な鎖であり、一四五三年のオスマン帝国による侵攻の際にも、それは依然として使用されていた。

しかしながら、ビザンツ国家の文化面での影響力については別の考察を必要とする。ギリシア正教徒の貿易商や船乗りたちは、内陸部の諸勢力との関係がもっとも悪化していたときでも、黒海を縦横に行き来し、ギリシア語を話す共同体は黒海沿岸、とりわけ南東部で繁栄を続けた。たいていの時代、帝国の支配が及ぶ地域は、ケルソネソスとその後背地やアナトリアの沿岸地域などに限られていた。しかし、たとえ世俗の帝国権力が届かなくても、これらと他の多くの東ヨーロッパの地域は永遠の帝国――すなわち東方キリスト教世界の領域であり続けた。帝国は盛衰を繰り返す一方で、正教世界は拡大を続けていったのである。ただし、その結果、中世初期には黒海沿岸のキリスト教諸国――西はブルガリアから東はグルジアまで――が、ビザンツ皇帝が全キリスト教世界の盟主として特別な地位を占めることに異議を申し立てんとするまでに至った。そして、最終的に、瀆神も敬虔さも共有しようがない二つのグループ、すなわち地中海のカトリック諸勢力とイスラームを奉じるオスマン帝国の到来が、黒海周辺の社会を一変させた。。

「スキタイ」の脅威

コンスタンティヌス大帝の治世において、すでに黒海のほとんどの後背地は帝国の支配のはるか及ばぬところであった。北方の河川地帯、コーカサス山脈の峠道、そしてドナウ平原までもが三世紀に放棄されており、すでにかつてトラヤヌスやハドリアヌスが遠征した頃と同様に異国の地となり果てていた。ビザンツ人にとって、蛮族の民、特に北方ステップに住む人びとは、典型的な異邦人であった。彼らは、「ローマ人」とはすべてにおいて異なっていた。彼らの多くは定住する都市をもたない遊牧民であり、ギリシア語も話さず、キリスト教徒でもなく、そして神から定められた皇帝に臣従することもなかった。[3] つまり、古典期アテナイ人たちの文化的偏見と帝政ローマ後期の政治的ナルシシズムがビザンツ人の中で渾然一体となったのである。

しかし、帝国の学識あるエリートたちの目にはこの文化的差異がどれだけ大きかったとしても、実際のところ歴代の諸王朝は、次々とステップから出てきては帝国の前線を圧迫する諸民族と積極的に和平を結ぶことが自分たちの帝国と首都の安全のために不可欠であることをよく理解していた。この蛮族の支配者たちはその気になれば、ペルシア人やのちにはバルカンの中世諸王国や中・東欧の諸公国といった他の野心的なパトロンたちとコンスタンティノープルを争わせ、いとも簡単に漁夫の利を得ることができたのである。したがって、彼らの要求を満たさないわけにはいかなかった。新しい民族はアジアのステップ地帯からやってきて、当初は黒海北西の沿岸部に定住し、そしてテュルク系民族の到来とともにビザンツの中核たるアナトリアへと至った。一方、幾世代にもわたる交渉を繰り返し、和議や同盟を結んで相手を慰撫しながら、帝国はこの新しい移住者たちを自らのシステムの中に組み込むことに努めた。あるいは、少なくとも彼らが帝国システムを壊すことを防がねばならなかったのである。

ステップはあたかも中央アジアとヨーロッパをつなぐハイウェイさながらであり、ビザンツ一千年の歴史の中で、常に諸民族で混雑していた。サルマタイ、フン、アヴァール、マジャール、ペチェネグ、クマンといった移住者の集団の大部分は、モンゴル・中国西部のはるか東方から始まる一連の人口大移動の西端に位置していた。もっとも、こうした移住において、騎馬民の大群が鞭をふるい、蹄の音を轟かせながら木一本生えぬ平原を駆け抜けたことは稀であった。蛮族侵略を「波」や「潮流」に喩えることは、西に向かう人口移動が何世紀にもわたる漸次的なプロセスであったという事実を見えにくくしている。[4] 一部の集団は、ヴォルガ川からドニエプル川に至る数百キロを移動することに何世代もかけ、ドナウ川へ至るにはさらに多くの時間を費やしている。東からやってきた人びとは大半が遊牧民であったが、五世紀のフンや一三世紀のタタール＝モンゴルを稀な例外として、常に家畜の群れのために適切な牧草地と水場に注意を払いながら、ゆっくりと移動してきたのである。

これらの集団を個別に把握することは難しい。というのも、文字文化を持つ定住民が遠回しに語る以外に、史料がほとんどないからである。しかし、一つだけ明らかなことがある。それは、ローマ帝国末期からオスマン帝国の興隆までの長い黒海の歴史を通じて、北方のステップでは、特定の集団が別の集団へ全面的に入れ替わるのではなく、文化的なある種の連続性が認められるということである。すなわち、遊牧・半遊牧の畜産と長距離交易を基盤とする地域経済、言語と文化様式におけるイラン的要素とテュルク的要素の混淆、そして長期間にわたるギリシア、スラヴ、ゲルマン系民族との接触によってもたらされた影響――こうした要素が彼らの文化には共通していた。六世紀のビザンツの著作家は、遡ること約千年前にヘロドトスが北方の人びとに用いた同じ民族名を使いながら「言うなれば、その生活様式および組織形態において、スキティアの諸民族は単一である」と記している。[5] ビザンツは、ローマやペルシアといった過去のどの帝国よりも、海を隔てたこれらの人びととはるかに持続的かつ緊密な関係を有した。最初期から、これらの集団の脅威がクリミアのビザンツ領のみならず首都にまで及んでいた以上、それは避けられないことであった。

「新しいローマ」成立のはるか前に、スキタイ人は、やはりイラン系言語集団と考えられるサルマタイ人にとって代わられた。新たに到来したこの民族は、ヘロドトスの時代にはすでにドン川の東岸に居住しており、彼の主張によればスキタイとアマゾネスの間の逢瀬によって生まれたということである。[6] 彼らがさらに西へと進むにつれ、かつて「スキティア」と呼ばれた地域は、徐々に「サルマティア」と呼ばれるようになる。この地域の半分はドン川以西の「ヨーロッパ」に、もう半分は東の「アジア」に属していた（ドン川をヨーロッパとアジアの境目とする地図作成上の慣習は一九世紀に至るまで変わらず保持された）。サルマタイのあとにもさらに他の集団が続いた。アヴァールなど大半の集団は東からの通り道を辿ってヨーロッパの中心部深くまで進んだ。そのほかケルトやゴートなどは北や西から徐々に浸透していき、中には黒海を越えてその南岸にまで至った集団もいた。四世紀以来、ゴートが黒海の東岸や東南岸沿いのピツンダやトラペズスへ侵入したことはビザンツの年代記に詳しいが、さらに一時クリミアに大規模な宿営地を置いたことすらある。半島南西部の小さな孤立した地域は中世まで「ゴティア」として知られていた（一四〇〇年代初頭のある旅行家が記すところによると、彼のドイツ人の従者は、この地の人びとと容易に会話することができた。地元の人びととの言葉は失われたチュートン語のいくつかの要素を保っていたという）。[7] 多くの集団はキリスト教を受容したため、帝国から主教が任命されたり、コンスタンティノープルに所定の教会を下賜されることもあった。

プロコピオスは、ビザンツが長期にわたる領域縮小ののち、再興を迎えた六世紀に執筆活動を行った。したがって、彼は、ビザンツによる黒海支配と沿岸に点在するギリシア語話者コミュニティの安全を確保することの困難さをよく理解していた。かつては黒海の海岸線に沿って駐屯部隊が置かれていたが、プロコピオスの時代にはその大半が廃止されていた。したがって、彼は、実際に黒海の周辺がどうなっているか想像することすらできなかった。とりわけ北部に居住する蛮族の数があまりにもおびただしく、正確な情報を得ることは不可能であり、一時的な使節の往来を除いては、これらの人びとと接触することはほとんどなかったとプロコピオスは記している[8]。それでもなお、一部地域においては彼の皇帝であるユスティニアヌス帝がふたたび自らの権力下に収めようと奮闘していた。修繕されないまま打ち棄てられていた古い港を再建し、トラペズスには常につきまとっていた水不足を軽減するための水道を建設した。プロコピオスの言葉を借りれば「ローマ帝国の最果て」に位置するクリミア半島のパンティカパイオンとケルソネソスでは、廃墟に壁を築き、その再興の下準備をした[9]。

問題は、いうまでもなくこの「最果て」がさほど遠くもないということであった。ビザンツ時代の大部分において主な関心事であったのは、自分たちが黒海の利を生かすことよりも、むしろ他の者たちにそうさせないことであったが、このことはコンスタンティノス七世ポルフュロゲネトスにとっても大きな悩みの種だった。一〇世紀、コンスタンティノス帝は自身の息子にして後継者たるロマノスのために国政術の指南書である『帝国統治論』(*De administrando imperio*)を編纂した。プロコピオスの時代以来、数世紀の間に黒海周辺にうごめく諸集団の顔ぶれは顕著に変化してきたが、帝国とその隣人たちの関係はほぼ同じままだった。六〇〇年代にスラヴ人が現れ、コンスタンティノス七世の頃になると南バルカンに強力な帝国を築いていた。北方では、八〇〇年代に中央アジアからやってきたテュルク系民族であるペチェネグがサルマタイとアランにとって代わった。さらに北方には、ノース人の指導者がスラヴ系民族を支配して成り立っている集団がいて、ビザンツ人はこの人びとをロス(Rhos)と呼んだ〔以降、慣例に従いルーシと記すが、著者はビザンツ史料に基づいてRhosと記している〕。彼らはすでに黒海沿岸の住民と活発な交易を行っており、コンスタンティノープルに対して攻撃を仕掛けることもあった。東方と南方には新たな信仰であるイスラームの熱情に動かされたアラブの軍勢が控え、グルジア・アルメニアの諸君侯はムスリムとの間の緩衝の役割を果たしていたものの、キリスト教徒でありながら自らに利益があるとみればキリスト教世界の盟主に背くことも辞さなかった。

コンスタンティノス帝にとって、中でもペチェネグ人の動向は特別の関心事であった。なぜなら、彼らはビザンツ帝国防衛の要を握っていたからである。彼らとの和平を維持することは、すなわちケルソネソスが安全に保たれることを意味し、ケルソネソスの維持は、すなわちビザンツ帝国が黒海北岸において経済的、ひいては軍事的な影響力をある程度持ち続けられるということを意味していた。ケルソネソスの住民たちはステップからもたらされる毛皮と蠟の中継交易に従事し、それらと引き換えに紫の衣やリボン、金襴、胡椒、緋の染物、そして黒海南岸のビザンツの都市から輸入される皮革などを得ていた。[10] ペチェネグは名目上都市の防衛を請け負っていたが、むしろそれは「防衛」を逆手にとったゆすりとでも言うべきものであった。すなわち彼らは、クリミアの防衛を自分たちに依存させるよう圧力をかけ続ければ、ビザンツに対して影響力を行使できるということをよく理解していたのである。過去数世紀にわたって、クリミアの港から南方へ穀物は輸出されてきたが、ここにきて状況は逆転した。ケルソネソスは穀物供給を南部の港に任せ、自らはステップの遊牧民との貿易で得た畜産品を送り出すようになった。[11] 加えて、ペチェネグがルーシおよびバルカン・コーカサスのキリスト教徒君主たちの監視に一役買っていた以上、彼らとの良好な関係の構築は不可欠であった。

コンスタンティノス帝は、ペチェネグ人に毎年使節団を派遣するよう忠告している。彼が言うには、使節団は永きにわたる友好同盟の更新に努め、物事を円滑に進めるために豪勢な贈り物を進呈せねばならない。もっとも、この手続きの唯一の問題は、コンスタンティノープルとの良好な関係の歴史が、実のところ部族民の強欲を掻き立てる結果を招いていたという点だった。

さて、貪欲で自分たちの許で手に入りづらい物品を求めてやまないペチェネグ人が寛大な贈り物を求める様ときたら恥知らずもいいところであった。（中略）彼らは、自分と自分の妻たちのために物品を要求したうえ、護衛たちまでもが自らの利益のため、果ては家畜が消耗したといってはその分をさらに要求してくる有様である。そして、帝国の使者が彼らの国に入ると、まず彼らは皇帝の下賜品を要求し、そして男たちの欲求が満たされると、次は自らの妻と両親への贈り物を要求するのだ。[12]

北方の民族は皆、長い年月をかけてこの手順に慣れていった。彼らは和平の見返りとして要求する貢物を徐々に増やしていく。ゆえに、かしこい皇帝は彼らのエスカレートする要求をいかに外交的にはねつけるかを知っておく必要があった。コンスタンティノス帝は以下のように助言している。ペチェネグ人たちが衣と冠を要求してきたら、それらの品々は皇帝だけのものであり、他の者がそれを身に着ければ神に罰せられると彼らに告げること。[13]彼らが娘を嫁に寄越せと言ってきたら、こちらの習慣でそれは禁じられていると告げること。その他の要求はたいがい認めてやれば良いと。しかしながら、帝国にはある一つの秘密があり、コンスタンティノス帝はいかなる場合においてもペチェネグ人に対してこれだけは明かしてはならないと強調している。もしペチェネグ人が要求してきたら、それは口ーマ人が神から賜ったものであり、分け与えることはできないと申し訳なさそうに告げるよう、皇帝は息子に諭すのであった。それは、ビザンツ人たちがもっとも堅く守っていた国家機密であり、そして帝国そのものがこの秘密とともに滅んだ。秘密とは、彼らが黒海に備えていた兵器であった。

秘密兵器「海の火」

ホメロスの記したギリシア神話に出てくる最初期の船、たとえば黒海を航行したアルゴー号の乗組員たちが乗船したものは、細長く甲板に覆いがない型のものであった。これは軽量であったため岸辺へと引き揚げたり河川の急流を越えるために陸に揚げて担いだりすることができた。風に恵まれれば船体中央部のマストに張られた一枚の角帆を使用したが、推進力の大半は一人あたり一本のオールを手にして狭い座席につく漕ぎ手によるものだった。開放型の船体は徐々に甲板を覆う型へと進化していき、その上に追加の甲板が取りつけられていった。こうして紀元前五世紀にはトリレームすなわち上下三段の櫓を持つギリシア式の三段櫂船がガレー船の主力となり、対ペルシアやアテナイ・スパルタ間の戦争で活躍を見せている。

つづく数世紀の間は、よりよい船をつくるということはより大きい船をつくるということであり、船はより多くの櫓と重いオールを漕ぐ大量の漕ぎ手を搭載可能なものへと変化していった。軍艦デザインの巨大化傾向は、ヘレニズムの王たちのもとで頂点に達し、彼らの中には船を二艘一組として、その船体の四つの側面に複数の櫓を備えた圧倒的な漕走力を有するカタマラン（双胴船）を試す者もいた。しかし、ローマ時代になるとかつての型に嵌った海戦は、私掠船の追跡から反抗的な従属者を懲罰するといった様々な戦闘形式がとられるようになった。すなわち、時代は、帝国権力の多様な要請に応じて本格的な戦争と沿岸警備の双方に応用可能な船を必要とした。それは、よりコンパクトな小型船舶――アドリア海で使用されていた海賊船をローマ人が模倣して建造し、トラヤヌス帝・ハドリアヌス帝の時代に黒海沿岸を航行した高速の二段ガレー船であった。トラヤヌスの柱には、それらの船がダキア遠征中にドナウ川の港に停泊する様子が彫られている。

四世紀半ばまでには、三段櫂船はほぼ姿を消した。予算と人員不足に悩まされていた後期のローマ帝国は、一〇〇〇年前のより小型のガレー船へと回帰し、その基本的なデザインをビザンツも継承した。ビザンツ艦隊の船の大半は一人が各々のオールを漕ぐ一段式のガレー船であった。アラブの船乗りが好んだ機動力に優れる三角帆が取りつけられた二本のマストは風さえよければ使用可能だったが、戦闘時に艦長が頼るのはもっぱら漕ぎ手の人力であり、こうした漕ぎ手たちの一部は同時に海兵にもなった。コンスタンティノープルに拠点を置く近衛艦隊はおそらく二〇〇名ほどの乗員を有する少し大きめの二段ガレー船を擁していたが、ケルソネソスやトレビゾンドといった辺境の駐屯地では、機動力に優れたより小さな船舶を使用していたと思われる。[14]

ギリシア・ローマの海軍司令官が海戦時に採用した基本戦術は二つあった。一つは、船体を敵の船舶にぶつけ、これによって相手を沈没させるという、船そのものを兵器として用いる戦法である。これは頑強な船体構造と船首に波除けのノズルを備えていたギリシア式三段櫂船による偉大な発明であった。もう一つは、相手の船に乗り込むことができるまでそっと接近するか、それが不可能な場合には相手の船に向かって発射体を放つ戦法である。ローマ人たちはこの接近戦の型を完成させた。漕ぎ手たちが敵のすぐそばへ船を寄せた後、海兵たちはタラップを渡して船べりを乗り越え、敵船内へ襲いかかるのである。

もっとも、ビザンツ人たちは海戦における戦術に事実上の革命をもたらした。その中心にあるものこそ、コンスタンティノス七世が我が子に対してペチェネグ人に明かさぬよう厳命した偉大なる秘密であった。水兵たちはこれを「海の火」(thalassion pyr)と呼んだ。ビザンツの水兵たちは、戦艦の船首に青銅で縁取られた長い木製の管を取りつけた。一方の先端を敵船に向け、もう一方の端は空気ポンプにつなぎ、火薬を管に詰めて着火し、反対側から人がポンプで空気を送り込んで敵へ向かってアーチ状に射出したのである。大型船には複数の管が取りつけられることもあり、さらにビザンツ人たちは海兵が使用するための携帯式のものまで発明したのであった[15]。火薬は非常に強力で、海面ですら燃え広がった。アラブの史家イブン・アルアシールは、その圧倒的な威力を直接目の当たりにしている。彼の記すところによれば「炎を発射する管一本で一二人が一撃で倒される。その炎はきわめて強力な上に粘っこいので、何人たりともそれに抗うことはできない。これはムスリムがもっとも恐れた兵器であった[16]」。

海の火は外部の人間から「ギリシアの火」と呼ばれた。この兵器に関するもっとも古い言及は六世紀あるいは七世紀まで遡る。発明者はカリニコスという人物とされているが、正確な調合については謎のままである。素材はおそらく原油かナフサで、黒海東北岸の古代ギリシア植民市パンティカパイオン近くにあるタマン半島の地面に湧き出る油田などから採取したものであろう。油田から地表へ吐き出されるねばねばしたナフサは、たやすく壺に集めることができた。この地方は地震活動で知られており、後世この地を旅した人びとは地下の火から発せられる煙と熱について語っている。[17]海の火はビザンツの海上防衛の要となった。それは主に七、八世紀のアラブや一〇世紀のルーシといった海から来襲する敵の撃退に一役買い、その後何百年にもわたって全方位からの脅威に対する防壁として有効に機能した。

タマンのナフサ油田は、ビザンツの軍需工場が厳重に守っていた。海の火が登場するのは、海上軍事力としての帝国の衰退期――すなわち航行する船舶がまさにこの兵器の持つ防衛力を必要としたときである。六世紀そしておそらく一一世紀にもふたたびビザンツ海軍は最盛期を迎える。蛮族の侵攻によって失われた地中海周辺の土地を再度勝ち取り、さらに黒海周辺の他の国々を監視下に置いた。この頃、黒海は世界帝国たるビザンツ国家のシンボル、そしてコンスタンティヌス帝によって選ばれた好立地の都市の最大の利点として讃えられた。コンスタンティノープルの詩人たちは、光が海面に遊ぶ様子や波が海岸に打ち寄せる音の抒情的描写に磨きをかけ、帝国の法典は土地の保有者が海の景観を有する権利を保護するほどだった。[18]しかしながら、結局のところ、ビザンツ帝国海軍の力は、帝国の海に対するロマンチックな感情に見合うものではなかった。不十分な国家予算、地中海における他の海運国の興隆、海賊による略奪行為、そして単純に帝国運営の失敗など、帝国はあまりに多くの問題を抱えていた。帝国の歴代王朝にとって、長距離の海上交易に従事することは、単なる税の取り立て以上の関心事とはならなかったようである。もしかするとこれは主要な国際交易路の中継地点にあるという首都の立地が生んだ皮肉な結果であったのかもしれない。

諸民族の襲来——ハザール、ルーシ、ブルガール、テュルク

かつて黒海北岸の古代ギリシア植民地は、以下に挙げる二つの理由によって大いに繁栄した。すなわち、南方の品はけのよい市場と、貿易相手として比較的安定しており、かつ強力すぎない後背地の国々の存在である。しかし、ローマ時代後期になると、これらの要因はいずれも失われてしまった。インド洋を経由する他の東方への通商路が勃興し、黒海の重要性を低下させたことに加え、ユーラシアのステップにおける長期間の人口変動が内陸の国々との関係を変化させたためである。

黒海北方に比較的安定した状態が戻るのは、コンスタンティノープル遷都よりさらに数世紀後であった。そしてこのことはコンスタンティノス七世の興味をそそると同時に不安をあおった。帝国にとり、新たに黒海周辺で台頭した諸国家との良好な関係は生命線であった。これらの国々は安全保障上の脅威——帝国の首都を攻撃する力を有しており、しばしば実際に実力行使に及んだ——であり、さらには西岸部と北西岸部からは穀物、ステップからは皮革およびその他の製品、北方の森林地帯からは毛皮、コーカサスからは奴隷など、様々な貴重な物品が黒海を渡って運ばれてきたからである。帝国の首都と沿岸地域の諸勢力を結びつける複雑なシステムは、それぞれ異なる時代に政治的・経済的影響力を持った四つの集団とビザンツの関係の中に見出すことができる。その集団とはすなわち、ハザール、ルーシ、ブルガールそしてテュルクである。

およそ七世紀から一〇世紀までの約三〇〇年間にわたって黒海北岸と東岸を支配したハザール人の

国家は、黒海周辺地域の国際政治および経済においてもっとも重要な役割を果たした国の一つである。ハザールの出自は定かではないが、彼らの領土はコーカサス山脈の北の平原に位置し、黒海とカスピ海両方に接していたようである。彼らはペルシアとアラブの著作家にとっては伝説上の存在であった。古来からの侵攻の数々は彼らの仕業とされ、古代のスキタイやサルマタイのように、彼らの名は時としてコーカサス北側のあらゆる民族の通称として用いられた。ハザールの君主すなわち可汗は、あるスペイン人に送った書簡の中で、彼の民はノアの息子の一人ヤペテの子孫であると述べている。このヤペテに連なる神話上の系譜は、コーカサスやその他様々な地域の民族が主張している。もっとも、ハザールはテュルク系であったと考えられ、それゆえ、ビザンツの著作家はしばしば「トゥルコイ」(Tourkoi) の名を彼らにあてていた。おそらくのちのペチェネグ、クマン、タタールといったステップのテュルク系諸民族に近い言語を話していたと考えられる。

ハザールは中央アジアと西方の交易の中継者として力を蓄えた。つまり、中世におけるこのルートを通じた商業隆盛の先駆者となったのである。彼らはヴォルガ川からクリミアに至る領域を席巻し、カスピ海と黒海を結ぶ交易路を開いた。ヴォルガ川とドン川沿いのハザールの諸都市は、ヨーロッパとユーラシアの商人が塩・蠟・毛皮・皮革・蜂蜜・奴隷などを交換する重要な商業拠点であった。一〇世紀初頭にハザールの領土を訪れたアラブの旅行家イブン・ファドラーンは、そこで交易を行うためバルト海からはるばる川を下ってやってきた入れ墨をしたノース人の一団に出会っている。[19]

ビザンツとハザールは時としてアラブやペルシア、ペチェネグに対抗して同調することもあったが、安定した協力関係を築くことはなかった。コンスタンティノス七世は、ハザールの野心に対する防衛策として他の諸国家との戦略的同盟関係を強化するよう、自らの後継者に忠告している。コンスタンティノス帝が用心深くなるには当然理由があった。幾度となく帝国を悩ませた後継者争いの中で、ハザールが様々な派閥を支援してビザンツの内政に干渉してきたことが過去に何度もあったためである。六九五年、皇帝ユスティニアノス二世は帝位を主張する敵対者によって皇帝の座を逐《お》われた上、鼻を削がれ、当時ハザールの勢力下にあったケルソネソスに流刑されるという不名誉を蒙った。しかし、ユスティニアノスはその流刑を最大限に利用した。彼はコンスタンティノープルに攻め入る計画を立て、庇護者であったハザールに支援を求めた。そして可汗の妹を娶り、彼女の持参金としてファナゴリアの街の支配権を得たのであった。ついには外国の支援によって彼は簒奪者から帝位をもぎ取り、洗礼を受けキリスト教徒となった彼のハザール人の妻テオドラは、ビザンツにおける最初の外国人の皇后となったのである。もっとも、ハザールは他宗教にきわめて寛大であったことで知られ、テオドラの改宗もそれほど唐突なことではなかった。この宗教面での実利主義は、やがて国教としてユダヤ教を受容するという異例の方向へと彼らを導くことになる。

ハザールがいかにしてユダヤ教徒となったかについては単純明快な話が伝わっている。その昔、正式に宗教教育を受けることを望んだブラン可汗は、ビザンツ、アラブ、そしてユダヤから学識ある人物を招き、自身の信仰がいかなる点で他と比べて優れているかを討論させた。ところが宜《むべ》なるかな、議論は怒鳴り合いの口喧嘩になり、苛立ったブランは、キリスト教徒とムスリムの賢者に、自分の宗教を除く他の二つから選ばねばならないとしたらどちらがましかを尋ねたのであった。すると、両者はやむをえず「ユダヤ教のほうがまし」と答えて意見が一致したのである。こうして、少なくともブラン可汗にとっては一件落着となった。ブランはハザールの民、あるいは少なくともその指導者層はユダヤ教徒となることを宣言し、その証として自ら割礼を受けた。中世スラヴの歴史家も自らの祖先がいかにキリスト教徒になったかについて似たような話を伝えており、この物語の典拠は当然ながら怪しい。しかし、ハザールが七〇〇年代中盤のどこかでユダヤ教を受容したことは事実とみえる。改宗の知らせは、ビザンツやアラブの地からユダヤ人をハザールの国に呼び寄せた。ハザールの貴族に信仰を説くために学者たちがコンスタンティノープルやバグダードからやってきたのである。

この新たなユーラシアのユダヤ教帝国は中世初期には広く知れわたるところとなり、しばらくのちにキリスト教徒の冒険者たちを東方へと駆り立てることになる伝説の王プレスター・ジョンの王国の現実世界における先駆けとなった。実際、ハザールの改宗について我々が知りうることの多くは、実はハザールの可汗とコルドバのラビの間で交わされた往復書簡に拠っている（それ自体の真贋も定かではない）。しかし、宗教的繁栄は政治的衰退と時を同じくしたのであった。ほんの数世紀のうちに、帝国はほとんど物理的な痕跡も残さずにすっかり姿を消してしまった。しかし、その記憶は生き続け、カスピ海はアラビア語では「バフル・アル・ハザル」（bahr al-Khazar）、テュルク語では「ハゼル・デニズィ」（Hazer Denizi）、すなわち「ハザールの海」としてその名を冠して呼ばれるようになり、中世に地中海の船乗りたちがクリミアへ向けて航行した際、彼らは自分たちが目指す半島をいまだ「ガザリア［ハザールの地］」と呼んでいた。[20]

ハザール帝国は黒海北岸の新興国の犠牲となった。遊牧民のペチェネグとの定期的な戦闘により、彼らの都市は疲弊していった。より決定的となったのは、森深い北部と河川沿いのステップ地帯から、ハザールのヴォルガ川とカスピ海の覇権を羨望の眼差しで見ていたルーシの諸公国の拡大であった。九〇〇年代後半には、ルーシはコーカサス北部の主要なハザールの要塞を制圧し、アゾフ海周辺からハザールの勢力を追いやった。

コンスタンティノス七世は、息子に対して、ペチェネグやハザール同様ルーシについても注意を促している。彼らはペチェネグより北に住み、時として彼らを襲ったり、また逆に襲われたりするものの、基本的には遊牧民たちとの和平を維持することを模索していた。なぜなら牛や馬、羊の売買は彼らの経済の屋台骨だったからである。またルーシは頻繁に川を下り黒海に出てコンスタンティノープルに来航した。品物を搭載した彼らの船はペチェネグの略奪者にとって格好の餌食であり、特にドニエプル川の急流を避けるために陸上輸送するときや、河口で大型船へ荷を移すときに狙われた。[21] 一方、時としてルーシの大集団が黒海を越えて侵攻の手を広げることもあった。彼らは八六〇年にコンスタンティノープルを攻撃したが、この遠征は数世紀前のゴート襲来を思わせるものだった。疑わしい記述ではあるが、このとき、ルーシは二〇〇隻の船からなる艦隊に車輪を取り付け、街の西側に広がる平原を渡り来寇し、城壁を守るビザンツの駐屯部隊を震え上がらせた。[22] その後二世紀の間、車輪も使うことなくもっと少人数ではあったが、繰り返し彼らは帝都に姿を見せたのであった。

黒海を越えたルーシは、イブン・ファドラーンがヴォルガ川下流で目撃した、ハザールと交易を行っていたノース商人の一派だったかもしれない。後世のスラヴの歴史家たちによれば、彼らはドニエプル川流域のまとまらないスラヴ人を統治するために招かれた外国人の君主であった。ただし、変化は漸次的なものであったと考えるほうが妥当だろう。ノース人の貿易商たちは、もともとバルト海から北方の河川を下ってきており、時代を経るうちにこうした定期的な来訪に備えるために通商拠点が整えられていった。これらは、ノース人自身によって建設されたり、あるいは地元のスラヴ人から奪ったりしたと考えられるが、恒常的な都市へと発展していった。やがて、武装したノース人商人の一団はスラヴ系の従属民の言語や習慣を受容し、九世紀になるとノース人諸侯はハザールの進貢国であったキエフを制圧した。ビザンツの著作家たちがこの北方の強大化する国家に注意を向けるとき、スキタイ、サルマタイ、ヴァリャーグ、果てはヒュペルボレオイなど様々な名称をその新たな住民たちに適用したが、その中で定着したのは「ロソイ」(Rhosoi)であった。この民族はビザンツ人たちが「ロシア」(Rhosia)と呼ぶようになった黒海北岸のはるか北方の地からやってきた。

九世紀から一〇世紀にかけてルーシは黒海北岸と南岸双方で大規模な襲撃を行った。そのときに使用された船は、ほぼ時を同じくしてブリテン島の海岸に現れたヴァイキングのロングボートとおそらく同じものであった。その襲撃は、ビザンツの著作家を大いに嘆かせた。

(彼らは)プロポンティス(マルマラ海)から荒し回り、沿岸部すべてを席巻しながら聖人の街(現トルコ・アマスラ)に至った。彼らは老若男女を問わず無慈悲に殺しまわった。老人にも一切容赦せず、子どもであろうと憐れむことはなかったのであった。それどころか、その血に汚れた手を振り上げて、できる限り遠くまで破壊しつくさんと急ぐのであった。[23]

もっとも、彼らは常にビザンツと対立関係にあったわけではない。なぜなら、北方の諸公が重要なパートナーにも、敵に対抗する際の有用な同盟相手にもなりうることは、早い段階から理解されていたからである。二〇〇年以上にわたって、バルト海からコンスタンティノープルへは河川を通じて毛皮・琥珀・蠟そして奴隷が運ばれてきた。キエフは、ロシア、あるいはスラヴ語でルーシの諸公が治める都市の中ではもっとも強大であり、ドニエプル川通商路の中継地として繁栄した。一〇世紀になると、ノース人とビザンツの関係は、一層緊密となり、ビザンツの軍隊に加わったノース人傭兵の部隊はやがて皇帝の近衛隊の中核をなすほどであった。その中でもっとも有名な人物がハーラル・シグルッソンである。彼はのちにノルウェー王ハーラル三世として、そしてブリテン島へ侵入した最後のヴァイキングとして、一〇六六年にスタンフォード橋の戦いでサクソン人の矢に倒れ、その生涯を終えた。

ルーシの諸公はビザンツとの交易によって強大化し、ドニエプル川河口とボスポラス海峡をつなぐ黒海上の通商路においてその存在はより大きなものとなっていった。同時代のアラブの地理学者たちが黒海を「ルーシの海」（bahr al-Rus）とアラビア語で呼ぶほどで、もはや黒海の真の支配者はビザンツではなくルーシであるかのようだった。強大化したルーシはすでに自分たちの貿易相手に条件を突きつけることもできた。一〇世紀後半、キエフ大公ウラジーミルはビザンツ皇帝バシレイオス二世の姉妹との結婚を要求したのである。皇帝の妹アンナが輿入れすることが決まったが、皇帝がその言葉を翻したためにウラジーミルはケルソネソスを襲った。とうとう皇帝はウラジーミルがキリスト教に改宗することを条件に結婚を許可し、九八八年に大公は自ら洗礼を受け、その見返りとしてアンナを娶った。こうしてキエフの人びとはビザンツ皇帝一族の仲間入りと普遍教会への参入を一度に果たしたのである。キリスト教はウラジーミルの改宗以前からすでに北方の川の上流域まで広がっていたが、王族の改宗により、文字・音楽・美術・建築など数々のビザンツ文化の影響のもとで、キエフの国家、ひいては中世ロシアの文化が形作られていくことになる。しかし、皇帝一族との婚姻によって強化されたにもかかわらず、ビザンツとキエフの直接の交流は短命に終わった。一一世紀から一二世紀にかけて、また別の遊牧民族であるクマン人が現れ、黒海北方の諸都市と沿岸部とのつながりを断ち、交易は廃れてしまった。ビザンツ人にとって、この有益な同盟の終焉は、黒海の北岸が永遠にその手から離れたことを意味した。

それでも、バシレイオス二世にとって、キエフ大公との婚姻関係の構築は大いなる僥倖であった。キエフの人びとが提供した傭兵たちは、彼の在位中に成し遂げられた一連の華々しい軍事的勝利に不可欠だったからである。これらの遠征により、皇帝は「ブルガール人殺し」(bulgaroktonos)という異例の渾名を得ることになった。

ブルガール人はといえば、かつてビザンツと同盟関係にあったが、それは帝国の辺縁で生じた数多の関係の一つであっただけでなく、様々な場面でビザンツの内政にとっても重要な役割を果たしてきた。事実、ユスティニアノス二世がハザール人の妻テオドラをひきつれてコンスタンティノープルへと戻ったとき、彼が権力を奪還できたのはブルガール人のおかげだった。彼の義理の父であるハザールの可汗は、当時権力の座にあったビザンツの皇帝に買収され、ユスティニアノスがコンスタンティノープルに攻め入る前に彼を暗殺することに同意していたのである。テオドラはユスティニアノスはその計画を告げ、二人はファナゴリアから黒海を渡ってドナウ川へと逃れた。ユスティニアノスはそこで東方の姻戚であるハザール人のもとで受けたものよりもはるかに温かい歓迎を受けた。新たな庇護者であるブルガール人はユスティニアノスに軍勢を与え、それによって彼が勝利のうちに宮廷へ復帰することが可能となったのであった。

ユスティニアノス二世が皇帝となった八世紀初頭、ブルガール人はビザンツ帝国の辺縁において比較的新参であった。しかし、ユスティニアノスに対して彼らが便宜を図ったことが示す通り、すでに彼らもハザール同様に帝国の外交・内政においてきわめて重要な役割を担っていた。本来のブルガール人の故地ははるか東、ヴォルガ川の上流、地図学者たちが一八世紀に至るまで「大ブルガリア」として示していた地域である。ハザールとブルガールはおそらく近い関係にあり、彼らの出自に関する神話によると、ブルガール人もハザール人もともにノアの同じ息子［ヤペテ］の子孫を称していた。また、ヴォルガ川沿いのブルガール人の土地はかなり早い段階でハザールの可汗国に組み込まれていた。

一方、ステップで発生した西方への大移動の結果、ブルガール人は六〇〇年代後半にドナウ川沿岸で頭角を現しはじめた。彼らの首領、すなわちハンたるアスパルフの指揮のもと、ブルガール人たちは川を越え、南方のスラヴ系住民を服属させた。彼らの出現はビザンツ人たちを非常に悩ませ、帝国はアスパルフとその後継者たちに貢納してドナウ川からバルカン山脈までの土地の支配権を承認した。ビザンツが貢納を拒否すると、しばしば戦争が起こったが、たいていの場合ブルガール人の勝利に終わった。ある大きな戦いに勝利したクルム・ハンは、ビザンツ皇帝ニケフォロスの頭蓋骨を杯にしたといわれている。しかし、ビザンツ人は、軍事力ではできなかったことを福音によって成し遂げようとした。ブルガール人は九世紀にキリスト教に改宗し、キリスト教世界を東西に分裂させた一〇五四年の大シスマの際もビザンツ側についている。この頃にはブルガール人はかつての遊牧民的およびテュルク的特徴の大半を失い、徐々に現地住民であるスラヴ人の言語に同化していった。

しかし、共通の宗教もコンスタンティノープルとの関係を軟化させることは適わなかった。ビザンツ帝国が終焉を迎える直前まで、ブルガール問題への対処はビザンツ帝国の外交政策の要であった。一〇世紀、「全ブルガリア人とギリシア人［ローマ人］のツァーリ」の称号を得たシメオン治世下のブルガリア帝国は、おそらく当時の東ヨーロッパでもっとも強力な国家であり、その首都プレスラフはその壮麗さにおいてコンスタンティノープルに匹敵するともいわれた。この最初の帝国は、ノース人傭兵の助力を得たブルガール人殺しバシレイオスによって滅ぼされる。年代記の記録によると、バシレイオスは一〇〇〇人の捕虜のうち九九人の目をつぶし、司令官一人だけを目が見えるまま残し、残りの者たちを率いさせてブルガール人の宿営地へと帰したという。こうしてブルガリア帝国はビザンツ帝国に併合され、この数世紀の間で初めてコンスタンティノープルがバルカン半島の大部分を支配下に収めた。しかし、この秩序もまたやがて崩壊し、一一五〇年後にブルガリア帝国が再度勃興した。新たにトゥルノヴォを首都とする第二次ブルガリア帝国の勢威は、一三世紀の最盛期には現在のアルバニアから黒海にまで達した。しかし、中世セルビア王国などその他のバルカンの諸王国の拡大とともに、この帝国も間もなく姿を消すことになる。

キリスト教は、ルーシやブルガールとの関係においてビザンツ皇帝の強力な政治上のツールであった。もちろん改宗が必ずしも争いを防いだわけではないが、ビザンツからしてみればその争いはまったく異なるタイプのもの――信者と異教徒との間の境界を挟んだ戦いというよりも、キリスト教世界の枠内での内戦に近いものとなった。隣接する民族あるいは国家を、帝国の一部もしくは強固な同盟関係に取り込むことができなかった場合の次善の策が、彼らを教会の枠内へと取り込むことであった。

しかし、アナトリアでは少し状況が異なっていた。帝国の裏庭ともいえる場所でありながら、アナトリアは長い間、言語・民族そして宗教が混在する地であった。その中には、ギリシア語・アルメニア語・アラビア語のほかコーカサス諸語やシリア語話者がおり、キリスト教徒とムスリム、異端派と正統派が入り交じっていた。しかし、新たな集団、すなわち遊牧トルクマン人の到来は、この地の政治的・社会的諸関係を根底から一変させた。

本来のトルクマン人の牧草地は中央アジアのステップに位置していた。しかし、一一世紀になると彼らはビザンツ帝国の東方の前線を圧迫するようになった。彼らは、名目上はバグダードに拠点を置く大セルジューク帝国の権威にしたがっていたが、遊牧民の常として、誰からも直接の政治的支配を受けていなかった。自らの帝国の安寧のため、セルジューク朝のスルタンは、中央アナトリアには牧草地と略奪可能なビザンツの町や都市があるということを吹き込んでトルクマン人を駆り立て、彼らを西へと向かわせた。一〇七一年、東アナトリアのマンジケルトでの戦いでセルジューク朝はビザンツ帝国に勝利したが、この軍事的勝利はトルクマン人がはるばるエーゲ海方面へと大規模な移住を始めるきっかけとなった。

その後二〇〇年にわたり、黒海北方のステップでは早くから起こっていたテュルク系民族の漸次的移住をアナトリアも経験することになる。この地の政治的支配はビザンツの手から離れて徐々にトルクマンのオルドから独立した様々な地方エミール［指導者、指揮官］の手へと渡っていった。トルクマン人の一部は定住民あるいは半遊牧民となり、ビザンツの農民や都市民との緊張関係の中で生きていた。戦争は頻繁に起きたが、通常その原因はムスリム君主とコンスタンティノープルの皇帝の間の宗教的不和などではなく、むしろ牧草地の使用権争いや遊牧民が辺境の農村やより大きな集落を襲ったりすることにあった。しかも、こうした諍いの当事者の顔ぶれはほぼ年ごとに入れ替わった。ビザンツの地方領主はおろか帝都の王権争いに加わる名族までもが、内紛においてほうぼうのエミールに支援を乞うのはよくあることであり、それがまた帝国を苦しめることになった。

セルジューク朝の覇権は一三世紀のモンゴルの到来により終焉を迎える。モンゴルの侵攻はセルジューク朝の統治システムを崩壊させ、トルクマンの遊牧民の新たな西方移動を引き起こした。その結果、トルクマン系エミール国家や連合国がずらりと居並び、これらの国々の影響力が黒海沿岸地域まで及ぶようになった。白羊朝（アクコユンル朝）のトルクマン人は東アナトリアと西ペルシアを支配した。隣接する二つの国名、すなわちバグダードの大セルジューク朝とコンスタンティノープルの「ローマ」を組み合わせたルーム・セルジューク朝は、中央および南アナトリアを獲得する。シノペやトレビゾンドといった主要な港を含む黒海沿岸地域の状況は、こうした諸政権から直接の支配を受けたり、貢納による庇護下に置かれたりと様々であった。

このような政治的変動はこの地域の人びとの社会生活を徐々に変化させていった。一部のキリスト教徒、特に都市の中心にある宗教上の権威から切り離された人びとが、イスラームに改宗した。ギリシア語あるいはアルメニア語話者の中にはテュルク系の言語を話すようになる者もおり、また、定住化しキリスト教徒となったトルクマン系遊牧民もいたことであろう。一部の人びとは、ほぼ確実に現在我々がギリシア語・アルメニア語・クルド語・グルジア語と呼んでいる言葉を話すようになった。その他の遊牧民は依然として牧畜に従事し、牧草地から次の牧草地へと家畜の群れを移動させていたが、困窮すると、数世代前には彼らとさほど変わらない生活を送っていた定住民の村落や町を襲った。

トルクマン人は、彼らのグループの一部であったアナトリア北西のオスマン朝が辺境の一首長国から一大イスラーム帝国へと変貌を遂げた後もなおこの地にとどまった。トルクマン系遊牧民の大部分はオスマン帝国のもとで定住するようになったものの、様々な種類の牧畜民も存在し続けた。イラク北部のトルクマン人や黒海南東岸のチェプニ人など、こうした牧畜民は今でも近東で生活しており、ビザンツ政権時の過ぎ去りし日々に沿岸の移牧民たちがそうしていたように、夏になると羊や山羊の群れを高地の牧草地へ移動させている。

ビザンツの皇帝たちは、ルーシの諸公やバルカンおよびコーカサスのキリスト教徒の王たち、そして定期的に北方のステップや東アナトリアから押し寄せてくる遊牧民の集団に長い間、悩まされてきた。しかし、最終的にビザンツを黒海から切り離したのはこれらのいずれの集団でもなかった。それは、宗教上の派閥と政治上の主従関係の双方においてコンスタンティノープルの皇帝と決別した西方のラテン勢力であり、そしてそれが帝国に真の凋落をもたらすことになった。

一一世紀以来、中央ヨーロッパの諸国家の隆盛は西方におけるビザンツ帝国の利益を脅かしてきた。イタリア半島の大部分はノルマン人によって征服され、イタリアの海運国が地中海を席巻し、フランス、ドイツそして教皇といった諸勢力は帝国のさらなる弱体化を図っていた。十字軍は、こうしたすべての勢力にコンスタンティノープルそのものへ至る門戸を開いた。そして、彼らが聖地への遠征の途上で毎回コンスタンティノープルを略奪することを防ぐためには、巧みな外交と政略結婚を駆使するより他はなかった。

第四回十字軍のときは、ビザンツの外交も十分とはいえなかった。一一九九年、遠征軍がイタリアに参集し、彼らの対エジプト作戦を支援するようヴェネツィアのドージェ［元首］であるエンリコ・ダンドロに迫った。ドージェはそれに同意したが、その対価は遠征の途上で獲得したもので支払われることになった。ただ、十字軍の装備一式を揃えている間に標的は変更されることになる。それはもはや異教徒たるムスリムではなく、コンスタンティノープルのキリスト教分派であった。ヴェネツィアは、とりわけ東地中海における交易権をめぐってビザンツと定期的に争っていたが、異端の皇帝に対する十字軍遠征は、東方での経済活動における自らの優越を確実なものとする絶好の機会であった。将来の戦利品をいかに山分けするかについての長い議論のあと、一二〇四年春ついに十字軍はコンスタンティノープルへと攻め込んだ。そして、街は間もなく陥落した。

当時の歴史家たちはこのことを「天変地異」と呼んだ。その破壊はすさまじいものであった。ハギア・ソフィア大聖堂は冒瀆され、イコンは海へ投げ捨てられた。尼僧たちは強姦され若い修道士たちは奴隷として売られた。十字軍の指揮官の一人であったフランドルのボードゥアンは皇帝の玉座へ昇り、あるヴェネツィア人が今やローマ・カトリックと合同した教会の総主教に祭り上げられた。一方、一部のビザンツの貴族たちはマルマラ海を渡ってニケーアへ逃れ、彼らがそこへ亡命政権をうちたてると、間もなく多くのギリシア語話者の貴族や放逐された教会の聖職者たちが身を寄せるようになった。帝国の大規模な山分け――「ローマの分割」（Partitio Romaniae）において、いわゆるビザンティウムはラテン人征服者たちによって分割された。ビザンツ勢力の拠点はニケーアの亡命政権、対立する王家の一族を擁するトレビゾンド（トラペズス）、そしてギリシアの小さな王国に残されたが、何世紀もかけて徐々に削られていった帝国はもはや瓦解してしまった。

こうして、黒海に接するビザンツ帝国の歴史は、一二〇四年に終焉を迎えた。ビザンツ人たちは一二六一年になんとかコンスタンティノープルを奪還し、東方におけるラテン人支配は短命に終わった。しかし、再建されたビザンティウムはもはや狭い海峡を保有する小帝国に過ぎず、バルカンおよびコーカサスのキリスト教諸国やアナトリアのトルクマン系の首長国に取り囲まれた、非力な一国家に過ぎなかった。また、その経済と海外貿易の大部分はイタリア人の手に渡ったままであり、ボスポラス海峡を北上してすぐのところにある黒海は、いまや実質的に帝国の支配の及ばぬ場所となっていた。一方で、ビザンツ時代の終焉は、黒海沿岸部を異例な経済活動の時代――すなわち黒海がかつてないほどにヨーロッパの中核部に近づいた時代に導くことになる。

ガザリア交易時代――中継交易の繁栄とイタリア商人の活躍

一二〇〇年代末、モンゴル皇帝クビライ・ハンの朝廷で長い年月を過ごしたマルコ・ポーロは、その旅の帰路でトレビゾンドからコンスタンティノープルへと航海した。もっとも彼はこの船旅についてわずかに言及するのみである。

大海［＝黒海］およびその周辺にある地方については、全て充分に探索したのではあるが、何も話しも語りもしなかった。が、必要でも有益でもないこと、また他の人がすっかり知っていることを話すのは私には徒労と思えるゆえ、語らないでおく。知ってのとおり、ヴェネツィア人、ジェノヴァ人、ピサ人、それにそこをよく旅する他の多くの人々のように、日々そこを探索し航海する者は多く、そのことはそれぞれが知っている。だから私は口を閉ざし、それについて何も述べないことにする。[24]

つまり、この行程は、マルコ・ポーロが旅行記に含めるには退屈すぎると感じるほど一般的になっており、一方の国際交易拠点からもう一方へと移動するごくありふれた道程となっていた。マルコ・ポーロが到着する前から、黒海はすでに中国の桑畑からマルセイユの絹商館へ、ノヴゴロドとキエフの定期市からタブリーズのバザールへとつながる経済ネットワークの中心であった。それは主要な国際幹線道の交差点に位置していたのである。「絹の道」は、まず中国から始まって中央アジアを蛇行するように進み、カスピ海を越えてヴォルガ川へと向かい、そのあとは陸路でドン川まで行き、そこからアゾフ海とクリミア半島の港に入るか、中央アジアとペルシアを通る南の道に沿って進み、アルメニアを通過してトレビゾンドの港へ至る。また、北方の河川は、ポーランドとロシアを通過してバルト海へ向かう交通路として利用された。この古来のルートは、かつては地中海に琥珀を運んでいたが、いまや絹、毛皮、獣皮を北ヨーロッパの新興都市へと運ぶようになった。工芸品、とりわけ織物は中央ヨーロッパから届き、その後ユーラシアのステップを通じて広がっていった。それとは逆に、穀類や香辛料はステップから中央ヨーロッパへ、あるいはボスポラス海峡からエーゲ海へ持ち込まれた。

人びとの黒海の呼び名は、これらの交易関係を反映している。アラブの古地図には、「トレビゾンドの海」（bahr al-Trabazunda）という名をあてているものもある。ペルシアからアナトリアを通ってきたキャラバンがこの港で荷下ろししたからである。ポーランド人たちは、「ルヴフの海」（mare Leoninum）と名づけたが、この商業都市は黒海から北西に実に数百キロメートル内陸に入った、ポーランドのガリツィアに位置していた。[25] 中世イタリアの都市国家から船乗りと貿易商が新たに流入するようになると、この海は単に「偉大なる海」（il mare Maggiore）と呼ばれた。商人はジェノヴァあるいはヴェネツィアから旅を始め、地中海の半分を航海し、海峡を通って黒海を越え、そして到着地では他のイタリア人――ことによると彼の知り合いであったかもしれない人物と一杯のワインを酌み交わすことができた。もしヨーロッパの輸入業者が中国の絹かインドの香辛料を黒海まで運ぶことができたら、あとはもうほとんど自分の庭のようなものだった。もし輸出業者がワインや綿布を黒海まで運ぶことができたら、それはもう売れたと同じことだった。中世の貿易商が発見した通り、商品を黒海へ持って行きさえすれば、それは世界中どこでも手に入るようになるのであった。

ビザンティウムが辺境の植民市から帝国の首都へと成長していった時代、イタリアの沿岸都市もまた、主要な海運拠点へと発展を遂げつつあった。島嶼集落の寄せ集めから始まったヴェネツィアは、東地中海全域に利権を有する商業帝国に変貌したのである。この都市国家は、もともとイタリア本土へ保存用に加工した魚を細々と供給していたが、中世初期には小アジア・レヴァントから南ヨーロッパの諸港へ至る海上ルートをほぼ完全に支配するようになった。イタリア半島の向こう側のジェノヴァやピサには、ヴェネツィアのような地理上のアドバンテージが欠けていた――彼らは、豊かな東ではなくより貧しい西地中海に面していたのである。しかし、アラブの略奪者との度重なる戦争の中でその海軍力は鍛えられ、ヴェネツィア共和国の強力なライバルとして浮上した。

ヴェネツィアは、かつてはビザンツ帝国の一部であり、イタリア本土の強欲な諸侯から庇護してもらう代わりにコンスタンティノープルに忠誠を誓っていたが、時代を経てその関係は逆転した。ビザンツの海上支配力が低下すると、ヴェネツィアは地中海の海賊から航路を守る必要に一層迫られ、自らの海軍を強化していった。そして間もなく、ビザンツはヴェネツィア海軍に依存するようになる。九世紀にはすでに、ヴェネツィアは首都コンスタンティノープルを含めて帝国に迫る外敵からの海上防衛の見返りとして商業上の特権を与えられており、十字軍の時代になると東方貿易を事実上独占するようになった。さらにこの頃、教皇や諸侯が聖戦熱をあおっていたが、ヴェネツィアのドージェは金銭的にこの行動の実現を担保していた。すなわち、武器や食糧の資金を提供し、十字軍の軍勢を聖地へと運んだのである。ついにヴェネツィアはビザンツ帝国を守り続けるよりもそこから略奪することのほうに関心を持つようになり、一二〇四年に十字軍がコンスタンティノープルを略奪した際にもっとも利益を得ることになった。それに続く帝国の分割では、エーゲ海の群島、北ギリシア、そして黒海の沿岸を含むビザンツ帝国の領地の実に八分の三はヴェネツィアのものになったのである。一夜にして共和国は帝国の主となった。

他方、ジェノヴァとピサは、ヴェネツィアの独占期にもどうにかビザンツ利権に食い込んでおり、一一〇〇年代には金角湾沿いに商業区画を与えられていた。しかし「ローマの分割」は彼らにもまたとない機会をもたらした。ヴェネツィアが果実を享受する一方、ジェノヴァは北西アナトリアのニケーアで縮小された「帝国」を支配するビザンツの亡命王朝と同盟関係を築いたのである。間もなくこの投資は配当を生んだ。一二六一年に亡命政権がコンスタンティノープルを奪還して十字軍を駆逐すると、ジェノヴァはかつてヴェネツィアが得ていた特権的地位を与えられた。ジェノヴァ人は、コンスタンティノープルの一等地であるペラ地区、金角湾を挟んで皇帝の宮殿と向かい合った丘の上にある居留区へ移った。帝国のすべての港は、黒海にあるものも含め、ジェノヴァ商人に対しても完全に開かれた。

しかし、ヴェネツィアとピサがこうした新たな秩序を受け入れることはなかった。三つの都市国家は、ボスポラス海峡における華々しい海戦を含め一世紀以上にわたって抗争を繰り広げることになる。その結果、強力な海軍国家としてのピサは崩壊し、ヴェネツィアは東地中海における支配的立場を確固なものとして、黒海における利権はヴェネツィア商人とジェノヴァ商人が不安定ながらも共同で占有することになった。ドン川沿岸の古代ギリシア植民地タナイスは、イタリア人たちからタナと呼ばれるようになり、ヴェネツィアの東への玄関口かつ中国や中央アジアからの陸上ルートの終着点となった。しかし、黒海の交易路から利益を上げることにおいて、ジェノヴァは古代のミレトスの真の後継者であった。一二〇〇年代末までにジェノヴァ人は再興されたビザンツ帝国の内部にいわば自らの帝国を作り上げた。ジェノヴァ人コミュニティの指導者であるポデスタ（Podestà）は、ペラの丘の上から豊かさと地理的広がりにおいて並ぶもののない商業上の支配権を一望することができた。あるビザンツの史家は、「この海は彼らだけのものである」と記している。[26]

イタリア商人の黒海への参入は沿岸部の諸都市をふたたび活性化させた。実際のところ、一部の都市は北部ステップの諸民族が大移動を繰り返した時代、事実上休眠状態となっており、辛うじてこの時代を生き延びたのは、ケルソネソスなど、緊張状態にある前線にビザンツが置いた遠隔地の拠点だけだった。しかしながら、一二〇〇年代後半には黒海は活気ある港町に取り囲まれていた。これらの都市の多くはかつてのギリシア植民市の上に築かれ、その地の利を生かして東方の富への入口として繁栄を享受した。

この頃、黒海では、コンスタンティノープルからトレビゾンドまで、途中の交易や補給のための停泊を含めても数週間で行くことができた。もし天候に恵まれれば、必要に応じて一週間以内に航海を終わらせることすら可能であった。[27]トレビゾンドから船は黒海を突っ切ってクリミアへ渡り、イタリア人によってテオドシアからカッファと改名された古代ギリシア以来の港へ投錨した。さらにそこからアゾフ海に入り、タナで荷下ろしをしてヴォルガ川行きの陸上輸送に切り替え、その後カスピ海を目指した。黒海の海岸線沿いはジェノヴァ人たちが商業のみならず地方行政をも掌握していた。東方ではシノペとトレビゾンド、セヴァストポリス（現グルジア・スフミ）、加えてドナウ川とドニエストル川河口のリコストモとマウロカストロ、そしてカッファにもジェノヴァ人領事が常駐していた。ヴェネツィア人もタナとソルダイア（現ウクライナ・スダク）に拠点を置いていたが、東地中海における彼らの特権的地位がより重要で、黒海への関心が優越することはなかった。

これらの大商業都市、特にクリミア沿岸の諸都市を訪れた誰もが、既知の世界からはるばるやってきた商人たちであふれかえる活気に満ちた作業場や市場を目の当たりにしたにちがいない。舗装された大通りでは様々な言葉が飛び交い、行商人たちが訛ったギリシア語やイタリア語で言い争っているのが聞こえてきたことだろう。イスラームの祈りへの呼びかけの声や、正教会やアルメニア教会の聖歌と競い合うように、フランシスコ会とドミニコ会の修道院の鐘が鳴り響いて時を知らせる。領事の宮殿の大広間はおしかけた街の住民や商人たちでごった返し、それぞれ陳情を訴えたり、契約書へのお墨付きをもらうべく書記をせかしたりしたのだった。駱駝や駄馬を連ねた隊商は門から入市すると港へ向かった。イタリア人、カタルーニャ人やその他の南ヨーロッパからの商人は、いよいよ数を増すムスリムやユダヤ教徒だけでなく、ペロポネソスやエーゲ海島嶼部からやってくる正教徒の急激な増加を目撃した。正教徒の中には、常に都市で生活する者もいれば、地中海へ戻る前にそこで冬を越すだけの者もいた。

ジェノヴァ人の書記による当時の登記簿がいくつか現存し、海港での交易の多様な姿だけでなく、それに従事する人びとの雑多さを今日まで伝える。一二八九年四月、ギレルモ・ヴェサーノは貨物船「ムゲット号」の権益の三分の一をヴィヴァルディーノ・ラウゲリオに売却した。五月、マヌエーレ・ネグローネはマッツォ・ディ・カンポとオベルティーノ・ダルベンガに、もともとコーカサスの海岸地帯で奴隷にされたヴェナリという名の三〇歳の奴隷を売った。六月、ギレルモ・サルッツォの代理人たるカトリック教徒のジャコモ・ディ・ギスルフォは、ムスリムのケマル・タクマジから、シリア出身でカッファ在住のムスリムのハサンから買った牛革の輸送料として代金を受け取った。

一二九〇年四月、ペラのアルメニア人ヴァシリとプリチェは、正教徒のテオドルとコスタスとともに、以下の事実を確認した。彼らの財産はユルズチという名の海賊に奪われたのだが、タブリーズを治めるモンゴルのハンであるアルグンによって仕立てられたガレー船の船長であるヴィヴァルド・ラヴァッジョが、そのすべてを補償し返還にこぎつけたのであった[28]。多くの異なるコミュニティ間で相当の距離を超えて行われていたこうした驚くべき取引の数々を見ると、マルコ・ポーロが黒海を詳しく説明する必要性をほとんど感じなかったことも不思議ではない。

ヨーロッパ人たちの黒海に関する知識の豊富さは、主にイタリア人やカタルーニャ人によって生み出されたポルトランスという色とりどりの航海図からも容易に読み取ることができる。現在では博物館に所蔵されたり、個人蒐集家によって大切にされているこれらの図は、子牛皮紙に描かれ、船旅に携えていくために巻物の形状をとった。これらの図には、卓越風を示しながら方角を指すとともに、大小あらゆる港を含む沿岸の概略が描かれていた。その多くが一三世紀から一五世紀頃にかけて製作されたが、こうした図の地理情報の詳細さは尋常ではない。海に突き出した鋭い岬が、入り江や湾を示す半円状の凹みとともにほうぼうに記されている。黒海全体の形、岬の位置、クリミア半島やアゾフ海の輪郭線はおおよそ正確である。興味深いことに、こうした地理学上の特徴はイタリアの支配が終わった数世紀のちに描かれた地図では想像で描かれた不正確なものとなってしまった。

沿岸の海港とジェノヴァ人コミュニティの統治はジェノヴァのガザリア行政局（Officium Gazariae）——謎に満ちたハザールの名前を冠した——が形式的に司っていたが、中心はクリミアのカッファにあった。カッファは選挙で選ばれた元老院と行政上の官僚制度を有していた。ジェノヴァから直接任命される総領事は、ペラのポデスタをも上回る俸給を得ており、税の徴収や共同体の予算編成、市民軍の編成に加えて、黒海の他の港を治める領事を任命する権限を有した[29]。領事当局は、立派な防壁の建設を監督した。この煉瓦と石づくりの壁は、見張り塔を配し堀で囲まれていた[30]。カッファの湾曲した三日月型の入り江では、ずんぐりした長距離船だけでなくフェラッカ船や他の地中海から輸入された沿岸用の小型船舶が群れをなしていた。偉大なアラブの旅行家イブン・バットゥータの記録では「大小およそ二〇〇隻の軍艦および商船」が港に浮かんでいた。彼はその人生の中で多くの海港を目にしてきたが、この偉大な旅行者にとってもカッファは「世界でもっとも傑出した港の一つ」であった[31]。

別の旅行家、コルドバのペロ・タフルは一四三〇年代後半のある晴れた日にカッファへ入港した。ここにくるまでにトレビゾンドを経由してきたが、この街を見た彼は喜びのあまりぼんやり夢心地になった。古くはトラペズスと呼ばれたトレビゾンドは、彼が言うには、ビザンツ人のライバルたる皇帝によって治められており、ジェノヴァ人とヴェネツィア人の商人が意欲的に活動していた。しかし、この皇帝が自らの娘を地元のムスリムの首領に嫁がせたと知ると、彼はこの南の港への興味を失ってしまった。コルドバの人びとがムーア人から命がけで守ったものを、トレビゾンドの人びとは惜しげもなくトルクマン人に差し出したかのようにタフルには感じられたにちがいない。それに対してカッファ、あるいは少なくともその一部は、より文明に近いように思えた。都市の施政者は彼を温かく迎え、自ら世話してくれた。逗留した宿は快適で、訪ねていったフランシスコ会修道院の修道士も気持ちのいい人物だった。「この街はとても大きい。セビリアと同じか、それより大きいくらいだ。住民の数はその倍で、キリスト教徒、カトリックだけでなくギリシア人（正教徒）、そして世界のあらゆる民族がいる」。彼がいうには、毎日のように船が遠く離れた港から到着し、通りは行き来する乗員で満ちあふれ、様々な言語で囂然としていた。香辛料、金、真珠、宝石、高価なロシア製毛皮、そして奴隷が売り買いされ、しばしばその価格が信じられないくらい安い。彼は自分でも何人か奴隷を購入したが、それは彼らが不信心なムスリムの手に落ちるのを防ぐための慈善行為であった[32]。

しかしながら、カッファと彼が訪れたその他の活気あふれる街に対して下された最終的な審判は、肯定的なものではなかった。タフルによれば、これらはやはりオリエントの街であり、十分賑わってはいるが、スペインで噂に聞いた東方の豊かさについての期待を満たす水準には達していなかった。彼が言うには、冬は港の船が早々に凍りつくほど寒く、後背地へアクセスすることはインドに至ることと同じくらい困難だった。食べ物はほとんど食べられたものではなく、市場にいる人間の大半が粗暴であり、フランシスコ会の人間とわずかな洗練された商人がささやかな秩序を与えようと奮闘しているが、それは簡単な仕事ではなかった。「きっと、もしここにジェノヴァ人がいなかったら、我々――すなわちカトリックのヨーロッパ人――が彼らと交わることはなかっただろう。というのも、民族も様々、着るものや食べるものも様々で、女性の扱い方にまで違いがある」。処女は一定量のワインで買うことができると言われていたが、彼はこの恥ずべき取引の存在を自身が一度試すことで確認した[33]。

タフルは、クリミアの港の住民は、イタリアからクリミアへやってきたときは十分文明的であり、中にはきわめて高貴な家系の末裔もいたが、内陸の部族、特にアジアのタタール人との交流の中で徐々に粗野になっていったという仮説を立てている。黒海北部の内陸地域の大部分は、一三世紀にモンゴルの征服とともに移り住んだタタール人の首領によって支配されていた。当初、イタリア人たちは黒海沿岸の諸都市内に居留地を有する権利を交渉によって得ていたが、だんだんとその支配を郊外へと延ばしていった。街の城壁の内部でイタリア人たちとともに暮らすタタール人もいたが、一方でタタール人は定期的に街を包囲した。代々のハンが貢納に不満を覚えるたび、武装したタタール人の大群が街の城門に出現するのである。黒海の港がタタールの略奪から逃れえたのは、ひとえに弩、大砲、マスケット銃といった市民兵たちが持つ優れた武器のおかげだったが、時にはそれすら力及ばぬこともあった。一度ならずイタリア人たちは自分たちの拠点と事業とをほとんどゼロから建て直す羽目に陥ったのであった。

タフルを含め黒海の港を訪れる多くのカトリックのヨーロッパ人――少なくともそこに住んで商売をするのではなく、もっぱらエキゾチックな旅にのみ関心のあった人びとは、共通して反ムスリムの偏見を持っていた。タフルはトレビゾンドのキリスト教徒政権とアナトリアのムスリムのエミールが親しく交流していることに憤慨し、またクリミアの諸都市でタタール人がキリスト教徒の間に融け込んでいる様子に面食らった。しかし、黒海沿岸を訪れるよそ者の多くがそうであったように、タフルはこの地の社会関係の重要な側面を見落としている。イタリア人の商業的成功のかなりの部分は、このタタール人――あるいはもともと彼らが属していた広大なモンゴル帝国のおかげなのである。

パクス・モンゴリカ

モンゴル人は中央アジアから西方へ大移動してきた最後の民であった。彼らが黒海周辺地域にやってきたのは、征服欲によって突き動かされたことも一因であるだろうが、何百年も前からユーラシアの移牧民がそうしてきたように無数の馬や牛や羊の群れを追う遊牧民の自然な移動という側面もあった。こうした遊牧民の大多数は、もともとはテュルク系であり、のちに黒海北岸のモンゴルの後継者たち全般を指すようになるタタール（Tatars）――より古い綴りではタルタル（Tartars）という呼称が同時代の観察者によって適用されたのはこのためである。タタール人と呼ばれた人びとの中の戦士階級はおそらく多くがモンゴリア出身者で占められていた。しかしながら、彼らもまた古代のスキタイ人同様に、汎ユーラシア的な文化と生活様式を言語の壁を越えて等しく共有していたのである。

チンギス・ハンのもと、タタール＝モンゴルの支配は急速に拡大し、一二二七年に偉大なるハンが逝去したときには中国沿海部から黒海まで広がっていた。彼の後継者たちはさらにはるか遠くまで進み、黒海北部のステップにおけるクマン人の支配に終止符を打つとともに、ポーランドとハンガリーに襲いかかり、ペルシアとコーカサスを制圧した。黒海北部の平原におけるタタール＝モンゴルの騎兵の出現に、ヨーロッパの指導者たちは憂慮した。都市の略奪と住民の殺害についての知らせが駆けめぐり、堅牢無比を誇る中央ヨーロッパの都市をモンゴルの騎馬隊が蹂躙する日が近づきつつあった。教皇とヨーロッパの諸侯は、キエフ、クラクフ、ブダペストを荒廃させ従属民たちから重い税を取り立てている異教徒を討伐するための新たな十字軍を招集した。

当時の年代記史家および後世の歴史家は、タタール＝モンゴル支配の時期を東方の専制支配による暗黒時代として振り返ることになる。「タタール」と古代ローマ神話で地獄を意味する「タルタルス」という語の響きが一致していることを、当時の著述家たちは見逃さなかった。しかし、中世という時代を全体として考えれば、いわゆるタタールのくびきは、実際のところは隷属の時代であると同時に、発展の時代でもあった。西方への大移動が短期間で収束すると、その後二〇〇年ほど比較的安定した状態が保たれたため、黒海におけるイタリア人による商業活動を含めて近東の経済は大いに繁栄した。それまで、黒海のステップと北部沿海地方の諸都市は、次々と代わる支配者に翻弄されていた。スラヴ人諸公は互いに相争うとともに様々なテュルク系の首領たちとも戦いを続けており、つかの間の安定も、往々にして慎重に互いの利益の均衡を図った結果に過ぎなかった。そしてこの状態も、ビザンツの皇帝たちが長きにわたってよく理解してきたように、東方からの新たな遊牧民の登場によってたちまち覆されてしまうのだった。

しかし、一三・一四世紀の間、黒海はタタール＝モンゴルの征服によって誕生した二つの安定した国家同士が接する場であった。北のキプチャク・ハン国（ジョチ・ウルス）と、首都タブリーズからペルシアを支配した南のイル・ハン国（フレグ・ウルス）である。カトリックや正教徒、またはアルメニア商人は、チンギス・ハンの子孫たちの国の土地から離れる危険を冒すことなくペルシア北西部のタブリーズから黒海のトレビゾンド、ドン川のタナといった近東の大商業都市間を行き来することができた。フランスのルイ九世によってタタール人への宣教に派遣されたフランシスコ会修道士ウィリアム・ルブルックは、ソルダイアから黒海をのぞみ彼らの支配の広大さを理解した。

さらに南方にはトレビゾンドがあり、自身の支配者（中略）をいただいているが、かれはコンスタンティノープルの皇帝の一族で、タルタル（タタール）人に服属している。つぎにくるのがトルコのスルタンの領土であるシノポリスで、このスルタンもまた同じく（タルタル人に）服属している。（中略）タナイス河の河口から西はダニューブ（ドナウ）河に至るまで、すべてタルタル人の領土である。[34]

商人にとって、黒海を東方への行程の一部に含めようとする試みは、経済的にも合理的な選択であった。コンスタンティノープルとペルシア間を往復する場合、黒海を通ってトレビゾンドへ行き、そこからキャラバンで行くと、アナトリアを横断して陸路で行ったときの三分の一の時間ですんだ。[35] また、海上で嵐に遭遇する確率のほうが陸上で道が通れなかったり追いはぎに遭ったりする可能性よりも低いのが常であった。

タタール＝モンゴル帝国の指導者たちはたしかに熟練の戦士であったが、自分たちの利益になる商業上・政治上のつながりは歓迎した。フランシスコ会修道士のウィリアムやマルコ・ポーロといった旅行家たちはタタール＝モンゴルの行政システムが洗練されていることに大いに驚かされた。ユーラシアに散在する下位のハンたちですら、西方の王たちから届いた友誼のための書簡を翻訳することのできる通訳官を常駐させていた。中世において、タタール人君主の移動式テントがつくる都市はもっとも国際的な場所であった。フランシスコ会修道士ウィリアムがドン川を渡ってチンギス・ハンのひ孫の一人であるサルタクの宿営地を訪れたとき、驚くことに、そこではネストリウス派キリスト教徒が儀典長として勤務し、テンプル騎士団員がキプロスでの自らの冒険を語って人びとを楽しませていた。さらに東方において、第四代皇帝のモンケ・ハンのお膝元で彼が目にしたのは、パリ出身の金細工師、ダマスカス出身のキリスト教徒、宮廷に勤務するロシア人大工と結婚したロレーヌ出身のフランス人女性、バグダード、インドやアナトリアからの使者、そして熱心にモンケをキリスト教に改宗させようとしている禁欲的なアルメニア人修道士などであった。[36]

タタール＝モンゴルによる覇権以前は、北方のステップでヨーロッパ人を目にすることは稀であった。後背地は危険であり、この地への旅に挑戦したごくわずかの勇敢な旅人たちは、安全を確保するためにはよほど巧妙な手段を駆使せねばならなかった。一二三五年、野心的な四人のドミニコ会修道士のグループがブダペストから旅立った。彼らの目的は、ヴォルガ川沿岸にあると考えられていた古代ハンガリー人の故地を見つけ、そしてそこに残る異教徒たる同胞たちをキリスト教に改宗させることだった。彼らはドナウ川を船で下り、黒海を渡ってドン川を遡っていった。水路をいく間はすべてが順調だったが、ヴォルガ川に向かう陸路での旅は危険に満ちていた。クマン人の首領たちが互いに相争い、ステップには匪賊がうろつき、キャラバンや旅の協力者はほとんどいなかった。

食べ物は次第に底を突き財布が軽くなっていくうちに、彼らは斬新なアイデアを思いついた。それは、残りの二人が食糧を買ったり強盗に袖の下を渡して見逃してもらったりしながら改宗のミッションを続けることができるように、二人が自発的に自らの身を奴隷として売り払うというものである。

しかし計画は失敗した。幾度か自分たちを奴隷として売り込んだのち、修道士たちは四人のうち誰も買い手をその気にさせるだけの技能を持っていないことに気づいたのだ。彼らができることといえばせいぜい木からスプーンをつくることくらいだった。そしてとうとう三人が引き返し、ユリアヌスという名の勇敢な修道士が一人残って東への旅を続けた。彼は、原ハンガリー人の同胞を見つけることはついぞなかったが、その代わり文字通り文明を発見した。ヴォルガ川沿いのある場所で大ハンの斥候部隊である騎兵の分遣隊と遭遇したとき、この部隊の通訳がドイツ語、ハンガリー語を含む六つの言語を話すことに驚愕したのであった。[37]

数十年のうちに、この騎馬分隊に体現される秩序の意識は黒海周辺全域に広がった。黒海と中央アジアの平原をつなぐ交易路は、中世のイタリア人がガイドブックで読むことができるほど旅しやすくなった。フィレンツェの銀行家フランチェスコ・ペゴロッティは、一三〇〇年代初頭に『商業の手引き』という本を著し、東へ旅するビジネスマンたちに助言を与えている。タナから中国まで九ヵ月以上かかるこの旅は、いうまでもなく臆病な者には向かないとしており、ペテン師に外国人として目を付けられないよう髭を長く伸ばすよう商人たちにアドバイスした。もっとも、修道士ユリアヌスやその仲間たちが味わったような労苦とはいまや無縁であった。「タナから中国へ至る道は、昼も夜も安全である」と彼は書いているのである。道中遭遇する武装した騎兵の分隊は、タタール＝モンゴルの国々を通過する際に保障されている安全の象徴であった。[38]

こうした国際的なつながりとは関係なく、タタール＝モンゴル人の社会は基本的に移動社会であり、主として冬は黒海方面へ、夏は北へと家畜とともに移り住む羊飼いと牧夫によって構成されていた。

彼らはユルトを車輪のついた荷車に載せ、ユルトの入口のところに立って荷車を牽く牛たちを操りながらすいすいとステップを移動した。[39] ペゴロッティからしばらくのち、また別の商人ヨサファ・バルバロは、タナの城壁に昇りそこから見える移動中の遊牧民たちの印象を記している。

まず、(何百頭もの)馬の群れ。それに続くのはらくだと牛の群れで、そのあとを小さい獣の群れがついていくのだが、私たちが目にすることができた限りでは、これが六日間にわたって続き、平原のあらゆる道は進みゆく人びとと獣で満たされた。(中略)私たちは城壁(門を閉じたままにしていたので)の上に立ち、夕方にはそれを眺めるのにも疲れてしまった。[40]

この光景、そしてそれ以上にその音――地平線の向こうからでも聞こえる、車軸を回転する固い木製の車輪がきしむ音――は、一〇〇〇年前の旅行者には馴染みあるものだったことだろう。

この「モンゴルの平和」(パクス・モンゴリカ、pax mongolica)により、中世の一時期、商業は栄え、東西の交流が深まった。ヨーロッパでは商業における急成長のための舞台が整えられ、また中国への海路を見つけようとする探検家の好奇心を刺激した。しかし、チンギス・ハンの後継者間の反目は、この「平和」がしばしば完全な安定を意味したわけではないことを示している。一三〇〇年代半ばにはすでにモンゴル帝国の秩序は綻び、帝国に庇護される者同士も敵対してそれぞれが相手の家畜の群れを奪い利益を追求するようになった。キプチャク・ハン国は内部の陰謀により崩壊し、野心に満ちたティムールを含む東方からの敵対するハンたちがわずかな間その覇権を握ったが、そのあとは以前にもまして無秩序状態となった。中国の明王朝は一三六八年にモンゴルの支配から脱し、その後すぐにモンゴルそのものを攻撃した。こうして、中国への交易路は閉ざされてしまう。

黒海の港町を経由した長距離貿易の隆盛は、一四世紀前半にその全盛期を迎えたが、このように比較的短命に終わった。隣接するタタール人たちの間の政治的混乱や東方への海洋ルートの発達は国際的な貨物集積地としてのタナやカッファの重要性を低下させた。たしかに限られた期間ではあったものの、人びとがステップを往来し、黒海の端から端まで自由に移動したことは、ギリシア人による植民とローマ人による帝国支配時代以来はじめてのことだった。しかし、この自由な移動は思わぬ客にも門戸を開いてしまい、大きな代償を伴った。やがてこの招かざる客のことは、黒海の港を訪れたヨーロッパ人なら誰もがよく知ることになる。

疫病を運ぶ海――カッファ発ジェノヴァ行

ジェノヴァとヴェネツィアの植民地の住民構成は決してイタリア人が優勢だったわけではない。たとえば、カッファにはもっとも多かった時期でもイタリア人はおそらく全人口の五分の一程度を占めていたに過ぎない[41]。ギリシア人――通常、西洋人は正教徒すべてにこの呼称をあてた――特にエーゲ海やアナトリア出身のギリシア語話者、そして我々が現在ルーマニア人、セルビア人、ウクライナ人やその他の名で呼んでいる人びとが多数を占め、同様にアルメニア人など他のキリスト教徒も少なくなかった。またムスリムの人口も増加しつつあった。これも一口にイスラーム教徒といっても、黒海北岸からやってきたタタール人や北コーカサスの様々な諸民族、アナトリアからのテュルク人、そしてレヴァントのアラブ人といった人びとを含んでいた。

　業務上の取引や輸送においては協力関係が存在していたものの、これらのグループ間の関係はいつも良好というわけにはいかなかった。どの港街にも乱闘はつきものだが、黒海の港も例外ではなかった。ほんのささいなでき事、商取引、あるいは女性をめぐる言い争いはグルジアやクリミアの美味なるワインによってさらに加熱し、時として暴力沙汰にまで発展することもあった。そしてそれは一三四三年の蒸し暑い夏の日にタナで起こった。

　とあるヴェネツィア人商人アンドレオーロ・チヴラーノは、オマルという地元のムスリムとつかみ合いの喧嘩をした。彼らの言い争いの原因は記録されていないが、結果としてオマルは亡くなってしまった[42]。オマルの死の知らせが広まると、市内のタタール人たちはヴェネツィア人、フィレンツェ人、ジェノヴァ人、カタルーニャ人――すなわち当時のカトリック・ヨーロッパ人の総称であったフランク人のすべて――に暴行を加え、店や宿舎に放火し、港のそばの倉庫を襲った。この地のタタール人のハンもまた、ムスリム商人が死亡したことを耳にすると、ドン川河口の河川交通を閉鎖してはるか遠くのクリミアのイタリア人居留地にまで報復の命令を下した。

　居留地危機の報は間もなくヴェネツィア本国にまで達し、共和国は修復作業とドン川を遡上する通商路の再開のために動き出した。ヴェネツィア元老院は、チヴラーノを追放するとともに、関係改善のためタナへ陸路で外交使節を派遣することを投票で決定した。しかし、ジェノヴァ人は事態の鎮静にはそこまで熱心ではなかった。彼らはかつて、すなわち一四世紀はじめにタタール人がカッファを破壊したときに、気まぐれなタタール人に対処した経験から、妥協ではなく武力を誇示することで事態が収まると確信していた。カッファのジェノヴァ領事がヴェネツィア人の相方を焚きつけた結果、きわめて稀なことにこの二つのイタリア人コミュニティが一致団結して共同で出資し、カッファの城壁の後ろで防御を固め、来たるべきタタール人の襲撃に耐えるよう備えたのである。

そしてそれは翌年やってきた。普段どおりジェノヴァ人はハンの軍勢に対抗するための武器の列を配備することができ、しかも制海権を彼らが有している以上、街は容易に防衛できるはずだった。タタールが半島の中心への陸路と沿岸部を支配しているにもかかわらず、一三四四年と一三四五年の夏も海上交通は絶え間なく続いていた。数年間にわたる包囲戦よりも素早い奇襲を得意とするタタール人たちは、徐々に疲弊していった。さらに、ハンの軍隊のあらゆる階層に謎の疫病が蔓延し、ジェノヴァ人はこれを天恵とみた。しかし、ハンはふらつく兵士たちを見て、彼らが生きているよりも死んだほうが役に立ちうると判断した。

彼は指揮官たちに病に斃《たお》れた者の死体をカタパルト［石、矢、槍などを打ち出す装置］で発射し、城壁の向こうへ投げ入れるよう命令した。この作戦はしばらくの間、功を奏した。数人のカッファ市民が病気になり、タタール人兵士同様に、痛みを伴う膿疱が現れ、苦痛に悶えながら息を引き取った。これに対して、ジェノヴァ人は死体が空から落ちてきたらすぐさまそれを海へ投げ捨てるための部隊を編成した。これによって疫病が広まるのは防げたようである。やがて、ジェノヴァ領事が目論んだとおりハンは包囲戦に疲れ果てた。とうとう和平が達成され、ヴェネツィア人たちはタナに戻ることができた。

しかし、これで終わりではなかった。包囲戦の間、コンスタンティノープルから食糧を運んでいた当の海路では、帰路につく船によってより不吉な積荷が運ばれていたのである。イタリア人書記のガブリエーレ・デ・ムッシは、一三四七年の夏にカッファから出航した船に自身が乗船していたとする。この主張には疑いが残るものの、カッファから地中海への旅に関する彼の記述は、おそらく実際に船に乗っていた人びとの説明に基づいていると思われる。彼の報告によると、旅の途中で水夫たちが謎の病に冒され、そして道中その船が停泊するすべての場所――晩夏にはコンスタンティノープル、早秋にはシチリア、そして一三四八年一月にはジェノヴァへと、疫病は港から街の中心部へとすぐさま飛び火した。タタールの兵士たちを襲った死に至る病が、今やイタリア本島へ戻る海上ルートに沿って猛威をふるっていったのである。デ・ムッシの船がジェノヴァに着いたとき、骸骨同然となった乗組員たちはもがき苦しみながら陸へと上がっていった。彼はこう書いている。「おおジェノヴァよ、お前が何をなしたか告白するがよい。我々が故郷へ辿り着くと、親類縁者がほうぼうから訪ねてきた。彼らに死の矢を放ってしまった我々に災いあれ！　我々が彼らと話し、抱擁し、接吻する間、我々は唇から毒をまき散らしていたのだ[43]」。

一四世紀末まで、黒海周辺には二五〇〇万人もの人びとが生活していたと言われており、その数はヨーロッパの全人口の四分の一以上であったと思われる。もちろん、ずっと前にも疫病はあった。化膿やリンパ節の腫れ（横根、腺ペストの「腺」）からものの数日で苦痛とともに確実に死に至る病の存在は、ローマ人にも知られていた。しかし、病気がユーラシアから西方までひと跳びに、黒海周辺の都市から中世ヨーロッパの発展途上の街へと広まるのを容易にしたのは、大いに開かれた交易と海上輸送の発展であった。ビザンツ皇帝ヨハネス六世カンタクゼノスは以下のように嘆いている。「スキティア北部を襲った疫病の流行は、ポントスだけでなく（中略）ほぼ全世界を侵食した」[44]。グローバリゼーションは、たとえそれがらくだのキャラバンや木製の船によってなされたものであっても、犠牲者を生むものなのだ。

トレビゾンド——コムネノスの帝国

ビザンツ帝国が第四回十字軍の参加者たちによって蹂躙された際、少なくとも四つの国が「新しいローマ」の後継者たる権利を主張した。まず、十字軍帝国であるが、コンスタンティノープルを支配したものの、帝国の伝統や廃位されたギリシアの皇帝の儀典にはほとんど馴染みがなかった。北ギリシアでは新しい帝国が宣言されたが、早々に消滅した。ニケーアではかつて皇帝位を争った一族が、コンスタンティノープルを奪還しふたたび帝国を手中にする機会を虎視眈々とうかがっていた。そしてはるか東方では、やはりかつて帝位を逐われたコムネノス家が、古代から栄えたトレビゾンドの港を中心とする帝国の樹立を宣言した。一二六一年、ニケーアの皇帝たちはコンスタンティノープルへ帰還し、ラテン人たちを駆逐した。そして、商業上の特権と引き換えにジェノヴァ人と協定を結ぶことで、自らの安全を確固たるものとした。このパライオロゴス朝は、オスマン帝国の襲来までコンスタンティノープルを保持することになる。しかし、パライオロゴス家の勝利ののちも、トレビゾンドのコムネノス家は黒海東部で独立政権を保持し、コンスタンティノープルそのものがオスマン人の手に落ちたあともなお、しばしの間ビザンティウムの遺産はこの国で生き続けることになる。実際のところ、ビザンツ帝国の最後の二五〇年間、黒海の事実上の帝都はコンスタンティノープルではなく、トレビゾンドであった。

もともとコムネノス家は一〇五七年から皇帝としてコンスタンティノープルを治めており、ビザンツの王朝の中でもっとも豊かで傑出した一族であった。しかし、第四回十字軍に先立つこと二〇年前、彼らは苦難の時代を迎える。一一八五年、宮廷内のクーデターで彼らは権力の座を逐われ、敵対する一族が帝位に就き、コムネノス家の指導者的立場にあった有力者の多くは残忍に殺害された。皇帝の二人の幼い孫、アレクシオスとダヴィドはコーカサスに密かに連れ出され、そこでグルジアの女王タマルの庇護を受けた。ビザンツとグルジアの王家の関係は深く、軍事面のみならず、婚姻でも強く結びついていた。とりわけコムネノス家とタマル女王が属するグルジアのバグラティオニ王家は、親密なつながりを有していた。タマル女王はこのコムネノス家の二人の幼子のおそらく叔母であったと考えられている。[45]

グルジア王家との関係はコムネノス家にとって幸運だった。なぜなら、それによって一族は根絶やしにされるところを辛くも救われただけでなく、当時グルジアはおそらくこの地域でもっとも強力な国家だったからである。これより少し前、国王ダヴィド二世（「建設王」在位一〇八九―一一二五年）がグルジア内陸部と沿岸部のアブハジアをキリスト教王権下に統一した。その成功を礎として、ダヴィドの子孫［曾孫］タマル（在位一一八四―一二一三年）の時代、中世グルジア王国はその最盛期を迎えていた。彼女は王国の国境をさらに押し広げ、隣接する諸侯との同盟を強化し、バルカン山脈からカスピ海までの地域において経済的・軍事的にもっとも強力な王国を築いたのである。事実、その存在は一二〇四年のビザンツ帝国分割後に出現したどの小帝国よりもはるかに重要であった。亡命したコムネノス家の二人の男子は、タマル女王の豪奢な宮廷の中で養育され、おそらくギリシア語だけでなくグルジア語も身につけつつ、彼女の後見のもと成長していった。

ラテン人によってコンスタンティノープルが陥落した際、どのようにして当時二〇代のこの二人の兄弟がトレビゾンドを支配するようになったのか、ほとんどわかっていない。しかし、単に彼らの叔母から譲り受けたということは十分あり得る。タマルは、当時帝位にあったビザンツ皇帝アレクシオス三世アンゲロスとは、アトス山［ギリシアにおいて二〇の正教修道院を擁する半島かつ聖域。現在まで女人禁制の地としても知られる］の修道士のために彼女が行ったかなりの寄付を彼が押収したことで、敵対関係にあった。彼女はその腹いせとして、ラテン人の侵攻による混乱のさなかに帝国の東端の港であるトレビゾンドを奪う絶好の機会を見出したのかもしれない[46]。いずれにしても、一二〇四年春にはアレクシオスとダヴィドが指揮する軍隊がグルジアから陸路で進軍し、トレビゾンドの領有を宣言した。おそらく、戦闘はそれほど行われなかったはずである。この街はすでにコンスタンティノープルから一定の自治を享受していた。加えて海を越えたビザンツの所領――すなわちケルソネソスやその他のクリミアの港までもが、弱体化していた帝国中央政府よりも、とりわけ商業上のパートナーとしておそらくトレビゾンドにより依存していた。コムネノス一族はこの行軍によって、街そのものだけでなく、海を越えたクリミア保護領の支配権をも獲得したのである。

弟のダヴィドは海岸線に沿って進軍を続け、はるか西のヘラクレイア・ポンティカの港を奪取し、ニケーア帝国の領土を脅かした。ことによると、コンスタンティノープルの十字軍国家まで進軍することも夢見ていたかもしれない。しかし、ダヴィド自身が戦場で落命したことにより、王朝のさらなる領土拡張の夢は潰えた。こうして、一二一四年頃には、西はシノペからはるかグルジアまで達するトレビゾンドの新帝国の領土は、アレクシオス一人によって統治されることになった。古代におけるミトリダテスのポントス王国の領土とおおよそ同程度の、黒海沿岸部一帯とクリミアの保護領という範囲を越えて、アレクシオスの後継者たちは「全東方とイベリア（すなわちコーカサス南西部）、およびクリミアにある）海の向こうの地の皇帝にして専制君主」という称号を名乗った。そして、皇帝がしばしば「メガス・コムネノス」——大コムネノスと呼ばれたように、この新国家のアイデンティティの中心はまさにコムネノス家そのものであった。

多くの皇帝の称号がそうであるように、大コムネノスの称号には誇張が含まれている。トレビゾンドはしばらくグルジアに朝貢していたと考えられる。また、アレクシオスの治世末期にはすでにクリミアの領土の北部は帝国の支配を離れはじめており、間もなくタタール人とイタリア人が支配勢力となった。しかし、大コムネノスは政治的にも地理的にも制約のある中で、多くの外部の者たちの目には壮麗の極みとして映る国家を作り上げた。ほとんど神話的ともいえる東方の退廃的な豪奢さと、空想的な東方キリスト教会の敬虔さとの融合は、外部の好奇心を刺激するものであった。一二二〇年代から一三三〇年代までのその最盛期において、トレビゾンド帝国は近東のあらゆる大国および多くのヨーロッパの国々と外交関係を結んでいた。皇帝はイギリス国王エドワード一世からも使節を送られていたほどである。[47] トレビゾンドの街の立地はペルシアとの陸上交易において地の利を有しており、天然の港のほうは理想的とはいえなかったが、皇帝たちはイタリア商人たちが東の郊外に港湾設備を建設することを許可した。

現代の歴史家であるアンソニー・ブライヤーが記す通り、トレビゾンドを訪れる旅人の多くはまず海路でやってきたが、そこで彼らを待ち受けていた光景はさぞかし壮観であったにちがいない[48]。街は、岬に隠れており、船がほぼそこに到達するまでは姿を見せることはなかった。最初に視界に入ってくるのは、街の主要教会の一つである聖ソフィアの名を冠する聖堂の鐘楼であり、街の西の外れ、海岸から広がる平野にたたずんでいた。さらに進むと、街そのものが姿を見せはじめる――海へと切り込む深い峡谷で分断されながら連なる、暗い灰色の断層崖の上に建物が密集し、その背後にはポントス山脈が壁のようにそびえ立っている。街の周りの丘陵は、庭園やぶどう畑、果樹園に覆われている。峡谷にかかる木の橋を人びとが行き交い、街の城壁の内側では、城塞とコムネノス家の居城たる金色の宮殿の足下で木造の家々がひしめく。皇帝たちは、下町が海と接する場所に波止場を建造したが、商用で訪れた旅人たちはそこで降りずにそのまま東の郊外へと航海を続けた。そこにはジェノヴァ人とヴェネツィア人が造った船着場があり、小さい湾を囲んで倉庫が立ち並んでいた。この活気に満ちた商業の中心地で、旅人は様々な工房や海運商会、多くの人びとで賑わうバザール、遠路はるばる旅するキャラバンのための宿屋、そしてアルメニア人、カトリック、その他様々な宗派の教会や聖堂の数々を目にしたことだろう。

街やその周辺の探索を始めた旅人たちには、さらなる驚きが待っていた。そこには、聖ソフィア教会――ハギア・ソフィアが存在したのである。コンスタンティノープルの姉妹教会よりははるかに小さいとはいえ、独立した鐘楼と燦然たるフレスコ画を持つそれは十分見事だった[49]。市内のひときわ高い場所に位置するコムネノス家の宮殿は、白い大理石の床と柱の立ち並ぶ大広間を有し、それらを星の描かれた巨大な金色のドームが覆っていた。壁は歴代の皇帝の肖像画と彼らの偉業で飾られていた[50]。内陸へと足を進めると、コムネノス家による領地の寄進と税制上の優遇によって富を得た名だたる修道院の数々が存在した。中でもとりわけ巡礼者たちが好んで訪れたのは、スメラ修道院である。はるか高い場所に山肌を削ってつくられたこのいわば信仰の砦は、しばしば下に広がる山林からたちのぼる濃い霧の帳《とばり》に隠れて、そのたたずまいは一層神秘的であった。伝承では建造されたのは一〇世紀とされ、聖ルカによって描かれた数少ないイコンの一つといわれるアテナイ人の至聖女（Panaghia Atheniotissa）を所蔵していた[51]。

コムネノス家は、ビザンツ時代の他のどの王朝よりも途切れなく長い治世を享受し、その宮廷の壮麗さは、ヨーロッパから訪れた幾人もの使節たちを驚嘆させた。彼らは、皇帝と商取引や外交関係を結ぶため、あるいは単にこの興味深いキリスト教世界の辺縁に君臨する専制君主に謁見するためにやってきた。スペイン国王の勅使ルイ・ゴンザレス・デ・クラヴィホは、一四〇四年春にトレビゾンドを訪れ、マヌエル三世大コムネノスに面会した。マヌエルは美しい皇帝の衣を身にまとい、頭頂部に大きな鷺の羽飾りをつけた貂の毛皮で縁取ってある背の高い帽子を被っていたという[52]。しかしながら、宮廷の富と王朝の長命は、現代の視点からはきわめて奇妙に思える、この国の二つの特徴の賜物であった。

まず一つに、トレビゾンドはコンスタンティノープルの皇帝が治める多言語・多宗教社会と比べて、よりギリシア的国家であり、その文化はかつてのビザンティウムのギリシア語を基礎とする帝政の伝統の上に築かれた。ただし、この文化をコムネノス家は「ローマ」のものと見なしていた（コムネノス家の皇帝もその臣民も、自分自身あるいはその言語や文化を説明する際に「ギリシアの」という語は決して用いなかった）。帝国の中核はトレビゾンドの街そのものではなく、内陸、それも海岸からはるか山脈へと続く緑豊かな渓谷の中に位置していた。このマズカと呼ばれる地域（現トルコ・マチュカ）は、トレビゾンドとタブリーズをつなぐ陸上交易路に位置していた。小さな集落や農村が無数に存在し、農民たちは、沿岸部へ輸出するために家畜を飼い、小麦を育てていた。スメラ修道院など、この地方の修道院は大地主でもあり、安定した行政上の秩序を保つだけでなく、農民たちが文化的アイデンティティを保全するためにも役立った。このアイデンティティは、古代のヘレニズム的東方の伝統に根ざしながらも、キリスト教の導入によって変化し、アナトリアの様々な民族や文化との接触を蒙ることで培われてきたものである。マズカは、黒海周辺の主要地域の中で、ギリシア語話者のコミュニティのほぼ一貫した系譜を古代から二〇世紀まで辿ることができる唯一の場所であった。中世後期、ギリシア語話者のキリスト教徒はトレビゾンド南方の内陸の渓谷における人口のおよそ九〇パーセントを占めており、一九二〇年でもその割合は四分の三ほどであった[53]。しかし、一九二〇年代の希土戦争（ギリシア・トルコ戦争）に続いて起こったギリシア系住民の強制移住によって、このコミュニティは事実上消滅した。

もう一つの特徴——そして他の何よりもコムネノス家の政治的・経済的成功の要となったのが、アナトリアのムスリムのエミールたちとの緊密なつながりである。ポントス山脈の向こう側に広がる土地には一一世紀以来おびただしい数のテュルク系諸民族が住み着いており、また彼らの中には遊牧民もいれば主要都市に定住する者もいた。ビザンツの地方政権の中でもっとも「ギリシア的」な国が、同時に内陸の人びと——我々が今日トルコ人と呼ぶ人びとにもっとも近しい国であったことは、少なくとも現代の視点からは、皮肉に見えるかもしれない。しかし、コムネノス家、そして他の多くの政治的指導者にとって、キリスト教徒とムスリムの間の溝は、容易に橋渡しできるものだった。政治的、軍事的、あるいは経済的になんらかの利益が得られるのであれば、コムネノス家は喜んで王族同士の婚姻を実行した。先に触れたように、一五世紀初頭にクリミアへと向かう途中にトレビゾンドを訪れた厳格なカトリックのペロ・タフルがずいぶんと困惑したのは、まさにこのことであった。

実際のところ、アナトリアのトルクマン人とのつながり、そしてさらに拡大してイル・ハン国やキプチャク・ハン国といったその他のムスリム国家とのつながりがあまりに密すぎて、多くの王朝の系譜は区別がつかなくなるほどだった。たとえば、コムネノス家でもっとも長く統治した皇帝アレクシオス三世（在位一三四九—九〇年）のもとでも、トレビゾンド帝国は近東全域に及ぶ政略結婚システムの中にしっかりと組み込まれていた。皇帝の姉妹の一人は、トルクマン政権の白羊朝を率いるクトル・ベグと結婚した。また別の姉妹は別のトルクマン人エミール、ハジ・オマルに嫁ぎ、アレクシオスの娘はハジ・オマルの息子シュレイマンと結婚した。他の二人の娘はそれぞれエルズルムのエミールとリムニアのエミールに嫁いだが、後者は、夫が死ぬと今度はビザンツ皇帝ヨハネス五世パライオロゴスと結婚した。さらに他の娘たちは（すでにアレクシオスの義理の兄弟である）クトル・ベグの息子カラ・ユルクやグルジア国王バグラト四世の花嫁となった。これらの婚姻を通じてアレクシオス三世は二人のトルクマン人エミールの義理の兄弟および四人の義理の父となり、加えてビザンティウムの皇帝およびグルジア国王の義理の父となった。このように、帝国にとって王室女性を送り込むことこそ、もっとも大切な外交戦略であった[54]。

アレクシオス三世の治世はトレビゾンド帝国の絶頂期だった。複雑な王族間婚姻のシステムによって、皇帝は隣人たちと円満な関係を築き、クーデターの企てやイタリア人商人による蜂起（どちらもあり得る心配事だった）などの内紛の際には強力な援軍を呼び寄せることができた。もっとも、アレクシオスは別の脅威を感知しなかったようである。仮に予見していたとしたら、彼は間違いなく嫁がせるためにもう一人、娘を見繕ったにちがいない。その頃、もう一つのムスリム勢力が力を蓄えつつあった。西方のこの勢力に対しては、アレクシオスの死後およそ半世紀の間にトレビゾンドの皇帝たちがもっとも注意を払うことになる。

「トルコ」の地への航海

中世において、船乗りたちがどこへ行ったかということは、いつそこへ行ったかということに左右された。イタリア人が最初に黒海で商売を始めたとき、彼らは「ロマニア」（Romania）と呼ばれる土地、すなわちコンスタンティノープルにその玉座を戴く新しい「ローマ人」の帝国への旅について語った。しかし、一二〇〇年代半ばには、ジェノヴァ人とヴェネツィア人の書記の記録から「ロマニア」という語は姿を消す。いうまでもなく、ビザンツ帝国はあと一〇〇年もちこたえるが、船乗りたちがアドリア海を出帆して目指した場所はもはや「トゥルキア［トルコの地］」として認識されていた。55 ビザンツ中期のペチェネグ人から帝国後期のアナトリアのトルクマン系エミールやタタール＝モンゴル人に至るまで、テュルク系諸民族は長い間、黒海沿岸地域の顔であった。しかし、イタリア人船乗りが「トゥルキ」（Turchi）という言葉でもって指していたのは、とりわけ一つの集団――オスマンの一族が率いる人びとであった。

　オスマン帝国の由来に関する伝統的な説明は、帝国勢力の著しい成長の主要な動機づけとして、宗教を強調している。オスマンの戦士たちはイスラーム信仰の力によって突き動かされ、彼らのスルタンの栄光のためだけでなく、信心深いイスラーム教徒の居住地を拡大させるために土地を征服していった。しかし、実像はこれよりはるかに複雑であった。オスマン朝はもともと目立たない辺境の一王朝に過ぎなかった。その社会は、トルクマン系遊牧民と、ビザンツの農民――一部はイスラームに改宗したと思われるが、残りは依然としてキリスト教徒であった――の複合体であり、異なった職種の行商人やムスリムの学者、ギリシア人、アルメニア人、そして様々な都市の住人がその版図で生活をしていた。これは実際のところ、アナトリア全体に広がる様々なトルクマン系君主国の混成文化と変わらなかった。彼らは、キリスト教徒と戦争を繰り広げるのと同じだけの時間をムスリムの同胞との戦いに費やしており、いずれにしても彼らのイスラームは、たとえ彼らの中でももっとも敬虔な者によって実践されたものであっても、ダマスカスやバグダードといった偉大な中世イスラーム思想の中心地で見られるような正統信仰とはほど遠かった。ビザンツ人はオスマン人の宗教的情熱の標的と目されていたはずであるが、何しろ初期ビザンツのいかなる記述も、オスマン人たちが信仰のために征服を望んでいたなどとは述べていないのである。異教徒と戦うアッラーの戦士たちという概念は、実際のところは後世のオスマン人の歴史家の産物である。一三〇〇年代後半から一四〇〇年代にかけて、バルカンそしてついにはコンスタンティノープルを征服したことで真の帝国を獲得すると、オスマン人たちは非正統的な遊牧民であった自分たちの祖先を敬虔なムスリムへと置き換えて過去の表象を新たに造り上げなければならなかった[56]。そして後世のヨーロッパの歴史家たちは、オスマン人のプロパガンダを正直にそのまま受け取ったのであった。

初期のオスマン国は一つの重要な点において他のトルクマン系君主国とは異なっていた。それは、ほかならぬ地理的立地である。一三〇〇年代には、その領域は、コンスタンティノープルおよび両海峡の周辺地域まで切り詰められていたビザンツ帝国の辺縁に接していた。オスマン国はちょうどその東、古代のビテュニア地方に位置しており、肥沃な農地や比較的裕福な街に接していたため、移牧によって得られる食糧や資源が枯渇した際に略奪が容易であった。もっとも、このことは同時に、オスマン人と、名目上ビザンツの宗主権下にあるギリシア語の話者でキリスト教徒の共同体が、数世代にわたって親密な間柄にあったことを意味する。やがて、両者の関係は協力的なものへと発展していった。オスマン人のスルタンは長い間、政治的混乱に悩まされていた地域に一定の秩序をもたらした。また、コンスタンティノープルの皇帝までもが、常にローマの生き残りを完全に根絶やしにせんと脅かす西洋の諸勢力――すなわち十字軍やバルカンの王たち――よりもオスマン人のほうを好ましく思ったのである。一三〇〇年代初頭、ビザンティウムの東の辺境地域では二つのプロセスが進行中であった。一つは、国の名祖ともなった建国者オスマンの子孫たちが、遊牧を営む略奪者から、脆弱なビザンツ帝国の外縁地域を支配する定住した地方領主へと変わっていったことである。もう一つは、ビザンツの農民や都市民が、新たに興りつつあるオスマン人の文化・政治システム――名目上イスラームの旗を掲げつつ、他の信仰に寛容であり、定住農業と移牧が共存し、外的脅威には常に目を光らせる――の中に吸収されていったことである。

一四世紀を通じて、オスマン人は急速にその版図を拡大していった。彼らはかつてのルーム・セルジューク の辺境地域を制圧し、さらには、マルマラ海を越えたところにあるトラキアおよび南バルカンの諸侯国や王国に対する夏期遠征に乗り出した。こうした軍事遠征は、セルビアやブルガリアといった厄介な君主たちの対応に苦慮していたビザンツの皇帝たちともしばしば結託して行われていた。オスマン人たちが成功したのは、多くのヨーロッパ人の意識の中で「オスマンのくびき」の二大特徴として定義される残虐性と宗教的熱狂によるものではなく、彼らの巧みな政治的手腕の賜物であった。事実、有名な一三八九年六月のコソヴォ平野での会戦を含め、一四世紀の大規模な戦いで、一方はムスリムのみ、もう一方はキリスト教徒のみで争われたものは一つとしてなかった。ましてや、「トルコ人」「ギリシア人」「セルビア人」といった民族上の分類を用いて説明することは時代錯誤といってよい。そもそも中世においては、単純にそれらの語が意味することは、今日と同じものを指してはいなかったのである。むしろ、これらの戦いは言語、エスニシティ、宗教ひいては血縁関係といった線引きをも越えて対立する政治的連合勢力同士の争いであった。中央ヨーロッパから中央アジアにかけて、ほとんどの地域の王家らは、様々なレベルで互いに婚姻関係を取り結んでいた。実際、やがてコンスタンティノープルの征服者となるスルタン・メフメト二世は、ビザンツの帝位を主張することが可能であったかもしれない。遡ること一〇〇年以上にわたって、ビザンツ系の高貴な女性とオスマンのスルタンは婚姻を繰り返してきたのである。[57]

一五世紀初頭、屈強ではあったが統治は短命だったもう一人の征服者たるティムールがオスマンによるアナトリア支配を覆したことで、この地域は以前の小君主国が乱立する状態へと逆戻りした。しかし、これは王国の重心を西方へと移す結果を生んだ。オスマンは首都をブルサからトラキアのアドリアノープル（現トルコ・エディルネ）へと移したが、彼らがセルジューク朝の模倣者から独自の近代的な帝国へと急速に変貌を遂げたことを、まさにこの街の建造物の中に見出すことができる。街の中心にある三つの壮麗なモスクは、帝国意識が発達していった様をそれぞれ反映して、異なる建築様式で建てられているのである。一四一四年に建てられたモスク、エスキ・ジャーミーの四角形のプロポーションと低いドームは、オスマン国がルーム・セルジューク朝から継承した様式の典型である。広場を挟んでそのちょうど向かいにあり、ミナレットの一つにモスク自体の名前の由来ともなっている三つのバルコニーを持つのが、ウチュ・シェレフェリ・ジャーミーである。一四四七年に建てられたこのモスクは、オスマン人がビザンツ人の建築技術と嗜好を取り入れたことを示している。もはや、壁の上にいくつも取り付けられた低いドームではなく、コンスタンティノープルのハギア・ソフィア同様、高い円柱で支えられて天空へと達する一つの巨大なドームを有している。そして、中央広場の北東に堂々とそびえるのが複合建築のセリミエ・ジャーミー（一五七五年）であり、アドリアノープルがコンスタンティノープルに帝国の首都の座を譲ったおよそ一〇〇年後に完成した。これはオスマンの名建築家シナンの最高傑作とされ、屹立するミナレット、左右対称のデザイン、広々とした内部、そして美しく配置された付属の建築物の数々は、帝国建設者としてのオスマン人の黄金時代を体現している。

オスマンがアドリアノープルに進軍してから最終的にコンスタンティノープルを制圧するまで、わずか数十年の期間に過ぎなかった。しかし、必ずしもその間にビザンツ・オスマン関係が悪化したというわけではなく、単にビザンツがオスマンの同盟相手としてふさわしくなくなったに過ぎない。オスマン人は、バルカンおよびアナトリアのあらゆる民族から徴用された、ビザンツ軍よりもはるかに巨大な軍隊を動員することができただけなく、かなりの規模の海軍をも発展させはじめていた。一四〇五年のティムールの死後、オスマンはエーゲ海・マルマラ海の沿岸地域を含むアナトリアの支配権を取り戻すとともに、これらの地域において、沿岸部の住民に伝わる航海技術を取り入れた。オスマンの宗主権下に入ったこれらの共同体は、我々が現在ギリシア人やイタリア人と呼ぶキリスト教徒とムスリムが混在する社会であり、その中には海に乗り出したかつてのトルクマン系遊牧民や、イスラームに改宗したギリシア語話者など、宗教・言語・民族のありとあらゆる組み合わせが見られる地域であった。

一四〇〇年代の初頭には、オスマン海軍がすでに活動を始めていた。ガリポリに工廠が設置され、エーゲ海沿岸地方の住民が持つノウハウを利用して軍船が建造された。ほどなくしてオスマン海軍の支配はエーゲ海のイタリア領にもおよび、戦略的重要地点の島々をおさえることで、さらに攻撃の手が伸びていった。この海軍力の増強こそ、オスマン帝国の戦略家たちが長年にわたって目標としてきたコンスタンティノープルの征服において決定的な役割を果たすことになる。オスマン帝国はガリポリの工廠からダーダネルス海峡を支配し、すでに一三九〇年代にはボスポラス海峡に要塞を築いて、コンスタンティノープルの黒海へのアクセスを制限した。そして、一四五二年に海峡を挟んで建てられたもう一つの要塞によって、オスマンの船は脆弱なビザンツに煩わされることなく二つの海峡を自由に航行することができるようになり、彼らの制海権は確かなものとなった。

一四五三年春になるとビザンツ帝国が置かれた状況は一層厳しさを増した。スルタン・メフメト二世が自身の軍隊にトラキアからコンスタンティノープルに進軍するようついに号令を下したのである。ボスポラス海峡からオスマン海軍が港の占領を試みたが、ビザンツ人たちは鎖を海に浮かべるという古来の技術に頼って彼らを撃退した。するとスルタンは軍艦を荷車に載せるよう命じ、それをコンスタンティノープルの北側の高地を越えて運ばせると、金角湾、しかも鎖の内側へと滑り込ませた。港はオスマンの船で満たされ、兵が城壁の防御を突破して市内へとなだれ込むと、もはやビザンツはなすすべを持たなかった。五月二九日、メフメト二世は勝利のうちにコンスタンティノープルへ入城した。彼は兵士たちに街の略奪を許可したが、一方で船大工は決して傷つけてはならないという特別の命令を下した。こうしてビザンツの船大工を継承したスルタンの海軍は、間もなく黒海の略奪にも乗り出したのであった。[58]

東方からの使者

コンスタンティノープルが陥落してもなお、トレビゾンドの皇帝たちはしばらくその地位を維持した。間もなく、いまや帝位にあるこの最後のビザンツ人王朝は、ヨーロッパの政治指導者の注目を集めるようになった。トレビゾンドを支配するコムネノス家が崇敬の的たる皇帝家系として正統性を有していた上、支配領域がヨーロッパから見てオスマン帝国の背後に位置しており、戦略的な重要性が認められたからである。メフメト二世の征服からほどなくして、ヨーロッパの諸勢力は、コムネノス家の支援を得てふたたびコンスタンティノープルを取り戻すという新たな十字軍の計画を打ち出した。もっとも、この計画が辿った運命と計画の主な提唱者の一人であったルドヴィコ・ダ・ボローニャなる人物について検討すると、西洋世界が黒海周辺の諸民族についていかに無知であったか——より正確には、一〇〇〇年ばかり前の地中海貿易の絶頂期以来、いかに多くのことが忘れ去られてしまっていたのかを我々は知ることになる。一四六〇年代のほんの短い期間ではあったが、ルドヴィコはコンスタンティノープルをムスリムの侵略者の手から奪還するという壮大な計画でヨーロッパの指導者たちを魅了した[59]。

ルドヴィコの当初の経歴はほとんどわかっていないが、どうやら彼は東方のキリスト教王国に関するエキスパートを自称していたようである。彼は、フィレンツェの使節として、はるばるインドからエチオピアまで旅したらしい。いずれにせよ、東方に精通している人物として、一四五〇年代には全東方キリスト教徒——すなわち正教徒、アルメニア人、マロン派、グルジア人、そしてトレビゾンドのコムネノス家——に対する教皇の使節にも任命されている。このときに、彼が実際に遠く離れた地域を旅したかどうかは定かではないが、少なくとも本人は任務を遂行したと主張し、一四六〇年にヨーロッパへ戻ると東方キリスト教王国のスポークスマンを自称するようになっていた。しかも彼は、教皇とヨーロッパの国王たちにオスマン帝国に対する十字軍を実施するよう訴える東方からの使節団を引き連れていたのである。

ルドヴィコ一行は最初に神聖ローマ皇帝フリードリヒ三世に謁見したが、十字軍の派遣に賛同することを見こしての行動であった。その後、ヴェネツィア、フィレンツェ、ローマそしてパリへと移動したが、いずれの場所でも、東方のキリスト教徒がいかにオスマン帝国に対して反感を持ち、西方の王たちと協力してコンスタンティノープルからムスリムを追い出したいと強く願っているか熱弁を振るい、おそらく諸国の宮廷を大いに喜ばせた。

もっとも、この使節団がヨーロッパを行脚するうちに、ルドヴィコを受け入れた君主たちは、彼が自分たちの前に引き出してきた奇妙な代理人の一団をだんだんと怪しむようになってきた。ルドヴィコは、とかく身振り手振りをおおげさにしがちであった。彼は、最初の聴衆にはグルジアの王と諸侯の代理人を含む六人の使節を紹介した。謁見に関する当時の記述は、使節の一人の名をクストパ、コストパ、クストダ、カストディネス、コッソダンなど様々な形で記録している。これは、それぞれの史家のスペリングの癖によるものかもしれないし、当のルドヴィコが彼の本当の名前を想像で音訳したせいかもしれない。彼がイタリアに到着する頃には、この集団にさらにもう一人メンバーが加わった。このミケーレ・デッリ・アリギエーリなる人物は、ダンテの子孫であると主張しただけでなく、大コムネノスその人であるトレビゾンドのダヴィドの勅使を自称した。この集団がローマに着いた頃には、さらに二人の使者を加えていた。大きなケープつきマントを着てとんがり帽子を被り、立派な楽器一式を携えたキリキア・アルメニア王国の勅使と、白羊朝トルクマンからの使者である。そして奇妙なことに二人とも以前にグルジアからの使節と紹介された者たちにそっくりだった。

群衆はこの奇妙な集団を一目見ようと押し寄せ、彼らが寄留地に着くたびに宮廷はわざわざ公の予算から食事、宿泊所、そして下賜品まで提供したのであった。当のルドヴィコはヨーロッパの君主たちからおほめの言葉にあずかり、そして褒賞金を与えられた。さらに教皇ピウス二世は彼をアンティオキアの総主教に指名したのであった。ルドヴィコはこれらの成功に気を良くしたのだろう。この後、自身の一団にさらに使節を追加していき、彼らがフランスに着く頃には、群衆をあっと言わせるこの集団の技術は手慣れたものになっていた。アルメニアの使節が生き生きとした音色を奏でる中、はじめに彼らは自分たちの一風変わった髪型を見せるのであった。それは、フランシスコ会修道士特有のトンスラ［剃髪］にも似ていた。一四六一年五月にパリへ到着したときには、なんと伝説のキリスト教王プレスター・ジョンの使節までもがこの集団の一員に加わっていた。この架空の王国の所在地は、カスピ海の彼方・中央アジア・インドはたまた中国など様々なヴァージョンが存在している。出兵と援助の約束を首尾よく取りつけたのち、ルドヴィコ率いる使節団は教皇との最後の面会のためにローマに向かった。

ここに至って、教皇ピウス二世は疑念を抱きはじめた。この「使節」たちは、旺盛な食欲を満たしつつ、ヨーロッパの君主たちにこびへつらいながら公費で豪遊し、当初掲げていた軍事上の大義名分にほとんど関心を示さなかった。一四六一年八月、この集団がイタリアに到着すると、ついにピウス二世はこの茶番を止めようと動き出した。彼は、ルドヴィコにアンティオキア総主教の信任状を授けず、彼と彼の仲間を詐欺師として逮捕するよう準備した。ルドヴィコは自らの信仰の汚れなさを訴えたが、ピウス二世が行動を起こす前に素早くローマを脱出し、使節団は解散した。ルドヴィコの名は一五世紀後半まで様々な記述に登場するが、やがて歴史の闇に姿を消した。

ピウス二世はルドヴィコとの最後の謁見の後に以下のように記している。「遠く離れた場所から持ち込まれる事案には、欺瞞を働く機会が無数にあり、真実など滅多に見出せないものである」[60]。果たして、ルドヴィコのミッションの真の目的は何だったのか？　おそらく、ビジネスであろう。彼は、ちょうど一二六一年にジェノヴァ人がビザンツを支援してヴェネツィア人を出し抜いたように、オスマン人の駆逐を支援すれば、彼と関係の深いフィレンツェの手に商業上の特権が渡ると考えたのかもしれない。そうすれば、ルドヴィコも多くの利益を得たはずである。ミケーレ・デッリ・アリギエーリはおそらくフィレンツェ商人で、トレビゾンドのコムネノス家と貿易上のつながりを持とうとしていたと考えられる。彼とルドヴィコが接触した理由もおそらくこの辺りにあるのだろう[61]。各種各様の「使節」たちの実体は、東方で布教活動を行っていたフランシスコ会宣教師の可能性がある。彼らはコンスタンティノープルをカトリック教徒のものにするという展望をもってルドヴィコの構想に入れこんだのかもしれない。たしかにルドヴィコが旅を始めたとき、彼は十分に勝算を見込んでいたことだろう。オスマンの脅威に対抗してトレビゾンドやトルクマン系君侯と同盟を結ぶことで、彼個人も、そしてヨーロッパの諸勢力も一致して多大な利益を享受するはずであった。しかし、彼がヨーロッパ行脚を続けている間に、金を稼ぐことと新たな十字軍を引き起こすことという、いずれのチャンスもあっという間に潰えてしまった。

一四六一年春、スルタン・メフメト二世は、新船や接収したイタリア船を含む、おそらく約三〇〇隻からなる艦隊を招集し、新たな進軍に向けて軍隊を編成した。三月、彼はアドリアノープルの宮殿を離れて東へ向かい、海峡を渡ってアナトリアへ入り現地の主力部隊と合流した。この軍隊はまずシノペへ進軍し、そこを支配していたトルクマン人領主からたやすく街を奪い取った。その後、艦隊は海岸線に沿ってさらに東へと進み、その一方で陸上部隊はアナトリアを行軍してやがて北に方向を変え黒海方面へ向かった。

この年の晩夏、艦隊が岬に現れると同時に、メフメトは歩兵部隊に山を下りてトレビゾンドへ進軍するよう指令を下した。土砂降りの雨が降る中、八月一五日――ビザンツ人が十字軍をコンスタンティノープルから駆逐してちょうど二〇〇年後のことだった――一つの砲声もなくして、トレビゾンドの皇帝はスルタンに降伏した。まさに同じ頃、大コムネノスとの同盟に教皇の支援をとりつけようとルドヴィコがローマへと、のこのこやってきたのであった。すでにビザンツ最後の生き残りもオスマン人の手におちていたが、無論知るよしもなかっただろう。

親愛なる友よ、あなたは理解しているだろうか
航海術とはかくも難しいこと
海は口を閉ざす敵の如く
吹きすさぶ嵐はその辛辣さを思い出させる。

ピーリー・レイス（オスマン帝国海軍提督そして地図製作者、一五二五年）

（イスタンブルは）黒海の絶対的な覇者である。
すなわちボスポラスという唯一の扉を閉ざせば、黒海と外界との接触は一切断たれる。
仮にこの港が通過に異議を唱えれば、船は一艘もこの海を通ることは出来ないのだ。（中略）
それゆえに、黒海とその海港や内陸の街が産み出す、とてつもない富にあずかろうとする諸国の民は皆、このイスタンブルという街のご機嫌をとらざるをえない。

ピエール・ジレ（オスマン帝国へのフランス大使、一五六一年）

嵐が無慈悲にも我々を襲った。雷鳴が轟き、大粒の雨と雹が三日三晩我々の上に降り注いだ（中略）。
乗客はといえば、吐く者もいれば、祈る者、お供えと生け贄を約束する者、施しや巡礼を誓う者（中略）。
いまや船は高みにある天国に到達したかと思えば、奈落の底の地獄へと急降下した（中略）。
私はもう絶対に黒海を航海しないと誓った。

エヴリヤ・チェレビ（オスマン帝国の旅行家、一六八四年）

第4章 オスマン帝国と黒海
――カラ・デニズ――一五〇〇―一七〇〇年

コンスタンティノープルとトレビゾンドを征服した後、オスマン軍は短期間で黒海沿岸の主要な港と要塞をその勢力下に置いた。一四七五年にカッファ（現在のフェオドシア）などクリミアの港とドン川河口の都市タナを制圧し、一四七九年にはコーカサスの海岸にあるアナパを、一四八四年にはドニエストル川河畔のモンカストロとドナウ川河畔のリコストモを次々に占領した。内陸の諸勢力を征服するのにはしばらくの時を要した。それでも、一六世紀初頭までにコーカサス南部のキリスト教国や対岸のモルドヴァ公国、それにイスラーム教徒の支配するクリミア・ハン国などもまた、オスマン帝国の宗主権下に入った。コンスタンティノープル陥落から一世紀もたたないうちに、オスマン帝国は環黒海地域全体を文字通り我がものとしたのである。

オスマン帝国は、黒海沿岸部全体と内陸の土地の多くを支配した初めての帝国であった。他勢力の海軍や商業艦船の多くは両海峡に入ることを妨げられ、これまでイタリアの都市国家によって支配されていた黒海交易は、いまやスルタンの手の中に収まった。商業ルートは変更され、商品はいわゆる「コンスタンティヌスの街」（ムスリムの支配者のもとにあっても、旧ビザンツ帝国の首都はこのように呼ばれていた）を通り、そこで課税されるか、もしくは都市ブルジョワの人びとに消費された。黒海とその産品はオスマン国家の所有物となり、歴代のスルタンは躍起になってこれを独り占めしようとした。フランスの大使は、「もし、スルタンが外国の船を容認するか、ハーレムのドアを開け放つか、どちらかの選択を迫られたとしたら、彼はおそらく後者を選ぶであろう」[1]と報告した。

黒海に対するオスマン帝国の覇権は、一五世紀終わりに沿岸を手中に収めた後、一八世紀末にヨーロッパの商船に海を開くまで約三〇〇年間続いた。この時代のヨーロッパの外交官たちや後世の歴史家たちは、外国艦船の排除を皮肉る意味も込めて、しばしば黒海を「トルコの湖」と呼んでいる。けれども、実態はこの呼称よりもはるかに複雑であった。たしかにオスマン帝国は環黒海地域からの輸出を厳しく規制していた。戦略的食料資源である穀類の場合はなおさら堅く取り締まった。しかし、外国船への制約は当初は緩やかであり、しかもかなり場当たり的で、実際のところヨーロッパ列強の海軍力に脅威を感じて初めて真剣な対応策が講じられたのである[2]。

また、オスマン帝国は先行するビザンツ帝国よりも支配領域を拡大したとはいえ、実際には、地元の支配者たちとの協約をしばしば重要視した。つまり、完全な征服よりも属国として支配下に組み込むことを好んだのである。オスマン帝国にとって、黒海北岸との安定した商業関係が重要であり、したがって、商取引を円滑に進める上でも軍事力のあからさまな使用は避けるべき外交手段であった。もちろん、必要とあればスルタンは躊躇せずに剣と大砲に訴えた。特に夏は戦争の季節であり、オスマン軍は反抗的な従属国に頻繁に懲罰遠征を行ったし、中・東欧の強国、すなわちポーランドやハンガリー、のちのロシアなどからの脅威に反撃するためにも、大軍を送り出す必要があった。しかし、オスマン時代の比較的後半になるまで、外交能力、すなわち恭順を促しつつ、幻惑したり、説得したり、丸め込んだりといった方法のほうが、直接軍事力に訴えるよりもはるかに生産性が高かった。

オスマン帝国期には、地域の政治経済において著しい変化が起こった。それまで個人的な利益を求める商人たちが主導してきた交易活動を、オスマン帝国がコントロールするようになったのである。かつてビザンツ帝国もまた、両海峡の通行を管理しようと試みており、徴税官の過酷な課税は悪名高いものであった。しかし、一三世紀の初頭から、ビザンツは海外との交易のみならず、国内の交易もイタリア商人の手に多くを委ねるようになった。オスマン帝国による発明とは、帝都イスタンブルを環黒海地域の経済の起点・終着点に定めたことにある。スルタンは思いのままにあたかも蛇口の栓のように帝都脇の航行の自由を閉じたり、開いたりするのであった。帝都への糧食の供給を図り、後には黒海がもたらす富をライバルたちの手にわたすまいとする強い意思のもと、オスマン人たちは地理と商業、そして国家建設が密接に結びついていることをビザンツ人よりもはるかによく理解していた。「わが陛下（スルタン）、あなた様は海からの恩恵を受けた都市に居住しておられます」と一六世紀初頭の学者イブン・ケマル（ケマルパシャザーデ）は書き記した。「もし海が安全でなければ、船は参りません。そして、もし船がこなければ、イスタンブルは滅びてしまいます」[3]。

このように、オスマン帝国にとって黒海はきわめて重要な所有物であり、是が非でも守らなければならない場所であった。帝国の中核地域はバルカンとアナトリアであったが、まさに黒海は両半島と一続きの必要不可欠な領域だったのである。もっとも、それはまた、簡単に奪い取られる危険性があった。北岸との交易を成功させるためには、そもそもビザンツ帝国を悩ませていた海賊を押さえつけ、復活しないように目配りする必要があった。スルタンへの忠誠が薄れてきたときには、沿岸の属国の君主を懲らしめなければならなかったし、北西部のポーランドや、北東部のロシアといったより遠くの新興国の野望もまた、オスマン帝国の利益を侵害する前に挫く必要があった。後の時代になると、中央ヨーロッパからアラビア半島にまで広がる領土を維持するために、帝国の財源はすでに枯渇気味であったが、黒海の保全もまた次第に高くつくようになっていった。かつては富と安全保障の源泉であった帝国の地政学上の宝は、一七世紀中盤までに、戦略上の重荷に転じた。いにしえの暗く、人を寄せつけない黒海、トルコ語でもその名の通り「黒い海」(Kara Deniz)がオスマン人の前にふたたび立ち現れたのである。

海の王者

オスマン帝国のスルタンはしばしば自らを「二つの海の支配者」と称した。二つの海とはもちろん黒海とエーゲ海のことであり、オスマン人がこの二つの海をつなぐ海路の支配に躍起になっていたことは容易に理解できる。かつて両海峡の制圧により、コンスタンティノープルの支配も可能になったのであり、この事実は征服後も帝都防衛における核心であり続けた。加えて、この二つの海は、西・中央アナトリアとバルカン南部およびエーゲ海沿岸部という帝国の中核地域の間の通行を容易にしていたのである。そして、もっとも重要なことは、黒海の帝国経済への貢献であった。北方から届く物品が、増え続ける帝都の人びとを養っていたのである。メフメト二世が一四五三年にコンスタンティノープルに入城した際に、事実上街は荒れ果てていた。ところが、人口は一六世紀までにおそらく七〇万人にまで増加し、イスタンブルは当時のヨーロッパ最大の都市に成長した。[4] 著しい人口増加は、特に北岸部からの小麦と塩の供給に依存していた。

これらの理由から、黒海はオスマン人にとって特別な存在となった。その南岸はアナトリア中核地帯に、北岸は四方に開かれたキプチャク平原（Dasht-i Qipchaq）――ポーランドとロシアという北方勢力との緩衝地帯――で縁取られており、帝国でも際だって重要な場所だと考えられていたのである。[5] 一五三八年にオスマン帝国は、沿岸部で最後まで残っていたプルート川、ドナウ川、ドニエストル川の間に広がるブジャク地方を正式に併合した。この時点から、すべての沿岸地域が「オスマンの家」による厳正に守られた領域に統合された。

ボスポラスからドニエストル川周辺までの黒海西岸と、クリミアの港とその周辺地域、そしてケルチ海峡が、スルタンによって任命された行政官の統治するサンジャク（sancak）［通例、県と訳される］となり、南部沿岸も同様に地方行政府へと再編された。コーカサス地方の沿岸部はその支配が貫徹したわけではなかったが、要塞化された港に守備隊が配備され、現地に目を光らせていた。より内陸部は直接統治されるか、もしくはスルタンに朝貢することになった。同時代の地中海では、海賊行為がはびこっていたが、黒海では一四〇〇年代後半にはほぼ一掃され、黒海を跨いだ交易が繁栄した。[6] 偉大なオスマン人の旅行家であるエヴリヤ・チェレビは、オスマン帝国のすみずみまで旅していたが、帝国の強さの源泉は黒海を自由に使える能力にあると確信していた。「旅の記録」（*Seyahatname*）において、彼は次のように述べている。「すべての海の源泉こそは黒海である。これは真実なのだ」。[7]

黒海こそがオスマン帝国海運の中心的な力であるというこうしたイメージは、沿岸部の生み出す富によりますます強まった。イタリア商人によって支配されていたビザンツ時代の貿易ルートは、オスマン帝国下でも依然として利用されていたが、そこには重要な変化があった。ビザンツ帝国時代から港湾都市に集まっていた地元の商人たち、すなわちギリシア正教徒やアルメニア人、ユダヤ人などは、交易を独占するイタリア商人に長らく反感を募らせてきた。オスマン人はビザンツ帝国の衰退からよく学びつつ、「フランク人」として一般的に知られていたカトリック系のヨーロッパ人たちの寡占状況を打破することを望んだ。こうして一五世紀末に、両者の利益が一致することになった。イタリア商人による独占以前にビザンツ帝国下で繁栄していたシステムを回復させるため、地元の商人たちは、その宗派を問わず、オスマン人の到着をおそらく歓迎した。もちろん多くのビザンツ帝国市民が、イタリア人による独占時代にも交易から多大な恩恵を受けていた。どのようなシステムであろうと、政治・経済エリートたちは新しい現実に自らを適合させ、お金を稼ぐ方法を見つけるものである。しかし、洞察力のある商人たちは、オスマン人の到来に、二〇〇年間にわたって機能していたシステムを白紙に戻し、自分たちにより都合の良い協定を結ぶためのチャンスを見出した。[8]この論理は内陸の勢力にも当てはまった。クリミア・タタールのハンやモルドヴァの君侯らもまた、港湾都市を自らの支配下に組み込もうとしばしば試みては失敗に終わっていた。彼らにとって、オスマン人はイタリア商人の独占を終わらせ、さらに、ポーランドやハンガリー、モスクワ大公国のような北部の強国に対抗するための有益な同盟者であった。

征服の直後に、港湾都市の要塞は取り壊され、イタリア人の領事たちは追放された。ペラの行政センターを中心とした、ジェノヴァ人やヴェネツィア人による自治も終了し、オスマン人の徴税官が送り込まれ、交易の流れも変わった。すなわち、自由気ままな商業活動の時代は終わりを告げ、帝都に糧食を供給し、富ますことが優先されるようになった。個々のイタリア商人はその地に留まり、その後、イスラームに改宗する者もあった。こうした改宗者と、アナトリアおよびバルカンからの移住者により、沿岸のムスリム人口の割合も増加していった。何十年か前には人口の四分の一にも満たなかったムスリムは、一五四二年の人口調査ではカッファの人口の約半数を占めたのである。[9]

こうして、かつてイタリア商人たちのもとで繁栄した交易の多くは、他の商人たちによって担われるようになった。もっとも、ビジネスは相変わらず活況を呈していた。アナトリアで織られた綿布は、シノプから黒海を渡ってカッファへと運ばれ、そこから北のロシアやポーランドに運ばれていった。商人たちは帰路、西ヨーロッパの毛織物や、北のロシアから高価な毛皮を持ち帰った。黒海北西沿岸部にはドナウ川とドニエプル川の間に広大で肥沃な牧草地が広がり、牛や羊がそこで放牧されていた。その皮革が南のアナトリア地域に持ち込まれる一方で、胡椒などのスパイスが同じルートで、ハンガリーやポーランドを経由してヨーロッパ各地に運ばれた。梱包されて黒海を渡ったカッファのバターは、イスタンブルにおいて珍重され、歴史にその名を残した。

オスマンの税務当局は黒海の港における商取引の記録を編纂していた。こうした記録は、オスマン帝国時代初期における商取引の多様性の片鱗を生き生きと現在に伝えている。たとえば一四八〇年代のカッファでは、新たな政治的エリートによる支配にもかかわらず、貿易の活気や商人たちの多様性が失われることはほとんどなかった。ある記録によれば、ローレンツというタナからやってきた「フランク人」の船長は、干し魚と酒を運んでいた。ハラッジ＝オウルという、おそらくテュルク系でイスラーム教徒の船長は、ギリシア正教徒の商人のグループを乗船させ、トラブゾンからカッファへ航行した。彼らの運んだ品物には、綿製品、ワイン、近東や中東で好んで飲まれるアニス風味のお酒であるアラク［蒸留酒、トルコ語のラクの名でも知られる］などが含まれていた。アリー・ライースという、サムスンからやってきたトルクマンの男は毛皮を運んでいた。その他の船も目をみはるばかりの大量の品々を運んでいた。綿、亜麻布、麻、小麦、雑穀、米、オリーブ、ヘーゼルナッツ、クルミ、キツネや貂、羊および牛の皮革、アヘン、蜜蠟、そして、もちろん絹も含んでいた。[10]

ビザンツ帝国時代と同じように、カッファはオスマン帝国の北部海岸地域での行政の中心地であり、ここで黒海全体の貿易が統括された。最高の条件の港と港湾施設を備えており、北方から到着する物資や対岸のシノプとトラブゾンから運び込まれる商品の受け渡しが容易であった。街には一六世紀中盤には約一万六〇〇〇人が居住していたが、これはアレッポやダマスカス、サロニカといった帝国の主要都市をわずかに下回る程度であった。[11]その重要性ゆえに、この街は「小イスタンブル」（küçük İstanbul）の名前でも知られた。

もっとも、埠頭に積み上げられた綿布の束や牛皮の山は、そこで取引されるもっとも利益になる商品に比べれば、取るに足らないものであった。オスマン時代にカッファを旅した者はすぐに理解したであろうが、カッファのみならず、黒海沿岸の港町における富の源泉となったのは、人身売買であった。

人を運ぶ海 ——「コンスタンティノープルへ！」

黒海北岸および東岸は、古代から長らく奴隷の重要な供給地であった。[12] 古代ギリシアの作家たちの多くは、ギリシアの都市や商業中心地における奴隷貿易について言及している。アテナイの喜劇では、奴隷の役柄には黒海沿岸出身の名前が、たとえばトラキア人という語の女性系である「トラッタ」や、明らかにゲタエ・ダキア地方出身とわかる「ゲタス」や「ダボス」という名前がつけられていた。[13] ビザンツ帝国時代でも、イタリア商人は、黒海北岸や東岸からビザンツ帝国、その後、西ヨーロッパへと奴隷を運ぶことで富を蓄えた。また、ヨーロッパでは黒死病によって著しい労働力不足が発生したために、商人たちは召使いや農業労働者に対する需要を満たそうと躍起になっていた。キリスト教徒を奴隷とすることに対して教皇は難色を示した。しかし結局のところ、ムスリムという異教徒の手に渡らないよう、カトリック教徒の商人たちには同じキリスト教徒を売買することが許可されていた。コンスタンティノープル陥落に遡ること二〇年ほど前にカッファを訪れた、スペイン人の旅行家ペロ・タフルについては前章でも触れた。彼によれば、そこでは奴隷貿易が最大のビジネスとなっており、それは世界的規模で展開されていた。「この街では、全世界のどの街よりもはるかに多くの奴隷が、男も女も含めて売られている」。さらに、彼は続けて「エジプトのスルタンはカッファに代理人を置いており、彼らが奴隷を買ってカイロまで送っていた」と記している。タフルはさかんな人身売買の証拠もまた郷里に持ち帰った。一人の男と二人の女、そして彼らの子どもたちはタフルによって購入され、はるばるコルドバまで旅をしたのであった[14]。

奴隷貿易はオスマン帝国下でさらに活発になった。オスマン人たちは課税システムを構築したが、奴隷は間違いなく、黒海沿岸地域のもっとも重要な収入源の一つであった。一六世紀には、クリミアの港からオスマン国庫に送られる総税収のうち、奴隷売買による課税収入が約二九パーセントの割合を占めた[15]。平均的な売値は、二〇から四〇金貨で、これは大人二、三年分の生活費に相当した。一五〇〇年から一六五〇年の間に、ポーランドやロシア、コーカサスから黒海を渡った奴隷の数は、年平均で約一万人を超えていたと考えられる[16]。これは西アフリカからアメリカ大陸に強制的に連れて行かれた人びとの数と比較すると少ないが、しかし「白人」奴隷の数としては世界最大であった。

あらゆる商業形態と同様に、奴隷貿易は需要と供給から成り立っていた。供給源は黒海沿岸北部の森林地帯やコーカサスの山間部において、戦争や略奪に巻き込まれた定住民たちであった。一方、オスマン帝国やヨーロッパにおける召使いや労働者への需要が存在した。イスラーム法は、奴隷になる方法としては、奴隷の両親から子どもへの継承と、戦争における捕虜しか認めていなかった[17]。実際、オスマン時代には世襲の奴隷は稀であった。しかし、戦争捕虜は常に存在し、奴隷市場に送られたり、イェニチェリという帝国のエリート軍団の一員として登録された。オスマン軍が一四八四年にマウロカストロ要塞を征服した際には、二〇〇〇名の捕虜がクリミアのハンに贈られ、三〇〇〇人の少年たちがイェニチェリに、二〇〇〇名の少女たちが奴隷市場と帝都にあるハーレムへと送られた[18]。同じように重要な奴隷の供給源となったのは、ポーランドやモスクワ大公国の端に広がるユーラシア草原北部と、コーカサスの高地の村々での略奪であった。クリミア・ハンと遊牧系のノガイ・タタールは、ともにスルタンの臣下であったが、キリスト教徒農民の誘拐や売買によってかなりの収入を得ていた。一八世紀になるまで、クリミアや北部草原、そしてコーカサス高地の経済は多かれ少なかれ人身売買に全面的に依存していたのである。[19] エヴリヤ・チェレビが北部沿岸地域を訪ねた際、彼は将来の旅行者のために役立つであろう例文を、現地の言葉でいくつか書き留めている。それは「女の子を連れてこい」や、「女の子は見つけられなかったが、男の子は見つけた」であった。[20]

これらの地域からの奴隷の供給が、著しい需要を満たしていた。奴隷を所有することは、社会的な名声の象徴であり、何名の奴隷を維持できるかによって、その家族の富と地位をある程度はかることができた。奴隷の多くは召使いとして用いられていたが、女性の奴隷は、妻となったり、裕福な者のハーレムで仕えることとなった。他の者たちは、農業労働者や職人、商人の補佐として様々な仕事に従事した。オスマン帝国の代理人によって購入されたり、連れてこられた奴隷は、イェニチェリ歩兵として、もしくはガレー船の漕ぎ手としてしばしば軍人になった（後者は戦争時に捕えられた場合、同じ漕ぎ手として、今度はイタリアやフランスの船に乗ることになるかもしれなかった）。

黒海の奴隷貿易には、しばしば二重の需要を見て取ることができる。買い手からの奴隷がほしいという欲求だけではなく、奴隷の中には買ってほしいという潜在的な希望を持つ者がいた可能性がある。一八世紀から一九世紀にかけて、西洋の旅行家たちは、奴隷やその家族が、不思議なことに、富と成功を得る手段として従属状態を受け入れているという状況に強く印象づけられた。経済状態の悪化した個人が、タタール人の奴隷商人やオスマン船の船長に自らを奴隷として売り込み、カッファやトラブゾンの市場に連れて行ってもらうことさえあった。同じ理由から、家族は娘や息子を売却して、仮に子どもが親切で裕福な主人に仕えた場合、この有益なパトロンとの関係を構築しようとした。一七九〇年代にカッファを訪れたマリー・ガスリーは、コーカサス北部のサーカシアから船に乗せられた女たちのこうした打算を見てとった。

私はとにかく驚いた。カッファの住民たちが、美しい娘たちを売買することに、まったく無頓着だったからである。しかも驚愕する私に向かって、これが、麗しい娘たちによりよい将来を保証するために両親ができる唯一の方法であると説き伏せるのである。彼女たちはなんにしてもハーレムに入ることになるのだからと。(中略) つまり、裕福なムスリムに見初められることによって、彼女たちには豊かな生活と、残りの人生を気楽に送ることが約束されるというのである。彼らの預言者が後宮を認めているムスリムの国々でそれ以上身を持ち崩すことはないのである。しかし、反対に、もしも彼女らが自らの故郷である山岳地帯の封建領主や野蛮な住民の手に落ちたなら、その運命はより惨めなものとなるだろう。(中略) というのも、こうした粗野な首領たちは、美しい女性に対して敬意も寛容の念も一分も払うことはないからである。[21]

オスマン社会における事象のほとんどについて非難している者たちでさえ、このように一見すると道理に反するような慣習に対して、ある程度の必然性を認めていた。一九世紀のプロイセン貴族アウグスト・フォン・ハクストハウゼンは、自分自身の経験について記している。それは、オスマンの輸送船に乗っていたところをロシアの戦艦によって「解放された」、サーカシアからやってきた六名の女奴隷の一団についての記録であった。

少女たちが解放されると、〔ロシア人〕将官は彼女たちに自分たちの将来を自由に選んでよいと伝えた。そして、自民族の君侯に同行して故郷に帰るか、自らの意思で相手を選んでロシア人やコサックと結婚するか、私と一緒にすべての女性が自由人であるドイツに赴き、そこで自由に暮らすか、あるいはトルコ人船長とともに旅を続け、コンスタンティノープルの奴隷市場で売られるかのいずれかを選択するように彼女らに命じた。読者は信じられないだろうが、彼女らは何の異論もなく、そしてまったく躊躇することもなく、「コンスタンティノープルへ、そして市場へ！」と叫んだ。[22]

暴力的な状況に陥っている人びとにとって、たとえば戦場や海上で捕えられたり、ユーラシア草原の開拓集落において拉致されたり、バルカンの村から徴収されたりしたような場合、奴隷状態になるという経験は明らかに精神的に深い傷を負わせることは間違いない。ましてや奴隷としてどのような生活を送るかは、主人の社会的地位にほとんど依存しており、その状況を一般化するのは困難である。しかし、ガスリーやハクストハウゼンのような観察者たちは、オスマン帝国における奴隷は、しばしば生きるために前向きな隷属状態であることを認識していたことを伝えている。オスマン人たちに、いわゆる「奴隷の人種」のような概念はなく、奴隷という地位と生物学的な劣等性という認識は結びついてはいなかった。一生奴隷であることは稀で、親から子どもに引き継がれることもほとんどなかったのである。社会的に禁じられている売買もあった。たとえばムスリムは通常、キリスト教徒やユダヤ教徒に売られることはなかった。黒海地域からの「白人」奴隷と、北アフリカや紅海、ペルシア湾岸からの「黒人」奴隷では差異もあったが、奴隷という状態に置かれても、それはなんらかの特別な文化的範疇でくくられるわけではなかった。そのため、アメリカにおけるアフリカ人の黒人奴隷のように、先天的な人種上の劣等性という言外の意味を含んではいなかった。

さらに、たとえば自由人との結婚や、単純に主人よりも長生きした場合など、奴隷が解放されるための多くの方法が存在した。イスラーム法では、自らの奴隷を解放することは善良なムスリムの務めとしてこれを奨励していたし、オスマンの習慣では、奴隷が賃金を得ることが可能であり、支払いによって自らを解放することも許されていた。[23] 奴隷というものが自己永続的な社会的カテゴリーではなく、また奴隷を「飼育する」という考え方は、イスラーム社会では忌まわしいことであった。そして、帝国の辺境地帯が、そのシステムへの唯一の流入源となっていた。バルカンやユーラシア草原、コーカサスからの若い男女にとって、奴隷という状態はつまりオスマン帝国の特権階級への道を意味する場合も少なくなかったのである。多くの者たちが、政府の高官や軍の司令官、スルタンの妻として、帝国行政や社会の頂点へと登っていった。後に、東ヨーロッパのロマンチックな愛国主義者たちは、オスマンの奴隷売買者によって自国の香《かぐわ》しい若者たちがムスリムの奴隷におとしめられたとして、激しくこの慣行を非難した。一方、オスマン時代のほとんどの時期において、売買されたかなり多くの人は、イスタンブルへと海を渡る旅を、富や社会的地位の上昇のための何らかのチャンスであり、帝国というシステムの中心における新たな生活をもたらすものとみなしたかもしれないのである。

地元の支配者たち――ドムン、ハン、デレベイ

後世の歴史家にとって、奴隷貿易は経済発展を遅れさせ、人びとを祖国から遠ざけた「オスマンのくびき」という非常に不幸で忌まわしい側面の一つであった。特に、バルカンに関する伝統的な歴史記述では、オスマン帝国の支配下に置かれていたために、当該社会の人びとの社会的、文化的、そして経済的発展が妨げられたと一般的にみなしてきた。しかし、オスマン帝国と様々な従属国との政治的・軍事的関係の実態は、そのような解釈よりもはるかに複雑であった。

オスマン帝国による征服以前の二〇〇年間、黒海の地政学は、ビザンツとタタール＝モンゴルという、ユーラシアに存在した二つの帝国の諸残存勢力が取り結んだ政治的合意と軍事的競争によって決定されていた。一二〇四年のラテン人によるコンスタンティノープルの征服は、事実上、軍事的・政治的勢力としてのビザンツ帝国を終結させた。一二六一年にコンスタンティノープルの再支配を確立させた後も、帝国の存在はもはや影の薄いものであった。南バルカン半島においては、ネマニッチ朝セルビア帝国が、アドリア海から黒海沿岸まで勢力を伸長させた。ドナウ川北部では、キリスト教の君主国であるワラキアとモルドヴァが、ビザンツ帝国の衰退と東部からの多数の人びとの流入の後、自らの権威を確立しつつあった。南コーカサスでも同様の局面が生じていた。一三世紀のタタール＝モンゴルの侵略によって、ビザンツ帝国の力は衰え、かつての国境地域に公国と小さなキリスト教徒王国――カルトリ、カヘティ、イメレティ――が生まれた。もっとも、これらの国々は共通の侵略者

に対して団結して戦うよりも、むしろもっぱら内紛を繰り返していた。北方では、金帳汗国ことキプチャク・ハン国の分裂により、草原地帯に政治的な空白が生じたが、テュルク系遊牧民ノガイが、数世紀前のペチェネグとクマンのようにこの地域の支配勢力として台頭した。クリミアにおいては、キプチャク・ハン国の残存者たちが、チンギス王統に連なるギレイ一族をいただくハン国を建設した。

オスマン帝国は、メフメト二世がコンスタンティノープルを征服する以前から、セルビア帝国を崩壊させ、トラキアを併合し、バルカン半島のほとんどの地域にその影響力を及ぼすようになっていた。しかし、黒海沿岸の大部分では、ポーランド、リトアニア、ハンガリー、ロシアの諸王公国やペルシアという地域大国に隣接した小国家群が以前のままとり残されていた。この複雑な環境において、オスマンは比較的コストのかからない戦略、つまり要衝にある要塞と港は完全に制圧し、海を自由に支配できるようにしてから、内陸のもっとも強力な政治勢力と協定を締結するという方法を選択した。この協定とは、現地の内政には一定程度の自治を与える代わりに、スルタンに対する貢納と忠誠を誓わせるというものであった。しかし、この戦略には危険が伴っていた。ひとたび従属国の者たちが反乱を決心すれば、川や港のそばに点在する駐屯要塞は、たやすく襲撃の対象となった。そして、強力な地元の支配者も、他の潜在的なパトロンがよりよい条件を提示すれば容易にその主を変えるかもしれなかった。オスマン帝国と、一五世紀から一七世紀における黒海沿岸にあった他の三つの勢力、――ワラキアとモルドヴァ公国、クリミア・ハン国、グルジア諸王国――との関係において、現地勢力を温存する間接支配の利点も弱点も明らかに見て取ることができる。

ワラキアとモルドヴァ公国、すなわちドナウの君公国は、カルパチア山脈とドナウおよびドニエストル川に挟まれた地域、つまり現代のルーマニアとモルドヴァ共和国に相当する領域を支配した。この地域はユーラシア草原から西を目指して移動した様々な人びとにとって、まさに通過点にあたる地域であったために、文化的に入り混じったグループ、つまりスラヴ、ロマンス、テュルク系の言語を話す多様な人びとが居住していた。一三〇〇年代に、地元の支配者たちが台頭し、二つの公国を設立した。その公国とはカルパチア山脈の南方に位置するワラキア公国と東方のモルドヴァ公国で、もともとハンガリー帝国に従属していた。両公国の支配力は二つの要素からなっていた。一つはうっそうと茂った森林から産出される木材や、河口の平野で飼われていた家畜を利用した畜産業という、地元の農産業であった。もう一つは地理上の位置であり、これらの国がドニエストル川河口のマウロカストロ（後のアッケルマン）やドナウ・デルタのリコストモ（後のキリア）といったジェノヴァ人が支配する重要な港を擁する交易ルートに接していたことである[24]。

一五世紀までに両公国では持続的な王朝が成立した。そして、ワラキアでは「ドラキュラ」の名でも知られるヴラド・ツェペシュ公（「串刺し公」在位一四四三―七六年、中断を含む）やモルドヴァのシュテファン大公（在位一四五七―一五〇四年）のもとで、それぞれ軍事的勢力として勢威を誇り、美術と文化の中心地として一時代を築いた。ドナウの君主たちは、バルカンの多くの隣人たちと同じようにギリシア正教徒で、コンスタンティノープルを精神的な中心地とみなしていた。しかし、ビザンツ帝国は今や弱体化した地域勢力の一つに過ぎず、ワラキアやモルドヴァでのでき事にはほとんど影響力を行使できなかった。実際にはより北のハンガリーやポーランドが両国の政治にもっぱら介入した。なぜなら、両公国はドナウ川と黒海への戦略的な主要路に位置していた上、バルカン半島への侵略を始めていたオスマン帝国軍と自国との間の有益な防御壁とみなされていたからである。一四〇〇年代のほとんどの間、二つの公国は互いに戦闘を行うか、あるいは、もっぱら潜在的なパトロンを争わせることになった。

現代ルーマニアの歴史家たちは、一五世紀から一六世紀について、オスマンによる「征服」の時代とみなしている。しかし、この「征服」という言葉が当時の状況に正確に当てはまるかどうかは疑問である。ドナウ公国はオスマンとの協調をしばしば模索していた。たとえそれが、キリスト教徒とムスリムの境界線を越えることを意味していたとしてもである。ワラキアはすでに一三九〇年代から、モルドヴァも一四五〇年代からスルタンに対して朝貢を行っていた。その後、反乱が頻繁に起きたが、ドナウ公国の間でオスマン支配に統一して戦う動きはほとんど見られなかった。スルタンがその強大な軍事力を誇示する一方、他の地域勢力による侵略行為から公国を保護する限り、彼らは通常、自治の権利保持に満足するのであった。ドナウ川南方のオスマン帝国領地域とは異なり、ムスリムの地主たちはドナウ公国に移り住むことはなかった。君主（ドムン、domni もしくは domnitori）は貴族議会によって選出されるか、もしくは世襲での継承が続いた（こうした慣行は一八世紀初頭まで続いた）。ワラキアおよびモルドヴァでは、ギリシア正教会の中心的な地位は揺るがず、イスラームへの大規模な改宗も起きなかった。スルタンの敵に対して軍を提供し、毎年貢物を贈り、反抗的な行為が発生した際には罰金を支払うといった具合で、オスマン帝国の宗主権を認めることへの代償はとりたてて高いものではなかったのである。オスマン帝国が必要な時には友好的な態度で接する以上、ポーランドやハンガリーの野望を考慮すれば、服従は公国に一定の恩恵さえもたらしたのであった。

クリミアとの関係は異なっていた。第一に、クリミアの人びとはテュルク語を話し、ムスリムであったために、オスマン人と同じ文化的世界に属していた。さらに重要なことは、彼らがチンギス・ハンの偉大な帝国と、新興のオスマン帝国をつなぐ存在であったことである。クリミア・タタールの世襲王族、つまりギレイ一族は、キプチャク・ハン国を通じてチンギスへと遡ることができた。つまり、クリミアはスルタンにとって戦略的な資産であるというだけではなく、支配イデオロギーを提供する存在でもあった。オスマン帝国は、このつながりをもって、黒海北岸地域およびユーラシアの他の地域に対する領有権を一部正当化することができた。

それゆえ、イスタンブルとクリミア・ハンの宮殿のあるバフチサライとの関係は、ワラキアやモルドヴァより緩やかでさえあった。クリミア・ハンは領内を掌握し、オスマン宮廷からは完全に独立した外交政策を実施することもあった。オスマン帝国にとっても、クリミア・タタールによるポーランドやロシア、時にはワラキアやモルドヴァの都市やキャラバンへの襲撃は、黒海北部に食指を伸ばす敵対者を牽制し、キリスト教徒従属民に圧力をかける点で有益であった。また、この襲撃によって主要な戦利品、すなわち奴隷が獲得され、クリミアの港からイスタンブルへ継続的に運ばれたのである。しかし、ギレイ朝の独自の行動は、オスマン帝国の戦略的関心に反する場合も少なくなかった。つまり、ポーランドやモスクワ大公国との全面戦争を誘発する恐れがあったのである。事実、一七世紀末以降、オスマン帝国は、クリミアの軍事力を北方勢力に対する抑制手段として用いるというよりも、無謀な攻撃を制御しようと努めたのであった。

コーカサスの状況は一層複雑であった。黒海沿岸でこの地域はもっとも支配が難しい場所であった。

高地に住むチェルケス人、沿岸部のアブハズ人、南部のグルジア人君侯らはあまりに分裂しており、地域をまとめて政治的に代表するような人物に欠いていた。内陸部の敵対者の存在はまた、沿岸部からの遠征を困難としていた。そのため、ローマ同様にオスマン帝国も一般に高地部分は彼らの自治に任せ、要塞化した港を直接任命した行政官に支配させて、低地の支配者たちとは政治的協定をもっぱら結んだ。

特にグルジアにおいては、完全に征服するよりもむしろ協定に頼る戦略的理由が存在した。ペルシア帝国と接する国境地域として、南コーカサスは膨大な軍事力を必要としていたのである。そのため、歴代のスルタンは、地元の封建勢力が自らの軍勢を率いて、ペルシアとその同盟者に対して対峙することを好んだ（ワラキアとモルドヴァにも同じことがいえる。彼らはオスマン帝国とハンガリーやポーランド、ロシアとの緩衝国であった）。このことは、たとえばグルジア戦線において、オスマン帝国の影響下にある西グルジア（イメレティ）の王が、ペルシア支配下の東グルジア（カルトリ、カヘティ）の王やより小さな君侯と対峙するような局面をしばしばもたらした。もっとも、他のオスマン帝国システムと同じく、宗教や言語ではなく、戦略的な利害こそがその忠誠心をもっぱら決定づけていた。

中央政府による交易の統括支配、貢納と課税を組み合わせた複雑な徴税システム、地元の有力者たちへの一定の譲歩といったオスマンによる黒海沿岸地域への帝国政策は、海を閉じたのちの二世紀の間、うまく機能していた。彼らは、直接あるいは貿易に対する課税という間接的な形で、沿岸部の資源からの恩恵を受けることができた。他方、従属国もまた、自らの目的に応じて、地域の主要な帝国勢力との連携を利用していた。しかし、このシステムは一七世紀までに、黒海沿岸地域の政治的・経済的関係に後に深刻な影響を与える二つの変化にさらされはじめた。

第一に、帝国が直接支配する領域において、メフメト二世（在位一四五一―八一年）の治世の間に構築されたきわめて中央集権的な行政システムが、ゆるやかな統治システムにとって代わられた。スルタンに直接任命され、帝都イスタンブルから地方へと派遣された知事に代わって、地元の地主・名士層の権威が増していった。中央政府はこうした地元のエリートの力を十分に認め、彼らはその見返りに税金を徴収し、軍事遠征の際には軍事力を提供した。こうした地主たちは、一部の地域では、ほぼ世襲の、封建的とさえもいえる領地支配システムを作り上げた。西ヨーロッパでは封建制度から中央集権的な君主制への移行を経験していた時代に、オスマン帝国では反対の方向へと、つまり集中管理から地元を基盤とする名士一族への実質的な権限の移譲である徴税請負制へと向かっていた。

直接統治を貫徹するにはあまりに帝国は巨大であり、中央統治機構の負荷は大きくなりがちであった。そのために分権化への推進力が働いたのである。しかし、時間とともに、辺境に対する中央政府の支配力が弱まることになった。このパワーシフトは、特に黒海沿岸を含むアナトリアのいたるところで顕在化していき、地元の有力な一族の指導者は「デレベイ」（derebey）として知られるようになった。これは文字通り「峡谷の領主」を意味していた。彼らは、広大な私有地を所有し、中にはオスマンによる征服以前から沿岸部を統治していた古いトルクマン人に連なる一族も含んでいたが、地域経済を支配し、政治も独占することとなった。シノプやトラブゾンといった主要な港は、有力な一族の所有物に転じ、中央政府はしだいにこの状態を受け入れざるを得なくなった。デレベイの勢力が最高潮に達したのはセリム三世（在位一七八九―一八〇七年）の時代で、正式に彼らの地位が認められ、特権も成文化された。

第二の重要な変化は、黒海北部により強力な勢力が出現し、沿岸地域の従属国家に影響力を及ぼしはじめたことであった。一五世紀末、オスマン帝国が主な港湾都市を征服した際には、潜在的なライバルはほとんど存在しなかった。ポーランド王国、ハンガリー王国、そしてモスクワ大公国のいずれもが、地理的に遠く離れており、警戒する必要はほとんどなかったのである。しかし、一六世紀にはポーランド王国とモスクワ大公国が勢力を強めはじめた。一五六九年にポーランドとリトアニアが連合して形成されたポーランド・リトアニア共和国は、その勢力範囲をバルト海から南は黒海の草原地域にまで拡大した。この時期以降、オスマン帝国は、ポーランド人によるさらなる南への進出を妨げるために方策を練らなければならなかった。クリミア・ハンの軍勢やノガイ人の襲撃部隊を用いて、ポーランドを威嚇し、草原地域へのスラヴ人の移住を阻止したのである。

モスクワ大公国も同様に、一五〇〇年代末までには地域の主要勢力の一つとなった。一三世紀、モンゴル軍による征服の際には、モスクワ公国は朝貢を強いられるロシアの諸都市国家の一つに過ぎなかった。しかし、ロシアの歴史家が何世代にもわたって嘆いた「タタールのくびき」は、様々な意味においてモスクワ公国台頭のきっかけをつくったということができる。モスクワは、タタール＝モンゴル勢力への朝貢に際して、分け前も得つつ、ロシア諸公国のとりまとめ役となった。やがて、このシステムは政治的な中央集権化への道を開いたのである。一六世紀、イヴァン四世（雷帝）は「全ロシアのツァーリ」を名乗るようになったが、この称号はモスクワ大公国の二つの大きな変化を象徴するものだった。一つは公国の版図が地理的に広がり、全「ロシア」勢力そのものに変化したことである。もう一つは統治イデオロギー上の変化であり、文字通りモスクワの優越を正当化したのである。ロシア人たちは自らのことをビザンツ帝国、したがってローマ帝国の継承者とみなすようになった（もちろん、ツァーリ tsar とはラテン語の皇帝 caesar から派生している）。しかし、彼らがまた、タタール＝モンゴルの遺産を活用したことも重要である。イヴァン雷帝は、ヴォルガ川河畔とシベリアのタタール系国家を征服し、モンゴル勢力から引き継いだユーラシアにおける支配的な地位を得ることになった。つまり、ツァーリはビザンツ・ローマとモンゴルの遺産を継承することで、ユーラシア大陸の広い範囲に対して自らの領有権を主張することが可能となったのである。そして、このことは、当然のことながら同じ二つの伝統を主張する立場にあったオスマン帝国との関係を微妙なものとした。

オスマン帝国の中で中央政府の権力が弱まり、一方でライバル国家の勢力が伸張したため、黒海沿岸における戦略的な関係性も変化していった。従属諸国家は、新たな潜在的庇護者を得て、オスマン帝国と駆け引きを行い、あるいはクリミア・ハンとの戦いに踏み切ることが可能になった。南岸部のデレベイたちは、領地の運営にかかりきりで、首都で起きたことについて関心を払うことはなかった。しかし、こうした変化もまた、一五〇〇年代後半から一六〇〇年代前半にかけてオスマン帝国が直面したもっとも差し迫った危機の背景にしかならなかった。その挑戦もまた黒海からやってきたのであった。

「船乗りたち」の落書き

一六世紀から一七世紀にかけて、オスマン帝国は大小様々な海戦を地中海において経験したが、黒海では同様のでき事はほとんど知られていない。一五七一年のレパント海戦では、よく知られているようにオスマン帝国の船隊がヨーロッパのカトリック連合軍の前に大敗北を喫した。しかし、黒海では二世紀以上後の時代まで、同じような戦いは起こらなかった。

オスマン海軍の優位性は以下の三つの理由により揺るがなかった。第一の、そして明らかにもっとも重要な理由は、ヨーロッパの船舶が黒海に入ることができるただ二つのルート、すなわち両海峡とドナウ川の河口をオスマン帝国が完全に支配していたことである。。レパント海戦の後でさえ、ダーダネルス海峡とボスポラス海峡沿いおよびドナウ川河口の要塞によって、また、帝国の首都が戦略的に重要な位置にあったこともあり、オスマン帝国は黒海へのそして黒海からの交通を管理することができた。第二に、地域におけるいかなる勢力も、オスマン帝国を脅かせるほどの海軍力を結集することができなかった。モルドヴァ、クリミアもしくはグルジアにはそもそも海軍が存在しなかったが、それはこれらの国の政治的伝統の一部によるものだろう。こうした勢力は結局、海にほとんど親しみのない内陸の山間部や平野で成長したのであった。より重要なことは、オスマン帝国が沿岸部を支配して、従属国家を海から遠ざけていたことである。すなわち、両海峡の支配と従属国を海から遠ざけるという二つの戦略が効果的に機能することで、黒海は「トルコの湖」とも呼ばれることになったのである。

第三の理由は、一部前述の二つの要因から派生しているが、少なくともオスマン帝国による支配において、はじめの二世紀の間は事実上、海賊が存在しなかったことである。黒海は、「完全に管理されており、（中略）悪意を持った煽動者はもはやこれらの地域には居住していなかった」と前述のイブン・ケマルは記した。[25] これは特筆すべき史実である。近世初頭の地中海において、海賊は風土病のようなものであった。実際、この時代の海の歴史は、その大半が、海賊と戦い、時にはこれを利用とする地域勢力の奮闘を伝えるものである。もちろん海賊は重荷でもあり、時には恩恵にも転じた。すなわち、海賊は自国船を攻撃することもあれば、敵船を襲撃するよう仕向けることもまた可能だったのである。一四〇〇年代および一五〇〇年代初頭、地中海においてオスマン帝国が海軍力を増強した理由の一端は、帝国が、イタリアやレヴァントの住民による海賊行為を抑制し、海上交通路を守る必要性を認めていたことに求められる。当時、東地中海に出没した武装船はその大半が様々な私的略奪者のものであり、規律正しい職業海軍に似ていると呼べるような存在はせいぜいヴェネツィア、オスマン帝国そしてロードス（聖ヨハネ）騎士団くらいであった。[26]

海賊はビジネスであるから、本拠地と市場の双方が必要であった。出撃前に潜む安全な港と、略奪したものを荷下ろしする場所である。オスマン帝国は黒海において、この二つの場所を海賊が見つけることを不可能にした。海岸線には要塞化された港が並んでいた。南岸のシノプとトラブゾン、ドン川河口のアゾフ（ヴェネツィア時代のタナ）、クリミアのカッファ、ドニエストル川のアッケルマン（かつてのマウロカストロ）とドナウ川のキリア（以前のリコストモ）といった諸港である。黒海の大きさもまた比較的まとまりがよく、主要港からの見回りを容易にした。これらの港は主要な交易の中継点でもあったために、海賊行為をしようとも、その売り先を見つけることもまた困難であった。海賊行為は海岸線が複雑でより管理が難しいトラブゾンからコーカサスにかけての南東部の沿岸部でもっぱら発生した。この状況は地中海と黒海の顕著な差異であり、同様にローマおよびビザンツ帝国時代からの変化を特徴づけるものであった。海運における盗賊行為は、一〇〇〇年以上も前からずっと問題になっていた。四世紀のゴート人から、のちにはラズ人（南東部の海岸の居住者に対して一般的に用いられる語で、今日でのグルジア人ないし、トルコではいまだにラズと呼ばれている人びとを指す）まで、当時の史料には海賊による損害に対する不満が繰り返し記されている。しかし、中世の後半以降、海賊行為に関する記述は、事実上、史料から姿を消した。

この比較的安全な環境こそがビジネスの繁栄を可能にしたのであり、オスマン帝国の支配下に入った黒海は地域内あるいは国際交易活動の中心拠点の一つであった。沿岸の諸都市を結ぶ短距離の船舶航路は、古代から変わらず続いていた。さらに、黒海と大河を結んだ航路では、オスマン船がドナウ川、ドニエストル川およびドン川の港において荷物を下ろし、他国の船舶やキャラバンに積み替えられた。また、オスマン船は黒海から地中海に抜ける交易路を利用して物品を輸送し、エーゲ海の島々もしくはレヴァントで外国船に移すのであった。少数であるが、黒海では外国船の活動も時には認められていた。一六世紀後半にはラグーサ（現クロアチア・ドゥブロヴニク）が、黒海の西岸の港において活発な商業活動を維持していたが、これは、ほとんどの他のヨーロッパ勢力がオスマン帝国に団結して対抗していた当時、彼らがオスマン帝国との外交関係を保持していた結果であった[27]。ラグーサの貿易は、エーゲ海の島々からやってきたギリシア正教徒の商人が黒海から地中海への積み替えビジネスを独占するようになったために、おそらく一七世紀には衰えた。

オスマン帝国の初期における海運については、軍艦・商業船ともにその詳細はほとんど知られていない。オスマン帝国の海運国家としての側面はこれまでほとんど無視されてきた。一般に、オスマン海洋史は、国家が後押しする略奪行為にばかり傾注する、劣悪な航海史という偏った見方に囚われ続けてきた。地中海におけるムスリム船員たち、すなわち謎に包まれた出撃港から突然現れ、無辜のキリスト教徒を急襲し、捕虜にして堕落した後宮に連行する海賊という、近代初期から現代に至るまでヨーロッパ人が懐《いだ》き続けたステレオタイプにより、こうした見方は強化された。しかし、まさに黒海において、オスマン帝国の平和に守られたムスリムとキリスト教徒はともに、船種の多様性と航海技術の発達に大きく貢献したのであった。

旅行者の常として、オスマン帝国の港を訪れた者たちは、自らの滞在の証拠を記録したいという抑えきれない衝動を感じたようである。そして、適当な場所を見つけると「落書き」を残したのであった。しばしばその「適当な場所」とは柔らかなフレスコ画の表面であり、教会（後にはモスクにも転用されることもあったが）の石灰の漆喰の表面であった。イスタンブルの壮麗な教会と同じ名前を持ち、ビザンツ時代に建てられたトラブゾンのハギア・ソフィアにも多くの「落書き」が見られる。しかし、なかでももっとも目をみはるような例は、ブルガリアの海岸沿いで古代ギリシア以来の港であるメセンブリア、つまりネセブルの町に存在している。この町の教会には全部で一八〇にものぼる豊富な「落書き」のコレクションが現存する。それらは一四世紀から一九世紀にかけての船舶の絵であるが、その中には粗削りなものもあれば、驚くほど細部までにこだわったものもある。これらは船乗り自身たちの視点から描かれた、オスマン帝国海運史の絵画的記録そのものなのだ[28]。

ネセブルの絵からは、船の構造が進化していることが簡単に読みとれる。初期の船はメロンのように船首と船尾が丸みを帯びた、いわゆるコグ船で、船の中央部が低く、船尾の甲板が高くなっていた。

コグ船はハンザ同盟の商人たちからデザインを受け継いだ地中海の商業共和国によって、一三〇〇年代に黒海でも使われるようになった。コグ船は短距離の航海に向いており、バルト海や地中海と同じように、黒海における移動にも適していた。その厚い船底には穀類などたくさんの荷物を積み込むことができたが、一枚の方形の帆のみでは進行スピードや操舵性において劣っていることもまた事実であった。しかし、黒海の航路は短く、港から他の港へ、もしくはせいぜいイスタンブルまでの航海で十分だったのである。ボスポラス海峡の先で、商品は地中海を横断する旅のために、より頑健な船に積み替えられた。コグ船には針路を素早く変化させるための複雑な索具システムがなく、順風が吹くことが不可欠であり、嵐の海や冬の季節に外洋にこぎ出すことは不可能だった。

黒海がオスマン帝国の支配下に入った後も、当初はコグ船がもっぱら用いられていた。しかし、ネセブルなどには、他の二つのタイプの船も描かれている。一つはキャラベル船である。キャラベル船はコグ船と同様に、これまで通りの広々とした船幅を持っていたが、その帆走装置は方型の帆からかなり改良されていた。十字軍の経験によって、西洋にはアラブ人たちの帆や三角形もしくは大三角帆が取りいれられた(ナイル川のフェラッカ船が大三角帆の好例であるが、マストと鋭い角度で交わる長い帆桁から帆が下がっている)。キャラベル船はコグ船の貨物積載能力と、大三角帆による優れた操舵性の二つの長所を持ち合わせていたのである。これにより、航海は風頼みを脱して、自在に進むことが可能となった。

もう一つのタイプはキャラック船であった。キャラベル船と同様に、キャラック船はコグ船の発展型であるが、方形と三角形の帆の双方を持ち、三本もしくはそれ以上の本数のマストを持つ、より複雑な帆走装置を有しており、さらに遠方への航海が可能となった。特に、西ヨーロッパでは、国家が管理する海軍が少しずつ整備されつつあり、キャラック船の登場によって、時には航行中や停泊中の外国船に乗り込むこともできる海兵の集団を運ぶことが可能となった。この技術的進展により、人びとは大型船舶が長距離の探検のための手段としても、そして戦闘のための機動性に富んだ道具としても利用できることに気づいたのである。このタイプの船が、一六世紀に成長していったポルトガル、スペイン、イングランド海軍で主に用いられた。

黒海沿岸で描かれた絵の主流を占めていたのは、コグ船、キャラベル船、キャラック船の三タイプであった。これはもちろん、ネセブルのような港を訪れる商船の主流を占めていたからである。もっとも中には他のタイプの船の姿を認めることもできる。

そして、こうした船の絵は、特に一七世紀の海上交通について知るための手がかりを提供する。それは大型のガレー船（もしくは技術的にはガレアス船と呼ばれる船）、すなわち帆船と大きなオールを備えた船体を組み合わせた船であり、通常、大砲で武装し、海兵の一団があてがわれていた。ネセブルでたまたまそのような船を描いた風変わりな船員は、自身が乗組員であったかもしれないし、あるいは海辺で船を観察していたのかもしれない。一つもしくは二つ以上のオールの列を持ち、順風の際にはさらに推進力を増すよう方形の帆もしくは大三角帆を有したこのタイプの船は、ローマやビザンツ時代など何世紀も前から用いられてきた。

海洋国家としてのオスマン帝国については、もっぱらその後進性が強調されてきた。船の設計という点において、オスマン帝国が後れをとっていたということはいえるだろう。ヴェネツィアとその同盟者たちがオスマン帝国海軍と地中海で戦った一五七一年のレパントの海戦は、おもにオールを備えたガレー船から構成された海軍同士による最後の大きな衝突であった。しかし、一世紀後の時代でも、オスマン海軍の主力はいまだにオールを備えた船だったのである。当時の西ヨーロッパでは、すでに何本ものマストのある帆船が用いられて久しかった。大西洋岸では、新たな技術革新により大航海の時代に入っていた。異なるタイプの帆を組み合わせ、さらに船体を長くすることによって、船のスピードを増すことが可能になったのである。もっともこうした船型の変化は国庫からの資金によってより効率的で費用を抑えた海軍をつくるという戦略的な目的により初めて起きたことであった。王権が強化されるにつれ、海軍の建設は軍事的な優越性を約束するためだけではなく、国家の威信の源にさえなったのである。特に、海外進出という野望を持つ国家にとって、大型帆船は長距離の探検と帝国の存続には不可欠であった。しかし、出航する船は人力に依存しており、つまりガレー船の航海にはオールを漕ぐ大勢の男たちが必要となるため、帆船で必要とされる少人数の乗組員と比べるとその費用は桁違いであった。

オスマン帝国ももちろん技術革新を行う能力を持っていたのである。しかし、彼らに不足していたのは、ヨーロッパ人たちを変化に駆り立てた戦略的・経済的な動機づけであった。黒海において帝国に対抗する国は存在せず、すでに北方から奴隷の供給があり、ガレー船に乗員を配備することは差し迫った問題ではなかった。事実、黒海においてオスマン帝国の覇権がもたらした平和が保たれていた間は、黒海に軍艦を配置する必要性すらなかったのでる。

しかし、一六世紀後半から一七世紀前半にかけて、新興の海上勢力が想像もしなかったところから侵入した。彼らはオールを備えた小型船を操り、沿岸部の都市や要塞を略奪し、海上で商船を襲い、オスマン帝国海軍のガレー船に戦いを挑んだ。それはコサックの一団であった。彼らは、かつては穏やかであった黒海においてすら、ネセブルの絵にあるような大型ガレー船が過去の遺物であることを証明したのであった。

カモメの水兵さん

コサックといえば一般的に、鞭を振りかざしてユーラシア草原を馬で疾走する一群の人びとを思い浮かべるであろう。しかし、彼らは一五五〇年から一六五〇年の約一世紀の間、海上勢力としても特筆すべき存在であった。その最初の記録は一五三〇年代のことであり、コサックは川を下ってドニエプル川河口に到着し、オスマン帝国のユズ（オチャコフ）要塞を攻撃した。やがて、彼らはドナウ川河口と沿岸部西部の全域にまで勢力を拡大し、一六一四年には南岸のシノプに初めて攻撃を加えた。[29]同じような海上攻撃は一七世紀中盤まで続き、当時のオスマン帝国およびヨーロッパで記された史料にはその様子が記されている。その破壊の様相は、約一二〇〇年以上昔にゴート人がビザンティウムに対して行った海上攻撃の物語を彷彿とさせる。

彼らは（シノプの）城壁や壁の頂まで登り、これを乗り越えると市の中心地に到達し、周辺や建造物を破壊した。数千人もの男女の血が流され、町は略奪の嵐と破壊の炎にさらされた。建物は跡形もなく崩れ落ち、街はあたかも荒野か砂漠に転じた[30]。

エヴリヤ・チェレビによれば、シノプの周辺の村々では、コサックによる頻繁な略奪のため、村人たちは庭に作物を植えることをあきらめざるを得なかったという[31]。たとえこのような説明に誇張があったとしても、コサックによる攻撃がオスマン帝国の住民を唖然とさせたことは明らかである。それまで黒海ではほとんど海賊被害が報告されていなかったために、帝国当局や年代記編者は、コサックの予期せぬ襲撃を、地中海で馴染みのあった海上強盗になぞらえて考えた。けれども、コサックは単なる私的略奪集団ではなかった。彼らの登場は、黒海沿岸北部の多様な文化環境から生じたある種の特徴ある社会集団の台頭を意味していたのである。

コサックたちはまさに帝国がもっとも心配するような部類の人びとであった。彼らは異なった既存の勢力が交差する、地理的、文化的、政治的に支配不可能な辺境に住んでいることを巧みに生かしていた。コサックという語はおそらく「自由な人」を意味するカザク（qazaq）というテュルク語に由来する。コサック集団はスラヴ系の農民、タタールの遊牧民、奴隷であった者、宗教的異端者、傭兵、その他が、黒海北部の統治されていないステップ地帯で混ざり合い、成立した。オスマン帝国の領域からきた者もいれば、ポーランドやロシアからやってきた者もいたであろう。彼らはしだいに、地域ごとに、そしてある程度言語別に、いくつかの下位集団ないし拠点を形成した。たとえば、ドニエプル川は一ダースもの瀑布が天然の障壁となって上下流を分けていたが、ザポロージャ・コサック駐屯地は下流の地域に出現した（ザポロージャとはウクライナ語のザ・ポロハム za porohamy に由来し、文字通り急流の向こう側を意味する）。同じようなグループがドン川など他の川沿いにも形成された。東部のコサックは様々なロシア語を話していたが、特に軍事用語など、テュルク語からの借用語も多かったし、西部のコサックは今日ポーランド語やウクライナ語と呼ばれる言語の影響をより強く受けていた。一六世紀には、様々なコサックのグループが強力な首領のもとに集まりはじめ、初期段階の国家ともいうべきまとまりが姿を見せはじめており、彼らの生活の糧は草原と海岸部の低地で育まれた。牛や羊、馬を飼育（および略奪）し、海岸部と北部の貿易の仲介人の役目を果たし、漁業を営んだり、クリミアやノガイ・タタールとともにオスマン帝国の市場に奴隷を輸出していたのである。

コサックにとって、外海での略奪行為は、草原地帯における経済活動の延長に過ぎなかった。あくまで平原における生活を補完するものとして、川岸と湿地に住むコサックは、固有の水域との関わりを発展させていった。軽くて竜骨のない漕ぎ船はチャイカ（かもめ）と呼ばれ、それは特に急流が多く、時には陸上運搬も必要な河川交通に適していた（このような移動の形態は、九世紀および一〇世紀のルーシの特徴とも符合する。事実、コサックの船はルーシとそのノース人の祖先の船によく似ていた）。チャイカは七〇人もの男たちを収容するために若干大きめにつくられ、小型大砲を備えた強力な船舶であった。彼らの座る場所は海面より低かったため、海岸からの監視の目や大型のガレー船に見つかることなく、襲撃目標に近づくことができた。また、船べりには湿地の生えている葦を束ねた浮き袋がしばりつけてあり、船を沈ませることはきわめて困難であった。一七世紀初頭、コサックはこのような漕ぎ船を三〇〇艘も集結させることができ、そして黒海のあらゆる場所にその船団を送ることができた[32]。そして、船首と船尾の両方に舵を装備しており、あとを追いかけてくるオスマンの戦闘用ガレー船よりはるかに操舵性が高かった。

一六三〇年代から一六四〇年代にかけてポーランド王に雇われていた、フランス人の軍事技師であるギョーム・ド・ボープランは、ドニエプル川を下るコサックの船の様子を直接伝えている。

船同士は非常に近く、オールがほとんど打ち当たらんばかりである。トルコ人たちはしばしば略奪遠征に気づいており、コサックが海へと出てくるのを防ぐために、ボリュステネス川の河口に何艘かのガレー船を準備していた。しかし、コサックは非常に狡猾で、新月に近い暗夜に紛れてこっそり移動し、河口から三、四リーグ〔一リーグは約四・八キロメートル〕離れた葦の中に身を潜めるのであった。ガレー船は以前にそこで痛い目にあったために、あえて冒険することはなかった。トルコ人たちは甘んじて河口で待ち続けるだけであり、そこでいつも（侵入者に）驚かされるのである。

しかし、コサックももちろん見えないほどすばやく警戒線を通り抜けることはできない。そして、危急の報が国中を駆けめぐり、コンスタンティノープルに至るまでもたらされるのであった。大君（スルタン）は沿岸のすべての地域に使者を送り（中略）コサックが黒海に出航したので、すべての者が守りを固めるよう命じた。しかし、すべてのことが無駄になるのであった。なぜなら、コサックたちは慎重に時間と時期を選んでおり、三六―四〇時間以内にアナトリアに到着することができた。男たちは銃を持って上陸し、各船には二名の男と二名の少年だけが警備のために残された。コサックは街を急襲して占領し、略奪して焼き払った。彼らはしばしば危険を冒しながら、一リーグも内陸に侵入することもあった。そして、すばやく（船に）帰還して、戦利品を詰め込むと出港し、そしてまた別の場所でこの運試しを続けるのであった。

ボープランはまた、コサックたちの巧みな戦術についても述べている。彼らはまさに神出鬼没であり、水上においてオスマン軍よりもはるかに優れていた。

コサック船は、海面からわずか二・五フィート［七六センチ程度］しか上に出ていないため、コサックたちは（彼ら自身が）常に（敵から）見つかる前に、船もしくはガレー船を見つけ、目星をつけることができる。彼らは船のマストを低くし、敵が進んでいる方向を注視しながら、夕日を背にするように試みる。そして獲物が見えなくなるといけないので、夕日が沈む一時間前に一リーグの距離になるまで、船もしくはガレー船に向かって（できる限りの）力で漕いで行く。彼らはこの距離を保ったまま、やがて真夜中近くになると（合図が伝えられ）、船体に向かってふたたび必死に漕ぎ出すのである。乗組員の半分が戦闘に備え、飛び移るために船が接触する瞬間を待つのであった。（敵）船の乗組員は、八〇から一〇〇艘のコサック船の急襲に驚く間もなく、船は瞬く間に男たちで埋め尽くされ、たちまち乗っ取られてしまう。そして、コサックたちは、小さな積み荷でも海水で傷まないものならば何でも、金目のものや金銭などあらゆるものを略奪した。彼らは、鋳造された鉄の大砲や、彼らが使えると判断したものはすべて持ち去ってから、船とその乗組員を沈没させるのであった。（中略）もし彼らに操縦する技術があったならば、彼らは船もしくはガレー船でさえも持ち去ったであろう。しかし、彼らはそのような技術を持ちあわせてはいなかった。[33]

一五五〇年代以降、このような遠征がしばしば行われ、黒海は決して「トルコの湖」ではなくなった。

コサックによる攻撃の波が最高潮に達したのは一六三七年であった。この年、ドン・コサックの大軍が、数千のオスマン軍とタタール人補充兵が駐屯していたアゾフ要塞を包囲したのである。オスマン帝国は要塞を取り戻そうと何度も試みたが、そのたびにコサックたちがもはや単なる略奪者ではなく、組織化された強力な軍隊に成長したことを思い知らされるのであった。エヴリヤ・チェレビは要塞に対する主要な反攻作戦の場に居合わせた。彼の報告によれば、コサック軍は八万を数え、城壁に面した水面には一五〇艘もの船が防御のために展開していた。オスマン帝国は黒海沿岸地域全域の軍隊を集結させた。陸戦部隊としてトラキアのルメリア知事が軍を送り込み、ほかにもブジャク地方から四万人のタタール兵、ワラキアとモルドヴァのキリスト教徒の兵士四万人、トランシルヴァニアからのキリスト教徒二万人らが動員された。海上では、オスマン帝国海軍は一五〇艘のガレー船とそれ以上の数のフリゲート船、漕ぎ船から構成されており、すべてをあわせると船の数は四〇〇艘、乗組員は四万名に上った（エヴリヤの数はおそらく誇張されていたが、陸海軍の規模は間違いなく巨大であった）。

この強力な布陣にもにもかかわらず、オスマン軍は苦戦を強いられた。コサックたちは塹壕を掘って防衛戦を維持し、また川の封鎖に対して、皮袋に武器を入れて、葦の管で息をして水面下を泳いで、増援部隊を送り込んだのである。二ヵ月後、冬が刻々と近づく中、オスマン軍はついに要塞の奪還をあきらめて包囲を解いた。もっとも、腹いせに周辺地域を略奪してまわったオスマン軍は大量の戦利品を獲得し、エヴリヤ・チェレビによると、そのために市場の価格が暴落して、信じられないほどの値段になったという。たとえば、一頭の馬は半ピアストル、少女一人が五ピアストル、少年は六ピアストルの値で売られた[34]。

アゾフでの度重なる大敗にもかかわらず、オスマン海軍はコサックに対して若干の成功も収めていた。ボープランが記したような、より小さな略奪グループの侵入を阻止することはほとんどできなかったが、それでもドニエプル川河口のパトロールの強化によって、大きな艦隊が黒海で活動することは防ぐことができた。また、数百艘ものガレー船と小型船からなるオスマン軍の遠征部隊が組織され、ドン川を遡上することもあった。コサックたちもまた、こうしたオスマンのガレー船と戦った際に優秀な戦士たちを失うことで、次第に戦力低下に苦しむようになっていった。そのようなことは少なかったが、ひとたび戦いが発生すると、コサック側の被害も非常に大きなものとなったからである[35]。アゾフでさえ、最終的にはオスマン帝国の支配下に戻った。コサックたちはまずロシアのツァーリに贈り物として要塞を差し出そうとしたが、オスマン帝国との全面戦争を恐れたロシア皇帝はこれを断った。要塞は度重なる包囲攻撃でほぼ破壊され、ほとんど使い物にならないことを悟ったコサックは、一六四二年、ついにこれを明け渡したのであった。

もっとも、オスマン帝国にとって、これらは全面的な勝利にはほど遠く、さらに代価もかなり高くついた。コサックの脅威に対抗するため、もともと手薄な地中海の海軍を黒海に振り分けざるを得なかった。また、黒海北岸と南岸を結んだ活発な交易もいや応なく影響を受けた。コサックによる襲撃という新たな危険に船長たちはもちろん敏感であった。より長期的な視点でみると、速度の遅いガレー船の裏をかくことができる高速船を有した海上勢力の成功によって、数世紀前に南東ヨーロッパ全域を征服したオスマン軍が無敵ではないことが明らかになった。また、コサックはポーランド、ロシア、オスマン帝国というライバル勢力の間でうまく立ち回る術を身につけていったが、それはかつてオスマン帝国が行っていた懐柔戦略はもはや通用しないことを意味していた。

コサック「海軍」の登場によって、オスマン帝国と黒海との関係にも大きな変化が生じた。一六世紀中盤まで、黒海とその海岸部をオスマン帝国は完全に掌握していた。たしかに従属諸国はしばしば反抗的で、特にコーカサスに沿った海岸線やあるいは高地の支配は、時には名目的なものに過ぎなかった。それでも、オスマン帝国は黒海を自らのものとみなすことができた。彼らはドナウ川と両海峡という、二つだけしかない黒海の玄関口を支配しており、南岸と西岸を直接支配下に組み込んでいたのである。北岸は連合したムスリム国家と、厳しい草原地帯の障壁によって守られていた。したがって、オスマン帝国の黒海に対する戦略は、本来、受け身なものであった。[36] 帝国は、海の出入口を閉じ、海岸線の要塞を強化し、平原（Dasht）はできる限り未開のままにした。たしかにオスマン帝国はスルタンの領域の拡大に努力してきた。後には一三〇〇年代および一四〇〇年代の自らの目覚ましい成功を回想して、イスラームの家の拡張に専念してきたと主張するようにもなった。もっとも、拡大のイデオロギーはとりわけ北部では欠落していた。理由は簡単である。黒海においてオスマン帝国は万事順調に事が運んでいたためである。

しかし、コサックの出現によって、すべてが変化しはじめた。黒海と北部の草原地帯は、混乱の源に転じた。そして、オスマン人はこの広大な土地と海が、制圧するのにかつてないほどのエネルギーを必要としていることを悟った。黒海はもはや帝国の内海、つまり帝国が周囲のすべてを支配する海域ではなくなったのである。それはいまやフロンティアに転じた。そして、一六〇〇年代の終わり頃には、北方の新興国ロシアが、この変化した状況によって自らが有利になるであろうことに気づきはじめたのであった。

王子の望みは一小王国を得て、自ら公正の政を施き、政府の各部門を自らの眼で監督することであった。但し領土をどれほどにとどめるべきかを遂に決すること能わず、しかも臣下の数は刻々と増えていくのであった。

サミュエル・ジョンソン（一七五九年）

彼女は同時に多くの野望を抱いていた。中産階級を育成し、外国との貿易を認め、製造業を導入し、貸付制度を設立し、紙幣を増刷し、為替相場を上げ、金利を下げ、都市を建設し、アカデミーを創設し、荒野へ入植させ、黒海を多数の艦隊で覆い、タタールを撲滅し、ペルシアを侵略し、トルコとの戦いを積極的に継続し、ポーランドにくびきを課し、全ヨーロッパへ彼女の影響力を拡大することを望んでいたのである。

セギュール伯ルイ・フィリップ（エカチェリーナ大帝時代のフランス大使、一七八七年）

船は渓谷のふもと、緑に囲まれた港湾の奥深くに錨を下ろした。（中略）岬と湾の凹凸に沿って港や波止場がつくられている様は、まるで美術館の展示室のようである。その多くはハドソン高地によく似て見事である。青い海ではイルカが戯れ、ハトの大群がまるで軍隊のように上空を旋回している。（中略）ツァーリがスルタンの都を常に欲しているのも不思議はない。ロシア人がモミの木の間からギンバイカ［エデンの園の象徴、地中海沿岸に分布］を羨むのも 不思議はない。

ハーマン・メルヴィル（ボスポラスを蒸気船で遡上しながら、一八五六年）

第5章　ロシア帝国と黒海
――チョールノエ・モーレ――一七〇〇―一八六〇年

啓蒙主義がもたらした人類の知識の結晶であるディドロの『百科全書』には、黒海（Pont-Euxin）について、「北を小タルタリアとサーカシア、東をグルジア、南をアナトリア、そして西をヨーロッパ・トルコに囲まれている」という簡潔な記述が掲載されている。さらにこの項目の執筆者は、愚かなフランスの宮廷人が考え違いをしないように、この海の名前は「橋［フランス語でpont］」という意味ではなく、「アジアの海」のことであるとわざわざ親切な解説を付け加えている。[1]

『百科全書』が世に出たのは一七五〇年代であったが、続く百年の間にディドロによる地理解説はすこぶる時代遅れのものになってしまった。一八世紀後半には、ロシア帝国がクリミアの温暖な港へとその手を伸ばし、オスマン帝国を圧迫してその従属者たるタタールのハンを滅亡させたのである。ロシアは、最初は東方のキリスト教国の守護者として、その後はトルコのくびきに苦しむ諸民族の解放者として自らを位置づけ、西のコーカサスや東のバルカンにおいて地元の王族諸公に対する影響力を強めていった。一九世紀半ばには、黒海はもはやディドロが解説したような「アジアの海」とは表現できなくなったのである。それだけでなく、黒海は興隆するロシア帝国と衰退の道を歩みつつあるオスマン帝国という東ヨーロッパの二大勢力の間で分割されることとなり、両者の野望が直接交わる水域としてディドロの定義ではなく、まさに宮廷人たちの誤解したかもしれない「橋の海」に近づいたともいえよう。

海とステップとの戦略的関係の変化によって、黒海はヨーロッパの一部とみなされ始めた。コンスタンティノープル征服以後のオスマン帝国にとって、黒海を平和に保ち、ステップを未開の状態にとどめおくことは国家安全保障の二つの要であった。大部分の外国籍船が黒海へ入ることを禁じ、沿岸の保護国と安定した関係を維持している間、オスマン帝国はこの海の富を事実上独占していた。さらに、ユーラシア草原では遊牧民やタタールの略奪者の集団が跋扈しており、北方諸国の野望に対する天然の障壁となっていた。ロシア帝国にとっての安全保障は、まさにこの真逆であった。コサックの海賊行為によってオスマン帝国は北岸からの攻撃にもろいことが明らかになったものの、ロシア帝国が海へと達するためには、自分たちにとっての南の辺境にあたる危険な草原地帯を抜ける必要があったのである。コサックの移動集団や小農民、ノガイの遊牧民がまばらに住むだけで、大部分は人のいない非居住地域であったステップは、長い間いらだちの種であった。ロシアやポーランドの著述家が「荒野」と呼んだこの地域から、まさにタタールの強盗集団がキリスト教徒の村を襲撃し、物品や人びとを攫《さら》っていった。そこは盗賊や無法者の土地であり、はるか北方の地主のために働くことに嫌気がさした小作農たちの避難所であった。

イヴァン雷帝（在位一五三三―八四年）からピョートル大帝（在位一六八二―一七二五年）の治世に至るロシア政府の方針は、ステップを境界のはっきりした支配可能な場所へと変えること、言い換えれば辺境（frontier）を国境（boundary）にするというものであった。しかし、この施策を実現するために、ロシア人はタタールのハンと、さらにはオスマン帝国と直接争わなければならなくなった。およそ国の安全のための防御的政策として始まった施策が、後に一八世紀の潮流の中で拡大政策のイデオロギーとなっていった。ロシアは、まずピョートル大帝の時代に、さらに後のエカチェリーナ大帝（在位一七六二―九六年）の治世において、啓蒙主義という名の「文明化」を使命とする理性主義と、征服欲――この欲求は旧来の西欧の帝国を長年とりこにしてきた――を自らのものとして、文字通り帝国へと成長した。ステップを制御しようという衝動はやがて黒海を征服しようという熱意へと変わり、最後にはロシア自身をローマの後継者とみなすという野望で頂点に達した。そこでは、両海峡を奪取して復興させたビザンツ帝国の玉座にロシアの王子を就けるという計画が描かれていた。新たな帝国は黒海を越えて地中海に到達し、コンスタンティヌス帝の遺産を有して、未開の南方に対峙する文明の担い手となるはずであった。様々な変化にもかかわらず、第一次世界大戦の動乱の中でロシア帝国とオスマン帝国の両者が終焉を迎えるまで、この戦略上の目標は一連のロシアの対外政策上の決定を左右し続けたのである。

一八世紀から一九世紀にかけて、黒海を取り巻く情勢は諸帝国の思惑が交錯する中で展開していった。とりわけ、節目となったのはオスマン帝国と中欧諸国、のちにはオスマン帝国とロシア帝国との間に長く続いた戦争の終結時に結ばれた条約であった。一六九九年のカルロヴィッツ条約と一七〇〇年のイスタンブル条約は、中欧の領土をオーストリアに、黒海北西域をポーランドに、さらに黒海沿岸域の北中央部と北東部の一部をロシアへ移譲するという内容であり、オスマン帝国の勢威が衰退し始めていることを示した。一七三九年のベオグラード条約ではロシアがアゾフ海の重要な要塞を支配下に置くことが認められ、黒海での限定的な交易の許可も得た。一七七四年のキュチュク・カイナルジャ条約において、オスマン帝国はついにロシアの商船による黒海の自由航行を認めるという譲歩を行い、これはその後数十年の間に他の諸外国の商船にも適用されることになった。ロシアの影響力拡大は、一八二九年のアドリアノープル条約と一八三九年のウンキャル・スケレッシ条約の中でさらなる法的根拠を獲得した。両条約によって、オスマン帝国は黒海内でロシア海軍のすべての権利を認め、海峡の自由な通行を保証した。さらにスルタンは、黒海北岸の領域を割譲し、ワラキアとモルドヴァを実質的なロシアの保護領とした上、南コーカサスでの両国の境界を画定させたのである。

こうした領土割譲だけではなく、ウンキャル・スケレッシ条約では、ロシアの要望に応じて、ダーダネルス海峡を外国籍船に対して封鎖することをオスマン帝国は認めた。この条項は、西欧列強にとってツァーリの中東における野心を示す危険な兆候であり、イギリスとフランスはクリミア戦争中にスルタンを援助して、黒海を中立な国際空間とし、いかなる軍艦も通行を禁止する条約をロシアに承認させ、その野望を押さえつけた。しかし、やがてロシアは平和条約の項目を否定し、最後の大規模な露土戦争時（一八七七―七八年）には、バルカンを占領して、さらにはイスタンブルへの進軍の姿勢を見せた。このときもまた、オスマン帝国はイギリスとフランスの圧力外交によってようやく難を逃れたのであった。かつて地域の大国として強大さを誇ったオスマン帝国は、今やロシアの侵攻に直面し、相対的な弱さによって問題児となってしまった。ヨーロッパの外交官や戦術家が一九世紀末から二〇世紀初頭の近東において直面した難題は、こうした戦略上の力関係の変化への対応であった。

海とステップ

イヴァン雷帝からピョートル大帝に至る二世紀の間、ロシアにとって、ステップという不安定な地域が国家政策に与えた重要性はいくら強調しても足りないほどである。ロシアは、この期間にモスクワ大公国から近代のロシア帝国へと移行していったが、まさにステップへの対処こそが国家のもっとも大きな課題であり続けた。なぜなら、ステップは、二つの異なる社会が接触する場であったからである。北に位置するモスクワ公国は、都市型の軍人・官僚国家であり、また、タタール＝モンゴルのハンからかつて課せられていた徴税請負の遺産を利用して立国された。そして、彼らはビザンツ帝国の遺産を相続したキリスト教国家としての自覚を次第に強めていった。一方、南方には流動的で多様な遊牧集団やハン国が位置していた。これらの国々は血縁関係に基づいた伝統社会によって形成され、主に遊牧生活を行い、意識の上ではイスラーム国家たろうとしていた。[2]

しかしながら、南北二つの社会の間における争いは、ここに述べたそれぞれの特性には関係はなく、実際には、暴力行為と富の分配をめぐる複雑な関係によって生じた。モスクワ大公国にとって、組織的な暴力行為は国家の保全のためのものであり、大公の領土とその家臣の財産を守るために、貴族層によって形成された軍隊がポーランドやリトアニアといったライバル国を攻撃した。他方、ステップの遊牧民たちや彼らの保護者であるクリミア・ハンは、それぞれが独自に行う企業的ともいえる暴力行為によって莫大な富を得ており、北方の都市や村落の略奪や貢納関係の強制のみならず、新しい交易相手に対して特権的な条件をのませることさえした。一七世紀にはクリミア・ハンは八万にも及ぶ騎兵を動員することが可能であり、遊牧民による襲撃は小規模なものであっても、剣と弓で武装した三〇〇〇もの騎兵で構成された。[3] ただし、軍の役目は国の防衛ではなく、個々の兵士や指導者たちを豊かにすることであった。結局のところ彼らの組織には近代国家に類似すると言えるものは何一つなかったのである。たとえば、奴隷狩りは対岸の強大なオスマン帝国との交易における商品を確保するという目的のもと行われたのであった。

モスクワ大公国にとり、安全保障上の問題は、経済面や社会面など多岐にわたる甚大な負の影響をもたらしていた。交易は妨害された上、ハンへの貢納は国庫を疲弊させた。労働力の損失もまた重大な問題で、一七世紀前半だけで二〇万人ものスラヴ系キリスト教徒が攫われたとされる。しかも、モスクワ大公国は特別な税によって奴隷を買い戻すための資金調達をしたため、身代金の支払いはさらなる国庫からの資金流出をも意味したのであった。[4] 歴史家ミハイル・ホダルコフスキーの計算によると、一七世紀前半にツァーリがクリミア・ハンに支払った金額は、貢納や身代金、交易に関する税を合わせて六〇〇万ルーブルにのぼり、これはおよそ一二〇〇の小さな街を建設できるほどの金額であったという。[5] モスクワ国家がキプチャク・ハン国のハンたちとの特権的な関係の中から台頭してきた一方で、近代初期のロシアにとって（多くの捕虜がタタールやオスマン帝国のもとでの生活に順応したのだとしても）、クリミアやステップにいたウルスの後継者たちの侵略が、都市化を遅らせ、経済的後進国となる少なからぬ要因となったのである。

一六世紀から一七世紀を通じて、ツァーリは「クライ（この語はウクライナの語源でもある）」と呼ばれた不安定な周縁部の負の影響をまず軽減し、さらには排除することに傾注した。国の財源からは捕虜の買い戻しに予算が割かれ、土塁、木柵、堀など各種の防衛設備がステップ地帯の北端に築かれた。略奪者が自由に闊歩している状態を止めるためにクリミア・タタールとの外交交渉も行われた。このように、ロシアの政策がより積極的なものへと転じたのはイヴァン雷帝の時代であった。前章でも述べたように、イヴァンは今や単なる「モスクワ大公」ではなく、「全ロシアのツァーリ」という称号を用いるようになり、キプチャク・ハン国の後継者に対して軍事行動を仕掛けたのである。ヴォルガ川沿岸のカザン・ハン国を一五五二年に陥落させたのを手始めに、カスピ海沿岸のアストラハン・ハン国を一五五六年に、シビル・ハン国を一五八一年に攻略し、貢納の支払いは必要なくなった。ロシア人入植者が新たに獲得された土地へと送り込まれ、政府は広がった境界地域の防衛を交換条件にコサックの指導者の権威を認めることでコサックとの関係を強化した。

もし当時の征服活動にイデオロギーがあったとしても、それは帝国主義的なものではなかった。ロシア国家側に文明の伝道者などという意識はまったくなく、彼らがキプチャク・ハン国の末裔たちに対抗する動きには、境界を越える——すなわち「文明と未開」の間や、まして「キリスト教とイスラーム教」の間にある境界を越えるという意味は存在しなかった。さらに言えば、南方や東方へと向かう積極的な動きは、基本的な安全保障上の問題を解決するために進められたものであり、これはハンたちではなくロシアこそがタタール＝モンゴルの遺産を真に受け継ぐ者であるという主張とむしろ結びついていた。

一七世紀の半ばには、ステップはいまだほとんど支配の及ばない地域ではあるものの、不安定な辺境から通常の境界に近い状態へと変化していった。新たな防衛線は次第に南方へと押し下がっていき、大掛かりな侵略は塞き止められるようになった。さらに、ロシアと盟約を結んだ様々なコサック軍団は、タタールに対して苛烈な攻撃を繰り返した。また、ザポロージャ・コサックと組むことで、ロシアは西方への領土拡大の足がかりを得た。コサックの反乱を支援し、さらにポーランドとの戦いに勝利した後、一六五四年にロシアはキエフを含むウクライナの草原地帯の領有をも主張するようになった。ウクライナ東部の獲得によって、ツァーリの影響力はカスピ海沿岸からドニエプル川までのステップにおよび、キプチャク・ハン国の旧領のほとんどを覆うまで拡大した。ロシアの領域はいまだ黒海には達していなかったが、すでにドン川とドニエプル川という北から黒海へと至る二つの主要なルートを支配下に収めたことで、コンスタンティノープルの陥落以来、黒海の歴史における最大の転換点の準備が整いつつあった。オスマン帝国の覇権に挑戦する海軍がついに出現したのである。

アゾフ海艦隊

一六八二年、ピョートル大帝が帝位に就いた際にロシアが所有していた港は、一年の大部分の期間で氷に閉ざされてしまう白海沿岸のアルハンゲリスクのみであった。バルト海はスウェーデンが支配しており、黒海はオスマン帝国が占有していた。しかし、それから一世紀半の間にロシアはバルト海をはるかに越えて、ジブラルタル海峡を経由して地中海に入り、遠くエジプトで行動を起こせるほどに海軍を増強した。黒海北岸には西のオデッサからクリミア半島のセヴァストーポリ、東のノヴォロシースクまで港や海軍基地が建設され、ロシアはいわばヨーロッパの海軍大国の一つとなり、イスタンブルから黒海の制海権を完全に奪い取るほどの力を蓄えつつあった。

ピョートルはロシア国家にとって安定した黒海へのアクセスを確保することが重要であると確信していた。それは、オスマン帝国とタタールのハンが南方の新たな獲得領域を脅かす力を弱めるために必要不可欠な政策であった。しかし、黒海におけるロシア海軍の進出は決して幸先の良いものではなかった。一六九五年、オスマン帝国が所有するアゾフ要塞に対する攻撃は、ロシア・コサック連合軍の大敗に終わり、黒海沿岸に足がかりを築こうというピョートルによる最初の試みは無惨な失敗に終わった。オスマン帝国とその同盟者の戦略上の優位性は、海軍による陸軍への支援と要塞の駐留軍への物資供給が可能であるという点にあった。したがって、オスマン帝国に対する海上での勝利こそがロシアによる南方進出の命運を握っているという教訓をピョートル大帝は得たのであった。

アゾフ要塞はドン川下流域を管轄し、アゾフ海とそこから広がる黒海へのロシアの出入りを封じていたため、重要な軍事上の標的となった。もしロシアの船舶がドン川河口を通り抜けようとするならば、まずはこの要塞を奪取する必要があったのである。最初のアゾフ要塞攻撃に失敗した直後、ピョートルは次の遠征を成功させるため、ガレー船と砲艦を海軍へ配備する計画に着手した。ガレー船はオランダから運ばれた見本に基づいて、モスクワ近郊で組み立てられ、パーツごとにドン川上流のヴォロネジに陸路で運ばれた。一六九六年には約二ダースの軍艦と小型船による小艦隊が整備され、五月はじめにヴォロネジを出発し、オスマン帝国の駐留軍との再戦に向けてコサックの小型船隊とともにドン川を下った。ピョートルはスイス人フランソワ・ルフォールを元帥として全艦隊を任せ、自身はその下でガレー船団の指揮にあたった。[6]

ロシア軍の到着より前に、すでにコサックの小型船隊が駐留軍に補給しようとするオスマン帝国の船舶の妨害を開始していた。六月末には全ロシア艦隊がアゾフに到着し、オスマン帝国の艦隊は大挙して押し寄せるロシア軍とコサック部隊による断続的な海上攻撃を前に、ドン川河口から要塞への進軍を断念せざるをえなかった。陸上部隊による包囲の結果、およそ一ヵ月後に要塞は陥落した。アゾフ要塞は一六三七年にもコサックたちによって攻略されたのだが、その当時のツァーリであったミハイル・ロマノフはオスマン帝国との対立の火種になることを恐れて、コサックたちから要塞を受け取ることを拒んでいた。この時点ではオスマン帝国との戦争が起こるとロシア側が敗北することが確実だったのである。しかし、今回の征服はまったく違う様相を呈した。かつてアゾフ要塞の受け取りを拒んだミハイルの孫ピョートルは自ら先導して要塞を攻略したのであり、しかもそれには彼が新たに創設した海軍が大きな役割を果たしたのであった。

アゾフ遠征の成功によって、ロシアの造船業はさらに活気づいた。一六九八年の停戦合意後にはついにロシアの船が河川を出てアゾフ海上で活動することが可能となったのである。ヴォロネジの造船所やドン川河口周辺では急ピッチで軍艦の建造が進められ、ピョートル大帝の遠征で用いられた旧型のガレー船は五八門の火砲を備えた大型帆船へと置き換えられた。一六九九年には軍艦一〇隻とガレー船二隻からなる艦隊が配備され、一七〇二年までに一五隻の砲艦が追加された。最終的に、一六九五年から一七一一年の間にドン川とその支流には合計五八隻の軍艦が置かれることとなった。[7]
また、ヴォルガ川とドン川の間に運河を建設し、黒海とカスピ海をつなげるという野心的な計画――

この運河はかつてオスマン帝国も検討していた――もイギリス人技師の指導のもとで始められた。8 ピョートルが一六九〇年代末に西欧で造船業の中心地を視察したことはよく知られているが、このとき培われた技術が発揮される時がきたのである。

もっとも、一八世紀に入って最初の二〇年間、ピョートルの関心は別の方面へと向けられることが多かった。長期にわたるスウェーデンとの戦争の舞台は新都サンクトペテルブルクに危険なほど近かったため、かなりの財源をバルト海の海軍増強のために割り当てる必要があったからである。この結果、バルト海艦隊はロシア海軍の中心的存在となるが、その一方で南方艦隊の建設計画は頓挫することとなった。船舶は錨を下ろしたまま朽ちていき、財政上問題をはらんでいた運河計画も中止された。ロシアの船舶は浅いアゾフ海を越えることすらできなかった。なぜなら、オスマン帝国がケルチ海峡の要塞で黒海を守っていたからである。

アゾフ占領はめざましい勝利ではあったが、その他の地域ではピョートルの戦いは大失敗に終わった。たとえば、一七一〇年には規定上オスマン帝国の臣下であったモルドヴァ公ディミトリエ・カンテミールと同盟を結び、スルタンへ新たな戦争をしかけた。もし勝利すればモルドヴァ公国の事実上の独立を意味し、同盟者たるロシアはドナウ川への自由な通行権を得るはずであったが、戦いはロシア・モルドヴァ連合軍がオスマン軍により瞬く間に全滅させせられるという形で呆気なく終了した。一七一一年に締結されたプルート和平条約はロシア・モルドヴァ両者にとって大きな損失をもたらした。モルドヴァ公は歴史上維持してきた自治権を失い、イスタンブルから直接派遣される行政官を受け入れることとなった（ファナリオット制と呼ばれる同様の制度はワラキアでも一七一六年に導入された）。

ロシアはこの敗北により黒海沿岸の領地をすべて失っただけでなく、アゾフ艦隊をも破棄しなければならなかった。艦隊のうち一部の船舶はオスマン帝国へ譲渡され、残りは破壊された。アゾフ要塞もふたたびスルタンの手に戻り、ロシア海軍の南方での存在感は事実上一五年前に戻ってしまった。

ただし、ピョートルが初期にドン川やアゾフ海で行った試みはまったく無駄であったわけではない。アゾフ海艦隊は、陸海軍の力を正しく組み合わせて黒海北岸の重要な要塞を狙えばオスマン帝国をも打ち破ることができることをはっきり示した。実際に一七一〇―一一年の戦いにおける大敗北の原因は、一つにはピョートルとカンテミールがアゾフ攻略の際のように陸海から軍を同調させて重要地点を攻撃するのではなく、オスマン軍と開けた平野で相見《あいまみ》えようとしたことであろう。オスマン軍の海上での脆弱性は一七世紀のコサックによる攻撃によって証明されていたのであり、アゾフ海艦隊の設立後は、コサックの略奪者たちがかつて偶然成し遂げてきたことをロシア国家が戦略的に達成することが可能であることは明らかであった。また、懐疑的なロシア人貴族や行政官たちも、西欧式の海軍技術やさらには西欧人の船長や船員たちがロシアの軍事力の近代化に必要不可欠であると理解せざるを得なかった。

ピョートルの後継者たちの時代には、しばらくの間、要塞や領土をめぐって一進一退の戦いが繰り広げられた。一七三六年にはロシアは再度オスマン帝国とクリミア・タタールに戦争を仕掛け、アゾフ要塞とドニエプル川河口のオチャコフをともに確保することに成功した。しかし、この戦争の講話条約においてロシアは占領した領土の放棄を求められ、アゾフ要塞は維持したものの、武装を解除して黒海上には艦隊を配備しないことに同意させられた。

ピョートルの南方進出事業が完遂されるまでには、エカチェリーナ大帝の治世を待たねばならなかった。エカチェリーナの政策は、帝国による征服という明快なイデオロギーからロシアの行動を導き出すという点で、彼女の前任者たちの誰よりも大きく異なっていた。一七世紀末から一八世紀初頭にかけて、「荒野」における安全保障上の問題は、なくなったとまではいかずとも、かなり小さくなっていた。ウクライナのドニエプル左岸は今やまさに帝国に成長したロシアに併合され、ピョートルの後継者たちはいまだ小規模ながらクリミア北方のステップ地帯をほぼドニエストル川まで手に入れた。タタールによる襲撃は鳴りをひそめ、気まぐれなコサックたちも国境における協力者としてしばしばその実力を発揮した。しかし、エカチェリーナと、機知と精気に富むグリゴリー・ポチョムキン公をはじめとする彼女の相談相手たちは、ロシアの近代化はステップを飼い慣らすことではなく、オスマン帝国の脅威を完全に排除し、コンスタンティノープルの支配権をキリスト教徒の手に取り戻すことでこそ完成すると考えていた。

黒海上の支配権獲得こそ、この計画のための第一歩であった。一七六八年、エカチェリーナは治世最初の対オスマン戦争を開始した。ロシア陸軍は黒海北西岸へ進軍し、ワラキアとモルドヴァを占領した。同時に分隊がクリミア半島へ南下し、直ちにクリミア・ハンの軍を打ち破った。さらにエカチェリーナの指揮下でもっとも目覚ましい働きをしたのが、ピョートル大帝時代以降ロシア海軍の誇りであったバルト海艦隊であり、艦隊はヨーロッパを迂回して一七七〇年夏にエーゲ海でオスマン海軍を急襲し、船団の多くを沈めたのである。

戦いは一七七四年にキュチュク・カイナルジャ条約の締結をもって終結した。この条約によってロシアが獲得した黒海沿岸の主要な要塞は、アゾフ海沿岸のアゾフとタガンローク（すなわちアゾフ海の実効支配を獲得）、ケルチ海峡に面したケルチとイェニカレ（黒海への安定したルートを確保）、そしてドニエプル川河口に位置するキンブルン（ドニエプル川河口から黒海へ至るルートを防衛）であった。平時には、ロシアの船舶は黒海北岸の主要な水路であるドン・ドニエプル両河川を下り、黒海へと入ることができた。ロシア商船には「自由かつ無制限」に黒海を航行し、両海峡を通過して地中海へと進む権利が認められた。今やロシアが黒海北岸全体に安定した足場を築いた一方で、スルタンの権威はわずかな要塞の指揮権と、ムスリムであるタタールに対して宗教的指導者として影響力を及ぼすのみにまで縮小した。

「北のクレオパトラ」、南方を巡幸す

エカチェリーナは自身にとって最初の対オスマン戦争に勝利し、キュチュク・カイナルジャ条約において外交上の成功を収めた。これよりのち、ロシアは新たに獲得した領土の統治に全力を傾けた。まず、以前は同盟者とされていた南方のザポロージャ・コサックが、ロシア皇帝に服従することになった。ドニエプル川の中州に存在したコサックの本拠地は一七七五年に破壊され、同河川全域における航行がロシアの管理下に置かれた。長らくオスマン帝国の属国であったクリミアはキュチュク・カイナルジャ条約によって独立国とされたが、これは主としてロシアの影響が及んでいることを隠すための名目上の措置であった。一七八三年にエカチェリーナは「ハンとその臣民はロシア皇帝の臣下と

なった」という簡潔な宣言をもってクリミア・ハン国を正式に併合した。この併合はタタールには自らを統治する能力がないという建前で行われたが、そもそもハンたちは独立ですら自ら求めたことはなく、約十年前に強制的に独立させられただけであった。結果的にロシアは領土をさらに黒海沿岸部にまで広げ、北岸に残っていたオスマン帝国の影響力を弱めることに成功した。さらに数年後には、かつての境界地域が、拡大を続けるヨーロッパの帝国の完全な一部となったことが明らかになるのである。

新たに獲得した領土を検分するために、エカチェリーナは一七八七年前半にサンクトペテルブルクからクリミアまで旅した。彼女の巡察旅行は啓蒙専制君主時代において、もっとも君主の権威を示したものであったといえよう。フランスからロシア宮廷へ派遣された大使であったセギュール伯ルイ・フィリップも彼女の旅行に同行した。彼の回顧録に収録された旅行に関する記述はよく知られている。[9]セギュール伯は当時の名士たちをよく知っていた。アメリカ独立戦争で大陸軍に参加した際にはワシントンやコシューシコ、甥にあたるラファイエットらと交流した。また、フリードリヒ大王やヨーゼフ二世とも文通し、ルイ一五世とルイ一六世の宮廷に出仕した。それにもかかわらず、「北のクレオパトラ」――彼はエカチェリーナのことをこう呼んだ――と過ごした日々は、どのような体験とも異なるものであった。セギュール伯は次のように記している。「何一つ普通の旅と同じところはなく、まさしく宮廷全体が移動しているようであった。一人で旅をすると、人びとや国、習慣、制度の実際の姿を見ることができる。一方、君主とともに旅すれば、すべてが君主に見せるために準備され、覆い隠され、飾り立てられた状態で目にすることになる。このような状況での人びとの言動は、政治家のマニフェストと何ら変わるところはない」[10]。

いわば動く宮廷の一団は、エカチェリーナとその客人、およびその荷物を一四台の馬車と約二〇〇台のそりに乗せ、一七八七年一月にサンクトペテルブルクを出発した。途上の各逗留地には数百頭の新しい馬が用意され、次の区間を走るために待機していた。酷寒をしのぐために、熊皮の毛布と毛皮の外套にくるまり、丸い黒テンの帽子をかぶって凍りついた道を駆けて行ったのである。エカチェリーナは朝六時に起床した後、大臣たちと会談し、朝食をとってから九時にその日一日の旅を始めることにしていた。こうして出発までに時間をかける間に、臣民たちは皇帝の一行を一目見ようと町の城門に集まってくるのであった。

セギュール伯が看破したように、一連の見世物の目的は、野蛮なタタール人に対する勝利を祝福することだけでなく、エカチェリーナの新たな臣民や外国からの賓客たちに、ロシア、あるいは少なくともロシアの皇帝はもはや世界における蛮族などではないと理解させることにあった。「当時の多くの人びとは、とりわけフランスいわんやパリにおいて、ロシアはアジアの貧しく、無知蒙昧で野蛮な国であるとみなしており、新しいヨーロッパ的なロシアとアジア的で未開なモスクワ公国が混同されていることを彼女はよく知っていた」と伯爵は記す。エカチェリーナは自らの帝国を「小さな家族」と呼んだ。彼女の壮麗な巡察旅行はこの「小さな家族」が発展の最中にあり、黒海の一部地域には今や彼女によって啓蒙の光があてられているということを示すように計算されていたのである[11]。

エカチェリーナはドニエプル川をキエフまで下り、そこからクリミアへ向かった。最側近であり愛人であったポチョムキン公は、逗留地ごとに急拵えで壮大な宮殿を建設し、彼女が旅行に参加した賓客たちをもてなすことができるようにした。その中にはポーランド王やオーストリアのヨーゼフ二世も含まれていた。樹木はより見栄えのする場所へ移植され、村々は飾り立てられ、農民たちは君主を一目見ることができて歓喜に打ち震える様を示すよう求められた。ドニエプル川を下る艦隊は七隻の大型ガレー船を擁し、船員と漕手、衛兵が約三〇〇〇名働き、甲板の上では楽団が特別な音楽を奏でていた[12]。

セギュール伯はさらに、「それはまるで魔法の劇場のようだった。そこでは古代と現代が混ざり合って一つになり、文明が野蛮と手を取り合っていた。巡察旅行に参加した人びとの物腰や容姿、衣装の中に見出される多様性こそが、その対照性を一層引き立てていたのである」と記した[13]。正装した貴族や商人、軍人が臨席し、コサックの槍騎兵やタタール貴族が新しい君主の前に頭を垂れた。グルジアの君侯がキリスト教徒の皇帝に貢物を贈り、ステップの遊牧民たちも使者を派遣していた。さらに、行列や観兵式と宮廷風の出し物に加えて、ポチョムキンが用意した大掛かりな余興は深い感銘を与えるものであった。あるときはドニエプル川のほとりの丘に造成した長い溝に可燃性の物質を敷き詰めておき、夜になると丘の頂上から大量の花火を打ち上げて溝の中を炎がふもとまで走るというしかけをこしらえた。この人工の火山は集まった賓客たちを大いに興奮させた[14]。

南方への巡察旅行の最終目的地はクリミアであった。エカチェリーナはバフチサライにあるかつてのクリミア・ハンの宮殿を訪れ、その修復を命じた（征服地でもっぱら起こりがちだった破壊ではなく、宮殿の保存を彼女が決めたため、観光用施設として今日まで残されたのである）。地元のタタール人住民や店主たちは行列のあまりの華麗さに驚嘆の声をあげ、そのために宮殿周囲の細い道を通る際には一行の威厳は一部損なわれたほどであった。続いてセヴァストーポリに新設された海軍基地の視察が行われ、港に集まった小規模なロシア艦隊は女王と賓客を敬礼で迎えたが、その様子を沖に停泊したオスマン艦隊が注意深く観察していた。夏も盛りに入るとエカチェリーナは旅暮らしに疲弊し、サンクトペテルブルクへの帰還命令を出した。そして七月に首都で彼女を待ち受けていたのは、盛大な歓待であった。

セギュール伯はフランスに帰国後、フランス革命の大混乱に巻き込まれてしまう。暴力の横行するパリ市内の様子は、女帝の南方巡察旅行の壮麗さとまったく対照的であったと彼は述懐している。ロシアは今や後進国から文明国への転換のさなかにあったが、同じ頃、啓蒙思想と文化の中心はまったく逆の方向へと転換しつつあるように見えたのであった。

> 魔法の世界を抜け出した後、私は一度も栄光に満ちた幻想的な旅路に匹敵する新たな驚きに出会うことはなかった。突然現れる艦隊、アジア各地から集結したコサックやタタールの部隊、明るく照らされた街路、火を吹く山、魅惑あふれる宮殿、夜の幻想的な庭園、荒々しい洞窟、ディアナの神殿、愉快なハレム、放浪する部族民、砂漠を越えてきたラクダたちは一こぶも二こぶもいた。そしてワラキアのホスポダール（君公）、コーカサスや迫害に苦しんで亡命したグルジアの君侯たちが「北の女王」に敬意を表し、彼女のために祈りを捧げるのである。[15]

活気に満ち、ロマンスにあふれた黒海での日々は、歴史の重々しい足音に掻き消されていくのであった。

セギュール伯は、黒海北岸で大きな変化が起こりつつあることを正しく見抜いていた。もっとも、新たに征服されたステップ地帯における社会的生活の重要な変化を証明するでき事が、実はエカチェリーナの巡察旅行よりも一〇年以上前にすでに起きていたのである。ステップにおける大規模な遊牧生活は、古代のスキタイ人の時代からほとんど生活様式を変えることなく続いていたが、この時代に定住農耕と国家主導の入植政策に道を譲ることとなった。この変化をよく示しているのが、カルムイク人の集団移住であるが、これは一七八七年の女帝の巡察旅行に劣らない大規模な人の移動であり、はるかに悲劇的なでき事であった。

カルムイク人の逃避行

女帝との旅行中のとある夜、セギュール伯とオーストリア皇帝ヨーゼフ二世は月明かりの下でステップを散策した。ラクダや羊飼いたちがぶらりと横切っていく風景を眺めながら、伯爵は皇帝に「まるでアラビアン・ナイトの一ページに紛れ込んでしまったようですね。今はカリフたるハールーン・アッラシードのお供をしている気分でございます」と述べたのであった。

そのとき、とある奇妙な光景が彼らを幻想の世界から呼び戻した。ヨーゼフ二世は目をこすり、薄明かりの中で前方を凝視した。「まさに、夢見心地な気分であるし、お前のいうアラビアン・ナイトの魔法にかかってしまったのかもしれない。こちら側を見てみよ」。セギュール伯が皇帝の示した方向を向くと、草原をゆっくりとすべるように移動する大きな天幕の姿が目に入った。そして、それは明らかに自ら動いているように見えたのである。二人がよく見ようと前に進むと、三〇人ばかりの男たちが天幕から顔を出した。彼らが、天幕を新しい場所に移すために中で柱を持って動かしていたのであった。ヨーゼフの一行は皆大いに笑い合ったのだった。

この人びとはセギュール伯によれば「野蛮なカルムーク人」であり、「彼らはかつてかの有名な恐怖の大王アッティラの剣のもとでヨーロッパを震撼させた醜悪なフン族にまったくそっくりなのだ」[16]。実はセギュール伯は知る由もなかったが、彼らはまさにフン族のように黒海北東部からカスピ海に至る地域を支配した人びとの最後の生き残りであった。そして、この民族の大部分が、ユーラシア・ステップを横断する遊牧民として最後の劇的な逃避行を繰り広げてから、セギュール伯がロシア南部で生き残りを目撃するまでは二〇年も経っていなかったのであった。

カルムイク（カルムーク）人はチベット仏教を信仰するモンゴル系遊牧民で、一六〇〇年代半ばに中国西方から移住した[17]。多数の馬・羊・牛を擁する彼らの伝統的な遊牧地は周辺のムスリム住民からの脅威に晒されたため、ヴォルガ川とドン川に挟まれた地域およびドン川右岸へと一群となって移動したのであった。これはまさに、スキタイ人から中世のモンゴル人まで、かつてこの地に移住してきた多くの人びとと同じ動きであった。新たな牧草地を求めるカルムイク人の集団は二五万人以上にのぼったという。

一七世紀、カルムイク人たちの道中を遮るものはほとんど存在しなかった。当時黒海周辺のステップの大部分、とりわけ東部には強大な権力は存在せず、ロシアの力は地元のテュルク系支配者やコサックたちと同盟を結ぶ程度にとどまっていた。こうした状況の中、カルムイク人の進出は地域情勢に大きな影響を与えた。ロシアと同盟を結んでいた在地の遊牧民をカルムイク人が押し出した結果、クリミアに至るまで南部国境地帯は様々な略奪者集団が横行することになった。さらに一六三六年から三七年にかけての冬、カルムイク人の襲撃が近いという噂を聞いた別のテュルク系牧畜民のノガイ人がドン川を越えてクリミアへと逃亡した。実際のところ、ノガイ人が西へ移動したことによって、一六三七年にコサックがアゾフ要塞へと進軍するルートが確保されたとみなすことができる。

過去の例にならい、ツァーリは新たな南方の隣人とも和平を結んだ。一六五四年にウクライナ東部を併合した後、ロシアはクリミア・タタールや西のポーランド、さらにはオスマン帝国の脅威に対抗するために強力な同盟者を必要としていた。カルムイク人はロシアのツァーリへの協力を誓約する代わりに、貴族たちは報酬を受け取り、さらに在地の略奪集団からの保護を受けるという合意文が作成された。ロシアの最終目標は、カルムイク人を皇帝の臣下とし、多数の部族長の中から特定の一人に特権を与えて実質上の中心的権力者を作り出すことにあった。このような権力者は伝統的に拡散して居住する遊牧社会には存在しなかったのである。しかし、事はそれほど容易には進まなかった。カルムイク人はしばしば、ロシアへの忠誠を誓いながら、クリミア・タタールと馬の取引をするなど、どちらにも味方をするそぶりを見せた。モスクワがこのことに抗議すると、カルムイクは、合意はあくまで対等な独立勢力の間で結ばれたものであり、宗主国と属国という関係ではないと反論したのであった。

一八世紀になって、両者の関係は大きく変わることになる。ロシア国家の力が強まり、かつてモスクワ公国を脅かしたステップの危険が弱まるにつれて、国境地帯を防衛する機動力に富む集団の必要性も低くなった。ピョートル大帝によるアゾフ要塞奪取や重火器を中心とした軍事力の発展によって、南方のオスマン帝国や小規模の略奪者たちの脅威が弱まったからである。国境地帯に平和が訪れ、政府が奨励するドン・ヴォルガ地方への入植にも拍車がかかった。スラヴ系正教徒の商人や経営者が新しい商売のチャンスを見逃すまいと両河川沿いに集まってきた。ロシア人労働者はブドウ園や絹織物工場、岩塩鉱山といった国営事業に惹きつけられて一家で移住し[18]、農民たちはカルムイク人の家畜が放牧されていたステップの牧草地を干し草畑に変えていった。

アメリカの西部開拓と同様、入植者と遊牧民は緊張関係にあった。カルムイクは依然として近隣の住民からの略奪を続けており、普通の泥棒程度しか経験したことのない新たなロシア人入植者もその標的となった。一方、ロシアから送られる報酬に頼りがちな一部のカルムイク人たちは、遊牧生活を放棄し、発展する国境地帯の街に定住して漁師として生計を立てながら新たな社会の最下層に加わるようになった。しかし、それでもなお、「彼らの奔放で移り気な習慣」のために定住農耕民と対立していたと後の旅行家が記している[19]。また他の作家も、騎乗の者が「街の通りを全速力で駆け抜けたり、公共の場をぶらぶらして」おり、「彼らもまたすべての遊牧民と同様に奔放で気ままな暮らしに慣れきっているので、極度の貧窮にでもならない限り、土地を耕したり家を定めたりはしない」と述べた[20]。

ロシアとカルムイク人の結びつきは、かつては双方にとって利益のあるものだった。ロシア側はある程度の軍事的保護と指導者たちへの金銭的援助を提供し、その代わりにカルムイク人から南部防衛のための機動性の高い軍事力の提供と、ロシア騎兵隊のための馬の供給を受けた。しかし、一八世紀末にはすべての状況が一変した。牧草地は瞬く間に耕されていき、悪意に満ちた入植者が遊牧民の伝統を嘲笑した。ロシア政府の代理人が内輪揉めを煽った結果、カルムイク人の人口は激減し、共同体内部の体制も崩壊してしまった。国の支援を受けた正教会と、南ロシアに入植したプロテスタントのドイツ人双方から宣教師たちが派遣され、改宗を働きかけた。後代の宣教師によれば、彼らはまるで「カルムイク人をロシア人あるいはドイツ人にしよう」としていた[21]。牧草地の喪失は家畜の規模の減少につながり、したがって遊牧にとどまった人びとは一層貧しくなっていったのであった。

このような「文明の果実」にカルムイク人は不満を高めていき、中国西部への帰還の念を募らせる者たちも出てきた。彼らにとって、そのはるか遠くの大地には無限に広がる草原の中を透き通った川が流れ、定住民もいない理想郷であった。もっとも、この話が持ち上がったとしても、ロシアからの報酬や甘言、さらには東方の敵対する遊牧民の脅威といった理由からなかなか実行には移されなかった。しかし、一七七〇年末に、カルムイク人指導者ウバシ・ハンが人びとを集めて、すべてのカルムイクの民は天幕を携え、家畜とともに東方の父祖の地へ帰ろうと思い切った訴えを行ったのであった。

その次に起こったのは、まさに叙事詩スケールの脱出劇であった。一七七一年一月、エカチェリーナのクリミアへの巡察旅行のちょうど一六年前、数万の天幕で暮らしていた三〇万もの人びとが、一〇〇〇万頭の羊、牛、馬、らくだをつれて中国に至る三〇〇〇キロメートルの旅を始めたのである[22]。この光景は息をのむものであったにちがいない。高位のラマやその他の宗教指導者が移動する隊列の先頭に立ち、ハンやその従者たちが続いた。女性も男性もそろって最上の晴れ着をまとい、馬を赤いリボンや輝く銀の鈴で飾り立てて自らの富を見せつけようとしていた。鮮やかな絨毯を背に掛け、足下の草を羽毛のように舞わせながら大股で駆けるらくだの群れは、折り畳んだ天幕や日用品の束を運んでいった。そして、ぐらぐら揺れるこの荷物の塊の天辺には子どもたちがしがみついていた。より貧しい家族は、木の荷車か雄牛に荷物を載せて運んだ。殿《しんがり》をつとめるのは、素早い動きの従者たちに追い立てられる巨大な騒々しい家畜の群れであった。一団の端で、猟犬を連れて狩りに行ったり、あるいはわざと遅れたりしていた若い男たちが、中心集団に追いつくべく全速力で馬を駆っていた。この集団全体は全方向に何キロメートルも広がっており、長く細く伸びたらくだの列でのみつながっていたという。[23]イギリスの作家トマス・ド・クインシーは、彼らの逃避行の話に魅了されて、この旅を小説化した。彼はこのでき事を壮大であると同時に原始的であるとみなしていた。「大集団の意志を同じ一つの目的に結束させ、あのような遠隔地をやみくもに、しかも過《あやま》たず目指すあたりには、なにやら燕やレミングあるいは地上の生命をことごとく枯渇させながら行く蝗《いなご》の大移動を推進する、あのとてつもない本能を思わせるものがある」（ド・クインシーの偏見は、ギリシア人がスキタイ人に対して、あるいはロシア人が近隣の遊牧民に対して抱いていたものとさほど変わりはない[24]）。

一月の半ばには、この大移動の知らせがサンクトペテルブルクに届いた。自らの臣民を他国に取られることを恐れたエカチェリーナは、現地の役人たちにこの動きを止めるよう命じ、この任務のために竜騎兵やコサックの派遣部隊が編成された。しかし、初春になって彼らが追跡に乗り出した頃には、カルムイク人はすでに追いつけないほど遠くまで進んでいたのだった。しかも、補給の貧弱なロシアの兵士たちは、常に移動可能な食糧（すなわち家畜）を携える民族に太刀打ちできなかったのである。カルムイク人にとってロシア人など恐れるに足りなかった。移動中のカルムイク人を頻繁に攻撃してきたのは、敵対する遊牧民、とりわけカザフ人の襲撃部隊だった。彼らは、かつてカルムイク人たちに自らの家畜の群れや天幕を奪われたことへの報復に躍起になっていたのである（カルムイク人一行の中には、ほんの一年前に捕らえられた一〇〇〇人ものカザフ人捕虜がいたという）。[25]

中国国境付近で起こった最後の戦闘において、ウバシ・ハンはカザフ軍に夜襲をかけてカルムイクを勝利へと導き、中国への門戸を開き、かつての牧草地へ帰還を果たした。エカチェリーナは中国政府に対して自らの臣民たるカルムイク人を引き渡すよう強く要請したが、清の皇帝は彼らが自らの意志で彼の統治下に入ったと主張してこれを拒否した。[26]皇帝は、すぐさまカルムイク人を国境警備隊に編入した。かくして他の遊牧民たちとともに、かつてツァーリに仕えていたときと同じ役割を中国で果たすようになったのである。もっとも、清の皇帝の領土に進軍したカルムイク人の数は大幅に減っていた。最初に出発したときの人数の三分の二は八ヵ月にわたる旅の途上で命を落としたのである。[27]生き残った者たちもまた、ある同時代の記録によれば、「不幸のどん底に陥っていた」[28]。

とはいえ、すべてのカルムイク人が逃亡したわけでもなかった。一七九〇年、ロシアで活躍した博物学者ペーター・ジーモン・パラス（ピョートル・シモン・パラス）は、ヴォルガ川の西岸、現在のロシア連邦カルムイク共和国にあたる地域には、八二二九張の天幕があり、おそらく五万人もの人間がいると報告している。[29]少数だが、ドニエストル川流域など西部に住む者たちも存在した。彼らは本当にカルムイク人であったか、あるいはおそらくノガイ人を誤ってそう呼んだのかもしれないが、セギュール伯とヨーゼフ二世が出会ったのはこの「カルムイク人」たちであった。のちの旅行家たちが目撃したのは、絵に描いたような流浪の生活を送る典型的な遊牧民として、手つかずの自然の中で暮らすこの数少ないステップに残った遊牧民たちが、善くも悪くも急速に飼いならされていく様子であった。セギュール伯に至っては、「もっともオリジナルな中国人少年のフィギュア」であるナグンという名のカルムイク人の少年をポチョムキン公爵から一風変わった土産として贈られている。彼は、この少年に文字の読み方を教え、しばらく自身の護衛に置いたが、フランスに戻る際に必要のないペットのように彼を追い払った。[30] ナグンは、セギュール伯が考えていたよりもはるかに稀少な存在だった。このフランス人伯爵がエカチェリーナの領土の一部である黒海のステップにやってきた頃には、長きにわたるステップの諸民族の時代はすでに過ぎ去っていたのだから。

ヘルソンの季節

ステップの諸民族の漸次的な定住化、新しい街の建設、黒海の覇者としてのロシアの出現といった新しい状況を受けて、ヨーロッパの商人たちは黒海北岸沿いの新しく獲得された港との交易を求めるようになった。ヨーロッパの船は、名目上はまだ黒海上の航行を禁止されていたが、便宜上ロシアの旗をはためかせていればオスマン側からの非難をかわすことができた。この方法は、商人だけでなくロシアの国益にも適っていた。というのも、ロシアの旗を掲げる船員と船は戦時になれば強制的に軍役に徴用することが可能であり、人員の面でも補給の面でもまだまだ不十分であった海軍は大いに助けられたからである。[31] 一八世紀後半以降、黒海はゆっくりと汎ヨーロッパ商業圏へとふたたび組み込まれていき、またその中で扱われた商品の一部はまさにグローバルな規模で展開した。これは、一五世紀にイタリアの交易植民都市が終焉を迎えて以来のでき事であった。

ポチョムキンの指揮のもと、ロシアはドニエプル川河口付近にあるヘルソン港の整備を始めた。この新しい都市は、のちにロシアの海軍本部の拠点になると同時に経済の中心となった。この地に建設された倉庫群は、新たに征服されたステップが、いまや耕されて小麦を播かれ豊かな農地となったことをヨーロッパの事業家たちに知らしめたのであった。一七八〇年には最初のロシア船が塩漬けの牛肉を積んでヘルソンからトゥーロン［フランス南東部に位置する地中海に面した港湾都市］へと航行し、交易の可能性への関心をそそった[32]。しかし、当初は、交易は危険なビジネスであった。ロシア帝国とオスマン帝国の間の政治的緊張がたえず続いていただけでなく、いまだに世界の最果てにもっとも近いところと思われていた場所で仕事をするには様々なリスクがつきまとったからである。クリミアの公式な併合とエカチェリーナのこれ見よがしな進出によって、スルタンとの二度目の戦争は不可避であると思われた。また、商業における実務上の観点からいっても、船と船員を集めて、もてなしの悪い海を通って商品を運んだ上、さらに海峡で気まぐれなオスマン人官僚たちと交渉するなどといった仕事は、ひどくやる気を削ぐものだった。

アントワーヌ＝イグナス・アントワーヌ・ド・サン＝ジョゼフは、こうしたリスクを熟知していた一人である。アントワーヌは、自らの名望と財産を懸けてロシアの港との恒常的なつながりを構築した初の事業家となった。彼の目標は、それらの港とフランス地中海の港をつなぎ、ツァーリとその他の世界を唯一仲介する商業システムを構築することにより、フランスの国益を増し、その地位を高めることにあった。

一七八〇年代初頭、アントワーヌはフランス政府とイスタンブルのロシア公使からの委任を受けてフランス＝ロシア間の交易の可能性の調査に乗り出すとともに、マルセイユを出航してロシアの商品を持ち帰るという航海の準備に取りかかった。彼は、この任務に適役であった。フランスは西欧におけるロシアの最大の同盟者であったし、アントワーヌの後援者はフランス王室からの覚えもよかった。アントワーヌ自身はマルセイユにおける最大の交易コンツェルンの一つであるセマンディー家に仕えた経験があり、また一時イスタンブルのフランス人コミュニティのリーダーを務めたこともあった[33]。このように、商売と海運の経験を十分に持ち、いくつかの重要な都市に密接なコネクションを有していたのである。

一七八一年四月、アントワーヌはマルセイユからヘルソンへの探検航海に着手し、その途中で黒海北岸にある他のいくつかの港を訪れ、多くの交易上の可能性を見出した。彼は、同様に商売の機会を求めるロシア人とともに、フランス政府からヘルソンで倉庫を買うための借款を受けた。政府はまた輸入に際する関税を軽減し、船や船員を与えるとともに、ルイ一六世に至ってはアントワーヌ商会に自らの王室許可証を授けたのであった。

一七八四年初頭までに、アントワーヌはマルセイユで三隻の船を集めた。エカチェリーナからのさらなる支援を見越して、彼はこの船に彼女の三人の廷臣（そしておそらくは愛人でもあった）にちなんだ名前をつけ、ロシアの旗を掲げながら追い風に乗ってヘルソンへと船出した。航海は順調に進み、夏には麻と小麦を積んでマルセイユへと帰還した。積荷の中には、将来取引しうる商品として、蠟、蜂蜜、豚毛、茶などのサンプルも含まれていた。

アントワーヌの事業は波に乗り、翌年には、二〇隻の船がヘルソンからマルセイユに到着し、ほぼ同数の船がフランスの製品を積んでヘルソンへと出航した。こうした新たな交易を促進した功績に対し、アントワーヌはフランスの世襲貴族の地位に取り立てられた。黒海との商取引を通じて、彼と彼の子どもたちは、いまやサン＝ジョゼフ男爵家として、雲の上の存在であったフランス社交界へのデビューを果たすに至ったのである。

しかし、すぐさま暗雲がたちこめはじめる。当時のヘルソンはいまだ貧しい土地であり、この地を華やかな商業港にしようとロシア政府は最大限努力していたにもかかわらず、どうしてもその地理的条件が不利に働いた。ヘルソンは、海岸から離れてドニエプル川を上ったところに位置し、多くの支流が入り組んで河口に注いでいる。七月、八月になると、耐え難いほどの蒸し暑さに加え、夏の洪水がよどんだ水たまりになって地上に残り、疫病を広げる原因になった。一七八七年には、アントワーヌの事業を手伝っていた彼の二人の兄弟が病気にかかって死んだ。アントワーヌはこう述懐している。「ヘルソンは、巨大な病院のようだ。そこには、死人か、死にかけの人間しかいない」[34]。

国際政治もまたアントワーヌにとって不利な方向に展開しはじめた。オスマン帝国は公式に黒海を外国の交易船に開放したが、ボスポラス・ダーダネルス両海峡を通過するには、海運業者はいまだスルタンの恩寵と慈悲を得なければならなかった。官僚の判断によって、船が最大積載量を超過しているとしてイスタンブルに拘束されることもしばしばあった。さらに、イギリスの存在も厄介であった。アントワーヌはイギリスの嫉妬（la jalousie anglaise）と呼んだが、この国は、ロシア帝国とオスマン帝国との争いをけしかけて、フランスの黒海進出を阻み、さらにイスタンブルとの間で特権的な通商協定を結ぼうとしていた。このことは、黒海を挟む二大帝国間の戦争の脅威が依然として存在していることを意味した。

一七八七年夏、とうとう衝突が起こった。クリミアの支配権をロシアから奪うべく、オスマン帝国はエカチェリーナ統治中二度目となる大きな戦争を開始した。アントワーヌは、そのただ中に巻き込まれることになる。宣戦布告が行われたとき、彼の船の一部は黒海を航行中であり、それらはロシアの旗を掲げていたために、すぐさまオスマン帝国の戦艦によって捕らえられてしまったのである。無事マルセイユまで帰り着けたのはほんの数隻に過ぎなかった。一七九二年に戦争が終わったとき、アントワーヌはなんとか一時的にヘルソンの商館を再建したが、事は彼が望んだようには進まなかった。疫病がヘルソンの港を席巻したことで、ヨーロッパの大国はそこに商館を建設することに尻込みし、黒海の交易の中心を他へ移すことが検討されたようである（実際、海軍本部は一七九四年にニコラエフへと移設されている）。最終的に、フランス革命の動乱に加え、いまやパリを支配するようになった暴徒に対するエカチェリーナの処置として一七九〇年代初頭にロシアの港からフランスの商品が締め出されたことで、アントワーヌは店じまいを余儀なくされた。マルセイユに戻って市長にまでなった彼は、余暇を自身のロシアでの冒険譚の執筆に費やした。

アントワーヌの『黒海の交易と航海についての歴史エッセイ』は、ヨーロッパの海運に開放された黒海やエカチェリーナ統治下のロシア進出の様子について直に見聞きした記録としてきわめて重要である。また、この著作は、黒海北岸へ航海する際の信頼できるガイドとして、また黒海を介してロシア帝国と商取引を行う際の入門書として、当時の旅行者や外交官に広く知られていた。特に、一九世紀初頭に黒海・地中海間の活発な交易が再開された際には重宝された。もっとも、アントワーヌの本が読まれるようになったのは、多彩な逸話や港の設備にまつわる描写よりも、テキストの付録にあった立派な地図のおかげだった。

自らの航海を計画するにあたって、アントワーヌは船長のために正確な地図を入手することができず、水深や投錨地がまだ十分に調査されていなかった一七七〇年時のフランスの地図に頼らざるをえなかった。[35] 彼は、フランス外務省の優れた地図製作者であったジャン・デニ・バルビエ・ド・ボカージュに独自の海図の作成を依頼した。バルビエは、ロシア海軍の最新の報告に基づいて三つのきわめて詳細な黒海地方の彫版を作り出した。一つは、ヨーロッパ・ロシアとポーランドの内陸部の交通を示したもので、西方の帝国の水路を描き出した美しい地図であり、今でもその詳細さには感嘆すべきものがある。もう一つは、黒海と北ヨーロッパの間の陸上交易路を示している。三つ目は、ドニエプル川の急流を描き出していた。千年かあるいはもっと長い期間にわたって、交易商たちはこれらの急流を避けて貨物を陸上運搬してきたが、ここにきてようやくそれがはっきり地図に描かれ、芸術的ともいえる形で示されるに至ったのである。

アントワーヌがバルビエに依頼した理由を推測するのは難しいことではない。この地図製作者は、すでに黒海を描いた経験があったのだ。彼は、一七六〇年代にとあるイエズス会士から南ロシア――このイエズス会士が言うところの「スキティア」からあらゆる古代ギリシアの主だった地への架空の旅路を示す一連の地図の作成を依頼されていた。[36] 実は、バルビエは、アナカルシスという名の蛮人が文明を求めて「客あしらいのよい海」の海岸から旅立つという、バルテルミー神父によるベストセラー小説のイラストレーターだったのである。バルビエの製図台の上でアナカルシスの古いスキティアと文字通りに重なりあっていた帝政ロシアという新しいスキティアには、絵画に描かれたような牧歌的な人びとなどはもはや存在しなかったが、それでもなお黒海やその周辺を探検しはじめた多くの起業家や旅行家、軍人たちにとってはいまだにたまらなく魅力的な地だったのだ。

ジョン・ポール・ジョーンズあるいはジョンス海軍少将

アントワーヌがヘルソンで商いを始めた頃、すでに黒海はロシアの旗を掲げた商業船に対しては開かれていたものの、軍用船の航行は認められていなかった。一七六八―七四年の戦争に勝利し、アントワーヌが送り込んだような商船団の活動が活発化したことで、運航する船舶の種類も大きく様変わりした。地中海や大西洋ではすでに半世紀以上前から帆船の時代が始まっており、複数の甲板と帆柱を持ち、横帆がはためく大型船、すなわち戦列艦はヨーロッパの船隊ではすでに主流となっていた。こうした船は東方ではいまだ珍しいものであったが、エカチェリーナ期におけるオスマン帝国との最初の戦争末期には、黒海はその歴史の大きな転換点を迎えようとしていた。

商船だけではなく、両帝国の軍艦も、ガレー船や小型の帆船ではなく、完全装備の大型帆船を採用するようになった。条約では、ロシア軍船はドニエプル川河口域の航行とセヴァストーポリ港湾内のみの停泊が認められていたが、エカチェリーナ期における二度目の露土戦争が起こる頃には、大きな変化が明らかになっていた。黒海におけるこの新たな船舶の時代について、もっとも詳細な記述を残した人物は、ジョーンズという名字を持つロシア海軍少将であった。彼はアントワーヌの同時代人であり、おそらく両者には面識もあったことだろう。

彼は、ロシア風にいえばパーヴェル・イヴァノヴィッチ・ジョンス（ジョネス）であるが、実はジョン・ポール・ジョーンズ（一七四七―九二年）その人である。高名な「ボノム・リシャール（善良なるリチャード）」号の艦長として活躍した、アメリカ独立戦争の英雄であり、アメリカ合衆国海軍の創設者としてよく知られている。綺麗な装飾を施された彼の墓はアメリカ海軍アカデミー礼拝堂構内に位置し、歴代の海軍兵学校生徒が詣でる場所である。一七八八年、ジョーンズはロシアに向けて出発した。クリミアから兵を引き、以前の独立の地位を回復させるよう要求するオスマン帝国に対して、エカチェリーナは開戦を決意し、彼を招聘したのである。ジョーンズは、ヘルソンとセヴァストーポリで冬を越しているロシアの新黒海艦隊の全軍指揮権を委ねるという誘いに乗ったのであった。ロシア海軍はピョートル期のアゾフ海艦隊を率いたスイス人のルフォール以来、海軍に御雇外国人を招く伝統が続いていた。また、独立したばかりのアメリカ合衆国は自前の海軍をいまだ整備していなかった。そこで、たとえ外国の海軍であろうと、全軍指揮権を握るチャンスをジョーンズがみすみす逃すことはなかった。

一七八八年春、ヘルソンに到着したジョーンズは、艦隊の惨状を目の当たりにした。セヴァストーポリに主艦隊を置いていたロシアの南部海軍は、前年秋の暴風により大きな被害を受けており、ヘルソンには小艦隊が停留するのみだったのである。ジョーンズはこのヘルソン艦隊の指揮を委ねられたが、それは旗艦ウラジーミル他、わずか一〇数艘からなり、帆船のレベルも様々であった。そのほかの使用可能な軍船は、主にコサックの軽ボートと大砲を取り付けたガレー船であり、それもかつてエカチェリーナがドニエプル川を巡察して下った際に利用された儀礼船を単に改装した船などであった。こうした寄せ集めの船舶は、イギリス人の海軍技術者サミュエル・ベンサム（哲学者ジェレミー・ベンサムの兄弟）によって改修され、別の御雇外国人カール・ナッサウ＝ジーゲン［出身のフランス風にはシャルル、庶流だがドイツ風にはカール、ロシアではカルル］公の指揮下に置かれた。そもそもジョーンズは黒海艦隊全軍の指揮を委ねられるものと信じてロシアに赴いたが、実際にはヘルソンの小艦隊のみを与えられたのであった。しかも、ナッサウはロシア陸海全軍の総司令官であるポチョムキンから直接指令を受け取っており、さらにセヴァストーポリの主艦隊はロシア人の海軍少将ヴォイノヴィッチが指揮を執ることになったのであった。

指揮権系統と艦隊配置が複雑に入り組んだことで、ロシア軍は重大な問題を抱え込んだ。なぜなら、ジョーンズはすぐに気がついたのだが、リマン（liman）と呼ばれたドニエプル川河口域こそが戦闘の帰趨を決める上でおそらく鍵になる重要な地域であったからである。二つの艦隊は、河口と外海を隔てる地峡によって合流を阻まれていた。さらにこの狭い地峡をはさんでキンブルンとオチャコフの二つの要塞が向かい合っていた。南方に位置したキンブルンはキュチュク・カイナルジャ条約によりロシアの支配下に入っていたが、北方のオチャコフはいまだオスマン側の手にあった。河口では、二つの城塞の間はわずか三キロメートルに過ぎなかった。したがって、両国の海軍が取り得る戦術もまたこの地理条件に左右されたのである。ロシア側はオチャコフを押さえつけるか完全に制圧して、地峡の外に出ようとした。他方、オスマン側はロシア軍の動きを阻みつつ、北部の駐屯軍への供給線を保たなければならなかった。開戦時には明らかにオスマン側が優位に立っていた。海軍はグルジア系の優秀な司令官ガーズィー・ハサン・パシャの指揮のもと統一されていた。たしかにオスマン軍船のほとんどは帆船ではなくガレー船であったものの、ロシア軍がたとえ集結したとしても、オスマンはおそらく船舶でも大砲の数でもそれを上回っていたのである[37]。

五月末にオスマン艦隊が現れると、両軍の間で戦端が開かれた。ジョーンズとナッサウは半島の北岸に軍艦を移動させた。その目的は、ポチョムキンに仕えるもっとも有能な将軍であるアレクサンドレ・スヴォーロフ公率いる陸上部隊のゆっくりとした進軍と歩調を合わせることであった。幾度かの小競り合いの後、六月末に激しい戦闘が発生した。オスマンのガレー船団は、ロシア艦隊に向けて進軍したが、やがて攻撃は止んだ。河口域の浅瀬に座礁して身動きがとれなくなったのである。ロシア軍はといえば、順風を待ち続けていたため、ただちにこの偶発的なでき事につけ込むことに失敗した。ようやく翌朝にロシア軍船が進み出した頃には、オスマン軍旗艦は戦列を離れ、ガレー船も方向転換しつつあった。

こうした状況の中、ナッサウの艦隊、特に死を恐れないコサックの小砲艦は、オスマン軍にもおなじみであったが、敵のガレー船に対して多大な戦果を上げた。オスマン艦隊は混乱し、また火を放たれて特に大型船は浅瀬にふたたび座礁した。六月一七日から一八日にかけての夜、オスマン軍は河口域からの離脱を試みたが、キンブルンのロシア砲兵部隊による砲撃により、ガレー船は北岸に閉じ込められてますます浅瀬に乗り上げていった。夜明けの薄光の中、ナッサウの艦隊はオスマン軍に襲いかかり、一〇艘の大型船を含むおそらく一五艘もの敵艦を破壊しつくした。オスマン側の被害は甚大であり、一五〇〇名余が捕虜となり、数百名が殺害された。ロシア側の死傷者はわずか一〇〇名にも満たなかった。[38]

オスマン艦隊は殲滅され、ロシア陸軍はオチャコフの占領に向けて邁進した。七月にはポチョムキンが率いるロシア軍が包囲を開始し、海軍は海路からの供給を妨げた。冬の始まる頃、ついに城塞は陥落し、都市は破壊され尽くし、住民も同じ運命を辿った。妻子を含む幾千ものオスマン軍人の遺骸は凍りつく半島に台車で運ばれ、うち捨てられた。春の日が差すまでいわば氷漬けとされたのであった。[39] その後、ロシア軍は順調に西方に向けて進撃を続け、ドニエストル川沿いのアッケルマン、ベンデル、ドナウ川沿いのキリアやイスマイルを次々に攻略し、セヴァストーポリ艦隊も城塞に対する補給や増援が海から届くことを阻んだ。

ジョーンズにとって、半島遠征はアメリカ独立戦争とはまったく異なる経験となった。彼の戦歴においてもっとも有名であるのは、一七七九年九月に行われたヨークシャー沖でのイギリス艦セラピスとの会戦である。このとき、ジョーンズは素早く船首を回り込み、横づけし、ありったけの砲弾を敵船の柱に集中して、敵船から航行の自由を奪ったのであった。一方、一七八八年の遠征は、ボノム・リシャールとセラピスの間で繰り広げられた優雅な海戦とは大きく異なっていた。ロシア軍は、オスマン軍のガレー船団を浅瀬に引き入れて座礁させ、攻撃を仕掛け、焼夷兵器で殲滅することで勝利を得たのである。ジョーンズがブランドクーグルと記すその兵器とは手投弾の一種であった。ジョーンズが後に記したように、戦禍の光景は修羅場そのものであり、オスマン兵は座礁した船の中で煙にまかれ、「あたかも絶命する羊のごとく悶えながら」倒れていったのである。[40]

ジョーンズはまた、「私はこのリマン遠征ほど人生の中で苛立たしく感じたことはない。まさしく生きた心地もしなかった」と記した[41]。戦いの中で、ジョーンズとナッサウの間の亀裂も深まっていった。それぞれエカチェリーナとポチョムキンのお気に入りという背景も両者の関係を一層複雑にした。ジョーンズが指令を下しても、ナッサウはしばしばそれを無視したり、ポチョムキンに頼んで取り消してもらうのであった。ジョーンズは、黒海艦隊全軍の指揮を執ることを約束されてロシアにやってきたつもりであったが、これが実現することはなかった。オチャコフへの総攻撃以前に彼は限られた指揮権さえ取り上げられ、サンクトペテルブルクに召喚されてしまった。首都に帰還した後、ジョーンズは自らの名声が地に墜ちる様を目の当たりにすることになる。彼は年端もいかない少女を暴行したとして訴えられ（彼は行為そのものについて弁明せず、少女が密かに同意していたとして自己弁護に努めた）、このスキャンダルはサンクトペテルブルクの街中の噂となった。幾人かの証言者を見繕い、なんとかジョーンズは軍法会議送りを免れてロシアを去ることになった。嘲笑を浴びつつ帝国を離れたジョーンズはしばらくの後、一七九二年七月にパリで没した。

むろん彼自身は知るよしもなかっただろうが、ジョーンズは時代の変わり目に遭遇したのであった。ドニエプル川河口の戦いはロシアの軍船が黒海での活動を制限されていた最後の戦いとなった。オチャコフ占領により、もはや黒海に乗り出す障壁は取り除かれ、ロシア、オスマン、あるいはその他海軍が戦いにまみえる場所は黒海海上自体に移っていったのである。また、手こぎのガレー船が海戦で重要な働きをした事実上最後の戦いでもあった。実際、半島におけるロシア軍の勝利は、ナッサウ率いる小艦隊によっており、ジョーンズ指揮下の帆船は浅瀬や隘路でその能力を発揮することはできなかったのである。しかし、ひとたび黒海海上に戦場が移ると、まもなくフル装備の戦列艦が、そしてしばらく後には蒸気軍艦がロシアとオスマン両帝国海軍の主艦船として活躍することになる。

ただしこのように、帆船中心の時代も長くは続かなかった。一九世紀前半の二つの戦い（一八〇六―一二年、一八二八―二九年）はおおむね陸戦が中心であり、ロシア軍は黒海沿岸を南下して虎視眈々とその獲物を狙った。最大の収穫物はドナウ川へのアクセスであり、またもしヨーロッパ勢力の干渉さえなければ、イスタンブルと両海峡すらうかがう勢いであった。後のクリミア戦争においては、一八五三年のシノプの戦いが唯一大規模な海上における戦闘であったが、それも激しい衝突と呼べるものではなかった。ロシア軍は単に湾内でオスマン軍艦隊を破壊し尽くしたのである。一八世紀後半とおおよそ一九世紀を通じて、旅行者の記すところでは、ロシア・オスマン両帝国海軍の帆船の状態はひどいものであった。装填もろくになされず、人員は足りていないか、逆に多すぎるのであった。両帝国ともにせっかくの新船を実戦で使用する前に湾内で朽ち果てさせるほどであった。

ジョーンズをはじめとする欧米人たちは、ロシアとオスマン帝国海軍の劣悪な状況について、もっぱら生まれついての無能ぶりと非難するばかりであった。ロシアについては、尊大で専制的であり、彼らが言うところのトルコ、すなわちオスマンについては、東方人の先天的な無関心の餌食といった具合である。もっとも、本当の理由はもっと単純なところにあった。一七八八年の河口遠征以降、両者ともにお互いを深刻な海のライバルとみなしていなかったのである。たしかにロシアは海軍技術においてわずかに相手を上回っていたが、オスマン側は必要なときにはイギリス艦隊が助けにきてくれることを知っていた。そして、ほかには黒海に海軍を持つ勢力は事実上皆無であり、コーカサス地方沿岸の密輸業者や南東岸のラズ人海賊を別にして、両帝国は沿岸警備以上の海軍力の必要性をまったく認めなかったのであった。そこで、第一次世界大戦に至るまで、そして実のところその後でもある程度は、ヨーロッパ外交はその根幹を黒海のこの無風・無関心の状況を長く続けさせることにおいたのであった。

「新ロシア」の開拓

ヤシ条約により、エカチェリーナは二回目の対オスマン帝国戦争を終結させた。同条約において、ロシア帝国はドニエストル川からクバン川に至る黒海北岸地帯全域の支配権を獲得し、同時にオスマン帝国がクリミアを手放すことを公式に承認させた。その後もエカチェリーナの後継者たちによる二回の戦争において、ロシア帝国はさらなる領土拡大に成功した。ドニエストル川とプルート川に挟まれた土地（ベッサラビアとして知られる）はロシア帝国領となり、コーカサス地方沿岸部と歴史的にアルメニアおよびグルジアを形成した地域の数々がロシアの宗主権下に置かれるようになった。ロシアは黒海北岸を支配しただけでなく、ドナウ公国のキリスト教徒を保護する権利を主張し、さらに公式に南コーカサスの大半を併合した。キュチュク・カイナルジャ条約（一七七四年）からアドリアノープル条約（一八二九年）までのわずか一世代程度の間に、エカチェリーナとその後継者たちは、黒海を渡ってコンスタンティノープルそのものを獲得するという目標に手が届くところにまできたのであった。黒海北岸とその後背地は、もはや辺境からは遠く離れたロシアの一地方となった。帝政の行政官たちはこの地域を、あらゆる帝国建設者に共通するなんの臆面もない楽天的な態度でノヴォロシア（「新ロシア」）と呼んだ。

エカチェリーナがとりわけ関心を寄せていたのは、理性と秩序に関する自らの見方に従った自然世界の再構築であった。そして多くの啓蒙主義君主と同様、古典古代をその理想的モデルとみなしていた。ノヴォロシア地方を統治した新たな行政官たちにとって、古代ギリシアとのつながりを再発見——あるいは創造といってもよいかもしれないが——することは一種の強迫観念となった。居留地はかつてのタタール語の名前をはぎとられ、古典由来の符号を負うことになった。たとえば、クリミアの行政の中心であったアクメスジト（「白いモスク」）は、シンフェローポリ（街道の交差点にあることから「接続の都市」）と改名された。[42] ドニエプル川沿いにあって頻繁に洪水に見舞われていたある集落は、ヘルソンと命名され（かつてクリミア半島のメガラ人の植民地であったタウリカないしタウリスのケルソネソスに由来）、ロシアの商業拠点にして主要な海軍の造兵廠としての座を与えられた。かつてのケルソネソス近くの集落アフティヤルおよび防御の固い港湾は、セヴァストーポリ（「威風堂々たる街」）と名を改められ、黒海艦隊の母港となった。ノヴォロシアの主要都市の中ではバフチサライ（「庭園宮殿」）のみがタタール名を残すことになり、同地には東方の没落した君主のかつての威光を示す博物館としてハンの宮殿やその他の建物も保存された。タタール語で「クルム」と呼ばれていたクリミアそのものは、そのギリシア名のロシア語版であるタヴリダと名を改めた。

黒海沿岸の諸都市の成長は海上輸送のあり方を一変させた。かつては、カッファ、トラブゾン、シノプ、イスタンブルを結ぶ、いわば四角形が海の北岸と南岸をつなぐ自然な連絡路であり、そこからステップを経由して北や東へ、そして南はアナトリアを経由してペルシアへと至った。しかし、一八世紀後半になると、この海上ルートは廃れてしまう。商業の、そして徐々に都市生活および文化の中心になっていったのは、もはや海の真中に横たわるクリミア半島ではなく、西方のドニエプル川とドニエストル川河口部であった。すなわち、ギリシア植民市時代の黒海北西岸の沿海地方が、実質的に当時の重要な地位を取り戻したといえる。

この変化の理由は戦略上および地理上の必然性にある。カッファや他のクリミアの港は、実際のところ北岸よりもむしろ南岸の一部といえるのであった。というのも、それらはクリミア半島の内陸部から山脈で隔てられており、自然と北の平野ではなくアナトリアの海港を望むようになっていた。もちろん、この状況はオスマン人にとっては好都合であったが、ロシア人にとっては山を越えて商品を運ぶのは時間がかかり、費用がかさむという問題があった。これらの港は、ポーランド人の土地、ドナウ川、バルカン半島など一八、一九世紀のロシアの外交政策にとって重要度の高い経済的・戦略的拠点から遠く、さらに南からのオスマン帝国の攻撃にさらされやすいという弱点があった。

新たな重心は、近代の黒海における最大の港であるオデッサへと移った。過去二〇〇年間、オデッサはロシア帝国都市の理想像と同義語であり続けたが、それには十分な理由があった。オデッサは、一八世紀後半から一九世紀初頭にかけてロシアが獲得した地に浸透していった、新しい政治的・文化的楽観主義の最たる例なのである。まさに南方において、それより一〇〇年前に建設されたサンクトペテルブルク同様に帝国そのものを体現する存在であった。帝国および中央ヨーロッパや近東からの移民で膨れ上がったこの都市の人口は、帝国の二大首都であるサンクトペテルブルクとモスクワのいずれよりも多様性に富むと同時にはるかに非ロシア的であり、まさにツァーリの帝国における多民族・多宗教という内実を体現する小宇宙となった。帝国の終焉まで、オデッサは黒海におけるロシアの商業・行政・文化の中心地であり、帝国の海港を代表する存在であり、帝国全体の一大輸出拠点であった。

ロシアによる征服の時点では、オデッサにその価値があるとは到底思われなかった。当時はせいぜい二〇〇〇人程度の住人しかいないハジ＝ベイというとるに足らないタタール人の街であった。その港湾も、投錨地は貧弱な上に、常に東風にさらされていて冬になると数週間氷で湾が塞がれるなど、まるでいいところがなかった。それでも、北西の沿岸部ではすでにもっとも要塞化された街であり（一七八九年にジョン・ポール・ジョーンズのかつての副官であったホセ・デ・リバスがこの地の小さなオスマン帝国の要塞を占領している）、ドニエプル川の河口とドニエストル川・ドナウ川の間にあって軍事的に中心的な位置を占めていた。また、セヴァストーポリのロシア艦隊基地からもわずかな距離に位置していたのである（残り二つの重要な場所、ドニエプル川河口のオチャコフの要塞とドニエストル川沿岸のアッケルマンは、いずれも深刻な弱点を抱えていた。前者には天然の港湾がなく、後者は川底の堆積によって積載量の多い大型の船の受入は不可能であった）。この街は一七九四年にかつてのギリシア植民都市としての名前オデッソスにちなんでオデッサに改名された。名前が女性名詞化されたのは、明らかにエカチェリーナ女帝個人の嗜好によるものであろう。

この都市の発展の立役者は、一九世紀初頭のかなりの期間この地を統治した二人の有能な行政官であった。後にノヴォロシア全土の総督となるリシュリュー公爵アルマンは、一八〇三年から一八一四年までオデッサ地方の知事を努めた。今日、オデッサの街の山の手から現在の港へ続く有名な御影石の階段の最上部に彼の銅像が立っている。リシュリューはフランス国王の廷臣であり政治家であった名門一族の御曹司で、ジョン・ポール・ジョーンズや他の彼の同時代人たちと同様に、冒険を追い求め（リシュリューの場合は、特にパリでの革命の動乱から逃れる意味もあった）、露土戦争の際に義勇兵としてロシア軍に加わった。彼の軍への貢献は将校の地位によって報いられ、さらに戦後は新しい都市の知事の地位が与えられたのであった。

リシュリューが在職したのは一一年間と比較的短かった。ナポレオンの敗北後、フランスへと帰還し、首相の地位に就いたからである。しかし、彼がこの都市および地方全体にもたらした変化は劇的なものだった。一〇年の間にオデッサの人口は三万五〇〇〇人に増加した。リシュリューは、金融機関と商事裁判所を設立し、近代的な道路網を整備し、出版・演劇・芸術の活性化を促した[43]。この街を一から育てあげた彼のロマン主義的な情熱は、帝国外の多くの人の耳目を引きつけた。彼は、バイロン作ドン・ファンのモデルといえるかもしれない。

リシュリューの後を継いだのは、同じくフランス人のランジェロン伯爵であったが、任期も短く、目立った成果は見られない。しかし、その後長期間にわたって総督を務めたミハイル・ヴォロンツォフの統治期（一八二三―四五年）において、ノヴォロシアは順調に拡大を続ける帝国の完全なる一部となり、中でもオデッサは王冠を飾る宝石のごとくその輝きを増していった。ヴォロンツォフはケンブリッジ大学の卒業生であり、現地で大学図書館の礎を築き、さらに慈善団体の発展を奨励した。彼はまた、有名なオデッサの階段の建設を命じ（もっとも当時は無駄遣いの道楽として批判されたが）、壮麗な建物や港を見下ろす岸壁の上を走る並木道［プリモルスキー大通り］の建設を計画した[44]。加えて、ヴォロンツォフの任期中にオデッサは関税を免除された自由港としての地位を与えられ、彼が職を去る頃には、この都市の人口は七万八〇〇〇人を数えるまでに成長した[45]。

ヴォロンツォフのもう一つの功績はクリミアの開発にある。オデッサは、ノヴォロシアの行政上のハブであったが、軍事上の中心は半島南西岸のセヴァストーポリの海軍造兵廠にあった。一七八三年に占領された当初、この地も目立つところのないタタール人の集落だったが、その立地から連想されるシンボリックなイメージはきわめて強力だった。セヴァストーポリは古代の植民都市ケルソネソスの近くに位置していたが、その街こそ、まさに一〇世紀に聖ウラジーミルがキリスト教の洗礼を受けた場所だったのである。そして、それよりさらに重要ともいえたのは、港に隣接する入り江という自然地形上のアドバンテージだった。深い港湾へ入るには幅一〇〇〇ヤード［約九一四メートル］に満たない非常に狭い水路を通ることになるため、容易に侵入者を締め出すことができた。長い内港は崖に囲まれており、投錨に適した固い岩盤が存在した上に、海岸からの急勾配の斜面に恵まれており、水深が深いために座礁の心配なく岸の近くに錨を下ろすことができた。それは紛れもなく防御を固める上で海軍基地にとって、もっとも適した自然地形だった。そして一八二〇年代に停泊地は要塞化され、砲床が備えられると、南方におけるロシア海軍の中心地になった。

では、なぜ他の大国はセヴァストーポリの軍事上のアドバンテージに気がつかなかったのだろうか？　簡潔に答えると、誰もそれを必要としなかったからである。ギリシア人もローマ人も、黒海北岸に海軍基地をつくることには関心がなかったし、ビザンツ人にとっては、ケルソネソスと敵対するか協調するかどうかは、軍事力以上に内陸部の諸民族との微妙な力関係次第であったからである。オスマン人はといえば、自分の臣下であるタタールがクリミア半島全体を支配していた以上、そこに労力を割く理由は特になく、ドン、ドニエプル、ドニエストル、ドナウといった大河のほうが潜在的侵入者の経路としてより脅威であればなおさらであった（それぞれアゾフ、オチャコフ、アッケルマン、キリア要塞の維持により注意を払わねばならなかった）。クリミアに要塞化された港を擁する必要性が生じたのは、新たに、そしてはじめて北方の勢力が海軍力を高めたからであり、そしてエカチェリーナ時代以降、セヴァストーポリは環黒海地域でもっとも重要な海軍の前哨地点となった。

博物学者ペーター・ジーモン・パラスは一七九〇年代にノヴォロシアを旅行したが、彼は特に記すべきことを見出さなかった。かつての偉大な都市は廃墟さながらであり、いずれめざましい発展を遂げることになるセヴァストーポリの港でも伝染病が蔓延している上に、ロシア船の船体は木食い虫に食い荒らされてボロボロになっていた。新たにオデッサの名前を与えられた街もいまだ貧しく埃まみれで息が詰まるほどであったし、一七八〇年代にアントワーヌ兄弟たちを襲ったのと同じような伝染病が猛威をふるったためにヘルソンの港は打ち捨てられていた[46]。

しかし、それから数十年のうちにこの地域は見違えるようになった。ロシアの支配が他の沿岸地域に及んだことで北岸の防御が固められ、さらにオスマン帝国との条約により外国の旗を掲げる商船が自由に通行するようになると、地中海との往来もさかんになった。いったん黒海が開放されると、この海は自然とこの地域の生産品輸出の玄関口になった。そしてこの輸出ルートは北へと続く貧弱な街道を行くよりはるかに安上がりで容易であった。オデッサには一八六〇年代まで鉄道が敷かれなかったので、内陸を行く場合はキャラバンや牛が牽《ひ》く荷車に頼るしかなく、あるいは「早馬」で旅する乗客は、街道沿いに常設されている宿駅で馬を替えながら、わらを積んだ荷車に揺られていかねばならなかった[47]。新しい街が自らと外の世界をつなぐものとして海を目指したのも当然のことだった。

一九世紀初頭に起こった変化は多方面にわたる。アゾフ海沿岸のタガンロークでは、エーゲ海からワインを輸入して経済的に大いに潤った。この地域の税関へ輸入されるワインの量は、他のロシア帝国のすべての港に持ち込まれる量の合計よりもさらに多かったという[48]。クリミア北部沿岸の塩湖からとれる塩は、コーカサス、ポーランド、さらにはイスタンブルにまで輸出された[49]。パラスが訪れたときは廃墟同然だったいくつかの街は、復興しはじめ、先の戦争でロシア人によって破壊されたカッファもよみがえりつつあった。この街に多く住むギリシア系、タタール系、ユダヤ系の人びとは、イスタンブルとの間で恒常的に船が行き来するようになったことで、再び交易に従事するようになる。さらに、外国の貿易商がシノプ、トラブゾン、そしてコーカサス地方沿岸部との航路を復活させた[50]。かつて実質的に放棄されたヘルソンもまたこの頃に新たな活路を見出した。ドニエプル川の氾濫を防ぐため、新たに堤防が築かれたが、この技術革新によって淀んだ水が溜まることがなくなり、毎年夏になると流行していた伝染病が抑えられたのである。海軍本部がニコラエフに移されたこともあり、この時点でヘルソンの港はまだかなり停滞していたが、縄を製作する工房やその他の海事関連の産業が軌道に乗り始めた[51]（年老いたアントワーヌ男爵までが仲介人を通じてふたたびちょっとした事業を立ち上げようとしたほどだった）[52]。一八〇二年にとあるイギリス人の旅行者がこう書き残している。

これらの街や周辺の集落の台頭は目覚ましい。かつては無法な盗人どもが住みつき、さまよう遊牧民が行き来していたが、いまやロシア人の他、放浪生活から足を洗ったタタール人、そしてトルコ帝国［オスマン帝国］内の近隣の地域からの入植者――とりわけギリシア人とアルメニア人であふれている。[53]

こうした新しい都市の中でも、明らかにオデッサは傑出していた。北東の風から船を守り、ドニエプル川の河口からの堆積で港が塞がれるのを防ぐために防波堤が建設され、湾内には、およそ一五〇の船が一度に停泊することができた。ヨーロッパとの交易が完全に開かれ、オデッサにおける関税廃止の宣言がなされると、港はオーストリアとイギリスの旗を掲げる船であふれかえった。都市人口は一年の中で大きく変化し、とりわけ夏にはポーランドと中央ウクライナから船団が到着して、小商人たちで市場が大いににぎわったりした。そして、このような状況の中で、永住を選ぶ住民の数は増加の一途を辿ったのである。一八二三年にオデッサを訪れたイギリス人船長は「大勢のイスラエル人［ユダヤ人］と通りのひどい砂埃を除けば、この街の第一印象は好ましいものだ[54]」と記している。

しかし、まさにこの「イスラエル人」およびその他のディアスポラの民こそが、ノヴォロシアの街と海港を急速に発展させた原動力の一部であった。スラヴ語話者の農民とコサックの人口は、一八世紀後半にはすでに増加し始めていたが、一九世紀初頭になるとさらに加速する[55]。それは、国家主導で行われた境域への植民プログラムの成果であった。また、歴代のロシア政府は中央ヨーロッパ、ポーランドをはじめ、様々な外国の土地からの植民も積極的に受け入れた。新たに開かれたステップへの定住を希望する集団に対しては、税の優遇、兵役の免除、宗教的寛容、土地の貸与あるいは下賜といった措置がとられた。

エカチェリーナ時代にはすでに、ドイツ語話者の移住者、特にメノナイト［キリスト教の一宗派、メノー派ともいう］に対し、ステップの土地を耕し、街を建設するための奨励金が与えられていた。そのほかギリシア人やアルメニア人などはクリミアから移動させられたり、あるいはオスマン帝国内の様々な地域から移住してきた。こうした人びとは単に経済上の利益を見込んだだけでなく、慈悲深いキリスト教徒の君主によって治められた帝国で生活するという希望を抱いていた。一方、ロシア帝国内の他の場所では厳しい制約を受けていたユダヤ人もまた、新たな境域の中では居住地と職業の選択において比較的自由な環境を享受していた。外国からの移住者はロシア帝国の臣民とされたが、彼らの生活が周囲のスラヴ人農民やタタール人、コサックたちの生活と交わることは少なかった。一九世紀を通じて、こうしたコミュニティの特異性は外部の人間を驚かせた。特に、つい最近ヨーロッパの帝国に統合されたばかりのフロンティアにおけるドイツ人集落は、あたかも文明の孤島のように映った。ある大きなドイツ人コミュニティを訪れたイギリスの旅行家は「街並みはきちんと並んでいて、澄んだ水が見事に供給されている」と記し、こう続けた。

石造りの教会と学校、そしていくつかの主要な建物を除くと、他の家屋は木でできており、通りに沿って並木道が走っている。きっとここでは、コミュニティの長老たちが、心地よい木陰の下に日がな一日腰掛けているのだろう。自身の手で育てた煙草を吹かし、また自身の手で醸造したビールを味わいながら、自身の手で育て上げた我が子同然であるこの幸せな小さな共同体のメンバーに思いを馳せながら。[56]

もちろん実際の生活はこのような牧歌的な空想からはほど遠かったが、入植地が地域の経済にかなりの影響を及ぼしていたことは明らかである。リシュリューの総督在任期間が終わる一八一四年にはすでに、ノヴォロシアの人口は一〇〇万人にまでのぼり、地価は一〇倍に高騰していた。[57]農業生産の余剰は急速に増大したが、それは西ヨーロッパにおける生産力の低下とちょうど時を同じくしていた。したがって、ノヴォロシアの入植地およびロシア貴族の広大な所領からリヴォルノ、ジェノヴァ、マルセイユやその他の主要な港へ向かう小麦輸送ルートが現れたのは自然なことであった（加えて小麦の貨物輸送の規制緩和は、一八二九年のアドリアノープル条約で明確に保証されていた）。おりしもイギリスでは一八四六年に穀物条例が廃止され、外国産穀物への関税が撤廃されたため、さらに新たな主要マーケットが開かれた。一八四〇年代から一八五〇年代初頭までのわずか一〇年の間に、フランスやイタリアへの小麦の年間輸出量は約二五パーセント増加した一方、対イギリスは実に七倍になり、ロシアの港に入る船の総数も三倍以上になった。一八五三年までにロシアの全輸出物の三分の一以上が黒海を通過するようになったのである。[58]しかし、港におけるヨーロッパ向けの商売が拡大するにつれ、ロシア政府は商品の輸送をイギリスやフランスの商人に委ねることには慎重になっていった。他方、一連の法律がロシア臣民の仲買業への従事を制限していた。そのため、ギリシア人、ユダヤ人、アルメニア人といったこの地域の伝統的な「仲買人マイノリティ」（middlemen minorities）の重要性が一層高まることになった。

一九世紀半ばになると、ノヴォロシアはもはや単なる政治的・文化的辺境ではなく、ロシア帝国にしっかりと組み入れられた中核地域の一つを構成しようとしていた。そこでは、才能ある帝国の行政官が統治を行い、ロシア人やウクライナ人農民あるいは外国からの入植者や商人が住みつき、タタール人が定住ないし、数は減りつつあったものの、半遊牧の生活を送っていた。帆船であればクリミアあるいはオデッサからボスポラス海峡へ三日で、蒸気船ならばさらにその半分の時間で行くことができ、そこから南ヨーロッパおよび大西洋の主要な港へ向かうことができた[59]。しかし、それでもこの地域はいまだに辺境の要素を残しており、船や馬や馬車でここにやってくる旅行者なら誰でもすぐにこのことに気づくのであった。それというのも、通常、この地を通過する際には、数日から数週間にわたって隔離され、シラミを取られ、検査され、隔離所で待たされることになっていたからである。ステップと海の交差点はもはや文化的な意味ではなく、疫学上のフロンティアへと変化したのである。

伝染病と近代化の波――熱病、マラリア、そしてラザレット

ペストはいくつかの細菌性疾病の総称であるが、少なくとも一四世紀にはすでに黒海で知られており、ロシア帝国が拡大していた時代でもその脅威は続いていた[60]。一七七一年、モスクワにおいてペストが大流行したが、これはエカチェリーナ女帝治世時の最初の戦争に従軍した兵士が、ドニエストル川沿いの前線から帰還してきたことにおそらく端を発していた。同様に一八〇六年から一八一二年、

一八二八年から一八二九年の戦争でもノヴォロシアとバルカン東部全域で爆発的な伝染病の流行がみられた。アナトリアとオスマン領バルカンでは伝染病が頻発する上にその防止策も不十分であったため、一九世紀になって新しい港が発展していく中、市街地へ通される前に物・人両方の入念な検査を徹底し、病気が広がるのを防ぐことに対策の重点が置かれるようになった。

西ヨーロッパでは、最初にペストがあらわれて以来、その流行を食い止めるために公共の機関が設置された。病気の正確な原因や感染のメカニズムについてほとんどわかっていなかったが、医師たちは間もなく感染の疑いのある患者を隔離するという予防方法を発見したのである。通常、その隔離期間は聖書の記述にならって四〇日間とされ、隔離所または検疫機関を意味するフランス語の単語キャランティヌ（quarantine）の由来にもなった。この期間は、病気が一通り進行するには十分な時間であった。つまり、感染していればその間に患者は死亡するが、生き延びるのであれば感染していなかったことが証明される。一四〇三年にヴェネツィアに世界初の隔離用病院ができると、その後間もなくジェノヴァやマルセイユといった地中海の他の港でも同種の施設が設立された。

黒海沿岸で完全な隔離システムが機能するようになるにはそれからさらに四世紀もの時間を要した。一八世紀末まで海港での外国との大規模な交易が行われなかったため、長距離感染にはほとんど注意が払われてこなかったのである。病気の感染が問題になったのは、ロシアが黒海北岸の港を獲得し、地中海との結びつきを復活させてからのことであった（それまでは、現在のクロアチア国境からルーマニア中央を通るオスマン・オーストリア両帝国間の陸のフロンティアが主な防壁となっていた）[61]。ペストの流行がさかんになってもしばらくは、せいぜい病人の苦しみを和らげようとするか（それゆえ、イギリスにおける刑務所の改革者で知られるジョン・ハワードは一七九〇年にヘルソンで感染した女性を看病しているときに死亡した）、あるいは中世以来のならわしとして、流行の原因をユダヤ人にもっぱらなすりつけるのみであった[62]。しかし、アントワーヌを先駆けとして結ばれたロシアの港とマルセイユをつなぐ航路は、単なる商業上の利益を超えた恩恵をもたらすことになった。マルセイユは、一八世紀の全ヨーロッパの中でもっとも進んだ隔離システムを有していたのである。のちにロシアの港でも、このマルセイユのモデルにならって疫病の流行を防ぐシステムが構築された。

マルセイユの隔離システムは五つの基本的な原則に基づいていた。すなわち、港から離れたところですべての到着した船を隔離して予備検査を行うこと、積み出し港における船員の健康状態を把握すること、出発時あるいは航路における感染の可能性を見極めること、新たに到着した物品・乗員を他の船員から完全に隔離すること、そしてすでに感染した船員がいれば良好な健康状態の者からさらに隔離することである[63]。レヴァント地方ないし他の感染源として疑われる港から到着したすべての船は、港からかなり離れたマルセイユ湾に碇泊することが求められた。そこで拡声器を通して現地の役人が出発地の港・船および船長の名・積荷といった情報と健康証明書を要求した。この証明書は、積み出し港でフランス領事によって発行される書類であり、いわば受け入れ港の生死を懸けた重要な書類であった。そこでは、出発時の船の状態、すなわち船と港のいずれもペストに冒されていない状態（「きれい」patente nette）、船は問題なくみえるが、港は感染の疑いがある状態（「接触あり」patente touchée）、ペストが港に蔓延しており船も感染の疑いがある状態（「疑いあり」patente soupçonée）、港も船も感染が明らかである状態（「ひどい」patente brute）のいずれかにあたるかが記されていた。最初の二つのタイプの証明書を持つ船は港の外部の停泊所へと導かれ、そこでやはりある程度距離をおきながら船長とさらに話し合い、隔離期間を課すべきかどうかの判断をくだすことになる。「疑いあり」と「ひどい」の証明書を持つ船は、すぐさまラザレット（聖書のラザロ［キリストにより蘇生したとされる］に由来する用語）と呼ばれる隔離所へ送られた。

隔離期間の長さは健康証明書以外のいくつかの要因に左右された。感染源として特に疑わしいとされた物品（羊毛や綿その他の繊維、そして毛皮や皮革）は船を隔離所行きにするのに十分な理由となった。積み出し港もまた重要であった。モロッコとエジプトからきた船は感染の可能性はきわめて低いとされていたが、イスタンブルと黒海の港からの船は、健康証明書の種類や積んである荷物の品に関係なく、四〇日間の完全な隔離に加え三週間の積荷の天日干しが要求された。

検疫所送りを命じられると、船はマルセイユ港の中心から遠く離れた島にあるラザレットに碇泊した。そこでは船が許可なく海岸に着くことがないよう二艘の見張り船が常駐していた。食料は長い棒を使って船上にいる人びとに渡され、乗組員は毎日病気の兆候の有無を報告することが求められた。乗員は船に残るか、高い塀と堀で囲まれたラザレットへ移されるかのいずれかを選ぶことができた。乗客は手荷物とともに煙でいぶされ、問診を受け、そして感染者の区画か健康とみなされる者の区画のいずれかへ通される。部屋は快適ではあったが、鉄の寝台と暖炉だけが備えられた質素なものであった。訪問客が建物の中へ入ることは禁じられていたが、検疫中の人間の友人や親類縁者は堀越しに叫んで呼びかけてもよいとされた。すでに疫病に感染している者は、一二週間閉じ込められることになっており、通常そこで死に至った。遺体は長い鉄の鉤で部屋からひきずり出され、石灰を混ぜた墓に埋葬された。部屋は、煙でいぶしてから石灰を上塗りされ、一ヵ月間空気を入れ替えることになっていた。
マルセイユの行政当局は、この複雑なシステムの形骸化の可能性を十分見通しており、それを防ぐために多大な労力を費やした。通常、ラザレットの院長は近東との交易に通じた裕福な商人であった。この職に就くには未婚であるか妻に先立たれていることが必要とされ、その業務に伴う危険性ゆえに給与は手厚かった。補佐官や当番の兵士についても同様であったが、この待遇は同時に、検疫システムによる拘束を避けたい船長や乗員が差し出そうとする賄賂に心を動かされないようにするためでもあった。

マルセイユのラザレットは、ヨーロッパでもっとも優れたものとして広く認められていた。しかし、いざ東へと移ると、このモデルはある種の変異を遂げることになる。一八三六年、ロシア帝国の支配下にあったドナウ川下流にあるモルドヴァの河港ガラツィを訪れたイギリスの作家エドマンド・スペンサーは、同地での検疫について次のように述べている。

この国ではまるきり目新しい決まりごとらしいが、私はパスポートの提出を要求された。差し出すと、それは数ヤードの長さのつまみ道具で役人のもとへ運ばれた。この役人は、疫病の街（イスタンブル）から到着したばかりの人間に対して大いなる恐れを抱いていたが、それは至極当然といえるだろう。この重要書類が完全に正しいことが認められると、一人の将官の誘導でラザレットへと通され、そこで私の手荷物のあらゆる品は煙でいぶされた。そして医務官が我々の健康状態を検査すると、一四日間の検疫期間が我々に課せられた。おそらく、金貨でもって彼の良心に訴えたことで、二一日からは少し軽減してもらえたのだろう。[64]

スペンサーが気づいた通り、システムは必ずしも意図された通りには機能しなかった。船を出迎える衛生官は、乗客および乗組員と長い竿とつまみ道具を使って接触している。しかし、積み出し港での状況を知る手立てがなかったため（ロシア帝国とオスマン帝国の検疫システムが異なっていた上、フランスのシステムとは異なり、現地の領事は健康証明書の発行を義務づけられていなかった）、提示を要求される唯一の書類はパスポートか、他の身分証明書類であった。無関心な役人になると、旅行者が疫病に感染していないことについて、新約聖書か旧約聖書、あるいはコーランにかけて口頭で宣誓を要求するだけで任務を済ませようとした。[65] オスマン帝国内の港からきた船は検疫を課せられることになっていたが、その期間は事前に定められた規則ではなく、主に主席医務官の気まぐれで決定された。

ひとたびラザレットに入ってしまえば、マルセイユのスパルタぶりにはとうてい及ばなかった。裕福な旅行者はお金でふさわしい宿泊場所を得ることができた。オデッサでは、カフェやレストラン、さらには旅行者の退屈を紛らわす（および所持金を巻き上げる）ためのビリヤードホールまであり、こうした場所には毎日ラザレットへ自由に出入りする従業員がいた。[66] 外交官のような地位の高い旅行者や現地の役人の友人であれば、港の周りのクルーズに連れ出されることすらあった。[67] 役人に追加の「税金」を支払えば、隔離期間を短縮するかラザレットのそばの別の場所で過ごすことも可能であり、訪問客が隔離区域内部に立ち入ることすら許されていた。当然、これらすべてがシステムそのものの根本的意義を失わせていたことは言うまでもない。

それでも、ラザレットの施設を有する港は他の港に対して優位な立場を得た。すなわち、荷下ろしあるいは他の小さな港へと向かう前に検疫の義務を果たすために、最初に停泊する港になったのである。商業上の主要な仕向港になるかどうかはラザレットの有無にも左右された。事実、一九世紀初頭にニコラエフやヘルソンは商業拠点としては衰えたが、ロシア政府が検疫の機能をオデッサに設置したことが部分的に影響している[68]。

隔離所の存在は個人の利益獲得にも潜在的なチャンスを与えた。多くの人にとって、およそ一五年に一度発生する疫病の流行に対する恐怖より、国家主導の取り締まりシステムがもたらす利益の魅力ははなはだ大きかった。いくつかのケースでは、衛生官があえて疫病をでっちあげることさえあった。たとえば、オデッサの医療検査官の一人に有名な劇場のオーナーがいた。チケットの売り上げが伸びないとみるや、彼は新たに入港した乗組員たちに深刻な感染症を発見したと宣言し、彼らに隔離所行きを命じた。大抵の場合、それにかかるコストは彼ら自身の負担であった。そして、彼らがラザレットで散財すると、そこから得られた利益は、劇場に一流どころの役者を雇う費用にあてられた[69]。常々、「疫病」の度合いが来たるオペラシーズンの質を占うよい目安とされていた。

こうした明らかな汚職があるにもかかわらず、衛生官は、ロシアの港における「ヨーロッパ文明の夜明けを告げるスター」であったとエドマンド・スペンサーは書き残している[70]。ロシアの隔離システムは、オスマン帝国の港でも疫病対策が進んだこととあいまって、集団感染の数を着実に減らした。事実、ペストの流行は一九世紀の半ばにはほとんど見られなくなり、最後の大規模な発生は一八四〇年のブルガリアと一八四二年の中央・東アナトリアで、それ以降は時折あったとしても局所的で、死亡率も低かった[71]。沼地の多い黒海北岸に沿って流行したマラリアや、この地域全体を席巻したコレラなど、他の主だった伝染病はいまだに悩みの種であった。しかし、少なくともペストに関しては、何の対策もないよりは、たとえ不完全であっても対策を講じたことが功を奏したといえよう。

列強の黒海進出――トラブゾンの領事館

黒海の北岸および西岸を訪れた人びとの多くは、たとえ適切に使われていなかったとしても、検疫の設備が存在するという事実に大いに驚いた。少なくとも、それは旅行者たちが慣れ親しんだヨーロッパ式システムの一部を体現していたからである。西欧の人びとは、ノヴォロシアでは「あらゆる種類のロシア、ギリシア、スキタイ、タタール式の教会や建物」を目にすることができると考えていた。しかし、あるスコットランドの旅行者が記すように、その予想とは裏腹に、彼らが目にしたのは自身の故郷を彷彿とさせる整備された街路、石造りの建物や商店であった[72]。依然として陸路ではわだちの跡が入り乱れる道を、木製の荷車の上で骨をきしませながら進むという試練を強いられたが、もし旅人が海路でこの地域を訪れたのであれば、彼らを待ち受ける光景はとりわけ快いものだったであろう。静かなるドナウの河港、にぎやかなオデッサの港、ニコラエフの造船所、古代の香りを残すクリミアの港町――すべてよく管理された灯台で結ばれたこれら沿岸の諸拠点は、イギリスのそれにもひけをとらないといわれた[73]。さらに、黒海西岸部やワラキア・モルドヴァ両公国の首都であるブカレストおよびヤシといったずっと内陸にある都市までが急速に変化を遂げつつあった。イギリス人旅行者のジェームズ・ヘンリー・スキニーは、彼のホストであったバルブ・シュティルベイ大公による食卓でのもてなし方がきわめて文明的であることに対して驚きを露にしている。

トリュフはパリから、牡蠣はコンスタンティノープルから、そして雉はウィーンから、すべて特別なルートで新鮮なうちに取り寄せられたものだ。ワインも完璧。ヴィンテージ物のメッテルニヒ印の白ワインに、温かいボルドーの赤ワイン（claret）、そして冷えすぎていないシャンパン――つまり、すべてがベストな状態でサーブされたのである。[74]

港、河岸の街、そして北岸と西岸の内陸の諸都市を取り囲むたたずまいは、ヨーロッパ人にとって往々にしてあまりにも「然るべきあり方」であった。そのため、不意に純粋にオリエンタルな要素を現地で見つけると、旅行者たちはたいへん興奮した。ロシアの地質学者にしてもっとも有名な一九世紀初頭の南ロシア旅行者の一人であるアナトール・ド・デミドフ（アナトーリー・デミドフ）は、バフチサライでかつてのクリミアのハンの宮廷に入ったときの印象をこう書き記している。

我々が今いるのは、絢爛たる首都ウィーンでも、若きハンガリーの誇り高き女王ペシュト（ブダペスト）でもない。岸辺を波で洗いながら泡立つ渦とともに堂々たる汽船を運ぶドナウ川のほとりでもなければ、ブカレストやヤシなどといった淪落した東方国家によって色彩を失った都市でもない。我々は、本物の東のサライ、アラビアン・ナイトの宮殿にいる。我々は、完全にアジアの地に立っているのだ。[75]

バフチサライは、確かにきわめて特殊であり、黒海北岸から消え失せて久しいかつての生活様式を保存するいわば博物館として興味深い土地だった。北岸・西岸の都市の多くは、オデッサなどの新たにつくられた都市である。こうした都市は外国の技術者たちによって計画され、直角に交わる街路や中央ヨーロッパからの最新の建築様式を備えた建物とともに、ステップのただ中に突如として出現した。クリミアの諸都市のような古代の遺跡近くに位置する街ですら全面的に再建され、かつての城郭の外側に新たに計画された市街地をもつようになっていた。それは、古代の集落の上に自然発生的に発展してきた南岸や東岸の港湾都市と著しく対照的であった。この地域の都市はといえば、無秩序な街路に、ビザンツ時代の城塞から引っ剥がされた石や木でできた建物がひしめきあい、最新の建築物といえばしばしばジェノヴァ人かヴェネツィア人が建てたものだった。通信システムもまた北西岸と南東岸で劇的に異なっていた。一九世紀の半ばには、ブルガリア沿岸部のヴァルナからクリミアのバラクラヴァとセヴァストーポリまで電信でつながっていた。もう一つの通信網ははるかシンフェローポリからドナウ川河畔のガラツィまでをつなぎ、これらのネットワークから受け取った信号はサンクトペテルブルク、パリ、ロンドン、イスタンブルといった諸都市へと伝えられた。しかし、ひとたび黒海を越えると、シノプ・トラブゾン間、あるいはそれらとオスマン帝国の首都とをつなぐ通信網は一つも存在しなかったのである。[76]

この沿岸部における明白な差異は、主にロシア帝国とオスマン帝国の抱いていた展望の落差と国力の違いに由来していた。黒海北岸部の変容は、南部国境から軍事的脅威を取り除き、海への出口を獲得し、そしてあわよくば最終的にオスマン帝国を滅亡させて両海峡をも手中に収めるという、ピョートル大帝以来のロシアの指導者を突き動かしてきた戦略上の夢の産物であった。さらに、西洋における穀物やその他の物品に対する旺盛な需要もあって、ノヴォロシアの地には、輸出市場を急ピッチで立ち上げ、急成長する湾岸都市をつなぐビジネスマンのコミュニティが現れた。それに対して南東部の展開はかなり異なっていた。ロシアの国家が帝国としての境界を順調に拡大していく間、アナトリアの地域社会においてオスマン帝国中央政府の支配力は次第に衰えていったのである。

一八世紀初頭から一九世紀に至るまで、黒海沿岸部の主要な港の多くを含むアナトリアの大部分は、デレベイという世襲の半封建的君主によって支配されていた。デレベイ同士は互いに干渉しあうことはなかったし、とりわけイスタンブルのスルタンからほとんど独立した存在であった。中には地域住民の利益を考える善良な君侯もいたが、彼らは港の設備を改善したり、自分の狭い領地から離れた土地との交易を模索するといった意欲はほとんど持ち合わせていなかった。地理的条件も有利とはいえなかった。クリミアの港同様に、南部と東部の諸都市は、自然と海を越えて対岸の陸地とつながっていた。一方、アナトリア内陸部への旅は容易ではなく、とりわけ友好的でないデレベイの土地を通る必要がある場合はなおさら困難であった。一七七四年以降、北岸の港が再整備され、沿岸の諸都市間の交易および地中海やさらにその向こうへの輸出市場に力を入れるようになると、アナトリアの諸都市はそれまで依存してきた本来の海を越えたつながりを失った。アナトリアの諸港が孤立した理由は条約の要件からも簡潔に説明することができる。オスマン帝国はたしかにキュチュク・カイナルジャ条約のもとでロシアの船舶が黒海を通過することを承認した。しかし、だからといって自身の港を彼らに対して開放する義務は負わなかったのである。事実、スルタンが外国籍の船舶に対しオスマン帝国の所有する黒海の港へ入ることを承認したのは一八二九年になってからのことであった。

他方、黒海北岸の変容は、未開の地における文明の進歩、または長らくトルコ人とその手下たちの暴政に苦しんできた土地への新興ヨーロッパ帝国の進出として、当初は西欧で歓迎された。しかし、一九世紀になってしばらくすると、西欧はロシアの野心を、どん欲な帝国による略奪、征服からの増長、そして他のヨーロッパの国家の利益を脅かすものとして認識するようになっていった。

エカチェリーナのもとでは、ノヴォロシアとクリミアの獲得は啓蒙やキリスト教君主としての文明化の使命といった言葉で取り繕われていた。すなわち、虐げられたスルタンの臣民をムスリムの専制のくびきから解放し、ヨーロッパ帝国の合理主義的支配へと導くという論理である。この正当化の論理は本質的にはエカチェリーナ以降も残ったが、黒海そのものを支配下に置くという戦略上の目標のほうが最優先となり、文明化の使命はその次となった。ロシアは一八〇一年に東グルジアのキリスト教王国を支配下に置いた。ほどなくしてドナウ川流域のルーマニア語話者であるキリスト教徒の保護権を獲得すると、すぐにバルカンおよび近東全域のキリスト教徒に対してもさらなる影響を及ぼすようになった。ロシアの勢力が増したことにより、もう一つの主要な帝国がこの地域で保持していた戦略上・商業上の利権もまた直接影響されるようになった。もう一つの帝国とはもちろんイギリスである。

イギリスは長らく、オスマン帝国のスルタンからレヴァントにおける貿易権を特別に保証されていた。したがって、イギリスにとって、ロシアの黒海海域への進出は少なからず関心事となった。しかも、さらに多くの権益を有していた東方の中央アジアやインドでも、イギリスはロシアの勢力拡大の意図をひしひしと感じていたのでなおさらであった。一八二六年から一八二八年にかけて、ロシアはペルシアと戦い、勝利してカスピ海での排他的航海権を獲得した。ロンドンが危惧したのは、もしロシアがオスマン帝国に完勝するようなことがあれば、黒海について同じような要求をするのではないかということだった。[77] もちろん、そうなれば、ロシア帝国は黒海の北岸と西岸の港において完全に貿易の諸条件を決定できるようになる。実はイギリスはオーストリアに次ぐ多大な商業上の利益を同地で享受していたのである。しかも、それればかりか、トラブゾンなどのオスマン帝国の港への出入りをロシアが制限できるようにもなる。トラブゾンは、オデッサと海を越えてほぼ向かいの黒海南東岸に位置する古い港であり、その歴史については本書でもすでに触れている。

クリミアとの海上貿易のつながりが廃れてから、トラブゾンは苦難の時代へと突入していた。それでも、なお視覚的には印象深い都市であり続けた。旅行者たちは絵に描いたような美しいビザンツの城壁を眺めたり、沿岸から離れた渓谷に住むギリシア語話者のコミュニティにトレビゾンドの失われた帝国の名残を見出すのであった。しかし、山がちな内陸部の鉱山からもたらされるアルミや銅と緑豊かな渓谷の農産物を除けば、トラブゾンには特筆すべき産物は存在しなかった。かつて数十年前のオデッサがそうであったように、トラブゾンがロシアやイギリス、その他のヨーロッパ列強の関心の的となったのは、周囲の自然環境などではなく、まさにその立地のゆえであった。この都市は、ペルシアに至る古代の陸上ルートの入り口に位置していたのである。

トラブゾンからエルズルムを経由してタブリーズをつなぐ交易路は中世には栄えたが、一五世紀以降はほとんど使われていなかった。オスマン帝国が黒海から外国船を締め出したことが、中継地としてのトラブゾンの重要性を決定的に失わせたためである。しかし、一七七四年に黒海が、そしてしばらくのちにすべてのオスマン領内の港が開かれると、ペルシアへの交易路が復活する可能性が出てきた。当時ペルシアは、イギリス、フランス、そしてロシアがそろって積極的に取り入ろうとしていた交易相手であった。やがて黒海を介してのペルシアとの中継貿易は、一八二〇年代より少し前に実現したが、そのルートはずいぶん回り道だった。船はまず（ロシアあるいは地方の有力者の支配下にある）コーカサスの港で積荷を下ろし、陸路でグルジアを通って品物をティフリスまで運び、さらにアルメニアを経由してタブリーズへと至るというものであった。[78] それに比べるとトラブゾン航路ははるかに便利だった。距離にしておよそ三〇〇キロメートル、旅程上の日数に換算して一〇日ほど短縮することができたのである。[79] さらに、ペルシアとの経済関係をめぐって、そしてもっとも深刻な問題として中央アジアをめぐってイギリスとロシアの間に政治的緊張が生じはじめると、イギリスはロシア支配下のコーカサスを経由せずに東方へと至る交易路の開拓へ乗り出した。

このように、トラブゾンの行く末がイギリスにとっての大きな関心事であった。市政に対して発言権をもち、イスタンブルへの安全な航路を常に確保することは、黒海南東岸地域におけるイギリスの政治上の目標となり、外務省は地域情勢と海上輸送を監視するため、ただちにトラブゾンに常設の領事館を開設することを決定した。そして一八三〇年、駐イスタンブルのイギリス大使は若き外交官のジェームス・ブラントをこの港街の初代領事に任命した。大使が新領事に対して与えた訓示から、イギリスが黒海周辺におけるロシアの行動に神経をとがらせはじめたことがわかる。一八二六年から二九年にかけてロシアがペルシアやオスマンと戦い勝利した戦争に言及しながら、大使のサー・ロバート・ゴードンは以下のように書き記した。「昨今のロシアの躍進とこの地域における領土の拡大は、キリスト教徒にしろマホメット信者にしろ、この地の住民の意識に明らかな影響を与えたはずである。そこで私があなたに望むのは、この影響の本質を見極め、それがどの程度スルタンの利益を侵害しうるかについて私に知らせるよう努めることである」[80]。特に大使がブラントに求めたのは、この地域の様々なエスニック・グループについて（たとえば、現地のアルメニア人やラズ人がロシアに対して何らかのシンパシーを抱いているかどうかなど）、また同様にトラブゾンでロシア当局が及ぼしうる政治的影響力および彼らの商業上の利益の規模について報告することだった。

ブラントは、定期的にイスタンブルの大使に報告しており、彼がまとめた一連の年次報告はこの都市で起こった変化を時系列に沿って記録している。ブラントが到着した頃にはすでに、スルタンが都市およびその周辺の地域に対してより強力な支配権を行使しはじめていた。スルタン・マフムト二世（在位一八〇八―三九年）の中央集権化改革によって、かつてのデレベイたちは追放され、行政官がイスタンブルから地方へ派遣されるようになった。ブラントが気づいたとおり、この変化はすなわちスルタンがトラブゾンの港の行政に直接手を下すようになり、外国の海運業者を通じて行われる輸出入業からの税収を意のままにすることができるということを意味していた。イギリスはイスタンブルとテヘラン双方で影響力を持っていたため、港が外国に対して完全に開かれたことでイギリスの商社が得られる利益は増大した。

ブラントは、停泊地がきちんと整備されておらず、また地方当局が常に協力的とは限らないことも知った。イギリスからの海運はその他の国々と比べると小規模であった。一八三一年にトラブゾンへ入港した船舶は、オーストリアのものが一四隻、ロシアのものが一〇隻だったのに対し、イギリスのものはわずか二隻であった。[81] しかし、ブラントの任期中に状況は劇的に変化した。オスマン帝国によるアナトリアへの中央統制の拡大は、地方の有力者から権力を剥奪し、帝国を単一の支配機構へと回帰させた。改善された検疫システムにより、時としてペルシアとの中継貿易を完全に停止させることもあった伝染病の流行も抑えられた。アナトリアの港から定期的に蒸気船が行き来するようになると、イスタンブルやドナウ川流域への行程は短縮され、悪天候でも品物が確実に届くようになった。トラブゾンに寄港した最初の汽船はイギリスのエセックス号で、一八三六年に入港した。さらに同じ年にやってきた別のイギリス汽船によってイスタンブルとの定期便が始まり、ドナウ川での蒸気船輸送を実質的に独占していたオーストリア人も、すぐさまトラブゾンをウィーンとつなげるよう航路を延長した。[82] 一八四〇年代半ば、イギリスのP&O社は、はるかトラブゾンからイギリスのサウサンプトンへ至る蒸気船航路を就航させ[83]、一八三五年には、トラブゾンへ入港する貨物船の数でイギリスが年間を通じて一位となった。[84]

ブラントは一八三六年にエルズルムの領事に異動となり、トラブゾンを離れた。しかし、彼の後任者たちの報告書の記録から、トラブゾン航路が順調に発展していく様子とイギリスの対ペルシア貿易においてそれがいかに重要な役割を果たしたかを読み取ることができる。工場製品、とりわけマンチェスターの紡績工場で生産された綿布などは、茶や砂糖といったイギリスの植民地での生産品とともに、イギリス船で運ばれたのちに馬やラクダの背に積み替えられて陸路でタブリーズへ運ばれていった。復路では、船はペルシアの絹やその他の織物、煙草（主にイスタンブルで販売するため）、絨毯、ドライフルーツなどを運んだ。さらに、トラブゾン航路が、タブリーズやテヘランに駐在するイギリスの外交官たちにとっては主要な補給ルートとなった点も重要である。ペストや天候、あるいはパシャの反乱などによってこのルートが閉鎖されると、食前酒のシェリーや食後のポートワインがなくなるということで不満を述べる外交官たちもいた[85]。

トラブゾンとイギリスの交易路が開かれてから数十年の間、この港はヨーロッパの経済にとって非常に大きなペルシア市場への主要な入口の一つだった。しかしその後、一九世紀の後半、スエズ運河が開通し、またロシアの鉄道がコーカサスの港を結んだために完全に凋落することになる。とはいえ、一八三〇年代と一八四〇年代には、いまだロシアとイギリスの利害が衝突する中心的な場所であった。イギリスに比べてスルタン権力に食い込めなかったロシアは、コーカサス経由でペルシアに向かうルートを再興しようと試みていた。しかし、それはコーカサス山脈の山岳民を慰撫できるかどうかにかかっており、この問題は、黒海沿岸のロシアの諸都市だけでなく山を越えてティフリスへ至る陸上の「軍用道路」で旅する人びとにとっても、絶えず頭を悩ませる安全保障上の課題だった。この地域におけるロシアの前線での紛争は長期化し、トラブゾン航路にかわるルートを作り出すという計画に割くエネルギーを徐々に奪っていった。さらに、ロシアはコーカサス地方の沿岸部を封鎖して、特に武器や、さらに決定的なところでは塩がオスマン帝国からムスリムの山岳民にもたらされることを止めようとしたが、これは常に大きな国家間の衝突を引き起こす危険性をはらんでいた（一八三六年にロシアがイギリスの封鎖突破船ヴィクセン号を拿捕したが、このでき事が外交上の亀裂を生み、ロンドンの政治的陰謀を焚きつけることになった）。ついには、トラブゾン、コーカサス地方沿岸部、そしてまさに黒海全体の運命までもが、イギリスとロシア両帝国間のはるかに大規模な争い――中央アジアの支配をめぐる「グレート・ゲーム」に巻き込まれていった。そして、このゲームはそのクライマックスを、まさにこの黒海周辺で迎えることになったのである。

クリミア戦争

クリミア戦争は、黒海を主な舞台とし、さらに黒海の支配権をめぐって繰り広げられた唯一の近代戦である。その原因はイギリス・ロシア間の対立にあった。それは近東と中央アジアにおいて、帝国の野望、商業上の利益、そしてフロンティア政策とが絡み合って徐々に激化していった。これは、ロシアとオスマン帝国のあいだで長年続いてきた複雑な緊張関係とある程度類似していた。しかし、ここで対立の争点となっていたのは、まさにオスマン帝国の行く末そのものであり、さらにいえば、両海峡の支配権であった。スルタンの自らの領土に対する掌握力が弱まっている以上、オスマン帝国の崩壊を可能な限り長く食い止めるためになんらかの国際協定を結ぶ必要があるという確信において、イギリスとロシアの思惑は一致していた。ヨーロッパ列強が帝国の残骸を拾い集めんと一挙に押し寄せるのを防ぎ、さらに帝国が消滅することで起こりうるあらゆる事態に備えてその分割計画を事前に準備することについても、両者の理解は実は一致していた。その対策の一部が、平時に外国籍の軍艦が黒海を航行することを常に禁じることであり、一八四一年七月の海峡会議で協定が確認され、すべてのヨーロッパ列強国がこれに調印した。

皮肉なことに、こうして国際条約によって裏打ちされたオスマン帝国の行く末についての共通認識が、ちょうど一〇年後に大きな戦争を引き起こすことになった。しかし、形式的な協議や理解に関係なく、イギリスは東方におけるロシアの目的に対する疑念を常に抱いていた。すなわちロンドンではツァーリが完全に信頼に足る交渉相手とは決してみなされていなかったのである。ツァーリ・ニコライ一世は、デカブリストの乱のさなか、一八二五年に即位した。この軍事クーデターは未遂に終わったが、その教訓はニコライの長い治世に影響を与え続けた。その政策は保守的どころか反動的ですらあり、現実にせよ仮の想定にせよ、あらゆる脅威から自らの先祖が獲得した領土を守ることに皇帝は専心した。ニコライが特に懸念していたのは、オスマン帝国の崩壊につけ込もうとするよそ者たちが、ゆくゆくはロシアを犠牲にして利を得ようとするのではないかということだった。

この生来の保守主義は、一九世紀半ばに様々な局面で国家間の対立を引き起こす火種となった一連の宗教問題にも現れている。正教・専制・ナショナリティはニコライ時代に発展した国家イデオロギーの三本柱であった。すなわちロシアの社会生活における教会の中心的地位、君主たるツァーリの絶対的権力、そしてロシアのネーション、ひいては汎スラヴ主義的友愛の精神へのロマン主義的な愛着が、国家の理想を体現するものと強くみなされたのである。こうした理想は、すぐにロシアの外交政策にも反映されることになる。一八五〇年、エルサレムの聖地の管理権をめぐって現地のカトリックと正教の聖職者の間で諍いが起り、そこへニコライが介入した。彼は、オスマン政府に対して、フランスの支援を受けるカトリック教会の要求を退け、正教会の要求を飲むように圧力をかけた。オスマン皇帝が、ロシアに口を出す権利はないことを訴えると（正教徒のコミュニティがいかにロシアとつながっていようと、結局は依然としてオスマン帝国の臣民であった）、ニコライはモルドヴァとワラキアを占領して戦争に備えはじめた。

一八五三年一〇月、ロシア軍とオスマン軍の戦闘はドナウ川沿いで始まった。しかし、当初は陸上戦に伴って海軍がすぐに動くことはほとんどなかった。すでに厳しい冬が迫っていたことに加え、そもそも兵力の配置についての知識が欠けていたために、両軍の戦艦はごく稀にしか遭遇せず、さらに、そのような場合も大抵は交戦を避けようとした。しかし、そのわずか一ヵ月後には戦争の第一段階における決定的なでき事が起こる。オスマン・パシャ率いるオスマン帝国の帆船艦隊が、夏以来急いでかき集めてきた乗組員たちを訓練しながら、シノプの港で冬を越していた。一方、ロシア艦隊は密かにセヴァストーポリの基地を出発し、速やかに黒海を渡った。一一月三〇日、艦隊はシノプの港の目と鼻の先に姿を現した。冷たい冬の雨が降る早朝の薄明かりの中、パーヴェル・ナヒモフ提督は彼の六隻の戦列艦に砲撃を命じた。

約七〇年前に起こったドニエプル川河口の戦役でもそうであったように、実際にはほとんど戦闘らしき戦闘は起こらなかった。ロシア艦は備えていた砲弾を用いて相手を徹底的に殲滅した。わずか一時間で、オスマン・パシャの全艦隊は海に沈んだ。沿岸に設置された砲台が破壊され、街は火に包まれた。三〇〇〇人以上のオスマン帝国海兵が殺され、オスマン・パシャ本人は捕虜となった。ロシアの艦で犠牲になった海兵はわずか三七人だった[86]。

シノプ侵攻は衝撃的だった。オスマン帝国艦隊を殲滅し、ロシア艦隊が黒海南岸まで一気に進軍する能力を持つことを示したのだ。あるイギリス人の著作家の言葉を借りれば、シノプは事実上「第二のジブラルタル」であった。仮に、ロシアがこの地を獲得できたならば、セヴァストーポリとシノプという北岸と南岸の最良の自然港をおさえることで、ツァーリは黒海の半分を掌握することになる。ナヒモフ艦隊はそれが可能であることを証明してみせたのである。そして、それはボスポラス海峡、ひいてはイスタンブルそのものの獲得の第一歩となるに違いなかった[87]。

このシノプ侵攻により、ロンドンとパリにおいて、ロシア帝国がオスマン帝国にただ戦いを挑むだけでなく、確実に葬り去らんとしていることに疑いを抱く者はいなくなった。数ヵ月をかけて、ヨーロッパの各国は壊滅的な打撃を受けたオスマン艦隊を援護するために各自の艦を派遣することを計画した。一八五四年三月、イギリス・フランス・オーストリアの連合軍が、スルタンの側に立って参戦した。少し遅れてサルディーニャ（黒海の港に対して常に関心を抱いていた）もこの戦列に加わった。

たしかにシノプの戦いは、ロシアのオスマン帝国に対する優位を証明したが、それだけでなく、黒海艦隊が依然として木造の帆船に依存していることもまた露呈した。こうした帆船は、もはや西欧の海軍で主流になりつつあった装甲汽船に及ぶべくもなかった。秋の間、イギリスとフランスの戦艦はアナトリアの海岸線を巡回し、南岸の港がふたたび北からの攻撃を受けることを防いだ。一方、ロシア軍とオスマン軍は、黒海の両岸、特にドナウ沿岸、およびコーカサス南部とアナトリア東部で交戦した。アナトリアでは、ロシア軍がカルスの要塞を占領することで劇的な一打を加えた。

戦闘の真の焦点は、とりわけ一八五四年秋に連合軍が到着してからは、クリミアに移った。兵団の輸送はボスポラス海峡を越えてまっすぐこの半島へ向かった。連合艦隊がセヴァストーポリの港への狭い入口を封鎖すると、これを破ることはほとんど不可能とみて、ロシアの提督たちは敵が港の内側へ侵入するのを防ぐため、多くの帆船艦に自沈を命じた。さらに、連合軍はバラクラヴァに上陸し、セヴァストーポリ攻撃のためゆっくりと北上しつつあった。港の包囲戦は一一ヵ月にも及んだが、その間、絶えず連合軍の砲撃にさらされたロシアの海兵は海に出ることもできず、塹壕に籠もって防戦一方となり、ロシア軍は壊滅的な打撃を受けた（シノプの英雄ナヒモフも、この戦闘の犠牲となった）。このとき若い砲兵としてセヴァストーポリにいたレフ・トルストイは、包囲戦の最後の数ヵ月間のロシアの最前線での様子を以下のように描き出している。

> なまなましい爆発で掘り返されたりまき散らされたりした地上には、いたるところ人間の——ロシア兵と敵兵の——死体をおしつぶしている、見るかげもなく破壊された砲架や、永久に沈黙した重い鋳鉄砲や、恐ろしい力で穴の中へ打ちこまれて、半ば土中にうずもれた爆弾や砲弾、またしても死体、穴、丸太の破片、掩蔽壕の破片、さらにまた、灰色や青の外套を着た無言の死体などが、算を乱してころがっていた。しかもなお、それらのものはみな、今もしばしば大気を震動させ続けている爆発におののかされたり、その紫紅色をした焔に照らされたりしているのである。[88]

最終的にロシアを敗北に至らしめたのは、連合軍の優れた火力、ロシア側の補給と通信機能の不足、そしてもっとも重要なことに伝染病の流行だった。この戦争で、人びとは爆弾や弾丸よりも多くチフスの犠牲となったのであった。一八五五年九月、ロシア軍はセヴァストーポリから撤退し、残った黒海艦隊すべてが敗走した。戦闘自体は終結したにもかかわらず、公式には翌年の春まで戦争状態が続いた。戦争中にツァーリ・ニコライの後を継いだアレクサンドル二世は、原則として、連合側が事実上すでに作り上げていた条件を受け入れざるをえなかった。すなわち、艦隊を撤退させ、沿岸の要塞と海軍の造兵廠を解体することである。こうして、ロシアの戦艦はすべて、沿岸警備用のものも含め、黒海の航行を一切禁止された。

戦争とそれを終結させたパリ講和条約は、黒海における一つの時代の幕引きであった。戦略上の観点から見れば、この戦争は、オスマン帝国に代わって介入することで、いかなる単一の帝国、とりわけロシアが、オスマン帝国の弱みにつけこんで不当な利益を得ることがないよう保証せんとする西欧列強諸国の意図を体現したものだった。ドナウ川と両海峡の処遇は以前よりも重要度を増し、もはや黒海をはさんで北と南で向かい合う二つの帝国間のパワーバランスの副産物というだけではすまされず、それは国際法上の問題となった。ドナウ川河口の支配権は、形式上はオスマン帝国へ戻ってきたが、航行の自由を保証するための国際委員会が設置された。黒海と両海峡は、どの国の旗を持つものであろうと戦艦の立ち入りが禁止となったが、実にロシア帝国とオスマン帝国も例外ではなく、この条項は列強諸国によって保証された。クリミア戦争は、この地域で大規模な帆船同士の戦闘が繰り広げられた最後の戦争でもあり、一七八〇年代にその幕開けをジョン・ポール・ジョーンズが目撃した一つの時代の終焉だった。シノプの戦役は、戦闘は一方的だったとはいえ、最後の戦列艦同士の交戦であり、ロシア・オスマン両帝国は、海軍に関しては実質的にすべていったん白紙の状態に戻って戦争を終えたのであった。その上で、両者は一八七〇年までに蒸気機関を備えプロペラで動く戦艦を持つ海軍を整備する計画を描き始めたのだった。

クリミア戦争の後、ドナウ川を下りボスポラス海峡を越えて航行する際の障害はなくなり、外国による貿易の自由が保証された。それだけでなく、戦争は実質的に黒海の名を世界中に広めることにもなった。クリミア半島における連合軍隊の戦功は、大衆文芸においてこぞって書き記された。この中には、学童向けの素朴な読み物があり、フローレンス・ナイチンゲールなどの献身的な市民の物語があり、テニスンの感傷的なロマンス「軽騎兵旅団の突撃」やその他の軍人の勇敢さ（あるいは向こう見ずともいえるが）を讃える詩があった。さらに、イギリス・フランス軍人は回想録の形で、当時の戦陣や行軍に関する客観的な分析も行った（こうした分析は、一〇年も経たないうちにアメリカ南北戦争においてその有効性を試された）。従軍記者という新聞記者の新たな形態が生まれ、自らの言葉でもって戦争の恐怖と英雄物語を本国の読者に報じた。また、写生画家や写真家（これもまた新しい職業であった）も同様に生々しく現地の姿を伝えたのであった。

これらすべてが人びとの好奇心に火をつけた結果、その後数十年にわたってこの地域は事実上の観光ブームを経験することになる。黒海沿岸地域は、近東への旅の途中で訪れるべき名所として、また、エキゾチックで十分に興味をそそる場所でありながら、他方適度に文明化の恩恵を受け、ヨーロッパの品々の多くも手に入る手頃な旅行地として、多くの外国人旅行者を引きつけたのである。間もなく、特にクリミアは外国人の集団に襲われたのだが、今度は軍隊ではなく、作家、芸術家、そして旅行者の一団であった。彼らは、思い思いに黒海の海岸に集い、ロシア帝国が誇る庭園の散歩を楽しむのであった。

私はヨーロッパの後押しを受けて、ロシアがトルコを滅ぼしてくれたらいいと思っている――すっかり滅ぼしてしまうのではなく、トルコが占い棒や潜水鐘がなければ、ふたたびその場所を見つけることが難しくなるくらいに滅ぼしてもらいたいと思っているのだ。

マーク・トウェイン（一八六七年）

乗客たちの様子は、バベルの塔さながらであった。彼らはあらゆる東方の言葉を話し、中には欧州人も混じっていたが、皆特有の民族衣装を身に纏っていた。あらゆる階級かつ年代のトルコ人たちは赤いフェルトのフェズ［トルコ帽］をかぶっていた。黒い羊毛のフェズをかぶったペルシア人も、白いフェルトのフェズをかぶったアルバニア人も、ターバンを頭に巻き、聖書の時代のように長いローブをまとったユダヤ人も、イギリス人、ドイツ人、フランス人の旅行客や、ペルシアやトルキスタンに向かう途中の絨毯商人もいた。バトゥーム（バトゥミ）の領事館に勤める息子に会いにいくという恰幅の良いオーストリア人女性や、パリやリビエラを訪問し、コーカサスの自分の家に向かう途中というロシア人もいた。

ウィリアム・エレロイ・カーティス
（シカゴ・レコード・ヘラルド特派員、トラブゾン港からの出航に際して、一九一〇年）

キラキラした妖精の粉で照らされたかのように輝いているハイウェイは、黒海の海岸沿いにある豪華で快適な屋敷へとつながっている。それはかつて資本主義者の守銭奴どもが、労働者の犠牲の上に住んでいた場所である。（中略）この運河が流れる地域では、革命的な変化が起こるであろう。運河は、過去の苦難に満ちた生活とは根本的に異なる新しい生活をもたらすのである。

ゲオルゲ・ホッス（ドナウ・黒海運河建設責任者、ルーマニア社会主義共和国）

第6章 国際社会と黒海
——ブラック・シー——一八六〇—一九九〇年

マーク・トウェインは、一八六七年、イスタンブルから汽船に乗ってセヴァストーポリを訪れている。彼は、その頃、旅行記『地中海遊覧記』（*The Innocents Abroad*）の執筆のため、ヨーロッパからレヴァント地方を周遊していた。クリミア戦争は約一〇年前に終わっていたが、近代欧州における有数の激戦の爪痕はいまだはなはだ深刻な形で残っていた。開戦時、四万三〇〇〇人を数えた街の人口は、当時六〇〇〇人に満たないまでに減少しており、無傷の建物はほとんどなく、砲弾は壁にめり込んだままであった。訪問者たちは、かつての戦場を歩き回わって、壊れた槊杖〔前装式古式銃の装塡用の棒〕や、砲弾のかけらを集めてお土産としていた。攻撃に耐えた要塞も連合軍によりすべてとり壊され、条約によりロシアはその再建を禁じられていた。トウェインは以下のように記している。「廃墟のポンペイですら、ここセヴァストーポリに比べたら、街の状態はまだましである。ここでは、気の向くままにどの方角を見ようと、目に触れるのは廃墟、廃墟、また廃墟というぐあいで、それ以外ほとんど何もみえないのだ！——家々の破片、ボロボロに崩れた壁、ずたずたに引き裂かれた丘など、荒廃がいたるところに広がっているのだ！　まるで強烈な地震がこの小さな一地域に対して、その恐ろしい力のことごとくを使い切ってしまったかのようだった」[1]。

クリミア戦争はセヴァストーポリを廃墟に変えたが、この戦争こそ、黒海が欧州へと向かう長い旅路の終着点でもあった。前章で触れたように、一七五〇年代、ディドロは黒海を「アジアの海」と呼んだが、クリミア戦争の後は、もはやそう言われることもなくなった。この時期以降、黒海は欧州の大国が駆け引きや実力行使で獲得を目指す褒賞の一つの象徴となった。黒海における交易もまた、国際化していった。まずロシアの便宜置籍船《べんぎちせきせん》［漁業権や税制などが自国より有利な外国に船籍を置く船］に対して、その後、オーストリア、イギリス、フランスなど様々な国籍の船に黒海は開かれていった。戦略的にみれば、黒海における主要な懸案とは、特定の一つの帝国による脅威ではもはやなかった。一七世紀以降、オスマン帝国の勢威は衰えていたし、また、シノプの例に見られたような、ロシアが黒海南岸をも支配しようとする試みは、黒海内において沿岸巡視船以上の軍艦の航行を禁じたパリ条約のもとで挫かれた。後にロシアは、中立条項を破棄し、一九世紀に行われた最後の露土戦争では黒海の西岸と東岸からオスマン帝国を包囲しようとしたが、それはロシアの野望が絶頂に達したときでもあった。欧州列強は、黒海を一国が独占することは許さないという点で明らかに一致しており、条約や国際機構を利用してこの政策を強化していった。

新たな黒海の国際化に伴なって、沿岸地域の関係にも変化がみられた。一八世紀末、地中海の船舶が直接黒海に入ってくるようになると、沿岸地域内部の取引やエーゲ海向けの船荷の積み替えは減少し、黒海北岸の産品の販売先はシノプやトラブゾンではなく、ウィーンやマルセイユなどの諸都市へと変わりはじめた。この傾向は、ドナウ川を遡ったり、両海峡を抜ける蒸気船による定期航路が開設されて一層強まった。いくつかの産品の輸出先は、スエズ運河開通［一八六九年］でさらに拡大することになったが、それはトラブゾンなど黒海諸港経由のペルシア向け中継貿易にやがて衰退をもたらすことにもなった。ロシア南部の穀物が輸出品として依然として重要であったが、米国起源のとうもろこし（スイートコーン）など新しい農作物が地域に持ち込まれ、従来からの農産物に代わって生産されるようになると、それは商業のあり方も、地域の料理にも影響を及ぼすことになった。クリミア戦争前はさえない村々に過ぎなかった場所には新しい港が続々と出現し、石炭、鉄、マンガン、石油といった産業革命を牽引した商品の輸出拠点となり、黒海の沿岸諸港が相互に、そしてまた、欧州の諸都市と鉄道や汽船で結ばれるようになった。二〇世紀に入ると、ドニエプル川のダム建設、ヴォルガ・ドン運河の掘削、沿岸部における幹線道路建設などが黒海の物理的景観を根本的に変えた。これらはクリミア戦争直後に始まった地域の変容を完成させるものであった。

欧州とのつながりはまた、環黒海地域の人びとに非常に強い二つの概念、すなわち単一のネーション（homogeneous nation）と覇権国家（hegemonic state）の概念をもたらし、個人のアイデンティティや文化的・政治的共同体の枠組を大きく変容させることになった。この二つの概念はより後の時代に入ってきたものであり、オスマン帝国の領土であった時代には、言語や民族より、むしろ宗教が文化的な違いを示す指標であった。他方で、その時代には多様な伝統が相互に影響しあっており、アイデンティティを示す指標が状況で変化したり、重複することはありふれたことだった。西欧からの訪問者は、現地人が自分が何人なのかわかっていないようだったとしばしば述べている。たとえば、「あなたはギリシア人ですか？」という問いには、「いいえ、有り難いことにカトリック教徒です」というような答えが返ってきた「民族ないし国籍をたずねた西洋人に対して、帰属宗教について質問されたと思った現地人がギリシア正教徒ではなくカトリックであると答えたという事例」[2]。しかしこうした混乱は、現地人の側の問題というよりも、西欧人による不適切な分類に原因があった。たとえば、オスマン語で「ギリシア（人）」を示すルム（Rum）という言葉は、オスマン帝国の行政地域の呼び名であり、またすべての正教徒による自称でもあった。すなわち、それは今日我々が民族的にギリシア人と呼ぶ人びとのみならず、一九世紀に入ってからしばらくしても、「今日の」ルーマニア人、セルビア人、ブルガリア人、アルバニア人、アラブ人、トルコ人その他の人びとが自身を指す呼称としてよく使われていたのである。一八七〇年代のイギリス人旅行家は、「彼らにとっては、宗教名が民族名なのである」と納得がいかない様子で記している[3]。ヨーロッパ人観察者の多くは、この広範な同一性を、黒海周辺の人びとがいかに遅れているかを如実に示すものとみなした。

オスマン帝国領内外で、黒海の人びとのほとんどが、自分が実際何人なのかを知らないようであった。部外者たちは、バルカン半島やコーカサス、その他遠隔の地に、純粋なギリシア人、スキタイ人、ゲタイ人、トラキア人、コルキス人といった過去の民族のなごりを見つけようと期待してやってきたものだったが、皮肉なことに、当の彼ら自身は自分たちの真の遺産というものを再発見する途上にあったのである。一九〇九年、バルカンを旅行したエディス・ドゥルハムは、こうした過去の生活のなごりについて次の通り記している。「彼ら自身の民族発祥の記憶は実にあいまいなものだった。それは数千年前に自分たちがしたことだったとか、天地創造のときに考え、行動したとか言うばかりだ」[4]。訪問者たちは、この地域の民族を観察すれば人類の系統発生の知見が得られると期待していたが、実際にはよく失望させられた。彼らは二〇世紀に入っても、「人種」の汚れなき原型を見出そうとしてしばしば出かけていったが、発見できたのは複数の共存するアイデンティティと融合した文化が行動規範となっている個人やコミュニティであった。しかし、長い間、この状況に注意が払われることはなく、二〇世紀が進むにつれ、永遠に続いている純血のネーションという概念がますます支配的になったが、それはしばしば悲劇的な結果を伴うことになった。

国家行政においても同様な変化が見られた。長い間、黒海は様々な帝国システムの周辺地域に位置づけられていた。黒海の北岸、南岸を支配した主要な帝国は、一部の地域を間接支配するのみで、多くは土地の有力者の裁量に委ねられていた。こうした状況はクリミア戦争の頃までには変化しはじめ、ロシア、オスマンの両帝国において上からの近代化が進行すると、従来の周辺地域は中央集権策を進める帝国に統合されるか、あるいは独立承認後に一国家として歩みはじめた。第一次世界大戦の末期には、帝国の一部となる選択肢が消滅し、黒海の沿岸には、新しい当事者である近代国家の顔ぶれが並んだ。これらの国々は、自国の政治的・経済的・戦略的な目的のため、黒海の富の活用に勤しんだ。黒海は、帝国の欲望の対象ではもはやなく、沿岸国が国家建設を競い合う場の一部に転じたのである。沿岸ではまずルーマニアとブルガリア国家が成立し、間もなくソヴィエト連邦とトルコ共和国が誕生した。さらに二〇世紀末には独立したグルジアとウクライナがこの競争に加わった。新たに生まれた国は、黒海の沿岸、海域や海底、また海に生息する魚類の占有を主張しはじめた。民族を象徴する過去の聖なる歴史的遺産についても同様で、詩人や歴史家たちは自分たちの黒海世界にまつわる使命を次々に発見する、もしくは創造する作業に追われることになった。

二〇世紀後半には、さらに開発というイデオロギーが出現し、黒海の資源収奪に拍車をかけた。それがソヴィエト体制のもとで行われたとしても、あるいはネーション・ステート建設の動きの中で起こったとしても同様であった。黒海は、国家が利用可能なあらゆる技術を用いて搾取を行う場に変化したのである。沿岸部では工業化が進み、港湾都市はその領域も人口も拡大の一途を辿った。そして商業漁業の船団は海の幸を穫り尽くすために送り出されていった。黒海の沿岸部は開発により一変し、第二次世界大戦後においても国内でもっとも貧しかったこうした地域には共産主義者、民族主義者のいずれの言葉でも「革命的な変化」がもたらされた。しかし、開発はコストを伴うもので、わずか数十年の間に、沿岸の近代化のための大規模な計画、また海から得られる産品の消費によって、黒海は環境災害の危機にさらされるようになった。政治的境界や人びとのアイデンティティ同様、黒海をめぐる環境体系も一八六〇年代から一九九〇年代にかけて未曾有の変化を余儀なくされた。この間、政治家や計画立案者たちが、一つのまとまった地域としての黒海を破壊しようとしてきたことは偶然ではない。二〇世紀末には、黒海の環境はすっかり汚染されてしまった。今日では沿岸国家は共同でその環境を復元するために等しく責任を負っているのである。

国際法体系に包まれる黒海

一九世紀後半、黒海をめぐる国際政治は多くの点でその前半期に起こったことの繰り返しであった。オスマン帝国は一世紀以上にわたってゆっくりと衰退の途を辿り、それは国際的な懸案であり続けたが、ロシア帝国はこの瀕死の帝国につけこもうとする戦略を継続した。オスマン帝国は、黒海の沿岸地域の支配を次々に失っていったが、南岸の諸港だけはなんとか掌握しようと努めた。しかし、シノプの大敗に見られたように、オスマン帝国は、戦時となればその弱さをさらけ出した。クリミア戦争後には、国際関係における黒海の地位も大きく変化した。黒海を開放的なものにするか、また閉鎖的なもの、あるいは中立的なものにするのかという問題は、もはやロシア・オスマン両帝国の和平条約によるものではなく、役割を増しつつあった国際法体系――それは国際的な会議で決められ、欧州列強の関与と既得権益によりがっちりと守られているものであった――により規律される対象になったのである。

　戦後結ばれたパリ条約によって、ロシアは黒海艦隊の構想を諦めることになった。ロシア軍艦のほとんどは戦争時にセヴァストーポリ港の海底にすでに沈められていたが、敗戦で、黒海における海軍力再建を公式に断念せざるを得なくなったのである。ロシアは、精力的なゴルチャコフ外相のもとでパリ条約の文言を変更しようと何度も試みた。しかし、クリミア戦争終結から一〇年以上経た後も、沿岸部水域の警備活動という名目でわずか六隻の砲艦の保有が認められただけだった。[5] しかし、一八六〇年代末までには、ゴルチャコフはパリ条約を完全に拒絶すべきであるとの考えを抱くようになっていた。

　それは時期的にも都合が良かった。過去一〇年の間に海軍技術は長足の進歩を遂げていた。大国は残った戦列艦を処分し、鉄の装甲をまとい、石炭を推進力とする新しい戦艦の建造を急ピッチで進めていた。そして、その新しい設計の優位性はアメリカ南北戦争ですでに証明済みであった。ロシアもこの軍艦の建造競争に参加することになり、まず、サンクトペテルブルクの第一防衛線であるバルト海艦隊の大規模な近代化計画に着手した。黒海の中立化を押しつけた旧同盟国が、他の喫緊の外交上の懸案に気をとられていたのも好都合であった。フランスとプロイセンは急速に関係を悪化させ、戦争への道を進んでいた。したがって、欧州各国では、できる限りロシアの機嫌を損ねないようにして、いずれ起こりうる戦争から遠ざけておくべきとの見方が大勢を占めていた。こうした状況の中、一八七〇年、ゴルチャコフ外相はロシアによるパリ条約の中立条項の一方的な破棄を表明した。主要国も翌年に入ってからこれを承認し、今やロシアは黒海にも軍艦を配備して、その沿岸の防衛力をふたたび強化できるようになった。またロシアは、南部の海軍力を復活させるのみならず、新技術の導入も盛り込んだ建造計画を実施し、黒海向けに建造されるすべての新しい軍艦に装甲が施されることになった。[6]

中立条項に関する変更は、軍艦の建造計画に着手できるという点で、オスマン帝国にとっても好ましいことであった。パリ条約は皮肉なことに、戦勝国のオスマン帝国に実質的にはロシア帝国と同じぐらい、いやおそらくそれ以上に多くのことを制限したのであった。戦艦や沿岸の武器庫保有に関する禁止事項は、ロシア同様にオスマン帝国にも適用されていた。また、黒海の港湾もすべての商業船に開放することが公に宣言され、オスマン帝国には、わずかに税関、警察行動、検疫活動が認められただけであった。ドナウ川の自由航行を保証するために新たに設立されたドナウ委員会には、河川流域諸国に加えて同盟国も参加しており、その下流域はほとんど帝国内であったにもかかわらず、オスマン帝国は数ある代表団の一つに過ぎなかった。それでも、オスマン帝国は、こうした譲歩と引き換えに、欧州における当事者の一人としてみなされ、また、その領土的一体性が保証されることとなった（ただし、この領土的一体性もいわばカッコ書きがついたもので、スルタンは、同盟国の同意なくモルドヴァ、ワラキア、セルビアに軍事介入してはならなかった）。

したがって、ロシアがパリ条約の文言を変更しようと圧力をかけたことは、イスタンブルの戦略家たちの利益とも合致していた。しかし、海軍力再建のチャンスがめぐってくると、ロシアはすばやく行動したのに対して、オスマンはそう上手くは立ち回らなかった。実のところ、オスマン帝国海軍の近代化は、一八世紀以降、時々思い出したように行われただけだったのである。重要な役割を担っていたのは主にイギリス人を中心とする外国人顧問たちであったが、力不足の場合も少なくなかった。また、航海に適性を持った新兵の採用問題も繰り返し生じていた。帝国海軍の編成にとっては、エーゲ海出身の航海士が重要であったが、一八三〇年のギリシアの独立により、この人材供給源が縮小してしまっていた。

また、海戦で壊滅的な敗北が続いたため、黒海および地中海におけるオスマン艦隊が物理的に破壊された上、海軍の上層部にも大きな心理的打撃を与えていた。ナヴァリノの海戦（一八二七年）で、オスマン帝国の地中海艦隊が壊滅したのは、ギリシア独立戦争のときであった。そして、三〇年足らずでシノプの大敗が続いた。オスマン帝国では蒸気機関に関する技術導入も遅れていた。歴代のスルタンは、蒸気船をあたかもボスポラス海峡を遡航するおもちゃのような存在とみなし、その本当の価値に気づくことがなかった。一八四〇年代になり、オスマン帝国ではようやく大規模な蒸気船の建造や購入を決めたが、今度は別の困難に直面した。蒸気船の燃料となる石炭の炭鉱は黒海のアナトリア側の沿岸に存在していたが、それはイギリスの会社が所有していたのであった。[7]
ともに近代化を行ったロシアとオスマンの海軍は一八七〇年代後半にふたたび相見《あいまみ》えた。しかし、その衝突は、一八二〇年代同様、きわめて静かなものであった。[8] 一八七七―七八年の露土戦争は、オスマン帝国内のキリスト教徒に関するロシアの懸念から起こったが、これはロシアが東方キリスト教世界の保護者として自身を位置づけていたためであり、また、帝国の拡大にとって都合のよい口実としても利用していたからであった。オスマン帝国がブルガリアの暴動を情け容赦なく弾圧したため、欧州の各国首都はオスマン軍やその非正規兵たちの残虐行為のニュースであふれていた。名目上いまだオスマン帝国に従属していたセルビアがブルガリア人の支持を明らかにすると、ロシア皇帝も一八七七年四月に宣戦布告を行った。
先に触れたように、黒海における戦闘は限定的であった。一八六〇年代から一八七〇年代初頭にかけて大規模な建造計画が立てられていたが、いまだにロシア黒海艦隊は発展途上であり、新型の装甲艦は二隻のみで、その他は旧式の帆装艦に過ぎなかった。[9] また、ロシア海軍は新型の軍艦のほとんどをバルト海に配置していたが、イギリスが今回もオスマン帝国を支持して地中海方面への移動経路を封鎖してしまった。そして、ロシアにはこれに挑戦する力も意思もなかった。オスマン帝国もまた、ドナウ川とイスタンブルにそれぞれ小艦隊を配備するだけで、残りの艦隊は地中海と紅海に展開していたのであった。[10]
この戦争の初期段階におけるロシアの主要な戦略はドナウ川の確保にあった。これは海軍力を必要とせず、ロシア軍はドナウ川の下流に機雷を設置しただけだったが、オスマン側にとって二重に不幸な結果をもたらした。機雷によって、オスマン軍艦は自軍への再補給やロシア地上軍の南進を阻むための上流への移動が不可能になり、オスマン軍の河川用船舶もまた、外海へ逃げる水路が塞がれてしまったのである。ほどなくロシアの砲兵隊がオスマンの艦船や小砲艦を川岸から消滅させると、一八七七年六月後半までに、ロシア軍はドナウ川を渡って南に進軍し、オスマン皇帝に完全に反旗を翻したバルカン諸国の軍と合流した[11]。

こうした戦闘の状況からみても、この戦争はもっぱら陸戦であり、実質的には黒海の両側で起こった二つの軍事衝突から成り立っていた。黒海の西側ではロシア軍とバルカンの同盟軍が南進し、要衝にあるプレヴナ要塞を陥落させたが、これは露土戦争全体の中でも数少ない大規模な戦闘の一つであった。冬が始まっていたにもかかわらず、ロシア側の軍はバルカンの山々を越えてさらに進軍した。オスマン軍は広く分散しており、ロシア、ルーマニア、セルビア、モンテネグロの軍よりおそらく数的にも劣勢であり、失地を回復しようとする試みはうまくいかなかった。また、黒海の東側では、ロシア軍がアナトリアに侵攻し、カルスにあるオスマンの要塞を陥落させた。一八七八年一月末には、ロシア軍は黒海からエーゲ海に至る戦線を掌握し、南コーカサスからアナトリア東部の主要な要塞の確保にも成功しており、オスマン側は講和を求めざるをえなかった。

この戦争はサン・ステファノ条約により正式に終結し、広大なブルガリア公国が創設され、公式にはオスマン帝国の属領に留まったが、実際にはロシアの影響下に置かれることとなった。また、同条約により、ロシアはカルスや東部の諸要塞などを手に入れたが、その中には重要な港湾であるバトゥミも含まれていた。この戦後処理に対して、一九世紀のはじめもそうであったように、欧州の大国は近東におけるロシアの影響力の増大を懸念しはじめ、同条約の条項を見直すために国際会議を開催した。その結果、新たに結ばれたベルリン条約ではブルガリア公国の領土は縮小させられたものの、他のサン・ステファノ条約の条項の多くは維持された。ロシアがカルスやバトゥミを含むオスマン帝国東部の戦略的要衝を領有することが再確認され、セルビアとモンテネグロは独立国としてそれぞれの王家により統治されることになったのである。一八五九年に同一君主を戴いたモルドヴァとワラキアはルーマニアとしてやはり独立国となることが認められ、ドイツ系貴族が国王として迎えられた。こうしてロシアの黒海支配はドナウ川のデルタ地帯から、北岸部やコーカサス沿岸部の主要な港のバトゥミにまで及ぶことになった。その後二〇世紀に入っても領土の変更はみられたが、特に重要なのは同世紀初頭の独立ブルガリアの拡大と、同世紀末のロシア、ウクライナ、グルジアの独立である。しかし、近代における黒海沿岸地域の政治力学は一八七八年に大きく定まったといえよう。これ以降、ロシアとその他沿岸諸国家は、分断された黒海沿岸を自らの帝国や国家へと完全に統合するための作業にただちに取りかかることになった。

世界とつながる海——蒸気機関・小麦・鉄道・石油

かつて一八世紀末から一九世紀はじめまで、港が成功するか否かの鍵は検疫施設の存在にかかっていた。しかし、一九世紀中頃以降、それは鉄道敷設へと変わっていった。ロシア、オスマン両帝国においても、黒海沿岸部の近代化を目指す大規模な計画の中に新規の鉄道建設が含まれていた。

ロシアにとって、クリミア戦争における敗北の一因は、帝国中央と黒海沿岸地域の情報伝達経路が整備されていなかったことであった。このため戦後まもなく、ロシアは黒海沿岸諸港と内陸地域の連絡を速やかにするために、新たな計画に着手した。内陸部の諸都市と結ぶ鉄道が敷設され、政府から補助を受けた新たな汽船の航路が次々に黒海の諸港を結んでいった。オスマン帝国は、クリミア戦争に勝利したとはいえ、それは一時の軍事的な勝利に過ぎないとすぐに悟ることになる。ロシアの黒海への影響力はしばらくの間、押さえ込まれたとはいえ、オデッサなど北岸の諸都市は国際的な通商拠点として栄え続けた。それは、発展が遅れていたオスマン側の諸港と対照的であり、一九世紀の初頭にペルシアとの陸上通商で再活性化したトラブゾンでさえも、ロシア南部の諸都市の後塵を拝していた。

こうした状況を変化させるため、スルタン・アブデュルメジド一世（在位一八三九―六一年）はいわゆるオスマン史におけるタンジマート（改革）すなわち一連の近代化政策に着手した。一八六〇年代に新しい行政区域（州、vilayet）がドナウ川や黒海西岸に沿って創設され、ノヴォロシア地方のリシュリューやヴォロンツォフに匹敵する才能豊かな改革派行政官のミドハト・パシャ（一八二二―八四年）が知事に任命されると、道路、橋、鉄道が次々と建設されていった。トゥナ（ドナウ）州は、たちまちオスマン帝国の近代化のモデルとなり、その主要な港町のキョスタンジェとヴァルナは、黒海西岸の農産物の国際的な輸出港として台頭し、オデッサの競争相手となっていった。[12]

鉄道は黒海沿岸で一八六〇年代から一九世紀末にかけて急速に普及していった。ロシアでは、まず黒海西側のオデッサ、ニコラエフ、ヘルソンに鉄道が開通し、その後間もなく黒海の東側にもつながったが、一八八五年にはトランスコーカサス（ザカフカス）鉄道が開通し、黒海東岸のバトゥミとカスピ海に面するバクーを結んだ。二〇世紀初頭までに、ロシア南部の生産力のある地域は、ほぼすべて鉄道から八〇キロ以内の範囲に位置するようになった[13]。オスマン帝国が支配する黒海地域は発展が遅れていたが、トゥナ州のキョスタンジェとヴァルナからドナウ川の諸都市に向けて鉄道が敷設された（一八七八年に旧トゥナ州の一部を含む独立ルーマニアが誕生し、ミドハト・パシャにより開設された鉄道が外国資本によってさらに拡張されることになった）。

鉄道の敷設により、クリミア戦争の前はうら寂しかった港街も急速に発展していった。古代都市タナイスからドン川をのぼったロストフ・ナ・ドヌーは、戦争前には単なる一農村に過ぎなかったが、ほどなくステップ地帯の産品の一大取引地となった。浚渫により大型船の航行が可能となり、新しい積み込み施設や波止場ができたことで、国際的な取引業者にとって魅力ある街となり、ロシアの他の地域や外国から多くの移住者が集まってきたのである。ノヴォロシースク港は、一八三〇年代にコーカサス北部のクバン川地域の通商のために小規模な港として整備されたが、一八八〇年代に鉄道網が完成し、港湾が改良されると街は飛躍的に発展した。一九世紀末には、この港はロシアの南部全域の中でも有数の輸出拠点に成長した。

コーカサス山脈南方には、オスマン帝国とペルシアの国境沿いの交易拠点としてロシアが設けたポティという小さな港街が存在した。一八七二年にポティとロシア帝国のコーカサス総督府が置かれていたティフリスの間で鉄道が開通したことで、ポティは急速に成長した。鉄道の整備はさらに拍車がかかり、ポティ・ティフリス本線の支線が延伸されたバトゥミがポティに代わり、コーカサス地方で最重要の港へと発展していった。実際のところ、一八七八年以前、バトゥミは、わずかばかりの宿屋とコーヒーハウス、カラフルなバザールが存在した程度であった。しかし、間もなくトラブゾンをも追い越して、黒海南東部の主要都市に成長した。ニコラエフやヘルソンなど眠りについていたごとき古い街も、鉄道の到来により復活を遂げ、驚異的ともいえる人口の増加は、新旧を問わずロシアの港各地で観察された。一九世紀の後半には、ニコラエフの人口は三倍に、オデッサは六倍に、ロストフ・ナ・ドヌーは一〇倍となったのである。[14]

クリミア戦争以前より、黒海海域における輸送は帆船からスクリュー付きの汽船によるものへと変わりつつあり、沿岸部の都市から他の都市への移動は以前に比して格段に容易になっていった。オーストリア蒸気汽船社が運行する河川船は、ウィーンからドナウ川を下り、オーストリア・ロイド社の船舶はトリエステから来航した。二〇世紀はじめまでに、イタリア、フランス、ドイツの汽船会社がそれぞれ長距離航路を開設した。ロンドンからオデッサまでは、途中のマルタ、アレクサンドリア、イスタンブルなどの地中海の港に立寄って、四週間で行くことができた。[15] アレクサンドル二世の認可により一八五七年に創立されたロシア蒸気汽船社は、黒海内で汽船を縦横に運航させていた。定期的な環状ルートが、クリミア半島やコーカサスのすべての港に寄港しつつ、品物や旅客をオデッサから最東端のバトゥミに運んだ。ドニエプル川をのぼる河川航路も運航されるようになった。また、ロシアの船は、二週間に一度はトラブゾンなどのオスマン側の港にも寄港した。[16]

黒海沿岸に位置するロシアの港の最大の利点は、ロシア帝国の穀物生産の中心地である肥沃な黒土地帯に隣接していたことであった。黒海の諸港は、すでに一九世紀の半ばまでにロシアの穀物取引の約三分の二を扱うまでになっており、小麦輸出では実に約九割を占めていた[17]。一八八〇年代から第一次世界大戦まで、ロシアにおける穀物の全生産高は倍増し、黒海の諸港はイギリス、フランス、ドイツ、またさらなる遠隔地との取引のための賑やかな拠点となっていた[18]。スエズ運河の開通は、ロシアの穀物取引を極東にまで拡大したが、それはまたペルシアへの陸上ルートの経由地としてのトラブゾンの重要性を失わせることにもなった。実際に、スエズ運河経由の海路の移動の容易さにより、黒海の諸港はロシアが東シベリアや太平洋沿岸の領土にアクセスするための主要な手段となっていったのである。

穀物、すなわち大麦、ライ麦、そして特に小麦は、ロシアの対外取引産品の主力であり続けた。第一次世界大戦前には、ロシア産小麦は、世界全体の小麦輸出の約三分の一を占めていた。新たな産品に対する外国の運送業者や投資家の関心も高まっていき、イギリス、ドイツ、その他欧州企業が、コーカサス地域において、石炭や、マンガン、鉄鋼生産に使われる鉱石などの採取産業に従事した。もっとも、クリミア戦争後の数十年の間に、ロシア、欧州、また米国の実業家たちがもっとも強い関心を抱いたのは、実はある一つの特定の産業であった。

黒海やカスピ海周辺における石油資源の存在は古代から知られていた。ストラボンは、カスピ海沿岸の石油の漏出を記し、ビザンツ帝国の人びとはアゾフ海周辺の原油を、彼らの秘密兵器である「海の火」の材料として利用した。もっとも、商業利用の可能性については一九世紀中頃になってはじめて認識されるに至った。原油を照明用のケロシンや産業用潤滑剤へと精製する技術の発展に大きく貢献したのは、ペンシルベニア州西部の油田を開発し、石油の生産や販売を独占していたジョン・D・

ロックフェラーのスタンダード・オイル社であった。やがて外国企業は、カスピ海と黒海地域の二つの重要な油田に目をつけ、スタンダード・オイル社による国際的な石油の採掘や輸送に関する支配権を打破しようと試みるようになった。

彼らが目をつけた油田の一つはカスピ海に突き出た半島の付け根に位置する都市バクーの油田である。バクーは、一八〇〇年代のはじめにロシアの支配下に入ったが、当初石油は手掘りの油井から採掘されていた。しかし、一九世紀半ば以降、ペンシルベニア州の油田を真似て、掘削用の装置（リグ）が立てられるようになった。石油の探鉱や輸送に関する国家独占が一八七〇年代のはじめに撤廃され、外国の産業家に門戸が解放されると、スウェーデン人のノーベル兄弟やロスチャイルド家も事業に参入した。わずか二、三〇年の間に、バクー周辺は、黒い油井櫓の森と化し、その中を横切る油泥はあたかも河川の如くであった。

もう一つの重要な油田はコーカサスからみて黒海の反対側となるルーマニア中南部のプロイェシュティ油田である。同油田は一九世紀半ばより生産を開始し、一八六〇年代から一八七〇年代にかけて油井が掘られるようになった。一八七八年の独立以降、ルーマニアは自国の精油産業を立ち上げたが、ドイツ人を筆頭とする国際的な投資家たちがその権益をめぐってすぐさま群がった。

バクー油田とプロイェシュティ油田はともに主要な海路から離れており、アクセスの点で問題を抱えていた。陸に囲まれたカスピ海には海の出口はなく、プロイェシュティはドナウ川や黒海から離れた内陸部に位置しており、どちらも主要な鉄道路線を利用できるような場所にはなかった。一九世紀末に入っても、油井から生産される石油は、初期のペンシルベニアの油田と同じやり方で市場に出荷されていた。すなわち、原油を木製の樽に流しこみ、舗装もされていない道を荷馬車で運搬していたのである。

バトゥミとポティ間の鉄道支線の開通、さらに一八八〇年代のトランスコーカサス鉄道の全線開通で、バトゥミはロシア産石油の主要な輸出ルートとなった。原油は鉄道コンテナによって港に運ばれ、その後、新式の外洋用タンカーにポンプで積み込まれ、黒海を横切り、地中海やまたその先に向かっていった。間もなく鉄道に代わり、パイプラインが油田から港までの石油の輸送の主要な手段となった。

黒海西部では、キョスタンジェに至る鉄道線はより早く、一八五〇年代末から建設が開始されており、間もなくミドハト・パシャにより優先的な輸送計画の一つに位置づけられた。もともとの建設の動機は穀物取引であった。キョスタンジェ（古名トミス）は、黒海西岸における天然の良港の一つであったが、内陸部への移動に困難を抱えていた。ドブロジャ草原の泥まみれの道を越える必要があったことに加え、ドナウ川を渡らなければならなかったからである。これはキョスタンジェの発展を妨げる要因であったため、キョスタンジェ港からドナウ川へと鉄道を建設し、さらにブカレスト線に接続する計画が立てられた。キョスタンジェ線は、ドナウ川までの輸送経路の新たな選択肢となり、ドナウ平原から欧州中央部に至る道路や鉄道網につながることが見込まれていた。オスマン政府は、外国人技術者のグループにルートを検討させ、鉄道の敷設作業を開始したが、一八五〇年代と一八七〇年代に戦争があったこともあり、敷設作業はたびたび中断を余儀なくされた。最後の露土戦争が終結すると、キョスタンジェ港とドブロジャ地域はオスマン帝国から独立ルーマニアに引き渡され、ルーマニア国家をあげたお祝いムードの中、一八九五年になってようやく鉄道が開通した。このように、カスピ海の油田からバトゥミを経由して石油輸出が行われるようになったことと同様に、ルーマニア語式のコンスタンツァに改めたこの港を通して、プロイェシュティ油田からの石油が輸出されるようになった。

近代化された黒海の港は、西コーカサスやバルカン東部から産業革命のための原材料を輸出したり、製品を輸入する玄関口となった。さらに、黒海の周囲でブルガリアからグルジアまで拡大を続ける鉄道網にこうした港も組み込まれていった。蒸気の力を利用し、物品は鉄道で欧州全域に送られ、さらに汽船で海の彼方まで運ばれていった。ヴァルナには一八六〇年代にすでに鉄道が開通しており、二〇世紀はじめには人口が約四万人に達し、やがて新しいブルガリア王国［一九〇八年に独立］の主要港となった。人口はより少なかったが、コンスタンツァは、活発な石油取引によりルーマニア王国の商業拠点に成長した。バトゥミも人口規模こそ小さめであったが、輸出額は一八七〇年代から一九一〇年代にかけて三〇〇パーセントを超えるほどの増加を見せるなど、輸出拠点としては比類なき港であった。[19] ロシアとバルカンの比較的小さな諸港であっても、訪問者たちは町の直角に交差する道や工業用倉庫を見て、一九世紀後半の港町の変容からは取り残された黒海南岸の諸港と比べたものだった。一九一〇年にバトゥミを訪れた米国人は「トルコの街々の古ぼけたにおいから抜け出すことができ、また、健康的ですこぶる清潔な犬たちを見るのは気分爽快である」と記している。[20]

無神経な訪問者たち

一八五〇年代以降、近東での紛争が続いたため、黒海にまつわる話題は文字通り西欧人たちのお茶の間にも持ち込まれるようになった。イギリスやフランスでも、多くの一般家庭にとり、黒海は父、息子、叔父がクリミア戦争に従軍し、姉妹や叔母たちが看護に奔走した身近な場所となっていったのである。人びとは一連の国際的危機を伝える数多くの報道やイラストを目のあたりにして、あたかも自分がその場にいるように感じていた。地方の本屋でも、たとえば一八七七年から七八年にかけて戦われた露土戦争の美しい装丁のアルバムを購入することが可能であった。新聞は、オスマン帝国におけるキリスト教徒の迫害の様子を生々しく伝えたが、実際にその多くは地域社会で生じた激しい暴力行為に基づいていた。それらは一八七〇年代に起きたブルガリア人への残虐行為であり、一八九〇年代のアルメニア人の虐殺であり、一九一二年と一三年に起こったバルカン戦争におけるキリスト教徒とイスラーム教徒の間の流血であった。大衆文学の作家は、エキゾチックなオリエントというテーマに飛びついて、神秘的なイスラームの後宮、野蛮なトルコ、荒れ狂う海を取り上げてロンドン、パリ、ニューヨークの読者たちを熱狂させた。

黒海地域を身近に感じるようになると、西欧人たちは実際に現地を旅してみたいという気持ちも自然に抱いた。クリミア戦争で亡くなった遺族の墓を訪れたいという具体的な目的を持つ者もあれば、単に混乱を続けている世界を実際に見てみたいという欲求に駆られた者もいたであろう。汽船の船旅で旅行ははるかに容易になり、バルカンの諸都市とイスタンブルを結ぶ鉄道を使えば、旅行の一部は快適な一等客車に乗って陸路で行くことも可能になっていた。ガイドブックでは、冒険好きな旅行者向けに最適な経路や、もっとも興味をそそる場所が紹介されていた。ロンドンの著名な出版社であったジョン・マレー社は、すでに一八四〇年に「東方」(the East)への旅行ガイドブックを出版し、これにはアナトリアの沿岸部も含まれていた。同書はクリミア戦争の間やその後も定期的に改訂版や増補版が出版された。[21] ドイツのカール・ベデカー社は一九世紀後半に旅行ガイドブック出版に参入し、一八八三年にロシアに関する最初の旅行ガイドブックを手掛けた。

ベデカーの旅行ガイドブックでは、ロシア帝国を横断する旅行には八週間かけることを推奨している。まず、ワルシャワからサンクトペテルブルクまで移動し、その後南へと下り、キエフ、オデッサ、クリミアを経てバトゥミ、コーカサス地方に至るという旅程である。英訳の初版は一九一四年に出版されたが、そこでは旅行者が遭遇するものの中には予想外に文明化したものもあると注意を促している。たとえば、「オデッサは現代的な街であり、旅行者たちの関心を惹くものはほとんどない」。一方、コーカサスに海路で向かう旅行者たちの中でも、特に人がまだ訪れていない場所に行きたいという者に、以下の品物をオデッサにて、またいざというときにはティフリスで調達するように忠告するのである。

旅行用の敷物
ランタン［手さげランプ］
空気クッション

ゴム製オーバーシューズ［防水・防寒などのため、靴の上から履く靴］
アラーム付きの時計
針やピン
糸
ひも
乾燥肉類
コンデンスミルク
パン（「時に山中でも入手可能であるが、質は良くない」）もしくはビスケット
紅茶
砂糖
キニーネ［マラリア特効薬］
鎮静剤
ワセリン
石炭酸［殺菌消毒用の薬］
包帯
せっけん
マッチ
ろうそく

粉末殺虫剤
包装紙
文房具[22]
これらの品物が入手しにくかったり、頭のかたい役人に出会ってしまった場合には、その土地の領事館員を頼ることもできた。というのも、イギリス、フランス、オーストリア、またアメリカでさえも、ドナウ川からコーカサスにかけての諸港に領事館を置いていたからである。
それでも黒海を旅するにはある種の冒険心がいまだに求められていた。疫病の流行で移動に時間がかかったり、時には腐敗した税関職員にたかられることも覚悟しなければならなかった。また、ベデカーによれば「欧州の感覚でいうホテル」はどこにでもあるわけではなく、鉄道や汽船が通っていない場所ではそれを見つけることは著しく困難であった。他方、これらは近東を旅する上での大きな魅力であるとみなす著述家も存在した。トーマス・フォレスターによれば、「クステンジェ（キョスタンジェないしコンスタンツァとも）からコンスタンティノープルに向かう旅行者もいることだろう」。さらに彼は次のように続けている。

黒海を渡る強い誘惑にかられた者たちもいた。いにしえのトレビゾンド帝国の地まで渡航し、ティグリス川やユーフラテス川の源流を訪ねたり、ロンドンからマルセイユやミラノまでよりも短い距離で、エルズルムに、（古来より著名な）カルスに、またエレヴァンやさらにテヘランまで足を伸ばそうとする者たちである。（中略）長い秋休みがとれれば、こうした旅はたやすく実現できるかもしれないようにも思われていた。（中略）旅行者たちがすでに何度も訪問しているような場所は、魅力あふれる新境地とはもはや言えなくなっているかもしれないが、古くから大陸で使われてきた移動のためのルートは、拠点から拠点までの距離はさておき、旅行のための環境も整っていないという事情を考えれば、「使い古されてしまった」とは言えるだろうか[23]。

旅行く先で、未踏の草原地帯や興味をそそるオリエントの何かを発見できると期待していた訪問者たちは、時が経過するにつれ、次第に失望するようになった。一八六七年の時点でも、マーク・トウェインはオデッサの広い通りや新しい家々に驚き、次の通り記している。「はじめてオデッサの地に降り立ったときほど、自分としてはくつろいだ気分になったことは長い間なかった」。「我々がロシアにいるということを、思い起こさせるようなものは何一つなかった[24]」。トウェインの経験は黒海北岸では珍しいものではなく、アメリカ人を含む興味津々の大勢の外国人がすでに旅行してまわり、後からやってきた者たちはこれに不満を覚えることすらあった。あるイギリス人旅行者は、クリミアを訪れた際にアメリカ人が残していった痕跡をみて次のように愚痴るのであった。「米国は、落書きをするような輩どもの下品な集団をクリミア半島へ派遣部隊として送っているかのようだ。現地の柔らかい石は、彼らのポケットナイフの餌食となってしまっている。（中略）そうした輩どもはどこの馬の骨かわからないが、まるでニューヨークやフィラデルフィア「育ち」であることを世界に知ってほしいと切望しているように、石に刻みつけるのである[25]」。

運輸業界の拡大は、外国の訪問客のみならず、増大する地元富裕層にも支えられていた。ロシアの貴族や行政官たちは、温暖なクリミア半島の沿岸に豪勢な大邸宅を建てていたが、中でも、後にコーカサス総督となったノヴォロシアのミハイル・ヴォロンツォフ知事が所有していたアルプカの夏の宮殿はもっとも名高い。いくつかの建築様式を融合させ、精巧に作り上げられた庭園付きのこの宮殿は一八四〇年代に完成した。今も残るこの宮殿はロシアにおけるビクトリア朝期建築の模倣を示す最良の例であるが、それはバッキンガム宮殿と同じ人物が設計を担当したので当然といえば当然ではあった。こうした夏の別荘や庭園は、大衆向けの新たな行楽の中心にもなった。クリミアは詩人やツァーリズムの宣伝者たちにより、「帝国の庭園」ともてはやされ、一九世紀が進むにつれて、この庭園はあたかも咲き誇るかのごとく絶頂期を迎えた。

この頃、八月中旬から一〇月半ばにかけて海水浴の時期になると、ヤルタ、アルプカ、アルシュタの行楽地には、ロシア帝国中や外国から訪問客がつめかけた。意匠を凝らした邸宅やカジノ、海水浴施設が海岸に沿って建ち並び、モダンな波止場や岸壁には、オデッサから汽船でやってきたお洒落な貴族たちであふれ、「ロシアのリビエラ」の健康的な空気の中で酒を楽しむのだった。一八九〇年代、アマチュアの植物学者であり、紀行作家であったヴァシリー・シドロフは、訪問者を迎え入れるヤルタの情景を次のように記している。

「純粋なるヤルタ」には、小さめの公開庭園があるが、旅行客向けの売店では何もかもが他のロシアの都市の三倍の値段で売られている。どの店のショーウィンドーにも「ヤルタみやげ」と書かれた、不要な小間物が置かれている。またヤルタには別荘や海水浴場、郵便局や電信局、クラブや図書館もあり、大通りはおしゃれな服で闊歩する人たちであふれている。ここではすべてが訪問客のためにあつらえてあるのだ。庭園の楽団演奏、美しい馬車、岸壁ではカラフルな衣装をまとったタタール人ガイドが待ち受けている。鞍をつけた馬、海に漕ぎ出すためのボート、以上すべてが旅行客の貴方のものなのだ[26]。

オデッサなどのクリミアの諸港から船に乗る旅客の中には、休暇をイスタンブルで過ごす者や、また、より長い旅となる聖地［パレスチナ地方］旅行に出かける敬虔な者たちもいた。ロシア汽船による黒海縦断の短い旅は大変快適なものであった。乗客たちはボスポラス海峡の入り口を目当てに我先にと船のデッキにおし寄せ、ファーストクラスの乗客には素晴らしい食事が提供された。一八九八年、あるロシア人の旅行者は次のように記した。

夕方になると、あたかも自宅でくつろぐように、テーブルには紅茶が用意され、オーブンで焼かれたばかりのビスケットやプレッツェルが香ばしい匂いを漂わせていた。白いテーブルクロスの上では、ベル型のグラスの中でキャンドルがゆらめき、うつむいてベデカー社のガイドを読む乗客の顔に優しげな影を映していた[27]。

観光を含めて旅行が容易になったことにより、環黒海地域の人びとは黒海沿岸部を実際にはじめて体験するようになった。ロシア人やルーマニア人らの人気作家たちが、黒海紀行の本を執筆し、モスクワ、キエフ、ブカレストやソフィアの出版社は、当時の内陸部において読書人口が拡大しつつあったことを踏まえ、旅行ガイドブックを次々に出版した。愛想の良いタタール人荷物係、陽気なギリシア人の船長、好色なトルコ人役人の話ばかりを綴った単なる日記のようなものもあれば、フロンティアでの生活について思索にふける作品も生まれた。沿岸部は、近代国家や帝国の一部となっていったが、それでもいまだ荒らされていない辺境の地といったロマンティックな情景を思い浮かばせるものがあった。しかし、それはかつてのように恐怖を抱かせるものではなく、容易に旅したり、眺めることができるのであった。

多くの作家たちが隣国の奇妙な習慣に注目した。ロシアの作家たちにとっては、ベッサラビアのルーマニア人は誰かの財布を盗もうとしているジプシーであった。ルーマニアの作家たちにとっては、ドブロジャのブルガリア人は、自分たち自身の本当のアイデンティティを知らない滑稽な田舎者であった。彼ら全員にとって、トルコ人は生まれつきの部外者であり、有り難いことに欧州大陸におけるその存在はもはや幕を下ろそうとしていた。裕福な旅行者たちは、文明が激しく交差する場所としての黒海の様子を描いた作品を持ち帰ることもできた。フェオドシア出身で一九世紀における傑出した黒海の風景画家であるイヴァン・アイヴァゾフスキー（一八一七―一九〇〇年）ら芸術家たちは、暴風吹き荒ぶ海とその海岸線、クリミアの古の断崖に打ちつける激しい波頭、ついに文明化されようとしていた太古からの海岸に寄せる波間の核心をとらえた。一〇〇年以上前からイギリス人やフランス人の紀行作家が旅行し、記述を重ねてきた地域に、勃興する内陸部の諸都市からの新しい観察者も登場したのである。

彼らの多くは、自分たちの母国に関する知識を自らがほとんど持っていないことに気づき驚くのであった。海岸部で彼らが出会った人びとは、自分たちと異なった言葉を話しており、その地はいまや黒海のほとんどの沿岸部を囲んでいる洗練されたキリスト教の国々というよりも、むしろ退廃的なオリエントを思い起こさせた。たとえば、モスクワやサンクトペテルブルクからクリミアを訪問した旅行者は、現地から戻った後、観光客向けのリゾートを別にすれば沿岸部はまるで別の国のようだと語ったものだった。黒海沿岸の諸港、とりわけオデッサは「無限にやってくるユダヤ人」のために富の邪神が席捲し、商業主義で身を持ち崩した死者の魂がさまよう町になってしまったとロシアの作家は非難している。[28] 実際のところ、穀物、石油をはじめとする商品取引で港町は大いに賑わい、言語や生活様式を別にする様々な人びとでごった返すようになった。ロシア帝国の玄関口であるこうした都市において、ロシア的な特徴は危険なほどに薄まっていると不平の声が出るほどであった。一八九一年に出版され、よく読まれたロシアの旅行ガイドブックによれば、「残念なことであるが、ノヴォロシースクは、ロシア的な都市からほど遠い」「(都会の)人びとと近隣の村々の住民も、ギリシア人、ドイツ人、アルメニア人、チェコ人カトリック教徒などの外国人が多数を占めている。外国籍の者もたいへん多いし、地元育ちの外国人(local foreigners)も少なくない[29]」。

黒海沿岸すべての地域では、新興民族国家の首都において、「地元育ちの外国人」、すなわち宿屋のユダヤ人主人、ギリシア人やアルメニア人の商人、山間部のイスラーム教徒らに対する懸念が増大していた。内陸部の学校や大学では不変かつ純血な民族という考え方が教えられるようになり、民族解放闘争の記念日が祝賀され、また、詩人や歴史家が民族純血理論や宗教的な敬虔さの物語を詳しく語りはじめたが、同じ頃、黒海を訪問する多くの者たちは、こうしたでき事を目の当たりにしつつ、一方であまりに多種多様な現実との違いにあたかも狐につままれたようだった。

コンスタンツァ鉄道の光と影

クリミア戦争の後、環黒海地域の運輸、通商、旅行環境は大きく変化した。イギリス人若手土木技師のヘンリー・バークリーは、もっとも早くこうした変化を目撃した欧州出身者の一人である。バークリーの兄はオスマン帝国との取引で名をあげた実業家であり、一八五〇年代末、ドブロジャの沿岸地域における鉄道路線敷設とその建設を手伝うために呼び寄せられた。ドブロジャがトゥナ州となる直前のことであった。

バークリー社は黒海西岸における鉄道建設の原動力ともいえる存在で、ヴァルナやキョスタンジェからドナウ川沿いの駅に至る路線を敷設する権益を獲得していた。この路線はルーマニアの独立後に、同国初の主要な鉄道線として完成することになる。計画が持ち上がった頃、ロシアはイギリスがトラブゾンに有していた重要な権益の価値を引き下げるためにトランスコーカサス鉄道敷設に着手しようとしていた。そこで、オスマン帝国は、ヴァルナとキョスタンジェの間を鉄道で結べば、これらの二つの港をオデッサと競合させることができると考えたのである。その当時、オデッサまでの小麦の輸送は、鉄道ではなく、いまだに牛が引く荷車で行われていたという事情もあった。

イスタンブルからの汽船に乗ったバークリーは、荒波に揺られて船酔い状態のままヴァルナで降り、またも激しく揺れる馬車でキョスタンジェに辿り着いた。港に到着して数週間、彼は港で待機し、湿原に狩りに出かけ、たくさんの野ウサギ、ヤマウズラ、野雁を獲物として持ち帰ったりして時間をつぶしていたが、彼の本当の冒険が始まったのは、ロンドンの本社から建設作業を開始するよう指示が届いてからであった。

バークリーは、およそ五〇〇〇名の作業員たちを率い、鉄道路線の整地作業を行った。作業員はドブロジャ地方から集められたが、キリスト教徒もいればイスラーム教徒もおり、モルドヴァ人、ワラキア人、ブルガリア人、トルコ人など様々な人びとから構成されていた。イギリス・ダラム出身の現場監督、すなわちバークリーはその弱視を一部の作業員から恐れられつつ、こん棒を振りまわしては指示を出し、工事を進めた。

バークリーが作業を行った場所には、多くの困難が待ち受けていた。湿地からは虫の群れが沸き起こり、頻繁にマラリア熱に悩まされることになった。蚊を防ぐ一般的な方法は大量の肥やしを燃やすことであったが、それは耐えがたく、マラリア熱に苦しむことと変わらないほどであった。作業自体の進行も困難を極めた。草原の土は夏にはたいへん固くなってしまい、やっと掘り進んでも彫像や古代の墳墓といった厄介なものに出くわすことも頻繁だった。こうした昔の遺物が出てきたときには、バークリーはたいてい壊して粉々にしてしまえと指示していたが、時にはオックスフォード大学の博物館に送ることもあった。

キョスタンジェからドナウ川沿いのカラス村までの鉄道は一八六〇年に完成した。もっとも、草原を越えるこの短い区間を最初の汽車が走るようになると、新たな問題が生じた。地元の農民は、簡単には汽車が停まることができないことを理解せず、エンジンの音が近づいているときにも羊を線路のほうへと追い立てていたのである。その顚末は胃がまさに裏返るようなものであった。列車が七〇頭の羊の群れに衝突したときのことをバークリーは後にこう記している。「機関車で起きたあの恐ろしい光景を自分はけっして忘れない。その時、線路から機関車の煙突の先までが大量の血で染まった。私は火室の後ろにとっさに避難したのだが、それでも顔や手に生ぬるい血を浴びて気分がとても悪くなった[30]」。

それでも鉄道は、その後の数十年にわたりドブロジャ発展の原動力になった。一八九五年にドナウ川を越える橋が開通すると、鉄道はブカレストまで延伸されて、欧州中央部に至る主要路線につながった。一八七八年以降、キョスタンジェ転じてコンスタンツァは独立ルーマニアの第一の港となり、ヴァルナもベルリン条約で創設されたブルガリア公国の輸出拠点となった。さらに両港は、ドナウ川からイスタンブルに至るルートの定番の寄港地となった。

バークリーは、彼が参加した計画が、黒海西岸の交易に大きく貢献することになることをよく認識していた。しかし、彼がドブロジャで過ごした数年間の中で、別のあるでき事が彼にとりわけ強い印象を与え、回想録にまとまった記述を残すことになった。

バークリーが滞在している間、ドブロジャには陸路や海路でクリミア・タタール人たちが波のように押し寄せてきていたのであった。ロシア帝国政府は、少数のタタール人がクリミア戦争時に連合国に協力したことを理由に、タタール人全体を非難しており、彼らはその報復を恐れていた。オスマン帝国もキリスト教徒が多く住んでいた地方にムスリムの人口を増やすため、移住者に農地を提供することを約束していた。キョスタンジェに入港する船にクリミア・タタール人の移住者たちがあふれている光景をバークリーは目撃している。

数百人の乗客をぎっしり詰め込んだ汽船や帆船には、食料も水もなかった。残ったスペースには、彼らが携帯していた農作業用の道具や荷車が置かれ、ラクダなどの家畜も乗せられていた。タタール人の多くは船酔いで弱っていた上、天然痘やチフス、はしかなどの伝染病が船内で蔓延し、さらに港からすぐに地方全域にこうした疫病が拡散していった。海上で亡くなった者たちは船上から投げ捨てられたが、船が港に入っているときも同様で、キョスタンジェからヴァルナにかけての海岸には無数の死骸がうち捨てられていた。

バークリーが手がけていた新しい鉄道線が運行を開始したのはこの頃である。タタール人移住者たちはドナウ川行きの汽車に乗り、到着地から川を遡って、上流のオスマン政府が指定した再定住地に向かうことになっていた。しかし、ドナウ川の船は著しく不足しており、川岸で数千人が乗船の順番を待って野宿している光景もまたぞっとするようなものであった。バークリーは当時を振り返って次のように記している。「彼らの多くはひどく病んでおり、動かすこともできないような状態であった。しかし、彼らを海岸で野ざらしにすることも不都合なので、全員が移動させられたのである」。「多くの人たちが客車で亡くなったが、遺体は死者の友人たちにより走っている汽車から投げ捨てられた。それは極端な窮状のために生じた無慈悲な行いであった。客車に残っていた遺体も、生きている仲間から踏みつけられ、押しつぶされるありさまだった」[31]。

バークリーは、この後長く続いていく大規模な人口移動の最初の目撃者の一人であった。こうした移動により、環黒海地域はその姿を大きく変えていくことになる。一八五〇年代から一八六〇年代初頭にかけて、何十万ものクリミア・タタール人がロシア帝国を離れて、オスマン帝国へと移り住んだ。アナトリアに移動した人びともいたが、ほとんどがブルガリア、セルビア、トラキアに移住していった。間もなくさらに大きな人口移動の波が続いて生じた。ロシアによる北コーカサス征服の過程で、チェルケス人やその他のイスラーム教徒のコーカサス山岳民たちが移住を余儀なくされたのである。一八九〇年代には、東アナトリアでアルメニア人やその他のキリスト教徒が虐殺された。バルカン戦争、これに続く第一次世界大戦の際には、キリスト教徒もイスラーム教徒も避難民となった。一九一五年から一九二〇年代初頭にかけて、オスマン帝国内ではアルメニア人やギリシア人などが組織的に殺害され、また追放された。近代の輸送技術により、小麦や石油などの物資は黒海を容易に越えるようになった。一方、それは「地元育ちの外国人」を排除するための効率的な新たな手段にもなったのである。

強制移住・追放・虐殺

黒海の周辺において、戦争の際の避難民や、政府により居住地から移されて、新たな領土に再定住させられるといった強制的な人の移動は新しいことではなかったし、実は欧州全域でも珍しいことではなかった。港町は、古代から追放された不信心な詩人や反体制派の人物の行く場所であった。オスマン時代には、村全体を移住させることを「シュルギュン」と呼び、政府に服従しない地方の人びとへの罰として、また、人口密度が低い地域に植民させるための政策手段として用いられた。同様の施策は、一八世紀から一九世紀にロシア帝国が南方に拡大していく過程でもとられている。タタール人、ギリシア人、アルメニア人たちはクリミアから移動させられる一方で、新たにロシア領となりロシア草原と呼ばれるようになったステップ地帯に定住させるため、スラヴ人農民が南方に移動させられた。もっとも、懲罰的な追放と人口政策としての植民の境界は常に曖昧であったが、こうした強制的な人口の移動には、特定の文化集団に集団全体で罪を背負わせるといった概念はほとんど伴っていなかった。帝国が行った人口に関する施策は、それがビザンツ皇帝であれ、オスマンのスルタンであれ、ロシアのツァーリであれ、君主の特権の行使以上のものではなかった。

一九世紀半ば以降、組織的な人口の移動は加速し、その性格も変化していった。まず、人びとを以前より簡単に移動させることができるようになった。それは、鉄道や汽船が登場したためであり、牛の荷車や帆船で運んでいた時代より、大量の人数を容易に運ぶことができるようになった。また、人びとを移動させるための新たな観念的な動機づけがなされるようになった。ナショナリズムの動きは、当初、欧州的な教育を受けた知識人の文化的運動として始まったが、次第にそれは文化的に定義されたネーションの歴史的使命と国家の政治的な正統性を結びつける国家的政策に変化し、人びとを別の土地に移動させるための新たな根拠づけにも利用された。

黒海周辺の国家において、国を成り立たせていた概念に、わずかであるがしかし明白な変化が生じた。オスマン帝国もロシア帝国も、この頃、本格的な改革を経験したのである。タンジマート期において、欧州の技術的優位に追いつこうとすると同時に、オスマン帝国はそれまでのイスラームに中心を置いた統治理念を――それは他宗教に寛容ではあったが――変更して多宗教国家に変貌しようと試みた。ロシアもまた、クリミア戦争の敗北もあり、駆立てられたように、農奴制の終焉をもたらす一連の改革に着手していた。しかし、両帝国における改革はともに短命であった。反動主義者であり、イスラーム国家としての帝国を元通りにしようともっとも保守的な行動をとったスルタン、アブデュルハミト二世（在位一八七六―一九〇九年）の時代になるとタンジマート運動は実質的に終了した。アレクサンドル三世とニコライ二世も組織的な反改革を行い、正教、専制、ナショナリティの三原則を国権の基盤としてふたたび掲げた。両帝国の内部やその周辺では、大きさこそ小さいが、同じくらい排他的な考えをもつ国家も出現した。一八七八年に独立が認められたルーマニアは、ルーマニア人によるルーマニア人のための国づくりに着手し、国内に住んでいたユダヤ人やその他の宗教の人びと、また少数民族の居場所は狭まっていった。文化的純血や民族の領土、その中の異邦人といった考えは、巨大な規模で、広範囲にわたってコミュニティやアイデンティティの見直しを行わせることになった。

一九世紀の初期の時点では、強制的な人口移動は境界地域での戦いに付随するもので、世界の他の地域でも見られたように辺境鎮定戦略の一環であった。国家が拡大していく過程で、政府は、その宗主権を拒否する反抗的な土地の人びとをどこか別の場所に移動させようとしたのである。ロシアがコーカサス高地に支配を広げていく過程において、森林は切り開かれ、村々は破壊され、民間人は別の場所に移動させられた。この政策は、かつてノヴォロシアの統括者であったヴォロンツォフがコーカサス総督に就任すると積極的に追求された。一八六〇年代初頭、ロシア政府は、残存していた高地の抵抗勢力を軍事的に敗北させ、コーカサスの村々の無人化を組織的に行い、何十万ものチェルケス人、チェチェン人などのイスラーム教徒のコーカサスの山岳民をオスマン帝国に追放した。コーカサスの諸港から山岳民たちを乗せた船がシノプ、トラブゾン、ヴァルナに向かい、到着地の船着き場で文字通り単純に陸揚げされたのであった。疫病、脱水症状、飢餓によって多くの命が奪われた結果、観察者は山岳民を運ぶ船を「浮かぶ墓場」[32]と名づけた。しかし、この追放政策は二つの面の片側ともいえるものであった。ロシア人は反抗的なイスラーム教徒を辺境から消滅させ、スラヴ人の農民やコサックをそこに定住させたいと考えていたが、一方でオスマン帝国は、コーカサスの山岳民たちを帝国にとって反抗的な辺境となっていたバルカン半島、アナトリア東部、アラブの土地に送り込んでいったのであった。

このように、一九世紀後半、タタール人、コーカサスの山岳民など多くのイスラーム教徒がロシアから追い出されたが、その規模は驚くべきものである。クリミアやコーカサス地域から移動させられた者はおよそ一五〇万人に達したとみられているが、その多くが移動の途中、もしくは目的地に到着してから間もなく亡くなっている。ある見積もりによれば、イスラーム教徒が移動させられたことにより、結果的にクリミアの人口は四分の一までに減少し、コーカサス高地の人口もほぼ同じ程度にまで激減した[33]。一八七七—一八七八年の露土戦争でも多くのイスラーム教徒が住地を離れることになったが、特にセルビアやルーマニアから、タタール人などのイスラーム教徒（現在ではテュルク人と呼ぶであろう人びとを含む）のコミュニティの移動が目立った。さらに一九一二—一九一三年のバルカン戦争の混乱の中でもさらなる住民の大移動が発生した。戦争の直接の結果として、また、ロシアやバルカン半島における民族浄化政策によって第一次世界大戦までの一〇〇年の間に少なく見積もっても二五〇万人、おそらくそれ以上のイスラーム教徒の市民が死亡した[34]。

同じような事態が、反対側の黒海南東の沿岸部にあるオスマン側の港湾都市、またアナトリア半島内陸部のキリスト教徒の共同体でも起こっていた。トラブゾン、サムスン、リゼなどの都市には交易の長い歴史があり、アナトリアやエーゲ海地域出身のギリシア人やアルメニア人商人たちの他、多くのキリスト教徒が集まり、都市人口のかなりの割合を占めていた。特にアルメニア人は、近東地域全域にわたる社会的・家族的な強い紐帯もあり、タブリーズのバザールからライプツィヒの市場まで広がる国際交易ネットワークの中心的な位置を占めていた。これらの宗教コミュニティは、オスマン帝国の宗教自治を基本とするミッレト制のもと、ほとんどの地域で比較的平穏に生活しており、共同体内部の制度や事項についても一定の統制が保たれていた。しかし、コーカサスからイスラーム教徒難民が諸港に到着し、内陸部にも定住するようになると、土地の権利に関して無数の争いが起こり、コーカサス出身の山岳民たちによる襲撃も発生した。新たにやってきた定住者たちは先住のコミュニティに搾取されていると感じる一方、アルメニア人などのキリスト教徒たちは、追放されたイスラーム教徒たちがどんどん押し寄せてくることに圧迫感を覚えるようになっていった。

露土戦争とその後の和平条約は、こうしたコミュニティ間の緊張状態に政治的な方向性を与えることになった。オスマンの支配から脱し、新たな国家をつくったバルカン半島のキリスト教徒たちの成功にアルメニア人指導者たちは刺激を受けた。とりわけ西欧やロシア在住の者は、アルメニアの自治地域化や独立を目指す運動への働きかけを強め、時には武力手段を用いることさえ辞さないとするような革命組織が結成されていった。こうした動きはオスマン帝国に対抗していくための潜在的な梃子になるとロシアも考え、アルメニア人たちの願望を煽った。こうして、すでに一八七〇年代には、アルメニア人のコミュニティとオスマン国家との間の紛争がさらに拡大していくためのお膳立てがなされていた。黒海沿岸の諸港ではもっとも過激なアルメニア人グループへの支持はおそらく限られたものであったが、オスマン帝国の税制への不満はくすぶっていた。内陸の奥地では、クルド人やコーカサスからの避難民などイスラーム教徒による襲撃により、対立感情はより深刻なものとなっていったのである。

一八九四年の夏、アナトリア東部サソンで、課税問題を理由とするアルメニア人たちによる蜂起が発生した。革命組織はこれに乗じて、オスマン帝国に対する全国的な反乱を起こそうとしたが、この企ては失敗に終わった。しかし、折しも帝国に対するアルメニア人たちの忠誠に疑問を抱きはじめていたアブデュルハミト二世は、こうした動きを自らの政治目的の追求のために都合よく利用したのであった。一八九四年から一八九六年にかけて、反乱の発生が疑われた帝国各地にオスマンの非正規軍が派遣されたが、彼らはアルメニア人のコミュニティに対して大規模な攻撃を行った。政府公認の懲罰行動、無秩序な状況下での山賊行為、土地の争い、コミュニティ間の報復といった大混乱の中で、八万人ものアルメニア人やその他の人びとが殺害された。その被害者の数は、一説には三〇万人に達するとされている[35]。

これはスルタンの名前にちなんだ懲罰隊からハミーディーイェの虐殺と呼ばれるが、そもそもはアルメニア人の大規模な絶滅や全面的な排除を目的としたものではなかった。しかし、その三〇年前に発生したタタール人やチェルケス人たちの強制移住とは大きな違いを認めざるを得ない。コーカサス攻略におけるロシアの戦術は残虐で、村々を焦土とし、男も女も子どももまとめて新しい場所に移動させられた。もっとも、その理由は、彼らがイスラーム教徒であるからというより、元からそこにいたためで、ロシアの帝国主義的な拡大の中で、未征服の高地は安全保障上の脅威とみなされていたためであった。しかし、アルメニア人の場合には、そのアイデンティティゆえに共同体が攻撃の対象となったのである。黒海沿岸の港湾都市、またアナトリア東部全域の主要な都市や村に住んでいたアルメニア人の市民は、オスマン帝国に差し迫った危険を与える存在ではほとんどなかった。アルメニアの革命活動は一握りのゲリラ戦闘員のグループによるものに限られ、その多くはオスマン帝国の外に拠点を置いており、概して帝国内のアルメニア人エリートたちとは不和であった。しかし、ハミーディーイェの虐殺は、その後明らかになったとおり、人びとの苦難に満ちた長いドラマの幕開けに過ぎなかった。黒海の周辺に住む人びとは、国家や帝国にとって内在する脅威とされ、家から追い出され、殺害され、もしくは移住させられた。「地元育ちの外国人」や、敵性民族という概念は、その後間もなく一九一五年から一九二三年にかけて、多民族・多宗教からなる地域共同体の壮大な解体劇の中で最大限に用いられ、また人びともこうした考え方にとらわれたのであった。

環黒海地域に対する第一次世界大戦の影響は、その開戦当初、比較的限られていた。東部戦線における陸戦に比べると、海軍の作戦行動は戦略的な意味も少なく、ほとんど取るに足らないものだったのである。ロシア帝国とオスマン帝国は一九一四年一一月、それぞれ異なる側で正式に大戦に参戦したが、ブルガリアが同盟国側についたのはその翌年のことであった。そして、ルーマニアが中立を放棄し、イギリスとフランス側に立って参戦するまでさらに一年を要した。当初同盟国は、地域におけるもっとも重要な戦略要衝であるイスタンブルからダーダネルス海峡の経路を確保しようとしたが、ガリポリの悲惨な戦闘から、一九一五年の間、戦闘は泥沼化していった。

黒海において、ロシアとオスマン海軍の交戦は発生したものの、その回数は少なかった。戦争に入った頃、両国の海軍は不完全な状態のままで、ロシア艦隊は、兵員・装備ともに十分ではなかった。その乗組員の悲惨な生活状態は、一九〇五年夏の有名なポチョムキン号の叛乱で、反抗的な乗組員が艦を占拠してコンスタンツァに航行したことで、すでによく知られていたが、実はオスマン帝国の状況もほとんど同じようなものであったのである。海軍の予算はごく限られたものであり、国家が巨額の負債を抱えていたため、資金の新規借り入れもできなかった。黒海における海軍力の増強に増して、この頃のオスマン帝国にとり大きな懸案だったのは、国内の抵抗勢力への対策であった。憲兵隊は一八九〇年代にオスマン帝国で発生した暴力事件の担い手の一つであったが、大戦前はこの部隊への支出が全海軍の予算を上回っていた。[36] 他方、オスマン帝国はそれまで長年親密な関係を築いてきたイギリス海軍との関係を反故にして親ドイツ政策に舵を切り、ドイツも、ドイツ人乗組員を乗せた軍艦をオスマン軍に提供したのであった。

ツァーリの宣戦布告に先立ち、オスマン軍はロシア軍の基地に先制攻撃を仕掛け、オスマンの軍艦はセヴァストーポリ、ノヴォロシースク、オデッサを砲撃した。しかし、ロシア側の損失はわずかであった。素早く反撃に出たロシアは、アナトリア沿岸部に大量の機雷を敷設し、石炭の輸送を妨害したが、この戦略のために一九一五年の半ばまでにオスマン海軍の全石炭輸送船は実質的に壊滅してしまった（この結果、オスマン海軍は、ボスポラス海峡の旅客フェリーや小さな帆走船を石炭輸送に利用したのであった)。黒海での唯一の大きな海戦といえるものは、クリミア沖の霧による短い有視界距離の中で行われた、オスマンの旗を掲げたドイツのドレッドノート級戦艦ゲーベンとロシア戦艦群との交戦であり、犠牲者はわずか一〇名程度に過ぎなかった。陸上の戦いでは、ロシアはコーカサス南部からアナトリア東部に進軍し、一九一六年春までにエルズルムとトラブゾンを手中に収めた。一九一七年の革命によるロシア軍の解体を受けて、オスマン軍は黒海南東の沿岸をふたたび奪取したが、その頃には黒海は二次的な戦線となっており、主戦場は南西部のレヴァント地方でのイギリス軍との戦いとなっていた。もっとも、当初は中近東地域において優勢であったオスマン軍は、この頃には徐々にその立場を後退させていった。

こうした戦況の変化もあり、第一次世界大戦は、一九世紀末に繰り返された住民移動と比べても格段に大きな規模の強制的な人の移動を引き起こした。アナトリア東部では、コーカサス戦線におけるロシア軍の成功に続き、アルメニア人の革命家たちが蜂起した。しかし、オスマン軍がロシア軍に対して反撃に出ると、アルメニア人市民たちも報復の標的とされた。オスマン政府は過去に掲げてきた寛容的な政策を放棄し、トルコ民族ナショナリズムに訴えて虐殺や追放を認め、一九一五年には組織的な大虐殺は頂点に達した。イタリアの駐トラブゾン総領事は、後に港における経験をこう回想している。

アルメニア人の避難者たちの集団が、窓の下を、領事館の玄関の前を次々と通っていった。彼らは口々に助けを求めていたが、我々は誰もこれに応えることはできなかった。街は完全に包囲され、戦闘用に完全武装した一万五〇〇〇人の兵隊の他、数千人の警察要員や、志願者の集団によって都市の各所が固められていた。（中略）避難路には毎日数百もの死体が転がっていた。若い女性はイスラーム教に強制的に改宗させられるか、他の者たちとともに追放させられた。子どもたちは、家族やキリスト教学校から引き離されてイスラーム教徒の家庭に引き渡されるか、数百人もの集団で着の身着のまま船に乗せられたが、その船は黒海やデイルメン・デレ（デイルメンデレ）川で沈められ、溺れ死んでいった。これらは、自分が終生忘れることができないトレビゾンドの最後の記憶である。[37]

オスマン帝国の全域、特にアナトリア東部地方では八〇万人から一五〇万人のアルメニア人などのキリスト教徒たちが殺害されるか、また、情勢変化の激しい国境地帯から再定住先へ行進する間に亡くなった。

バルカン半島では、同盟国軍の進軍により、地元のイスラーム教徒たちの避難が始まっていた。崩壊しつつあるオスマン、ロシアの両帝国の全域で、あらゆる宗派の難民たちが暴力や飢餓から逃れようと港に向かった。波止場はロシアやイギリス、またはアメリカの船で安全な場所に連れて行ってもらうことを期待した市民たちでごった返していた。欧州やアメリカの援助関係者たちは食料や衣類の配給を行い、数千人の孤児たちが船に乗せられ、外国での新しい生活に向けて送り出されていった。

休戦により西部戦線の戦闘は正式に停止したが、黒海の北側ではロシアの内戦が続いていた。そのため、ウクライナの草原地帯では避難民が引き続き発生し、多くの人が飢えに苦しんでおり、事態の改善は急を要していた。一九一九年初頭、アメリカの議会は大規模な支援計画を立ち上げ、ロシアに対して、また、小アジアのアルメニア人やギリシア正教徒などのキリスト教徒、およびユダヤ人たちの支援に一億ドルをあてることとした。新たに組織されたアメリカ救援局は、ハーバート・フーヴァー〔後のアメリカ合衆国大統領、スタンフォード大学フーヴァー研究所の創設者〕を責任者とし、バルカン、ロシア、トルコ、コーカサス地方における援助品の分配等の活動を監督するため数百名の要員を派遣した。アメリカの援助は、ロシアでボリシェヴィキ政権が成立した後も一九二二年まで続けられた。黒海では、アメリカなど連合国の艦船が港の治安維持のため波止場をパトロールし、ロシア人避難民のギリシアや他国への脱出を支援した。しかし、間もなく欧州の大国は、人びとを安全な場所へ移動させるだけではなく、彼らの永久的な追放をも実質的に認めることとなる。それはいわば民族の浄化が国際条約によって行われた例である。

第一次世界大戦の終了時、オスマン側の黒海沿岸は連合国の統制下に置かれていた。一九一八年一〇月、オスマン帝国が休戦協定に署名すると即座に連合国はボスポラス・ダーダネルス両海峡を支配下に収めた。イギリスはバトゥミの街とそこからバクーに至るトランスコーカサス鉄道を接収し、黒海北部の港はその他の連合国により掌握された。こうした港はロシアの内戦から逃れようとする難民であふれかえっていたが、市民向けの援助に加えて、ウクライナやロシア南部で戦いを続ける反ボリシェヴィキ軍への支援の経路ともなった。イスタンブルに設置された連合国の上級委員会本部は、オスマン帝国や黒海沿岸の大半の地域における実質的な統治機関として機能し、アナトリアのみならずロシア南部で発生していた飢餓や避難民への対応と支援を行った。

オスマン帝国は敗北し、占領されたが、アナトリア中部ではトルコ人ナショナリストによる大部隊が集結していた。他方で、ギリシア系の「ポントス共和国」を含め、地元勢力が様々な小国の独立を宣言した。こうした状態の中、オスマン帝国のその後をどう処理するのかは難しい問題であったが、一九二〇年にオスマン政府と連合国により署名されたセーヴル条約で、いったんは公式の決着がはかられた。オスマン帝国は解体され、ギリシアやイタリアの保護領や独立国家としてのアルメニアとクルディスタンが認められ、残りの部分で実質的に非武装化されたトルコ国家を創設することで解決されることになった。オスマン帝国の外縁部は、イギリスやフランスの委任統治領となり、ボスポラス・ダーダネルス両海峡の統治のための国際委員会が設置され、両海峡は戦時、平時いかんにかかわらずすべての船舶に解放されることが宣言された。オスマン海軍はほぼ完全に解体されることになった。

しかし、セーヴル条約に納得した者はほとんどいなかった。アナトリアの大半を実質的に掌握していたオスマン軍の残存勢力からみれば、同条約は機能不全に陥った帝国の最後の降伏文書であった。連合国、特にギリシアからみれば、イスタンブルを中心とする「ギリシア帝国」の創設が認められず不満が残った。結局、これらの立場の違いを解決する手段として新たな戦端が開かれた。エーゲ海沿岸を占領する任務にあったギリシア軍がアナトリア中部へ進軍すると、ガリポリの戦いの英雄の一人ムスタファ・ケマルの指揮下で、さんざんな状況にあったオスマン軍は再結集し、組織的な反撃を開始した。こうした発生した希土戦争では、一九二二年一〇月の休戦協定の署名まで激戦が続いた。

希土戦争の末期、セーヴル条約に代わり、戦争で生じた現実を承認する新たな合意のための交渉が行われた。希土戦争は、アナトリアを徹底的に破壊し、人口を移動させ、ケマルの軍勢が近づく中で逃亡するギリシア軍が火を放ったスミルナなどのように重要都市は焼け野原同然となった。ギリシア遠征軍の撤退で新たな避難民の移動が生じ、ギリシア人、アルメニア人などのセーヴル条約の文言を支持すると思われた集団に対しては、トルコ人の攻撃が続けられた。オスマン帝国は決定的な終焉を迎えた。スルタン制は廃止され、オスマン的ないし帝国ではなく、トルコ的かつ国民国家の性格を強調する新たな共和国の設立が宣言された。ケマルは政党指導者となり、新政府樹立のための選挙で勝利し、やがてアタテュルク〔トルコ人の父〕の名を贈られることになった。

一連の交渉の結果、トルコと連合国が一九二三年七月に署名したローザンヌ条約により、住民交換が公然と行われることになり、驚くべき規模で人びとが組織的に移動させられた[38]。同条約のもとでは、ギリシアとトルコの国家を民族的に同質化させ、おのおのの報復から少数派を守るため、黒海沿岸の諸都市を含むアナトリアの正教徒約一五〇万人をギリシアに、また、ギリシアのエーゲ海沿岸のマケドニア地域などからイスラーム教徒約三五万人をトルコにそれぞれ強制移動させることを認めた（加えてイスタンブルのギリシア正教徒とトラキア西部のイスラーム教徒は追放から除外されることが宣言された）。今回の追放ではそれを欧州の主要大国が承認したとはいえ、移動者に著しい心理的なトラウマを残したし、物理的な負担も想像をはるかに超える大きさであった。人びとは、当座しのぎの粗末な宿泊施設に身を寄せた後、混雑した船に乗って移動を余儀なくされた。また、こうした道中で強盗や腐敗した役人により所持品も奪われた。追放された者を移住先の社会が受け入れる準備は往々にして整っていなかったし、移住者のアイデンティティがその統合を難しくすることもあった。ローザンヌ条約は「ギリシア人」（正教徒を指す）とイスラーム教徒の区別が容易であるかのように、また、それぞれのコミュニティがギリシアや新しいトルコ共和国に本来の故郷としての親近感をもっていることを前提として書かれていたが、両者の境界は、実際にはあいまいであった。条約で定義する「ギリシア人」すなわちアナトリアの正教徒とは、トルコ語しか話せなかったり、エーゲ海沿岸出身のギリシア人にとっては理解不能なギリシア語の方言を話す人たちであった。同様にギリシア出身のイスラーム教徒とは、母語としてトルコ語でなく、ギリシア語やバルカンのスラヴ系言語によりなじんだ人びとである場合が少なくなかったのである。

しかし、結局のところ、コミュニティの全員が移動されるべきか否かについては、民族的な特徴についての推測に基づいて判断が行われた。個人もしくは家族が実際に住民交換で移動させることが可能か、すなわち強制的な移住の対象となるか否かについては、実際にはローザンヌ条約のもとで設立された特別な政府間委員会の決定に委ねられた。こうしてトラブゾン、サムスン、シノプのキリスト教徒共同体は、一九二〇年代の中頃までに実質的に消滅してしまった。修道院や村々にビザンツ時代のわずかな名残りをとどめてきたポントス高地マズカ地域のギリシア語話者コミュニティもその終焉を迎えた。自分自身をローマ人、すなわちロマイオイ（Romaioi）ないしルムラル（Rumlar）と呼んでいた人びとは、突然「ヘレネス［ギリシア人］」とされ、また、単にイスラーム教徒であった人たちが「トルコ人」となった。両者の多くにとっては、新しい母国とは、いまだかつて忠誠心など持ったことがないような場所であった。ローザンヌ条約の起草者の一人であるカーゾン卿［当時のイギリス外相］は、これらの措置について「解決方法として最悪かつ酷いもので、このため今後一〇〇年にもわたり世界は重い罰を受けることになろう」と述べている[39]。

強制移住させられた人びとやその過程で死に至った人びとに起こったのはジェノサイドであっただろうか。人口移動の多くについては、ジェノサイドと他の組織的暴力の形態を通常区別する基準に照らし異なっていたことが主に二点ある。一点目は、領土の一部から単に人びとを除去しようとしたのか、それともある民族を除去しようとする意図の度合いがどれほどであったのかという点であり、もう一点は、たとえば人種的優越性など殺害を正当化するための明確なイデオロギーの存在である。政府側の行動に除去主義者的な動機がみられた一九一五年に起こったアルメニア人の事例などは珍しい例であり、その行動を合理化するための首尾一貫したイデオロギーがあることはさらに稀であった。しかし、国家による組織的暴力の被害者にとって、ジェノサイド、民族浄化、強制移住の概念的な区別など、通常は大きな意味をもたらさなかった。今では、犠牲者やその子孫たちの多くが、追放と殺害をそれぞれ個別の歴史的事件として扱うようになり、また、それらに巻き込まれたグループの集団意識の転換点にもなっている。これらの事件は、アルメニア人にはチャルト（Ch'art）、ポントス・ギリシア人にはカタストロフェ（Katastrophe）、トルコ人にはミュバデレ（Mübadele）の名前で呼ばれている。

一八六〇年代から一九二〇年代にかけての黒海沿岸の人口の変化は、政府による施策の直接の結果として生じたものであったが、その規模や犠牲者たちの悲惨な末路の点で前例のないものであった。一八世紀からクリミア・タタール人の人口の減少は始まっていたが、ブルガリアや他のオスマンの地への移住によりさらに減少した。コーカサス西部の高地では、チェルケス人などの山岳民がバルカン半島や中東各地に移住したことにより、住民がまばらとなるほどだった。トラブゾンやサムスンなど黒海の南や南東岸の港湾都市に存在したアルメニア人のコミュニティは、一八九〇年代の虐殺で消滅しはじめ、その後の一九一五年の組織的な殺害で壊滅に至った。その後一〇年も経たないうちに、正教徒であるが、その多くが国家としてのギリシアとの関係についてほとんど無自覚な人びとが、黒海沿岸部から移動させられ、ギリシアへと「帰還」した。

二〇世紀ではその後も、過去長期間にわたって黒海沿岸の特徴であった多文化混淆の状態が失われていった。その最たる例としては、第二次世界大戦のときに、ユダヤ人の大量殺戮が行われたことや、クリミア・タタール人やコーカサスの人びとがさらに追放されたことがあげられる。この急速な文化的均質化と並行して、歴史家や作家、ナショナリストの知識人たちはそれぞれの分野で歴史的な記録を「純化」したり、内陸部と黒海には古代から確固した関係があった事実を発見、あるいは多くの場合で作り出すことに励むことになった。

水域の「分割」

一九世紀後半から二〇世紀初頭にかけて新しい国家が黒海沿岸に出現すると、黒海とその海洋資源の管理に関する問題が生じた。一八七八年にベルリン条約が締結された際、すでに「水域の分割」は問題となっていた。このときは、ドナウ川での漁業管轄権と、水路が頻繁に変わるデルタ地帯での境界を設定することが課題となったのである。その後の数十年にわたって、黒海沿岸の分割に関する問題は沿岸国の間の外交課題としてますます重要になっていった。

「領海」（territorial waters）という概念には明白な矛盾があり、それは陸の支配を海へと広げたことから生じている［すなわち英語では領「土」的海と表現される］。この概念は、二〇世紀に入ってしばらくしてからも国際法の中で完全に定まってはおらず、国際的な司法機関の登場、緯度や経度の計測についての科学的進歩、国家が自国のものと主張する海域をパトロールできるような海軍能力の向上といった多くの要因に法概念の発展も依存していた。黒海では、世界の他の場所に比べても、国境線を明確にすることが遅れている。現代においても、黒海では、沿岸国が海岸から排他的な領有を主張しうる距離についての国際的な合意はなく、漁業権に関する紛争も発生している。二〇〇〇年にウクライナの沿岸警備隊の船が、ウクライナが自国内と主張する海域に入ってきたトルコのトロール漁船に発砲し、これを沈没させている。

ただし、戦間期において、黒海やボスポラス・ダーダネルス両海峡に関する、二つの重要な国際条約が結ばれた。ギリシアとトルコの住民交換を認めたローザンヌ条約は、同時にエーゲ海と黒海の通航を規定した。同条約では、両海峡の平時における商業船と軍艦の完全な航行の自由を確認したが、黒海内には、ブルガリア王国、ルーマニア王国、ソヴィエト連邦、トルコといった沿岸国のうち、いずれかが保有する最強の艦隊を超える規模の海軍力が外部から入ることは認めないことにした。また、両海峡周辺地域は非武装地帯とされ、トルコは沿岸一五キロメートル以内に部隊や兵器を配備する権利を放棄した。この条項に不満を募らせたトルコは、一〇年後に同条約の改訂を求めた。その結果、一九三六年に新たに調印されたモントルー条約では、トルコは両海峡の海岸部に至るまで完全な主権を回復した。このとき、平時の自由通航の原則も再確認されたが、戦時においては、トルコは、自国の裁量で両海峡の通航を規制する権利も得た。また、同条約では、黒海に入ることができる外国の軍艦について、その大きさと数に制限を加えるとともに、黒海内にとどまることができる期間も定めた。一九九〇年代に入ってから、トルコによりいくつかの安全規定が一方的に加えられたものの、モントルー条約は、今日に至るまで黒海へのアクセスを規定する国際協定として有効である。

各国が、黒海の水域により大きな関心を払うようになっていったことには、もっと深い意味もあった。沿岸の各国にとり、黒海とその領海は、現実に目に見えるものにとどまらず、各国おのおのが主張を強めていた過去の歴史的国家から継承した記憶遺産そのものであった。歴史家たちは、ゲタイ人、ダキア人、トラキア人などの古代の人びとが黒海航海に乗り出していた証拠を見出すために、過去の歴史を探究した。黒海とのつながりは、国家としての偉大さの本質をなすものとして、すなわち外世界への重要な経路を提供したものとして讃えられた。一九世紀末、ルーマニアの戦争相は、同国初となる蒸気推進の小型砲艦の命名式で、この艦の主要な任務は「民族の息子たちに航海術を指導する」ことのみならず、海における「失われた支配力をふたたび獲得するよう彼らにうながす」ことであると述べた[40]。ロシア帝国の末期、著名な歴史家のM・S・ソロヴィヨフは、原ロシア人とされた九世紀のルーシ（Rhos）が、黒海を介して他の欧州とどのように経済的、文化的関係を構築していたかを、また、悲劇的な遊牧民族の侵入によりこうした関係の継続が困難になったことについて、次のように記している。

南ルーシの地は、草原地帯の欧州側の辺縁に位置していた。そこは遮るものがなにもない低地であり、しばしば遊牧民の侵入にさらされた。（中略）遊牧民は、ルーシを攻撃しただけではなく、ルーシを黒海から切り離し、ビザンティウムとの行き来を困難なものとした。（中略）野蛮なアジアは、教養ある欧州とルーシを結ぶあらゆる経路や手段をすべて遮断しようとしたのであった。[41]

ソロヴィヨフによる浩瀚な『ロシア史』は、ロシアが欧州の北部や南部との結びつきを取り戻す一七七〇年代中期で終わっている。この時代にロシアは、ポーランドの分割や黒海に到達したことで、野蛮人の侵入により長い間強いられていた孤立からようやく解放されたのであった。ソロヴィヨフによれば、帝国とロシア民族は、世界の海へのアクセスを回復したことで、先進的な欧州の民族の中における彼らの居場所をふたたび取り戻したのである。

黒海沿岸地域の古代の住民たちは、新たに勃興しつつある国家の物語の中へと組み込まれ、各国と水域との正当な結びつきを示す存在として捉えられるようになった。新たに生まれた民族歴史学が、近代国家や民族の起源を混沌とした過去に求めた結果、ルーシ人はロシア人となり、もしくは、最近のウクライナやウクライナ系移民の歴史家たちにとってはウクライナ人となった。トラヤヌス帝がドナウ川以北を征服した後、ラテン化したゲタイ人やダキア人は、ルーマニア人の原型とされ、トラキア人はブルガリア人の先祖とされた。稀な例ではあるが、これら古代人の末裔とみなされる人びとが見出された場合には、国家は彼らとの結びつきを政策として追求した。たとえば、ルーマニア王国は、バルカン半島南部の高地で牧羊を生業とし、ルーマニア語に近いラテン語系の言葉を話していたヴラフ人たちとの結びつきを強めた。第一次世界大戦の前にはルーマニア政府がヴラフ人の子どもたちのために学校を立て、奨学金を与えた。さらに一九二〇年代には、数千人規模でアルバニア、ギリシア、マケドニアのヴラフ人家族をドブロジャに移住させる「植民」計画に対して公的な助成を行っている。植民は、ルーマニア国家にとって二つの点で魅力的であった。それは、彼らが思い描く母国に、「未回収」のままになっていた国民の一部を取り戻すことでもあり、また、ブルガリア人、トルコ人、タタール人が多く住んでいる国内の地域で、ルーマニア語の話者数を人口比率の上で優位にするためにも有効であった。

黒海の沿岸で古代の民族を再発見しようとする努力は、時に奇妙な方向に向かうこともあった。第一次世界大戦の直前、バトゥミ港の近くで暮らしていた「黒人たち」(Negroes)に注目が集まった。彼らは、かつてオスマン帝国の労働力として連れてこられたアフリカ人奴隷たちの子孫とされたり、あるいはきわめて風変わりな憶測ではイスラエルの失われた支族の一つであるとか、巻き髪のコルキス人(ヘロドトスがエジプト人の子孫とした)の名残ともいわれた。ロシアの民俗誌学者たちは、この「変わった人びと」を研究するために殺到したが、たいていは黒い顔つきの人たちをわずかに見つけただけで、期待していた「種族」と言えるようなものではなかった。しかし、黒海の「黒人たち」の話は、二〇世紀を通じてしばしば都合よく持ち出された。戦間期のソヴィエトの宣伝者たちは、彼らをソヴィエト国内で広めていた「民族間の友好」や文化的寛容さのたとえとして利用し、また、アメリカの黒人活動家には、この「種族」は、共産主義によって実現した人種的調和の証であると主張する者もいた。[42]

黒海や失われた民族の歴史を我がものにしようとする行為は、しばしば大いなる矛盾を伴った。なぜなら、一つの同じ歴史的遺産について、複数の集団が自らのものと主張することが可能だったからである。ルーマニア人とブルガリア人の歴史家たちは、古代ドブロジャの先住民族が原ルーマニア人なのか、原ブルガリア人なのかについて論争を繰り広げた。ドナウ川の北に位置した中世モルドヴァ公国とワラキア公国について、ロシア人はスラヴ文化の担い手であったと考え、ルーマニア人はラテン系文化を代表する人びととした。ブルガリア人とタタール人はともに、ヴォルガ川沿いの地域を起源とする古代ブルガール・ハン国の後継者であると主張した。ウクライナ人とロシア人はともに、ルーシを黒海北方のスラヴ国家の始祖とした上で、それぞれの民族の先祖とみなしたのであった。

黒海の沿岸に接することになったこれらの国の多くの歴史家たちにとっては、国家と水域の本質的なつながりを示すことは、独立国家としての存在の正当化や、ロシア人の帝国主義的な野望を阻止するために死活的なものとなっていた。偉大なルーマニアの歴史家であるニコラエ・ヨルガは、一九三八年に次の通り主張した。黒海は「我々の詩や意識の中に常に生き続ける存在であり、我々の歴史を通じて、我々のものの考え方や感じ方の総体と強く結ばれてきたのである」[43]。同時代に生きたウクライナ人歴史家のミハイロ・フルシェヴスキーも、自国の歴史における黒海の位置づけについて同様の分析を行った。彼はウクライナ民族の「黒海志向」に関する有名な一節の中で、「歴史的な状況はウクライナを西方へと向かわせたが、地理はウクライナを南方へ、すなわち一二世紀のキエフの年代記では「ルーシ人の海」であり、いまの言葉でいえば「ウクライナ人の海」である黒海の方向に向かわせたのである」と記している[44]。

学術誌や専門書でも、黒海やその沿岸部の真の所有者について議論が行われ、主要な戦争後の和平会議に際しては、おのおのの主張の正しさを外交官たちに納得させるべく、現地から小冊子が欧州の大国に次々に郵送された。これらの主張によって、政治的な成果が生まれることもあった。歴史家の業績は、特定の領域に関する問題解決を正当化するために利用されるとともに、歴史的権利に関する主張において、平時には国家統一主義者の言説の基盤となり、あるいは戦争開始の口実にも利用された。一九世紀後半から二〇世紀にかけて、ドブロジャ、ベッサラビア、クリミア、アブハジア、ポントス海岸などの係争地、すなわち実質的にほとんどの沿岸地域の地位をめぐり、各国家は、特定の土地とその延長たる水域へのアクセスについての歴史的権利を主張し、もっとも説得力のある議論を展開しようと躍起になったのであった。

しかしながら、歴史家や民俗誌学者などの知識人が国策のため黒海の占有に努めた一方で、慎重に黒海を一つの単位として理解すべく取り組みをはじめている者たちもいた。新世代の科学者たちは、黒海を民族や国家の間で分割するのではなく、むしろ黒海の各地域が互いに影響し合う相互依存の関係にあることを明らかにしたのである。

黒海の学術的解剖

現代の生態学は、孤立した島のような個体など存在しないという考えに基礎を置いている。生物は、相互依存の複雑なシステムの中で他の生物とつながっており、その一部の変化でも、システムの他の構成要素の生存能力や繁殖能力に影響を及ぼす。アリストテレスの時代から哲学者や科学者たちは、こうした必然的な連関の存在をほのめかしていたが、自然環境の組織的な研究、すなわち生態系に関する研究が行われるようになったのは、比較的近年のことである。「生態学」（oecology）という用語の初出は一八七〇年代のことであり、人口に膾炙するまでに、さらに数十年を要した。

大洋や海を一つの生態系としてとらえるには、さらに時を必要とした。海洋は驚くほど複雑な構成体であり、その理解には、流体力学から微生物学まで一見無関係にみえる分野の知識も必要である。海洋学（oceanography）とは、様々な科学の分野を含む包括的な名称であり、海洋環境を研究する学問である。それは、水、陸、気象に特有な物理的相互関係に関する深い知識から、それらすべての事象が、海面に浮かぶものから、闇の深海に暮らすものまでも含め、生物学的な構造の中で生息する動物や植物に与える影響についての理解もまた求められる。

科学的な黒海の海洋学的研究は、まだ始まって日が浅いが、思弁哲学としては古くからの蓄積がなされてきた[45]。たとえば、黒海にはきわめて多くの川が流れ込む一方、黒海から海水があふれ出ないが、アリストテレスやレオナルド・ダ・ヴィンチは、この黒海特有の現象を説明する理論を構想した。しかし、黒海特有の現象の中でももっとも重要となる地中海との海水の交換を説明するための実験モデルが考案されたのは、一七世紀の終わりになってからであった。

一六七九年にイスタンブルを旅した若きイタリア人伯爵ルイージ・フェルナンド・マルシーリは、ボスポラス海峡の複流の話に興味を寄せた。そこでは、海面の潮流は黒海から地中海へと流れるが、底流はその逆となっている。マルシーリは、複数の白いコルクを取りつけたロープを海峡で沈めることで、二つの流れの存在を確認した。彼が予想したとおり、海面に近いコルクは地中海側に流れる形で浮かび、ロープが深いところに沈められているところに取りつけられていた数々の浮きは、弧を描くように、黒海側へと反対に動きはじめた。これは新しい知見ではなく、海峡に網を打つ漁師であれば誰もが知っていることであった。しかし、マルシーリはこれに新たな説明を加えたのであった。

これらの複流の原因について、従来では、海峡そのものの自然な力によるもの、もしくは天候によるものとの推測がなされ、深海の地形と何らかの関係がある、もしくは北からの風が海水を地中海の方向に押しやっているとのではないかと考えられていた。マルシーリは、二つの潮流の存在は、想定されていた海底の斜面や、卓越風［ある地域において、ある期間にもっとも頻繁に現れる風向きの風］とは関係がなく、むしろ海水の質そのものに関係があることを明確にしたのである。

マルシーリは、海峡の上層と下層では異なっている海水の特徴を観測することから始めた。アリストテレスでさえ、底を流れる地中海からの海水は黒海の水よりも塩分濃度が高いことを知っていた。黒海には多くの河川から真水が流れ込むので、世界の他の海よりも海水に含まれる塩分が低いというわけである。マルシーリは、海水に含まれる塩分の差のために、海水の密度も異なることを主張し、このことを証明するため、上層と下層の海水からサンプルをとり、それぞれの比重を計測して比較した。彼の考えた複流発生の原因とは、この基本的な観察で得られた異なる塩分密度が、流体力学の定説通りに、反対方向に動きを変える圧力勾配を発生させることであった。マルシーリは、観察の結果を、スウェーデン女王宛の書簡の中に記したが、これは黒海の物理的特性に関するはじめての純粋な科学的研究としてよく知られている。[46]

マルシーリは典型的な啓蒙期の自然学者であった。ヨーロッパの貴族にとって、科学的な研究はあくまで他の関心に付随するものであり、彼の場合は、それは東方への冒険旅行であった。一八世紀や一九世紀初頭にも、マルシーリに続いて黒海を研究する者たちが現れたが、その研究はおおむね沿岸部に関するものに限られていた。ロシア政府に雇われていたドイツ人地質学者のペーター・ジーモン・パラスは、一七九〇年代に黒海北岸の古地理学に関する重要な研究を行った。彼に続いてプロイセンのフォン・ハクストハウゼン男爵が、一九世紀初頭にステップとコーカサス地域で植物学の研究を行った。[47]もっとも、真のマルシーリの後継者たちが現れるのは、その後しばらくしてからであった。

黒海全体についての海洋学が発展するためには、実は二つの条件を満たす必要があった。オスマン帝国とロシア帝国の間に比較的平和な状態が保たれることと、国家の支援により長期にわたって科学的研究を行う専門機関が整備されることである。一八二〇年代になってようやく環境が整いつつあった。セヴァストーポリにロシア海軍が常駐するようになり、ヘルソン、後にニコラエフに海軍本部が設置されたことで、黒海の科学的知識の発展に対して組織的な支援が可能になった。さらにロシア人や外国人の艦長たちが、潮の流れや停泊地のことをもっとよく知っていなければならないという戦略的な理由も加わった。この分野での研究は限られており、かつてアントワーヌの回想録に付されたバルビエの地図は海軍本部からの報告に基づいていたが、黒海が欧州の船舶に開かれるようになってから半世紀の時を経ても、海岸線の主要な部分について信頼できるような地図はまだなく、もちろん海水やその特徴についての研究も存在しなかったのである。

こうした状況は大きく変わりはじめた。一八三二年、サンクトペテルブルクで、ロシア内務省道路通信総局により暫定的な黒海水域の地図帳がはじめて出版された。この地図帳はドナウ川からコーカサス沿岸部に至るまで詳細にわたって記した約六〇枚の海図図版からなっており、海岸線の物理的特徴や諸港のみならず、海軍本部の最新のデータに基づく測深値も示していた。その一〇年後、地図製作者のエゴール・マンガナリは、さらに詳細な地図帳を作成し、これはニコラエフに新たに設置された黒海水路測量部により発行された。マンガナリの研究は、黒海の地図制作におけるもっとも偉大な貢献の一つとみなされている。[48] 一八四一年に出版されたマンガナリの『黒海地図帳』は、皇帝ニコライ一世にも献上されたが、この皇帝用の大型の献本は、緑色の革と豪華な金箔の文字で装丁された。地図は複雑な海岸線を見事に再現しているが、これは一〇年以上にわたる研究に基づくものであった。またこの地図帳には、オスマン側を含めた主要な諸港の優れた図面も入っており、そこには個々の建物の配置さえも示されていた。ロシア側が支配するすべての海岸線、また、黒海北西部の大陸棚全般にわたり、過去の記録よりさらに深い海底の測深値も示された。地図帳は、一九世紀における沿岸地図製作の顕著な特徴である美しい立面図も含まれており、読み手にとって、海上の船から海岸線がどのように見えるのかも明らかにしていた。

マンガナリの地図帳が画期的であったのは、黒海をいずれかの国家により支配されている一部ではなく、全体としての物理的な特徴を図に表そうと試みた点であった。もちろん、欠落している箇所もみられる。たとえば、ロシア人たちはオスマン側の諸港の都市の地形について機密情報をほとんど持っていなかったため、シノプやトラブゾンなどの諸都市の鳥瞰図には要塞や砲台、その他の建造物が置かれていた場所は空白になっていた。しかし当時にあっては、マンガナリの地図帳は途方もない業績である。人びとは黒海から遠く離れていても、実際には、二〇世紀の終わりになってはじめて可能となるような以下の二つのことを試すことができるようになった。すなわち、現代における衛星画像のように港湾施設を俯瞰して見たり、海岸の魅力的な眺めを連続的に検証することによって、海岸線沿いを「ヴァーチャルに」航海することができたのであった。

以降、一九世紀を通じて、ロシアではマンガナリに倣った地図製作の努力が続けられた。黒海のさらに沖合で測深が行われ、潮流も記録された。また、オスマン側の諸港や停泊地の実情に関するより多くの情報も集められた。しかし、次第に、黒海を研究する科学者たちは、海の物理的な特徴以外のことにより大きな関心を払うようになった。彼らは海洋生物や、北西部の大陸棚、アゾフ海の浅瀬、南岸沿いの深部といった黒海の様々な地域が、単一の生態系ネットワークの中でどのように関連しているかについて分析をはじめたのである。これらの研究を支援しうる（また、軍部に対して船その他の支援の提供について圧力をかけることもできた）専門機関の成長は、黒海に関する地質学、化学、生物学に関する本格的な研究をうながした。研究には、各国政府による政治的な思惑も絡んだ。黒海の中にどんな富があるのか、そのもっともふさわしい採取方法は何かについて正確に知りたいとの欲求が大きくなっていたからである。

一八九〇年、ロシア地質学のパイオニアであるニコライ・アンドルソフは、黒海の深淵部に関する初の組織的研究を行った。ロシア海軍から汽船一隻を借り受けたアンドルソフは、わずか一八日の間に三〇〇〇キロを超える距離を航行して深度の測定を行い、様々な地点での水温や塩分濃度を記録し、潮流を図に記し、海底の堆積物を引き上げた。アンドルソフの主要な発見とは、黒海における無酸素層の存在であった。彼が正しく推測したように、この現象は有機物の腐敗で拡大していた。マンガナリの地図帳が黒海の自然地理学の正確な記述に関して飛躍的な進歩をもたらしたのと同様に、アンドルソフの研究は、黒海の化学的性質を解明し、これと黒海固有の生物学的なプロセスとの関係を理解するために大きく貢献した。

アンドルソフと同時代の人に、ルーマニア人動物学者のグリゴレ・アンティパがいた。アンティパは、当時の多くの若者と同じように外国に留学し、ドイツとイタリアで学んだ後、一八九〇年代にルーマニアに帰国している。政府で仕事を始めたアンティパに課せられた責務とはルーマニアにおける漁業の研究と動物学博物館の創立であった。漁業では、最新の科学的手法を用いて生産性を増加させることが、博物館設立ではベルリン条約で国境線が引き直された新たなルーマニア領内の自然資源に焦点をあてることが求められたのである。ルーマニアでは、黒海やその沿岸の知識は少なく、包括的な研究が必要であった（ルーマニア語で自国の黒海沿岸に関する地図がはじめて作成されたのは、一九〇〇年代に入ってからのことであり、同国海軍は一九五〇年代でもこの地図を使用していた）[49]。アンティパは、やがてルーマニアを代表する黒海研究者となり、海域の漁業や資源に関する同国の最高権威と目されるようになった。彼は、ルーマニアにおける現代生物学研究の父と称される存在となり、彼が所長を務めたブカレストの自然史博物館には、後に彼の名前が冠せられた。

マンガンナリ、アンドルソフ、アンティパは、黒海に関わる新たなタイプの科学者の代表であった。三人ともに、三〇歳になるまでに初期のもっとも重要な研究業績を上げている。彼らは、地図学、海洋地質学、生物学といったそれぞれの専門分野における現地の最初の世代の科学者であり、いずれも中央ヨーロッパや西ヨーロッパで学業を修めた後、国の首都や地方都市に設けられた新たな大学で教鞭をとり、国家のためにその知識を役立てた。また、彼らは、成長しつつあった科学者や学者たちの国際的なコミュニティにも参加し、研究成果を学術誌や国際会議の場で共有した。時にはこうした結びつきは単なる知識の交換にとどまらなかった。アンドルソフは、トロイアを発見した考古学者ハインリッヒ・シュリーマンの娘と結婚したのである。

こうした研究者による業績は、黒海に関する科学的知識をそれまでに達成しえなかった水準にまで押し上げるものであった。彼らは様々な新しい専門分野を立ち上げる一方で、黒海を一つの単位として研究した最初の科学者たちであった。そして、地理学、地質学、化学、生物学による分析を組み合わせて、生態系としての黒海を複雑なシステムの総体としてとらえようとしたのであった。もっとも、彼らの研究の目的が、純粋な科学の発展のみであったとは必ずしもいえない。とりわけアンティパは、生涯を通じて自らの仕事が生み出す特別の価値について自覚的であった。もちろん黒海に関する理解はそれ自体で意味のあることだが、アンティパの考えでは、黒海沿岸の国家が自身の歴史的運命を実現するという偉大な計画に用いられるべきものであった。その生涯にわたる学究成果をまとめた浩瀚な著作である『黒海』（一九四一年）の中で、アンティパは科学と国家目標との関係を次の通り記している。

今日、我々は（中略）重要な海洋行動を遂行するにあたって、必要な地理的な基盤を持っていることを認識しなければならない。（中略）すなわち、我が国はドナウ川の河口に位置しているのであり、まさに我々の国土がこの行動を我々の責務とするのである。（中略）したがって、今日、我々が自国の発展や組織化の基盤を構築するに際して、（中略）何が国家にとって死活的利益であるかを明確に理解し、それを強固に守っていくことが強く求められている。（中略）それは、我が国や我が国の人びとの労働による生産物の交易路が広がっている（中略）黒海の沿岸部なのだ。[50]

アンティパは、近隣の国家が過度に黒海の富の利益を得ることを防がなければならないと強く主張している。黒海は、「ロシアの湖」になってはならない。北方のソヴィエトの帝国主義者たちによる進出を防ぐため、ルーマニア、ブルガリア、トルコはお互いに協力しなければならないと彼は記した。ナショナルな考えが持つ誘因力からは、黒海に関する科学研究も逃れることはできなかった。オスマンのくびきから新たに解放された当初、沿岸諸国民は、黒海を民族的遺産としてもてはやしたが、今では、ソヴィエト連邦の拡張主義者による強奪から守るべき財産とみなしたのである。このような見方をしていたのはアンティパ一人だけではなかった。ドナウ川からコーカサス南部までの海岸線のほとんどを支配するようになった国に対して、防壁を構築すべきであると構想していた政治指導者たちも同様であった。

プロメテウス運動

第一次世界大戦の後、黒海を取り囲むことになった四つの国は、それぞれ異なった意味で「新興国」と呼びうる存在であった。いずれも古い国家や帝国の崩壊を受けて成立したが、国境線が新たに引き直され、トルコ共和国やソヴィエト連邦については、これまでと根本的に異なる新たな社会秩序を基盤とした。これら四ヵ国はすべて、新たな領土の統合、戦争による荒廃からの復興、様々な脅威から主権や独立の防衛といった問題に直面していた。

これらのうち三ヵ国にとって重要で戦略的な難題は、残りもう一つの国にどう対処するかであった。ルーマニア、ブルガリア、トルコは、国家統合のイデオロギーとしてナショナリズムを選択した。ナショナリズムは力強いが、同時に内向きなイデオロギーでもある。また、各国は、隣国のうち少なくとも一国と国境紛争を抱えていたが、国境の改定についてお互い主張する程度であった。対照的にソヴィエト連邦では、帝国主義、資本主義、ナショナリズムの三重の危険から虐げられている大衆を解放するという、自らの普遍性を称えるイデオロギーを奉じた。したがって、黒海地域をめぐる国際関係においては、ボリシェヴィキ政権の脅威を回避し、和平条約により生まれた新たな国家の独立と、各々の国境を維持するための同盟のシステム構築に必然的に関心が集まった。

欧州の他地域と同様、環黒海地域でも、第一次世界大戦によって、地政学的に重大な変化が引き起こされた。ルーマニアは、旧ハンガリー領トランシルヴァニア、ロシア領ベッサラビア、オーストリア領ブコヴィナ、ブルガリア領ドブロジャの一部を自らの国境内に収め、これらの変更により、ルーマニアの国土と人口は倍増した。他方、ブルガリアは自国の海岸部の一部をルーマニアに割譲することになったが、一九〇八年にオスマン帝国から勝ち取った独立は再確認された。ボリシェヴィキ革命の混乱、次に続いた内戦の中で、グルジア、アルメニア、アゼルバイジャンと同様にクリミア・タタールも独立を宣言した。複数の異なる政治主体がウクライナの領域内に出現したが、いずれも国家としてはなはだ脆弱であった。オスマン帝国は、その独立をかけてギリシアや連合国の侵攻軍と戦う中で、トルコ共和国へと変貌を遂げた。

一九二〇年代中頃までに、こうした複雑な国際環境は徐々に整理されていったが、それは、しばしば悲劇的な結果を伴った。ロシア白軍の兵士たちや市民たちがノヴォロシースクやオデッサなどの諸港からイギリスやアメリカの戦艦に乗り、命からがら脱出した後、ウクライナはクリミアとともに新たなソヴィエト国家に吸収された。グルジア、アルメニア、アゼルバイジャンはボリシェヴィキ政府によって軍事占領され、民族政権は亡命し、短い期間独立した国々は歴史から消し去られた。ルーマニア、ブルガリア、トルコはより良い成果を収めたとはいえ、これら新たな国々の首都や国境地域で、革命を煽動し、また国内の少数派の解放を口実とし、周辺地域の分離工作を行おうとするソヴィエトの分子が活動していた。

こうした状況下で、反ボリシェヴィキ勢力の主要な政治指導者たちが連帯するようになり、黒海を明確な一つの政治的単位としてみなそうとするはじめての近代的な運動が形成された。彼らの目的とは、近東の小さな国々によるコミュニティを構築し、黒海やその周辺部を完全に支配しようとするいかなる試みも防ぎ、安定した国境を維持し、真の独立を保障するというものであった。

この政治運動は、その展開の中心となった機関誌にちなんでプロメテウス運動（The Promethean project）として知られている。いまでは歴史家たちからはほとんど忘れ去られているが、一九二〇年代から一九三〇年代にかけて、黒海周辺の国家の同盟を構築するための計画が慎重に練られていた。プロメテウス運動は、当初ロシア帝国からパリへの亡命者をメンバーとして、ソヴィエト連邦に囚われた諸民族の解放のみならず、地域覇権国としてのソヴィエトに対抗するために力を尽くした。たしかに戦間期においては、戦後の和平条約に不満な政治家たちや情熱的な愛国主義者たちによるグループが次々と現われ、ヴェルサイユ条約により建国された国々を分裂させようとしたり、失われた帝国をふたたび復活させようとして活動を行っていた。しかし、プロメテウス運動は、メンバーが様々な国々の出身者や民族からなっていることや、広域的な欧州南東部の国際関係における黒海の重要性を認識していた点において異彩を放っていた。

　後に多くの人たちがこの運動に沿った主張を行うようになっていった。特に、戦間期ポーランドの指導者であるユゼフ・ピウスツキなど、ポーランドの愛国主義者は、反ソヴィエト的な外交政策の発露とこの動きをみなしていた。たしかにポーランド政府は、反ソヴィエト運動で主要な役割を果たしており、宣伝活動に資金提供を行ったり、ソヴィエト連邦からの非ロシア人亡命者をポーランドの軍や情報機関に採用したりしていた。[51] ポーランドは、ソヴィエト周縁部の小国の同盟によってロシアの拡張主義を封じ込め、ソヴィエトに対するポーランド自身の防衛力を強化するために、プロメテウス運動に大いに期待していた。他方で、この運動には様々なグループが参加しており、中には西欧やトルコに亡命していたウクライナやコーカサス地域出身の反ボリシェヴィキ団体の著名人たちや、また、彼らを支援するバルカン半島などの支持者たちも含まれていたことも事実である。たとえば、短期間であったが独立したアゼルバイジャンとグルジアの首相職にあったメフメト・エミーン・ラスールザーデやノエ・ジョルダニア、短命に終わったクリミア共和国の元外相ジャフェル・セイダフメト、同様にロシア帝国が崩壊した際に独立を宣言したヴォルガ地域のタタール人を指導していたアヤズ・イスハキーといった面々であった。また、東ヨーロッパ問題に関心を寄せる西欧の主要な政治家、大学教授や作家も数多く含まれていた。メンバーたちは、東ヨーロッパの小民族の解放を実現し、ドイツ、ロシア双方の修正主義から彼らを守るという目的のために結束した[52]。

一九二六年一一月、パリで『プロメテウス』（Prométhée）誌第一号が出版された。これは、グルジア出身のジョルジュ・グヴァザワ（ギオルギ・グヴァザヴァ）が編集を担当し、「コーカサスおよびウクライナの諸民族の国家防衛のための組織」という副題がつけられた。グヴァザワは、「我々は、平和や国際的正義のために役に立ちたいというただ一つの欲望に駆り立てられている」。このため、ボリシェヴィキによる他の近東地域の征服に対する「前線の防衛拠点」としてのコーカサスとウクライナを強化するのだと記した[53]。一九三〇年代の終わりまでに、プロメテウス運動は、活動の対象をコーカサスやウクライナにのみではなく、ソヴィエト連邦に従属させられているすべての民族へと拡大した[54]。プロメテウス運動のメンバーたちは、機関誌を通じて外国政府にロビー活動を行い、ソヴィエト連邦による不当なウクライナやコーカサスの諸国家併合の告発を試みた。同誌の編集者たちはセミナーやシンポジウムの開催を支援し、国家元首たちに書簡を送る運動を行い、また、「囚われの諸民族」の文化を中心としたアート・フェスティバル等の彼らの理念を示すための公開行事を開催した。プロメテウス運動は、かつて表舞台で活躍していた元政治家や元外交官にとっては、いずれ自国で元の職に戻るまでの時間をしのぐためのシンクタンクのようなものでもあった。但し、彼らの国は当時すでに地図上から消し去られていた。

黒海はプロメテウス運動の関心の中心にあった。機関誌に寄稿した作家たちは、ごく初期の号から、一七七〇年代以来欧州の政策の主柱の一つであった黒海の自由な通商のためには、欧州が一体となって黒海周辺の国家に関与して海を開放するよう努力しなければならないと主張した。[55] 彼らによれば、それはソヴィエト国家が分裂して、かつてロシア帝国の崩壊で突然に興った小さな共和国がふたたび出現することで実現するはずであった。一九三〇年代までには、プロメテウス運動の中から、トルコ、ルーマニア、ブルガリア、また将来的な独立を見越してウクライナ、グルジアをも含む黒海沿岸の国々による政治的・経済的な同盟の構築を呼びかける人びとも現れた。ウクライナ人寄稿者は、この同盟の戦略的価値を明白に論じている。「左翼をポーランドに置き、ドン、クバン、ウラルのコサックたちの友好的な土地を越え、アジア、トルキスタンその他の抑圧された民族へと団結の翼を右に広げていけば、ロシアの帝国主義者的な傾向を決定的に封じることができる。それが赤であっても、白であってもだ」[56]。プロメテウス運動にとって、黒海は、東方問題における核心そのものであった。

二〇世紀のほとんどの期間、プロメテウス運動はまったく実現の見込みもなかった。コーカサス諸国はソヴィエト連邦の中にしっかり組み込まれていたし、第二次世界大戦中、ルーマニアの国境は武力によりソヴィエトに有利な形で変更された。また、トルコは北大西洋条約機構（ＮＡＴＯ）の加盟国となったため、共産主義化したバルカン諸国との結びつきを失った。しかし、プロメテウス運動のアイデアは、ロンドンやパリなどの亡命者コミュニティの中に生き続けた。一九四九年、西ヨーロッパに居住する元プロメテウス運動の活動家たちは、活動を再活性化するためにミュンヘンで会議を開催した。会議の場で、参加者たちは活動の再開とともに、世界規模の対ソ闘争の新たな指導国となった米国へと本部を移転させることを決定した。また、ウィスコンシン州ミルウォーキー在住の歴史学教授ロマン・スマル＝ストツキーが運動の新たな指導者となった[57]。一九五一年には長年のメンバーであったポーランド人エドムンド・ハラシュキェヴィチが、かつての指導者宛てに公開書簡を送り、組織の再活性化と黒海とその沿岸を共産主義から解放せよとのスローガンをふたたび掲げるよう促した。しかし、約二〇年後に彼自身が嘆いたように、「生活と新しい環境」によってこの取り組みは妨げられた[58]。その後、黒海共同体の構想は、冷戦下で活動する亡命者たちによる非現実的な計画に過ぎなくなってしまったが、冷戦が終結するやいなや新たな活力を取り戻すことになるのであった。

収奪される海

ハラシュキェヴィチと彼の仲間たちを苛立たせた新たな環境とは、第二次世界大戦が生み出した黒海をめぐる戦略的関係の変化であった。一九四一年六月、ルーマニアは、ナチス・ドイツによる対ソ攻撃に参加した。その前年の夏、スターリンはルーマニア東部ベッサラビア地方の占領を指示しており、ルーマニアの政府および大衆は、ナチスのソヴィエト侵攻を手放しで歓迎した。また、この事件は、ルーマニアにおけるファシスト政府の登場を促すことにもなった。ブルガリアは長い間、ドイツと友好関係を保っており、第一次世界大戦に際しては、中央同盟国側で戦い、その敗戦の結果も共有していた。加えて失地の回復に関する約束と、数十年前のサン・ステファノ条約でいったんは認められていた大ブルガリア創設の夢を実現する可能性を前にして、ドイツとの連携の魅力に抗うことは困難であった。実際、ブルガリアは大戦初期に今や同盟国となったルーマニアが領土を割譲したことでドブロジャ南部を回復した。トルコは大戦のほとんどの期間、公式には中立を保っていたが、終戦直前に連合国側についたため、戦勝国としての地位を確保した。

第一次世界大戦時同様に、第二次世界大戦における黒海での海軍の作戦行動は重要性が低かった。これは、ドイツ、ルーマニアなどの枢軸国軍が速やかに東部方面に進軍し、やがてスターリングラードで反撃を受けた東部戦線における陸軍の作戦に比べると対照的である。比較的初期の段階で、ドイツと枢軸国は、オデッサ、ノヴォロシースク、ニコラエフ、セヴァストーポリといったソ連の主要港を次々と陥落させた。ほぼ一年がかりで行われた包囲攻撃の後にようやく降伏したセヴァストーポリは、約一〇〇年前と同じように砲撃によって焼け野原となった。他方で、ソヴィエト海軍の妨害工作は、ポティやバトゥミなど、より小さな港から続けられた。ドイツの軍艦は、ソヴィエト駆逐艦やイギリスの哨戒艦を恐れて出撃できなくなり、戦争のほとんどの間、ルーマニアやブルガリアの港に封じ込められていた。ソヴィエト海軍航空隊は、枢軸国軍が占領していたコンスタンツァ、ノヴォロシースク、ガラツィなどの都市を繰り返し空爆した。スターリングラードの戦いで形勢が逆転すると、こうした港は息を吹き返したソ連軍によって瞬く間に占領されていった。一九四三年九月、ドイツ軍やルーマニア軍はノヴォロシースクから追い出され、ニコラエフは翌年の三月に、オデッサは四月に陥落した。ソヴィエト艦隊が制海権をふたたび獲得し、西側および東側沿岸の諸港を確保するようになるのは時間の問題であった。

第二次世界大戦の間、枢軸国、ソヴィエトの双方は、民族浄化やジェノサイドの政策を精力的に遂行した。ドイツ軍とルーマニア軍がオデッサ市を含む黒海の北西部の沿岸を占領すると、ルーマニアや、ウクライナの占領地の一部、オデッサより、数十万人のユダヤ人が移動させられ、悪名高い大量殺戮の現場であるドニエストル川の東部地域、すなわち沿ドニエストルに送り込まれた。ユダヤ人の一部は、チャーター船で黒海の港からなんとか脱出してパレスチナを目指したが、イギリスの委任統治政府が制限的な移民政策をとっていたため、パレスチナに入ることができない者もいた。避難民で一杯となった船は、黒海の海上で、連合国や枢軸国の軍艦を避けて航行しなければならなかったが、それは時にこうした民間人の船も攻撃対象になったからである。ソヴィエト海軍は、枢軸国軍の補給を断つため、やがては中立国の船舶も砲撃する戦略をとった。この間に発生した最大の惨事としてストルマ号の悲劇があげられよう。一九四二年の冬、八〇〇名に近いユダヤ人の避難民を乗せてコンスタンツァからパレスチナに向かっていたこの旅客船は、ボスポラス海峡に入る手前でソヴィエトの潜水艦により沈められ、トルコ人漁師が凍りつく海から引き上げた生存者は、ただ一人であった。[59]

その数十年前に黒海の南岸でとられた追放政策と同じ苦難を経験した集団もいた。大戦が終結に向かうにつれ、ソヴィエト政府は、ナチスの侵略軍を支援したとして、クリミア・タタール人たちを糾弾するようになった（たしかにドイツ軍を解放者として疑うことなく歓迎したタタール人指導者も存在した）。彼らはプロメテウス運動の目的の一つであるクリミア共和国の実現に向けた第一歩になると考えたのかもしれない。もっとも、ナチスの政策立案者たちは、クリミアを「ゴート」県に変え、南ティロルのドイツ人を植民させるという計画をすでに作り上げていたのであった。一九四四年五月、およそ一八万九〇〇〇人のタタール人たちが、有蓋車に閉じ込められ、鉄道で中央アジアに追放された。追放された者のうち、おそらく四五パーセントが移動途中に、もしくは東方の目的地に着いてからまもなく亡くなった。クリミアや黒海東岸にいた一万五〇〇〇人のギリシア人、一万三〇〇〇人のブルガリア人、一万人のアルメニア人も、ソヴィエト政府により集団犯罪の「協力者」である「敵性民族」の汚名を着せられて強制追放に処せられた。[60] その年のはじめ、すでにそのほかにも多くの民族がこうした不当な扱いを受けて同じような苦難に直面していた。コーカサス北東部の五〇万人以上のチェチェン人とイングーシ人、北コーカサスのテュルク諸語の話者であるバルカル人、カラチャイ人、クムイク人、また、ヴォルガ川沿いのドイツ系住民たちである。彼らも同じように全住民が非人道的な扱いを受けながら中央アジアに送られた。これらの集団の多くは、スターリンの死後に名誉の回復が公式に行われ、中には先祖伝来の土地に帰ることが許された人びともいた。しかし、タタール人のクリミアへの大規模な帰還が始まったのはようやく一九九〇年代になってからのことである。

戦争の混乱の後には不安定な平和が続くものであるが、黒海では、過去二〇〇年にわたる北岸と南岸の間の戦略的な争いの中で、様々な形で平和の模索が繰り返されてきた。黒海が戦後の東ヨーロッパ全域の運命を決める会議を開催する場に選ばれた理由は、長い間、欧州の大国がこの海域を重要とみなしてきた証かもしれない。一九四五年二月、チャーチル、ルーズベルト、スターリンは、ヤルタの保養地で地域の政治地図を再構成するための計画を話し合った。これは、間もなくソヴィエト連邦と西側の勢力圏となる範囲を区分けするものであった。

この結果、黒海周辺のバルカン半島からコーカサス地域では、政治、文化、経済に関し、かつて見られたことのない規模での統合がはかられた。「人民民主主義国家」となったルーマニアとブルガリアは、直ちに軍事同盟と共同経済圏によってソヴィエト連邦と結びつけられた。貿易、農業、産業は、国家が統制する計画にしたがって、かつソヴィエト連邦の生産目標や需要とも調整しつつ、行われるようになった。黒海の南岸はこの枠組みの外にとどまり、トルコは一九五一年にＮＡＴＯに加盟し、西側諸国の防衛力の傘の下に入った。二〇世紀後半のほとんどの期間、冷戦は、ある意味平和な時期を黒海にもたらした。資本主義の守護者である西側諸国にとっては、黒海の蹄鉄型に湾曲した海岸線は、東側の――トルコからすれば北側の――共産主義者のものとなった。ソヴィエトは、今や年月を経たモントルー条約の文言を変え、両海峡の通過を沿岸国の船舶のみに制限するよう何度も働きかけた。この変更は、実質的に黒海をソヴィエトの湖同然とするものであったため、トルコと米国は、冷戦の全期間を通じて、商業船舶および海軍艦船の双方に開かれた水域としての黒海の地位を維持することを主張した。これを強調するため、米国の軍艦は両海峡へと定期的に派遣され、条約の文言にしたがってこれを通り抜けるのであった。[61]

黒海の周りには、ソヴィエト式の共産主義、トルコ共和国が主導するナショナリズムという二つの異なる社会システムが存在するようになった。もっとも、両者は黒海やその海岸線を劇的に変えようという意思を共有していた。第二次世界大戦後の半世紀の間に、黒海の沿岸地域は猛烈な勢いで開発されていった。黒海の富、特に漁業資源は、単に個々の沿岸のコミュニティが管轄するものでも、遠隔地の皇帝たちによって保護ないし課税される品物でももはやなく、発展に貪欲な沿岸四ヵ国の資産となったのである。沿岸各国のうち三ヵ国は、資本主義者の経済的な成功モデルに挑戦しており、残り一国は、その前身となる帝国の崩壊を決定づけた経済的な後進性を常に意識していた。こうして沿岸各国は、他の欧州に追いつくための競争に参加し、近代化への壁を打ち破ろうとしていたが、間もなくその競争がもたらす意図しない結果に直面することになった。黒海周辺における深刻な環境変化は、この時代に始まったものではない。一八世紀終わりには、黒海の北部および西部の草地は牛耕により消えはじめ、同時期に大河の川岸に覆っていた木々も、コーカサスの高地の鬱蒼とした森林も伐採され、土地が切り開かれていった。また、その頃にはすでにバルカン半島の山すその森林も消滅していた。しかし、二〇世紀の後半においては、機械化された農業、産業化の波、都市の成長、新しいエネルギー技術によって、海岸線沿いの環境変化のスピードは飛躍的に加速した。トラクター、コンバイン、その他の農業機械の出現は、残ったステップ地帯を世界でもっとも肥沃な農地に変貌させた。すでに一九世紀中頃には、より効率的な耕作技術、小麦の品種改良、鉄道輸送の拡大によって黒土地帯での穀物生産が急成長していたが、化学肥料の導入を含む一九六〇年代の農業革命によってウクライナとロシア南部の原野は今やソヴィエト連邦自慢の穀倉地帯に変化したのである。

産業発展の足音は黒海の水辺付近まで迫っていた。石油採掘や精油産業は、すでに一九世紀末までには確立していたが、とりわけ第二次世界大戦後にルーマニアやソヴィエト連邦で急成長を遂げた。バクーなどのカスピ海の油田からノヴォロシースクへとパイプラインで石油が運ばれ、タンカーに積み込まれてボスポラス海峡を通り、黒海の外の世界へと運び出された。ルーマニアの沿岸部では、政府による計画のもとで精油所が次々に建設されたが、しばしばこれは昔とほとんど変わらない浜辺の近傍で行われた。このように、共産主義者たちが誇る産業の結晶は、沿岸各地に設けられた労働者の保養地から間近に眺めることができたのである。

産業化により、黒海を取り巻く物理的な環境も変化した。二〇〇〇年もの間、漁師や商人にとって天然の障害物であったドニエプル川の急流が消失したのは一九三二年のことである。これは、スターリン時代の最大の産業的業績とされるドニエプル水力発電所が川の下流に設置され、川の水位を引き上げたためである。第二次世界大戦中、ドイツ軍の撤退の際にこのダムは破壊されたが、一九四〇年代末までには再建された。新しいダム施設は、川の水位を約四〇メートル引き上げ、有名なドニエプル川の瀑布はふたたび封じ込められた。さらに東方では、ヴォルガ・ドン運河が一九五二年に開通した。かつてオスマン帝国のスルタンやピョートル大帝が実行不可能なものとして断念したカスピ海と黒海をつなぐ構想がソヴィエト政府によって現実のものとなり、陸路輸送を行わなければならなかった二つの川の間で水上輸送を行うことが可能となったのである。ルーマニアでも新たな運河が一九八四年に開通した。この運河は、沈泥や水路の変化のために船の航行に支障をきたしていたデルタ地帯を迂回し、ドナウ川と黒海沿岸を結ぶために建設された。一九九〇年代初頭、ドイツでマイン・ドナウ運河が建設されると、北海からカスピ海まで航行することが可能になった。もちろん中世のスカンジナビアの商人たちの事例を考えれば、これは決して新奇なでき事ではない。しかしながら、この新しい水上ルートでは巨大な海上用貨物船による輸送も可能となった。海上の輸送と同様、黒海沿岸の新しい高速道や鉄道路線は、陸上での物資や人びとの輸送を容易なものとし、旅客向けの航空線もまた、国際線の各拠点や、地方都市と首都を結んだ。

これらの計画は、もちろん人的および環境的なコストを伴うものであった。共産主義諸国では、主要な建設計画を完遂させるために強制労働も行われた。ルーマニアでは、ドナウ・黒海運河は、一九五〇年代の建設初期にかりだされた政治犯の囚人の死亡率が高かったため、「死の運河」として知られている。他方で、これらの計画は、黒海の状態にも大きな影響を与えた。黒海の本来の状態とはそもそも不安定なもので、生物が生存可能な比較的薄い表層水が、巨大な硫化水素の上に乗っかっている形である。皮肉なことに、沿岸国としてトルコやその共産主義の隣国が、黒海の開発の利を得ようとすることは、黒海の死の始まりを意味していた。

沿岸の産業発展や都市部の成長は、次第に黒海の環境を悪化させていったが、とりわけ黒海の北部と西部においてその症状は深刻であった。第二次世界大戦後、ノヴォロシースク、オデッサ、コンスタンツァ、ヴァルナなどの港は、主要な地域拠点として発展を続け、近郊地域の開発が無制限に進み、造船所や工業拠点も次々に設立されていった。港湾ターミナルや工場から、油性や化学的な汚染物質を含む産業廃水が黒海に流れ込んだ。北部の川に建設された水力発電所は、河口の水温を上げ、変化に敏感な魚種を絶滅させた。内陸部における農業も農薬や化学肥料を多用するようになり、農業排水が河川を汚染していった。これらの問題はすべて、二〇世紀における他の水域でもみられたが、黒海の場合、二つの問題が進行することで被害はより深刻化していった。一つは黒海特有の性質に由来し、もう一つはアメリカからやってきた外来種による過失である。

内海における生物は、川で運ばれてくる有機性の栄養素の安定的な供給に依存しているが、あまりにもその供給が多いと問題が生じる。農地や上流の諸都市からの排水に混じって、過剰な有機物が黒海に流入することは特に危険であった。天然の有機物が腐敗する過程で大量の酸素が消費され、黒海表面のもともと薄い高酸素の水帯は劣化していった。さらに深刻な問題は、行きすぎた富栄養化であった。すなわち、過剰な養分が、植物、中でもとりわけプランクトンを繁茂させて希少な酸素をより欠乏させていったのである。プランクトンの急増により、漁業資源は壊滅的な影響を受けることとなった。こうした現象を受けて、黒海内では、低酸素状態（海水内の生命維持層における低い酸素のレベル）の周期的な増大が生じるようになった。一九七三年から一九九〇年にかけて低酸素状態の影響を受けるエリアは、三五〇〇平方キロメートルから四万平方キロメートルへと拡大した。特に、黒海のもっとも浅い区域であるルーマニアやウクライナに面した北西の沿岸にかけての大陸棚において、低酸素状態が顕著にみられるようになっていった[62]。

農業排水や都市廃棄物の著しい増加により、二〇世紀末までの三〇—四〇年間に黒海の環境が著しく損なわれたが、一九八〇年代初頭には黒海生態系に新たな脅威が登場した。科学者たちにはムネミオプシス・レイディとして知られているクラゲに似た大型の無脊柱動物の一種は、地中海から入ってきた船底の汚水に隠れ、黒海にやってきた。大西洋の温帯が原産地であるムネミオプシスにとって、黒海は快適なすみかとなった。このクラゲ種は、黒海におけるその出現と符合するように餌となるプランクトンもまた急増したために、驚くべき速度で繁殖した。現在では、たとえばボスポラス海峡沿いを散歩すると、ムネミオプシスとその仲間が海沿いの水路で沸騰しているかのように大量にブクブクと浮かんでいるので容易に見ることができる。その量はあたかも何十万にもおよび、中にはバスケットボールぐらいの大きさのものも見られる。実際、一九九〇年代末までには、ムネミオプシスの量は九億トンに達したと推定されており、その量は、世界全体の一年間の漁獲量より大きかった[63]。このクラゲ種は食欲旺盛で、プランクトンや魚の幼生、もしくは小魚の餌を貪り食べてしまうので、一部の魚種の減少の直接の原因となり、同時に、食物連鎖の上位にあるその他の商業的に重要な魚類も減少させてしまった。

ムネミオプシスの到来と時を同じくして、また黒海には大きな変化が訪れていた。それは大規模な商業漁業による負の連鎖である。第二次世界大戦後に始まった大規模漁業は、漁獲高の顕著な増加をもたらした。しばしば海底をこすってしまうほど深く網を入れて魚類を捕獲する桁網漁法などの新たな技術によって、二〇世紀中頃には膨大な漁獲高が記録された。しかし乱獲の代償として、時の経過とともに徐々に水産資源は減少し、一九八六年から二〇〇一年にかけて黒海における漁獲高は三分の一となった。一九六〇年代には、商業漁業で水揚げされていた魚類は二六種類ぐらいであったが、一九九〇年代にはその数はわずか六種類にまで減少した。

イギリス人海洋学者で、海洋環境学では世界的にも第一級の専門家であるローレンス・ミーは、二〇世紀終わりまでのこうした黒海の変化を総括し、「環境的破局」と評した。[64] 高等な海洋生物に不可欠なプランクトン種などは貪欲なクラゲ類に食べ尽くされ、実質的に絶滅してしまった。そのため、実際に一〇〇〇年あまりにわたり黒海に生存していた商業的価値がある重要な魚類は、その数を激減させ、もはや捕獲に値しないようになってしまったのである。古代の著述家たちも記録した海岸付近を例年回遊する一部の魚類は、今日では見ることが難しくなった。アンチョビは、長い間黒海南岸における基本的な食料であったが、一部の地域では死滅した。

こうした変化の多くが人為的である以上、その影響は予想可能であったが、やはり甚大なものであった。漁船団は漁に出ることがなくなり、水産加工センターは閉鎖され、従業員たちは職を失った。地域の食卓からは、主要なタンパク源が消えはじめ、岸辺の住民は内陸の都会へと移っていった。

海岸の侵食や、浜辺の汚染に悩まされるようになった観光客向け施設も営業を停止せざるをえなくなった。今日、沿岸のコミュニティは、おそらく過去最大規模となる環境的、経済的、社会的な危機に直面している。二〇〇〇年以上の間、帝国、国家、民族など様々な政治的主体が、政治と歴史の両面で黒海の水域の領有権を主張してきたが、二〇世紀の終わりに至り、黒海は所有するにふさわしい恵みであるとは、もはや明確には言えなくなっているのである。

今世紀におけるもっとも重要な戦争の多くはフロンティア戦争である。これまでの戦争、すなわち、宗教戦争、同盟間戦争、反乱、富と名声を求めた戦争、王統をめぐる陰謀や王位につこうとする戦いなどは、往々にして個人的要素に左右されたものである。しかし、今やフロンティア戦争がこうした戦いにとって代わった。それは、国家や王国の拡張政策によって発生する。住居可能な世界が狭まるにつれ、一国家の利益や野心は他国との間に尖鋭的で妥協不可能な対立を招くのである。

カーゾン卿（一九〇七年）

ヨーロッパにおける統合過程の一部として地域協力のビジョンを共有し、人権と基本的自由、自由経済と社会正義および相互の安全保障を通じた繁栄と、そして安定に基づき（以下略）

黒海経済協力機構憲章、ヤルタ（一九九八年）

民族のものはいかが！　やっぱりウチのものに限るわよ！

パン菓子売りのタタール人女性、チュフトカレ（クリミア、二〇〇〇年）

第7章　黒海の荒波を前にして

フェルナン・ブローデルによれば、すべての港は海と内陸の双方と向かい合っている。すなわち港は海に向かって開かれており、多方面からの影響が海域を通じて流れ込んでくる。一方で港は陸地に接続しており、後背地では固有の文化が形成されるのだ。一九世紀半ば以降、黒海周辺では、この二つの側面をともに陸へと向かわせる組織的な運動が顕在化した。すなわち、沿海の生活様式を特徴づけてきた多種多様のアイデンティティを消し去り、沿岸地域を新興ネーションの先祖伝来の財産と位置づけ、さらに続いて形成された新興国の所有物であると主張したのである。冷戦期において、黒海は、ライバル関係にある国々や社会システムの間に位置する緩衝地となった。沿岸国は、それぞれ対岸の対抗国家から自らを差別化しようとしたが、いずれのイデオロギーも沿岸地域や黒海そのものを国家が主導する開発の対象とした点において共通していた。

同様の過程は共産主義支配の終焉、そしてソ連の崩壊後でさえ継続している。一九九一年にはウクライナ、ロシア、グルジア［二〇一五年に日本政府は呼称をジョージアに変更］という新たな独立国家が黒海沿岸に現れたが、自国を近隣諸国とは別のものと位置づけようとする習慣は不変で、これはN

ATOやEUといった機関に加盟しようとする競争にも現れている。沿岸部にある他の国々よりも自国のほうが外国の投資家にとってより魅力的であり、政治的により安定しており、より文明的であるとさえ主張することが当然のことのようにまかり通っている。今日、黒海周辺ほど、政治エリートや国民一般が周辺諸国のことを知らない地域は珍しい。しかも、この無知は意図的であり、ネーションが永遠に不変であり、国家の存在は神の運命によって定められており、地域関係は一時的なはかないものに過ぎないという歴史の見方によって強化されている。それほど遠くではない過去において、漁師や商人、それに港湾の役人たちと親しくつきあい、対岸には親戚がいるといったことは、それほど珍しいことではなかった。しかし、歴史、政治や社会関係に関するある特定の考え方が勝利した結果、かつてのような関係を想像することも容易ではなくなった。

今日では、環境の悪化、移民問題、経済発展やその他の政策に関わる問題を克服するために、ネーションについての排他的な定義や国家間競争における覇権的な態度を乗り越える必要がある。黒海地域が直面する諸問題は、本質的に対立する二つの要素を国家に求めている。すなわち、一方では強力で能力のある国家が求められており、他方では自らの主権の一部を譲ってでも近隣諸国と協調することを望む国家が求められているのである。しかし、一九九〇年代に明らかになったように、国家建設と同時にその行きすぎを防ぐことは容易ではない。

一九二〇年代、ギリシアとトルコが住民交換を行った直後、アーノルド・トインビーは、次のように記した。「近東の人びとすべてに真に共有されるべき利益とは平和である。そのためには大国の陰謀や野心から超然としていなければならない。そして、そのためには、国際組織による道徳的かつ経済的な支援が必要である」[1]。

そのために欧州の外交官が何世代にもわたり繰り返し述べてきたのは、黒海とその外部世界との接続部分――ドナウ川と両海峡――の国際化であった。すなわち、特定の域内国家が、民族解放などのスローガンを利用して黒海の利益を独占することを避けようとしてきたのである。

トインビーの戦略は、ある意味においては有効かつ成功したものと考えることも可能だろう。なぜならば、領土をめぐって対立が絶えないにもかかわらず、また共産主義時代やそれ以前の時代から相互に不信感を抱いてきたにもかかわらず、環黒海地域の国々の間で武力紛争が生じる可能性は現時点においては事実上考えられない。唯一の例外は、ナゴルノ・カラバフをめぐるアルメニアとアゼルバイジャンとの争いで、これは両国を戦争状態に陥れたが、一九九四年以来、戦闘は停止している。潜在的に国際的な衝突となりえたであろうもう一つの事例は、旧ソ連黒海艦隊の帰属問題である。同艦隊の艦船および乗組員について、独立したウクライナとロシア連邦の双方が所有権を主張した。しかし、最終的には一九九七年に穏便に解決され、両国は海軍の資産を分配することに合意し、艦船の大半はロシアに所属することになった。ウクライナは港湾施設をさらにロシア海軍に貸与することに合意し、両国は同艦隊の伝統的な母港であるセヴァストーポリのドックを共有している。もちろん、このことはカラバフにおける暴力の犠牲者や、自らの住居を失った数十万人に及ぶアゼルバイジャンの住民、域内の内戦で被害を受けた多くの人びとの傷を癒すものではない。しかし、トインビーの時代においても、あるいは前の世紀からほぼ一貫して危険を抱えた地域とみなされていたこの地域において、国際的な紛争がほとんど生じてこなかったことは注目に値する。

二〇〇〇年代初頭においては、この地域の平和や安定に脅威を及ぼすのは，国家の強さではなく国家の弱さである。多くの地域において、貧困は地域に根ざしたものとなっており、共産主義的な中央計画からの「移行」の結果であるのみならず、地域経済の長期的かつ構造的な特質によるものとなっている。政府諸機関は、仮にそれらが機能している場合であっても、往々にして組織に属する役人の利益の源泉となっているから機能しているに過ぎず，小さな賄賂から巨額のリベートまでの諸形態を伴っている。適切な社会サービスが存在しないため、日々の生活を送るためには自助努力を欠かすことができず、家族や一族、そして民族集団といった古い社会ネットワークへの依存が見られるようになる。この結果、個人が現代国家の平等なメンバーである国民として自らを考えることが妨げられている。より不吉な兆候として、警察活動の機能不全により、武器そして麻薬の密輸から人身売買に至るまであらゆる不法なものの取引に介在する国家を超えた犯罪ネットワークが実質的に処罰を受けない形で行動できるようになっている。環境悪化や生態系において生じ得る惨事は、共産主義時代やその後の間違った産業・農業政策の結果として、現在そして未来の世代にとってきわめて切迫したものとなっている。通過移民たちや亡命を求める人びとは、合法非合法にかかわらずEUという最終的な移民先への移動を目的としており、トルコや旧共産主義諸国を手頃な待合所とみなす傾向をますます強めている。自国民をさえ十分養うことができない国々にとって、バルカンやコーカサスにおける武力紛争の結果生み出された難民は、さらなる負担をもたらす存在である。一九九〇年代と二〇〇〇年代前半の人口移動、すなわち経済移民、亡命を求める人びと、さらなる移動を目的とする移民、そして難民は、地域の人口構成を変化させることになるかもしれず、それは一八六〇年代から一九二〇年代にかけてこの地域で生じた大規模な人口減ほどの影響を及ぼすかもしれない。

機能不全に陥っている諸国家にとって特に深刻なのは、この地域の分離主義運動や内戦の結果としてもたらされた問題である。一九九〇年代初頭においては、いくつかの小規模な戦争や反乱が南東ヨーロッパの広範な地域で繰り広げられたが、この年代の半ば頃までには、そのほとんどが安定化の方向にむかった。バルカンや旧ソ連地域の紛争では、全面的な和平合意や一時停戦の協約が署名され、いくつかの例では国際的な復興努力が進められ、平和維持部隊が展開した。一九九九年にクルド人指導者であるアブドゥッラー・オジャランが拘束され、トルコ南東部の反乱運動も大幅に減退した。しかし、四つの重要な事例においては、全面戦争の終了は紛争の真の解決をもたらさなかった。その代わりに、承認されていないが実質的に機能している統治主体がかつての紛争域において成長し、事実上、密かに主権をまとうという例外的な行為を行ったのである。

南オセチア、アブハジア、ナゴルノ・カラバフ、そして沿ドニエストルは広く世界に知られた地域ではないが、黒海地域において一〇年以上実際にそこに存在している。国際的に承認された政府、すなわちグルジア、アゼルバイジャンそしてモルドヴァがこれらの地域を抱えており、対立の解決のための外部からの支援を求め続けてきており、実際に国連やその他の国際的な仲介者たちが現場で多数働いている。交渉は様々な形で試みられてきたが、最終的な解決をもたらすことなく月日が経過した。もっとも、戦争と平和との間にあってユーラシアにあるこれらの承認されていない主体は、諸統治機関を作り出し、それらが属するとされている国々の諸機関同様に機能している場合すら散見される。これら四つの存在のすべては統治の基本構造と主権の象徴を有している。軍隊を有しているし、経済も弱いものの機能している。公職への選挙を実施しているが、非民主的である。貨幣構造、国境管理そして教育関連施設を、承認されている国々とは別のものとして作り出してきた。これら四つの存在は相互に協力し合い、定期的な首脳会議や閣僚級会合に代表を相互に送り出してきてもいる。地図のほとんどは黒海周辺に六つの国を示すにとどまるが、もし一定の土地を支配する勢力を「国家」と呼ぶならば、その数は誰が数えているかによって決まるであろう。

こうした国家の脆弱さの問題に取り組むことや、国内の対立が国際的な戦争に発展しないようにすることも目的の一部として、一九九〇年代に沿岸諸国と近隣諸国が地域協力のプログラムを開始した。新しいフォーラムである黒海経済協力機構（BSEC）はトルコ政府のイニシアティブで設立された。このフォーラムは、冷戦後における地域のリーダーという、新たなトルコの役割から生じたものであるが、域内の多くの新生国家——真の独立をはじめて経験する国を含む——の主権を伸張させる方策を伴った。

一九九二年六月、黒海沿岸と近隣の国々の首脳がイスタンブルに集い、広範な協力プログラムの設置を宣言した。最終的には環境、犯罪や腐敗対策、投資、租税、そして教育といった政策分野を含むことになる一連の構想である。六年後、一一のメンバー諸国、すなわちロシア、ウクライナ、トルコ、グルジア、ルーマニア、ブルガリア、アルバニア、アルメニア、アゼルバイジャン、モルドヴァ、そしてギリシアは、BSECを国際機関に格上げし、常設の事務局を設置する憲章に署名した。この事務局は現在イスタンブル中心部からボスフォラス海峡を少し上ったところに位置する瀟洒な邸宅内に置かれている。加盟国の議員会議、投資銀行、多国籍海軍ユニット、夏期大学、そして政策研究セン

ター も設置された。歴史上はじめて、黒海沿岸の国々が征服あるいは非公式の商業ネットワークによってではなく、海をその中心にして安全で協力的な地域を作り出そうとする政治指導者の努力によって結びつけられることになったのである。

緊急かつ最大の懸念分野は明らかに黒海自体の環境悪化であり、それはBSECがもっとも注意を払ってきた分野であった。一九九二年四月、六つの沿岸諸国が環境保護に関するブカレスト協定に署名し、翌年にはオデッサで会議が開催され、それぞれの国が沿岸地域に保護地帯を創設すること、黒海に流れ込む河川についての汚染対策で協力すること、そして公害や生物多様性にかかる重要な科学情報を共有することで合意した。BSECの後援のもとで国連や他の国際機関の支援も得ながら、黒海における汚染原因を究明するためのはじめての多国間にわたる分析作業が行われ、一九九六年に完了した。その後五年おきにすべての沿岸諸国の科学者が共同で「黒海の状況」報告書をとりまとめることになった。このように海を診断しようとするような試みは、冷戦期には相互不信によって阻害されてきたが、大きく変わることになったのである。

すでにいくつかの希望をもたらす兆候もみられる。一九九〇年代を通じて富栄養化は減退してきており、酸素を消耗する巨大なクラゲを作り出す原因であったプランクトンや藻の繁殖が減速した。産業汚染もある程度緩和され，魚の乱獲も減少した。しかし、これらの展開はいささか偶然の産物であった。旧共産主義諸国における農業をめぐる危険な状況、すなわち全般的な生産減退、そして、その結果としての化学肥料の使用の減少が、富栄養化物質の海への流入を減少させたのである。沿岸諸国の漁船団の大幅な減少は、一九六〇年代の乱獲や一九八〇年代以降の旧共産主義諸国における経済危機の結果でもあった。漁業資源の回復は、産業レベルでの漁業の減退を理由としているかもしれないのである（旧共産諸国の漁船数が減少した結果、現在の漁獲の約九〇パーセントはトルコ船舶によるものとなっている。もしこのことを確認したければ、ルーマニア沿岸地域にあるレストランで魚をディナーに頼んでみればよくわかるだろう）。産業汚染は、いくつかの地域では引き続き厳しい状況にあるが、ブルガリアからグルジアに至るまで大規模な産業センターが閉鎖されたがゆえに、黒海全体としては深刻度が下がってきている。しかし、沿岸諸国の経済が回復し始めるにつれて、このもっとも深刻な環境問題が戻ってくることは間違いない。適切な対応がなされない限り、沿岸地域に生活する人びとにとって短期的に見れば好ましいこと、すなわち過去そうであったような相対的な意味での経済の安定基調が、より長期的には黒海に害をもたらす可能性がある。

　環境分野以外では、ＢＳＥＣはその本来設定しようとしていた大構想を維持し続けているわけではない。実際に、細かい指標のいくつかを検討すると、現時点において、黒海地域を政治的あるいは経済的なまとまりのある実態とみなすことは困難である。平均して、ＢＳＥＣメンバー諸国は他のＢＳＥＣ諸国にその貿易全体の約一二パーセントを振り向けているのみであり、各国の主要航空会社は、近隣諸国よりも欧州や北アメリカにあるハブ空港への乗り入れに熱心である。賑わいの目立つ場所といえば浜辺であろうか。黒海諸国の観光客が休日に国外に遊びに出かけるときには、近隣国であるトルコをもっぱら選択するのである[2]。各国の指導者は首脳会議に集い、閣僚もまた会合のために出張し、ＮＧＯは共通の懸念について行動計画を時折まとめている。しかし、ギリシアからアゼルバイジャンにおよぶ、真に活気に満ちた協働的な地域というものが現れるのはまだまだ先のことである。

ＢＳＥＣが問題を抱えている理由は明らかである。ロシア、トルコ、ギリシアといった異なった利害と目標を持つ三つの中規模の国家が属する地域国際機関は当然のことのように問題に突き当たる。これら主要諸国それぞれは、域内における外交政策上の役割について自らの構想を持っているが、どの国もそれを現実のものとするための諸計画に資金を投入する余裕はない。さらには、ＢＳＥＣの出現は、地域協力を心から願った各国が合意した結果というよりも、地政学的な利害が奇妙な形でつながったたまものなのである。一九九〇年代初頭、トルコは、おそらくは安定のための潜在能力をＥＵに示すために、地域における新しい役割を求めようとしていたし、ユーラシアの新独立諸国は自国をメンバーとするいかなる国際機関にも加盟することを望んでいた。またギリシアとロシアは自国を排除した形でトルコが新しい「黒海地域」を定義づけようとすることを認めるつもりはなかった。作ってしまえば彼らはやってくると、ＢＳＥＣの元々の旗振り役であったトゥルグト・オザル大統領［トルコ共和国第八代大統領、在任期間一九八九―九三年］は一九九二年の時点では考えていたかもしれない。そして、たしかに彼らはやってきたのであった。何回か開かれた首脳会議や作業部会のセッション、特別な国際会議、そして黒海の将来に関して議論を戦かわせるフォーラムといった会合の数々にである。しかし、加盟国の顔ぶれが固まってからというものの、この新しいクラブが何をしようとしているのかを正確に見極めるという、難しい問題が生じたのである。

今や黒海周辺の政治家の誰も、ＮＡＴＯやＥＵといった各国が真に意識するような地域共同体としてＢＳＥＣを考えてはいない。ルーマニアやブルガリアは二〇〇二年にＮＡＴＯへの参加を認められ、二〇〇七年の加盟を目指してＥＵとの交渉を継続している［実際に二〇〇七年に両国はＥＵに加盟した］。

トルコはその創設の直後からNATOのメンバーであり続けているが、EUへの加盟見通しは定かではないままである。ただし、欧州諸国は将来におけるトルコの加盟について検討する意思をたびたび示してきた。大統領たちや首相たちは、繰り返し黒海地域協力へのコミットメントを確認してきたが、真の意味でより重要な組織への加盟の見通しが低い中、協力を進めるための動機づけに欠けるのが現状である。BSEC加盟国首脳レベルでの精力的な努力にもかかわらず、今日においてはNATOとEUの諸政策が環黒海地域の国際政治を背後から実際に動かしているのである。

今世紀、エネルギーをめぐる政治もまた、BSECの国々や人びとを新しい形で近づけるであろうし、他方で競争の源でもあり続けよう。一九九〇年代初頭には、カスピ海周辺の石油・ガス田は、中東以外で市場化できる最大の炭化水素資源として、各国間の、そして多国籍企業間の競争をあおり、この十年の間、カスピ海石油の通路をめぐる議論が繰り広げられた。一部の企業や政府は伝統的な経路を経て、黒海東岸の港湾から地中海にタンカーで輸出することを主張した。トルコ政府は、ボスポラスを経由する船舶の運行が増加すれば、イスタンブルの中心部という人口が集中している沿岸部における石油漏れのような惨事と環境破壊につながりかねないとしてこの経路に反対した。黒海地域を避けイランを通じて南に向かう新しいパイプラインを主張する向きもあったが、米国によって政治的に受け入れがたいとして拒否された。

パイプラインをめぐる政治は、最終的には南コーカサスから東地中海につながるルートを経由して原油を運ぶという合意を生み出すこととなった。二〇〇三年初旬に新しいパイプラインの建設が、BP（かつてのブリティッシュ・ペトロリアム）が主導する国際コンソーシアムによって開始された。それはバクーからトビリシを経て地中海に面するトルコのジェイハンに至るものである。このパイプラインは、黒海の港を使用する必要がないため、ボスポラス海峡においてカスピ海原油を積んだタンカーが急増するという問題を避けることができた。二〇〇九年までにこのパイプラインは一日あたり一〇〇万バレルを運搬するものと見込まれている〔完成後、二〇一四年八月までにすでに二〇億バレルを運搬した〕。一八八〇年代のトランスコーカサス鉄道の開通が南東沿岸部の地域経済、そして黒海全体の国際商業の姿を大きく変えたように、バクー、トビリシ、ジェイハンとつながるパイプラインも二一世紀において同様の変化をもたらす存在として讃えられている。しかし、終着点が黒海からはるかに離れたトルコ南部にあり、評判高いこのパイプラインが実際に黒海地域全体にどのような効果をもたらすのかは明らかではない。港湾諸都市をより寂れさせてしまう危険すらある。

もっとも、黒海をハイレベルの政治の観点のみで考えることはあまりに狭い了見とのそしりを受けよう。実際のところ、黒海は時には考えてもいないような方法で、人びとを結びつけ続けてきたのである。沿岸を交易で行き交う業者たちは、数百年前に闊歩していた商人たちの末裔さながらであるが、今ではビザンツやオスマン帝国の役人から許可状をもらう代わりに航空チケットを片手に各地を飛び回り、トルコ製品をオデッサやキエフやモスクワで売りさばくのである。北岸部出身の出稼ぎ労働者が南部の建設プロジェクトで汗を流す一方で、トルコの建設会社が旧ソ連邦一帯に進出し、居住用あるいは商業建造物の設計と建設を請け負っている。性産業に携わる者（トルコ語の隠語でナターシャと呼ばれる）はイスタンブルやアンカラで顧客を捜すのであるが、この強制的かつ悲劇的で誤った楽観主義によって生じる女性たちの移動の中に、かつてオスマン帝国の後宮に送られていたチェルケス人女性の姿になぞらえる向きもあるかもしれない。これらの地域的なつながりは、もちろんマクロ経済の浮き沈みに支配されている。一九九〇年代末にロシアでルーブル危機が発生した際には、一時期活発であったイスタンブルとの「スーツケース貿易」も減速を余儀なくされ、旧ソ連諸国からの性産業従事者の移動も減少したようである。しかし、こうした地域間の見えない結びつきは決してなくなることはない。イスタンブルのラレリ地区――イスタンブルと北方の旧ソ連諸国との間の非公式な貿易の中心地――を散策したり、あるいはトラブゾンのホテルのロビーに立ち寄れば、二〇世紀終盤においてふたたびさかんになった社会の底辺での人びとの交流の証を容易に確認することができる。

また、黒海沿岸部においてかつて存在していた複合的なアイデンティティが再評価される兆しもみえる。考古学上の調査は、しばしばヨーロッパや米国の協力者とともに行われるが、古代史跡が発見され、古代における相互影響のパターンが明らかにされている。コンスタンツァ、ヴァルナ、そしてシンフェローポリの博物館は、沿岸地域で展開した多重文化の痕跡を所蔵しており、それは首都の「国民国家を代表する」「国立」博物館が提示するイメージとはしばしば異なっている。トルコでは、今やヘムシン人、ラズ人、そして他の黒海周辺の人びとについての書籍を購入することが可能である。このことは、ほんの数年前まで、民族的マイノリティの文学が実質上存在していなかったことを考えると、隔世の感がある。しかし、これらは沿岸地域が近いうちに再活性化を経験するという期待を決して懐《いだ》かせるものではない。ほぼすべての沿岸部で人口流出が顕著であり、地域経済は停滞したままである。また、文化的なアイデンティティの再確認は、時として紛争につながった。タタール人がクリミアに戻ってきたことにより、土地の権利や社会統合上の問題が浮上している。さらに域内の疑似国家、すなわち沿ドニエストルやカラバフは国際的に承認された政府との間で不安定な停戦状況の中にある。休暇のために人びとはブルガリアの素晴らしいビーチやホテルを今や楽しむことができるが、黒海沿岸の多くの地域は引き続き、彼らを歓迎しているというわけではない。

　第一次世界大戦後に書かれた高名な著作『ギリシアとトルコにおける西方問題』においてアーノルド・トインビーは、東地中海と黒海に関するほとんどの西欧人の考え方に刻み込まれている三つの間違ったアンチテーゼを指摘している。[3]すなわち、第一にキリスト教とイスラームとの間に見出されるアンチテーゼ、第二にヨーロッパとアジアとの間に見出されるアンチテーゼ、第三に文明と野蛮との間に見出されるアンチテーゼである。トインビーによれば、対抗するこれら領域の間にある境界線は遠くから見れば十分にはっきりしているように見えるかもしれない。しかし、イスタンブルやオデッサやバトゥミで下船したり、鉄道駅に降り立った瞬間、そのような考え方は嘲笑の対象となりはじめるのである。

　黒海がＮＡＴＯやＥＵの東部におけるフロンティアとなり、異なった移民政策や、貿易制限、そして安全保障上のドクトリンによって分断される中、トインビーが指摘していたアンチテーゼの境界線が持つ深刻度は増しているのかもしれない。この境界線は、ツァーリとスルタンによって作り出された境界線や、冷戦を定めた社会システムによって作り出された境界線とは異なっている。しかし、それを越えようと試みる者すべてにとって、この境界線は現実のものとして存在している。二一世紀においては査証に携わる入国管理官や税関の職員は一九世紀の検疫担当医師と同様な位置を占めているともいえよう。彼らの業務は、何世紀も前に同様の役割を果たしていた者たちがそうであったように、国境を越えることを専門とする人びとによって妨害されるのである。こうした人びとは、移動することと自体への熱望をもって、帝国や国家によって作り出された周到な計画に逆らって、黒海世界をまとめてきた。それでも、黒海沿岸の、この新しいフロンティアに生活する人びとの数はますます減少していくであろう。若い人びとや女性たちは内陸部の都市地域でのよりよい生活を求め、選ばれし者たちはより遠いロンドン、ベルリン、ニューヨークへ住居を移している。今世紀において、古《いにしえ》の黒海は、ヨーロッパ東部一帯の失われた多くの文明のように、主としてこの地域出身の人びとの心の中に生き続けるであろう。しかし、彼らはもはやこの地域で生活することはない。

ただし、地域自体が移動することができるということもまた、事実なのである。生命力あふれる黒海出身者のコミュニティを、黒海からはるか離れた場所で見つけ出すことができる。たとえば、ポントス・ギリシア人の子孫はアテネやテッサロニキに見つけ出すことができよう。トルコ人やラズ人のパン屋や建設労働者そして起業家たちはニューヨークに進出し、さらに、ユダヤ人、ルーマニア人、ロシア人、ウクライナ人、アルメニア人、グルジア人といった面々とそのあらゆる組み合わせもまた、パリやロサンゼルスやテルアビブにおいて見つけることができよう。黒海を越えても、地域性の指標を引き続き感じ取ることができる。外国に移動するとき、アナトリアの海岸からの移民が、民族的に同様な人びとに限られた地域よりも、彼らの地元の街や村がそうであったように多様性のあるコミュニティであるところ、多文化の環境に移住することはありそうな話である[4]。特に第一世代の移民にとっては、地域の隣人（トルコ語でヘムシェリ hemşeri）、すなわち同じ村の出身者とか、同じ山岳部や沿岸部のもののほうが、国民や宗教といった想像の共同体の同じメンバーよりも、より身近な存在に感じられるであろう。外部の者によって使用される画一的で単一な分類、すなわち文明か野蛮か、土地の者か外人か、純粋か混血かといった指標にもかかわらず、海と向き合い、その多様性を包み込んで生きていくことは、依然として尊敬されるべき生き方なのである。

そこはパラレル・ワールドか？——解説および後書にかえて

本書はCharles King, *The Black Sea: A History*, Oxford University Press, 2004の全訳である。著者のチャールズ・キングは世界的にも名高いジョージタウン大学教授であり、二〇一五年にも『フォーリン・アフェアーズ』誌に寄稿するなど、政治学者として活躍している。一方、歴史にも造詣が深く、二〇〇〇年に発表された『モルドヴァ人』以来、環黒海地域をあつかうさまざまな著作（通算七冊）の中で、高邁な歴史知識と「文明」に対する洞察力を披露してきた。「歴史（認識）」自体が政治問題化することも少なくない環黒海地域について、地域研究の視点、政治学による分析、歴史学による理解を巧みに組み合わせながら、地域の特色を明らかにしている。また、「読み物」としてのクオリティにもこだわっていることが豊富なエピソードの記述からもわかる。

冒頭で著者が述べているように、日本のみならず欧米でも「黒海」について具体的なイメージを持つ人びとは少ない。一般に「海」からは開放的な印象を受けるが、クリミア戦争から今日のウクライナ紛争まで「黒い」海は数々の戦乱の舞台としても記憶されてきた。有史以来、黒海とその周辺地域は文明と野蛮の物語が交錯する舞台となり、単純な決めつけをはねのける複雑怪奇な地域であり続けてきたのである。そこは、通俗的なヨーロッパとアジアの二分法でとらえることが難しい、あるいは前者が引きずりこまれていくようなユーラシア地政学の魔力が機能する磁場であった。

一見、通史として時代順に淡々とその歴史を辿るかのような構成を本書は取っている。しかし、一読すればわかるように、黒海という一つの海域世界の多面的なあり方を掬い上げようと、著者はさまざまな工夫を施している。通奏低音には「客観的であろう」とする冷徹な視線が存在し、「伝統的な」言説やそこから組み立てられてきた偏見を黒海にとどまらず、西欧にまで踏み込んで批判する。そこには「海の歴史」から時には想像されるロマンに満ちた情景よりも、むしろ単純な思い込みを裏切る生々しいリアルな人びとの姿が描かれている。読者は扉に引用される辛辣な表現に当初戸惑うかもしれない。しかし、つまるところ、清濁併せのむ、振り幅の大きな世界に生きる環黒海地域の人びととその歴史に著者は魅了されているのであり、本書を通じて、われわれはキングとともに黒海の時空を自在に旅することができる。本書の論点・読みどころは多岐にわたるが、以下、本書の特徴や制約、翻訳の問題などについて簡単に触れる。

非対称の世界〜世界史における黒海の位置

本書の主題はむろん黒海とこれが世界史に占める位置である。二〇一四年より混迷を深めるウクライナ情勢をみるまでもなく、ユーラシア地政学において黒海とその周辺世界は古代から重要な位置を占めてきた。他方、この地域ほど、まとまって記すことが難しい地域も珍しいかもしれない。著者の博覧強記とスケールの大きな記述により、人類史における黒海の姿をはっきりと認めることが出来る点こそ、本書の最大の特徴であり、長所であろう。

物理的存在としての黒海誕生から本書の記述ははじまる。筆者はまず、対照的な外形と、非対称的な気候・生態系に注目する。現在、「ヨーロッパ」第一位から第三位の大河であるドナウ、ドン、ヴォルガが流れ込む黒海北部地域と、水域で常に海水が交換される地中海に接する地域からアナトリアにかけての南部地域では、大きく生態系の環境が異なるが、黒海の北岸と南岸は、まさに歴史上、全く異なるタイプの権力が向き合う世界であった。そのミステリアスな誕生以来、黒海は常にユーラシアの諸政体がぶつかり合う地政学上の要衝であることを宿命づけられていたともいえよう。

興味深い洪水伝説や沈没船に関する記述に続いて、本書では、ギリシア・ローマ時代から有史時代の記述がはじまり、ついでビザンツ、オスマン、ロシア、国際主義の時代と時代が下っていく。ユーラシアの遊牧民主体のステップ権力と、地中海から伸びてくる定住民の都市国家や帝国権力との鮮やかなコントラストが多くの記述の基軸となる。遠くモンゴル高原から、イタリア・スペインといった地中海世界まで、馬と船というともに長距離駆動力を駆使する「似て非なる」冒険者達の姿と、はじめから「国際的」であることを宿命づけられた巨大政体の駆け引きの背後には、常に黒海という海域が存在したのである。外部の著者による偏見に満ちた史料を駆使しながら、著者は一貫してできる限り現地の人びとの視点から環黒海地域の歴史を描こうと努めており、黒海という海域が一つのまとまった文明世界であることを読者に強く印象づける。

やがて陸と海を統合する帝国として出現した近代ロシア帝国のもと、北部沿岸地域は平原から穀倉地帯へとその姿を変え、まもなく蒸気船の時代には文字通り世界情勢に統合される。しかし、黒海とその周辺はそれ以前も、たとえばモンゴル帝国の時代には西欧人修道士がモンゴル帝国王子の天幕で洗練された「文明」を発見するような国際的な場所であり続けた。そして、一九世紀の段階で、過酷な強制移住や住民虐殺がすでに繰り返され、二〇世紀に入ると、民主主義、共産主義、ヨーロッパ的価値など、まさに「近代」が実験され続ける場所であった。とりわけネーション・ステート（国民国家）における「民族」と「国家」像をめぐって、衝突が絶えず、今日も不穏な政治情勢が続いている。一般にヨーロッパの「裏庭」、ヨーロッパとアジアやロシアの境界としてイメージされる環黒海地域が、むしろ新しい「価値」の矛盾が噴出するという、特有の地政学的意味とそれに付随する複雑なダイナミズムを持つ地域であることが本書から明らかにされる。

秩序があらわれ、秩序が滅びるところ～遠くて近いヨーロッパ？

本書のもう一つの特徴は、日本人にもなじみがあるようで困難な問い、すなわちヨーロッパと「ヨーロッパ的価値」にまつわる言説を分解し、脱構築している点であろう。西洋の視線から脱しようとすればするほど、客観的にとらえようとすればするほど、現地人の「自国史」との乖離が一層激しくなるという現象について、研究者のみならず豊富な現地滞在を持つ人であれば誰もが経験したことがあるだろう。現地を訪れると、たとえば、本書で紹介されるヨーロッパ人の偏見に満ちあふれた記述――オウィディウスの嘆き、我が子殺しのメディアなど――明らかに否定的な、野蛮の刻印が古代世界とのつながりのシンボルとして歓迎される姿に戸惑うこともある。さらにコーカサスの人びとは自分たちこそ本当のヨーロッパ人であると主張することすらある。こうしたヨーロッパの「魔力」について、著者はナイーブな見方を退けながら、単純な二項対立を鋭く批判する。

まさに「黒海」（たとえばアナカルシス――本人自体も架空かもしれない――とその架空の子孫）を通して「ヨーロッパ」は「ヨーロッパ」という自己アイデンティティを獲得した。さらにヨーロッパの範囲もまた動くのである。環黒海地域は、「ヨーロッパ」対「アジア」という人口に膾炙した二項対立が本当は成り立たないか、あるいは優れて特殊な歴史的な背景のもと成立していることを浮き彫りにする。すなわちヨーロッパという目線も地理概念も相対化することができる恣意的な指標なのであり、その意味において優れた「ヨーロッパ」批評の書でもある。

一方、ヨーロッパで発達したある種の人種観などはこの地域で人びとをまさに囚われの身として無数の悲劇を近現代にかけて生み出してきた。著者は親（＝真）「ヨーロッパ」的言説の蔓延る旧東欧・ソ連圏についても冷徹な視点も提示している。沿岸で生活する人間社会の営みを見届けつつ、あるいは支えたり破壊するなど人びとや世界とのつながり方を自在に変えながら、まさに世界秩序を映し出す鏡のような役割を黒海は担ってきたのである。「歴史記述」の多くは主観的で時には自己本位な記述であるが、そうした記述を引用しながら、黒海そのものが呼吸をするように、地域の歴史が描かれていく。古来より、黒海は秩序があらわれ、秩序が滅びるところなのである。

陸と海を統べる異形の帝国～ロシアとアメリカ

黒海独自のユーラシア地政学における位置、そしてヨーロッパとの距離とその相対化に加えて、実はアメリカとロシアというヨーロッパの鬼子ともいうべき存在もまた、本書の隠れた主題の一つである。伝統的に陸のステップ地域を統べる北方勢力と、海とつながる南方権力が常に対峙を続けてきた黒海であったが、まさにロシアはエカチェリーナ期の南方拡大により、北から黒海沿岸を内海にしようとした。ユーラシアの陸と海を統べる権力としてロシアがいかに歴史的に見て特異な存在か、本書から明確に読み取ることが出来る。ナポレオンもヒットラーもはまったロシアの引きずり込む力、引力とは、ユーラシアという「奥行き」に加えて、まさに黒海を飲み込むことでヨーロッパから地中海とその向こうの外洋や中東世界までつながることで獲得されたともいえよう。

ロシアは、平原地帯を穀倉地帯に変えた定住民中心の官僚国家でありながら、ステップの遊牧世界も手中に収めて、さらには中国・日本との境界まで国土を広げた。そのロシアの黒海進出にとって、決定的であったのが、古来より北と南の勢力が交差する重要な拠点であった、クリミア半島を得たことであった。クリミア半島は北岸に位置しながらも、むしろ歴史的に南岸により大きく依存し、コンスタンティノープル（イスタンブル）を抜けて地中海世界に直接つながる、北岸にあって特異な地域である。まさにロシアによるクリミアの併合は、一八世紀において世界史的に重要な意味を持ったのであった。支配イデオロギーにヨーロッパ意識を巧みに取り込んだロシアは、黒海方面でこの二〇〇年間、勢力伸長と退潮を繰り返してきたが、二〇一四年にふたたび事実上クリミアを支配下に収めた際には、核兵器の準備すら検討したと伝えられる。ロシアの執着と、激しく反発してその急な拡大を抑えようとする一方で、中東・東欧地域におけるそのプレゼンスを時には利用しようとする欧米の現在の姿もこうした歴史的視点から考えれば納得できる。生き馬の目を抜く激しいヨーロッパ外交の現実と功利主義の影もまた本書からはっきり読み取ることができるのである。

なお、六章で紹介されるが、ロシアが陸と海の両世界の帝国に脱皮する過程で、お雇い外人として呼ばれたのが、アメリカ海軍の事実上の創設者であったことは、二つの比較的若い世界帝国の歴史が交差した場面として非常に興味深い。ヨーロッパを「捨てた」ところからある意味出発した異形のフロンティア大国＝大陸国家としてのアメリカは、本書でもたびたび触れられる地域紛争や民族・人種問題でさまざまな禍根を発生させ、また克服しようともがく存在でもある。有史以来希代のグローバルパワーとして展開するアメリカがその限界もまた露呈させている二一世紀初頭において、ユーラシアのいわばホットスポットである環黒海地域に対するアメリカ知識人の認識を知る上でも本書は役に立つだろう。

本書の時代的特徴と限界

民族、国民、そして「歴史」をめぐってさまざまな視線の交錯する場としての黒海のリアリティをえぐり出し、ヨーロッパやロシア・アメリカそのものまでも相対化することに成功した本書であるが、むろん限界あるいは留保するべき点も存在する。まずは、その時代的制約である。特にナショナリズムへの厳しい批判が近現代に関する記述の基調をなしているが、これはもちろん本書が執筆される直前の一九九〇年代末、ユーゴ内戦をはじめとする凄惨な民族紛争が環黒海地域で噴出していたことに由来するのだろう。監訳者は二〇一六年にポーランドを訪れ（少なくとも都市部の）その整備・発展された姿に驚いたが、本書が執筆された当時、東欧諸国はEU加盟すら果たしていなかった。現在は、現地の歴史学もナショナリズム一辺倒をある程度脱しつつあるようにも感じるが、政治の世界では世界各地で周知のように一国主義優先の傾向が急速に強まりつつある。イギリスのEU離脱やシリア難民問題にも代表されるように、グローバル化の進む現代世界において、ヨーロッパにおいてナショナリズムをめぐる課題は「統合」のさまざまな局面で今後むしろ深刻となる可能性は高いし、国家や地域共同体建設の観点からアジアでも常に意識すべき問題であろう。

ナショナリズムをめぐる政治だけではなく、歴史学においても、この二〇年間での研究の進展は著しい。個別の論点でも、たとえば、オスマン帝国史の諸問題など、現在ではかなり認識が深まっている箇所も少なくない。そもそも著者も認めているように、環黒海地域は一人の著者が取り組むにはあまりに多くの言語や文化を持つ人間集団が活動してきた地域である（そしてその多くが消えてしまったのだ）。もっとも、本書執筆時には海域史自体が新しい取り組みであったし、グローバルパワーとしてのモンゴル帝国の再評価なども二〇世紀末にようやく常識化されつつあったテーマである。くわえて、研究が細分化された現在、一人の著者がこのスケールで概説を記すことはほぼ不可能であろう。英語圏の読者に向けて書かれた本書には、日本人の読者には必ずしもなじみのない人名やエピソードも少なくないが、二一世紀冒頭の黒海「史・地域研究」の可能性と限界を見事に表した作品としても本書には独自の歴史的価値がある。

パラレル・ワールドとしての黒海

さて、ここで、後書きの表題に掲げた「パラレル・ワールド」および「民族主義」について監訳者の感想を若干述べたい。まずは、本書から「黒海」のエッセンスを列挙してみよう。

曰くそこは、「寒く、過ごしがたい「文明」の境界地域である」。「「文明」の気取りをはぎ取り、「同化」させる地域である」。「奴隷が解放を拒否する、あべこべな地域である」。「「文明人」の器量のなさと偏狭な心をさらけ出させる、正直な地域である」。「検疫所が賭博場に早変わりする、人間くさい・

人間味溢れる人びとが住む地域である」。「帝国主義が蔓延り、虐殺・追放・強制移住が頻発する悲劇の地域である」。「しかし、カラフルな民族の競演こそ、黒海の活気そのものなのだ」。

果たして黒海はパラレル・ワールドであるのか？　主観的歴史主義の図式に陥らず、「当時の」リアリティにこだわる筆者であるが、同時に意識的に自らの解釈を投げかけようとしていることもまた確かである。一章の扉に引用されているオーデンの詩は「善は歴史を超越している」の一節で終わる（『オーデン詩集』思潮社）。一見皮肉にしかみえないが、著者のナイーブさとアイロニーは冒頭においてこの詩を引用する姿勢からも明らかであり、黒海という舞台で繰り広げられてきた人類の悲喜劇を冷静に語る、挑戦的な本書にふさわしい引用ともいえよう。われわれは、常識を身につけつつ、同時にそれをまっさらにすることから環黒海地域の人びとの歴史を知る必要がある。政治的な激動を繰り返す黒海周辺地域の歴史を見つめつつ、その豊かな文化に触れながら、諸賢には本書を通してそれぞれの黒海を想像し、また現実の旅の一助としていただきたい。

また、「民族主義」について、著者は時に辛辣なアイロニーを投げかけているようにも見える。「民族」問題を理性的に解釈しようとすれば、その本質主義的なあり方に違和感を覚えても、紛争当事者にとってはリアリティを表現する唯一の術であり続けている。すなわち本書の表現をかりれば、政治意識・政治権利・政治運動のネーションの役割はいまだ終わっていないようにも思える。とりわけ中東や環黒海地域では宗教・民族・ネーション間紛争の和解と傷を癒すための具体的な措置をはかる段階にはなく、人びとは戦禍の渦に必死に巻き込まれないようにもがき続けているように見える。それとも別のある種の近未来をわれわれは黒海沿岸の情勢に見ているのだろうか。

二一世紀に入り十数年が過ぎた。今日ジョージアと日本政府が呼び名を変更したグルジアやルーマニアなど、日本人は査証無しで訪れることができる地域も増えた。しかし、黒海とその沿岸地域は実感として相変わらず遠い。ある種の社会的成熟や豊かさと裏腹の、どこか原初的な生活形態あるいは「民族」感情にまかせた政治などに違和感を憶える人も少なくないだろう。一方、中国がグルジアからギリシアまで港湾施設に積極的に投資するなど、新たな地政学的変化の胎動もみえる。ヨーロッパ政治の一部ではなく、まさに大きなユーラシア政治の要の一つとして環黒海地域に注目する必要がある。特にウクライナで紛争が発生し、クリミアがロシアに「併合」されるに至って、黒海の海面は一層激しく波打っている。民族紛争に加えて、エネルギー戦争や環境破壊など課題は山積みであり、現代社会のさまざまな矛盾を内包する地域として今後も注目を集めるであろう。

翻訳について~海の声に耳を澄ませば

本書の翻訳のアイデア自体は以前からあたためていた。著者は二〇〇八年に上梓した『コーカサスの歴史~自由の亡霊』の中で前近代イラン・グルジア史を専門とする監訳者の論文も引用しており、その該博な知識と含蓄に富む語り口に魅了されていた。もっとも、やはり直接の契機となったのは二〇一四年に深刻化したウクライナの紛争であった。幸い、挑戦的な研究テーマに意欲的に取り組んでいる若手研究者と、中東地域などでの外交と現地をよく知る経験豊富な実務家で翻訳を分担することができた。ギリシア・ローマの古典古代時代から二一世紀の今日まで、このヴァラエティと実力に富む翻訳者陣ではじめて本書の翻訳は可能になったと思う。

もっとも、原著だけではなく、翻訳という営為そのものも時代に制約され、その点でもいろいろと頭を悩ませることになった。たとえば、第七章の章題は直訳すれば『海に面して』（Facing the Water）となる。二〇〇四年に出版された本書であるが、二〇一六年現在の情勢も鑑み、荒波の語を入れた。たしかに波の高い黒海の姿が本書の中で幾度もフィーチャーされているとはいえ、帝国の内海時代の黒海は政治的には「凪」の時期も長いので、適切な訳かどうか見方はわかれよう。一〇年後、二〇年後の地域の姿はまた大きく違って見えるであろうか。ちなみに著者によれば、あくまで黒海を主役に考えて、その沈黙の声に耳を澄ませることを意図しての章題ということで、「海の声に耳を澄ませば」といった訳し方もありえただろう。なお、翻訳の常として文体を整えるための最小限の修正は加えている。また、本書は特定の歴史事実を追求し、イデオロギーに基づいて地域の歴史を解析するというよりも、むしろ黒海を通して地域の歴史を体現するイデアを感じ取ろうと試みており、エッセンスを伝えることを何よりも優先した。また、時間的にも空間的にも射程の長い本書の翻訳は、訳語の統一をはなはだ難しくした。凡例にも記したように、教科書、訳書などを通じて、できる限り日本語で一般的な訳語を当てるように努力したが、結局の所、妥当か否かについては読者諸賢の判断に委ねるほかはない。

最終的に、翻訳作業には、シンプルだが含蓄に富む文体の困難さに加えて監訳者の怠惰も重なり、三年近くの年月を費やすことになった。著者は、古典に通暁し、選び抜かれたエピソードを並べるなど、スノッブな一面をみせつつ、アメリカ流のあくまで平易かつ時にはおそらく意識的に俗語表現を用いた文体を駆使している。著者の経歴もまた決して「平易」なものではない。アーカンソー州オザーク高原出身のアメリカ人であり、オックスフォード大学で博士号を取得している著者について、監訳者はかつてアメリカの学者らしからぬ環黒海地域の現地語への強い執着に驚かされたこともある。本人の弁ではもともと哲学と歴史学の勉強から出発し、大学院では“transitology”と“nationalism”“ethnic studies”を、博士研究員（ポスドク）では“security studies”“political violence”を、助手と助教授として“archaeology”“ancient history”“early modern history”を、近年は“urban history”“anthropology”“interpretive methods”“Holocaust studies”に取り組んできたとのことである（http://www.e-ir.info/2015/10/18/interview-charles-king/）。同インタビューでは、徹底して現地と生身の人に注目することの重要性を説いている。

また、印象に残るのは「なぜ民族（ethnic group）が戦うのかではなく、どのような条件下で社会的暴力が「民族」の（戦い）と分類されたり、特徴付けられるのか」という発言である。これは今日宗教で便宜的にラベリングされがちな各種の国際紛争にも当てはまる。実際、監訳者個人のグルジア（ジョージア）・トビリシ留学経験に照らしても、グルジア人、アルメニア人、ユダヤ人らが入り乱れて暮らす中で、民族よりも「隣人」という距離感が重要であったように思う。そして、彼らはニューヨークなど異郷でトビリシの何々地区の何々中庭空間を共有した幼なじみとして助け合って暮らしている。まさに集団的かつ政治的暴力によって引き裂かれるのは、こうした絆なのだろう。

さて、本書冒頭の言葉に倣えば、翻訳もまた航海に似て学ぶことが多いが、なかなか長い航海となった。訳者でもある居阪僚子氏と浜田華練氏には、「文献目録・読書案内」翻訳と「索引」の作成、文体の統一から校閲に至るまでたいへん尽力いただいた。同じく仲田公輔氏も「文献目録・読書案内」

翻訳や「索引」校閲作業等で大きく貢献した。また、編集者として辛抱強く翻訳の完成を見守って下さった明石書店の大江道雅社長、厄介な編集作業を担当下さった本郷書房の古川文夫両氏にもここに特に記して深く感謝申し上げたい。

黒海とその周辺地域は「近代化」(≒ヨーロッパ化)の途上にあり、覇権主義で後進的なロシアに足をすくわれ続けているという、広く流布する言説に対して、本書が世界の歪みを引き受けながらも新たな挑戦を呼び寄せる黒海世界のリアリティと深淵性を感じる一助となれば幸いである。著者は単に通史を記すのではなく、意識的に「他者の声」を聞こうとしている。その意味で本書は通常の意味の「地域史」ではないが、世界の現実が大きく変わりつつある中、かつての一体的な地域的まとまりを甦らせて、国家や民族を超えるまさしく「橋」としての環黒海世界の未来に期待したい。

二〇一六年一二月

前田弘毅

付記
本稿は、科研費15H01898, 15H03249, 15KT0048, 16KT0044, 16K03002, 24520807等の成果である。また、示されている認識や意見等は訳者の属する組織の認識や意見等を必ずしも反映するものではない。

in the Seventeenth Century, trans. Joseph von Hammer, Vol. 2, (London: Oriental Translation Fund of Great Britain and Ireland, 1834), pp. 67, 74.

第５章

Johnson　Samuel Johnson, *The History of Rasselas, Prince of Abissinia* (Oxford: Oxford University Press, 1988), p. 123［サミュエル・ジョンソン著、朱牟田夏雄訳『幸福の探求―アビシニアの王子ラセラスの物語』岩波書店、2011 年、218 頁］.

Ségur　Louis-Philippe, comte de Ségur, *Memoirs and Recollections of Count Ségur, Ambassador from France to the Courts of Russia and Prussia*, Vol. 3, (London: H. Colburn, 1825–7), p. 84.

Melville　Herman Melville, *Journal of a Visit to Europe and the Levant, October 11, 1856–May 6, 1857* ed. Howard C. Horsford (Princeton: Princeton University Press, 1955), p. 94.

第６章

Twain　Mark Twain, *The Innocents Abroad, in The Complete Travel Books of Mark Twain*, Vol. 1, (Garden City, NY: Doubleday, 1966–7), pp. 291–2［マーク・トウェイン著、吉岡栄一・飯塚英一・錦織裕之訳『地中海遊覧記』彩流社、1997 年、下巻 180-1 頁］.

Curtis　William Eleroy Curtis, *Around the Black Sea: Asia Minor, Armenia, Caucasus, Circassia, Daghestan, the Crimea, Roumania* (New York: Hodder and Stoughton, 1911), pp. 3–4.

Hossu　Gheorghe Hossu, *Importanţa canalului Dunăre–Marea Neagră în construirea socialismului în R. P. R.* (Bucharest: Editura de Stat, 1950), p. 3.

第７章

Curzon　Lord Curzon of Kedleston, *Frontiers: The Romanes Lecture, 1907* (Oxford: Clarendon Press, 1907), p. 5.

各章扉の引用文

第１章

Tournefort　Joseph Pitton de Tournefort, *A Voyage into the Levant*, trans. John Ozell, Vol. 2, (London: D. Browne, A. Bell, J. Darby et al., 1718), p. 124.

Byron　Byron, *Don Juan*, Canto 5, v. [ジョージ・ゴードン・バイロン著、小川和夫訳『ドン・ジュ アン』冨山房、1993年、第5歌].

Auden　W. H. Auden, "Archaeology," *Selected Poems: New Edition*, ed. Edward Mendelson (New York: Vintage International, 1979), p. 302. [オーデン著、沢崎順之助訳編「考古学」『オー デン詩集』思潮社、1993年、139頁].

第２章

Herodotus　Herodotus, *The Histories*, 4.46. [ヘロドトス著、松平千秋訳『歴史』筑摩書房、1967年、巻4、46].

Xenophon　Xenophon, *Anabasis*, 4.7. [クセノポン著、松平千秋訳『アナバシス—敵中横断6000キロ』岩波書店、1993年、巻4第7章].

Ovid　Ovid, *Tristia*, 3.3.5–14, in Ovid, *Poems of Exile*, trans. Peter Green (New York: Penguin, 1994) [オウィディウス著、木村健治訳『悲しみの歌／黒海からの手紙』京都大学出版会、1998年、第3巻第3歌5-14].

第３章

Procopius　Procopius, *History of the Wars*, 3.1.10-11.

Rubruck　*The Journal of Friar William of Rubruck, Contemporaries of Marco Polo*, ed. Manuel Komroff (New York: Dorset Press, 1989), pp. 58–9 [カルピニ、ルブルク著、護雅夫訳『中央アジア・蒙古旅行記』講談社、2016年、165頁].

Peyssonnel　Claude Charles de Peyssonnel, *Observations historiques et géographiques sur les peoples barbares qui ont habité les bords du Danube et du Pont-Euxin* (Paris: N. M. Tilliard, 1765), p. 7.

第４章

Pirî　Pirî Reis, *Kitab-ı bahriye*, trans. Robert Bragner, Vol. 1, (Istanbul: Historical Research Foundation, 1988), p. 57.

Gilles　Pierre Gilles, *The Antiquities of Constantinople*, trans. Ronald G. Musto, ed. John Bell, 2nd edn. (New York: Italica Press, 1988), p. xxxviii.

Evliya　Evliya Çelebi, *Narrative of Travels in Europe, Asia, and Africa*,

Co-operation and Sustainable Development in Europe," Centre for European Policy Studies (Brussels) and International Centre for Black Sea Studies (Athens), 2002, p. 4. ミーは、1993年から1998年まで、イスタンブルにおいて黒海環境計画のコーディネータを務めた。

〈第7章　黒海の荒波を前にして〉

1　Arnold J. Toynbee, "The East After Lausanne," *Foreign Affairs*, Vol. 2, No. 1 (September 1923): 86.

2　これらデータは完璧なものではなく、一般的な傾向を示すに過ぎない。データを収集したアダム・トルネイに感謝する。

3　Arnold J. Toynbee, *The Western Question in Greece and Turkey*, 2nd edn. (New York: Howard Fertig, 1970 [1923]), p. 328.

4　Lisa DiCarlo, "Migration and Identity Among Black Sea Turks" (Ph.D. dissertation, Brown University, 2001), p. 23.

47 Peter Simon Pallas, *Travels Through the Southern Provinces of the Russian Empire, in the Years* 1793 and 1794, 2 vols. (London: T. N. Longman and O. Rees et al., 1802–3); August von Haxthausen, *Transcaucasia: Sketches of the Nations and Races Between the Black Sea and the Caspian* (London: Chapman and Hall, 1854).

48 Egor Manganari, *Atlas Chernago moria* (Nikolaev: Gidrograficheskii chernomorskoi depo, 1841). 米国議会図書館所蔵の版はかつてニコライ二世が所有していた。

49 Bîrdeanu and Nicolaescu, *Contribuţii la istoria marinei române*, Vol. 1, p. 228.

50 Grigore Antipa, *Marea Neagră* (Bucharest: Academia Română, 1941), Vol. 1, pp. 16–17.

51 Charles Warren Hostler, *Turkism and the Soviets* (London: George Allen and Unwin, 1957), pp. 157–8. 以下の論文も参照。Etienne Copeaux, "Le mouvement 'prométhéen'," *Cahiers d'études sur la Mediterranée orientale et le monde turco-iranien*, No. 16 (July–December 1993): 9–45.

52 これらのグループのトルコ国内の活動については以下の著作を参照。Lowell Bezanis, "Soviet Muslim Emigrés in the Republic of Turkey," *Central Asian Survey*, Vol. 13, No. 1 (1994): 59–180.

53 Untitled editor's note, *Prométhée*, Vol. 1, No. 1 (November 1926): 1–2.

54 T. Schätzl, "Polish Group 'Prometheus' in London," MS dated March 19, 1951, Archives of the Piłsudski Institute of America, New York (以下 "APIA"), Apolinary Kiełczyński Papers, II/2/A-B, Teka I/2, File "Materiały balkanskie," p. 2.

55 "La Mer Noire," *Prométhée*, No. 24 (November 1928): 1–3.

56 Dmytro Boug, "La Mer Noire," *Prométhée*, No. 73 (December 1932): 22.

57 "Kommunikat Prometeiskoi Ligi Atlanticheskoi Khartii," March 1949, APIA, Jerzy Ponikiewski Papers, Sz.D/4, T. 1, file "Prometeusz," pp. 3–6.

58 Letter from Edmund Charaszkiewicz to Ali Akish, November 4, 1969, APIA, Charaszkiewicz Papers, II/3/D, T. 1, file "Sprawy ogólno-prometejskie," p. 65.

59 ストルマ号の事件については、以下の著作に詳しい。Douglas Frantz and Catherine Collins, *Death on the Black Sea: The Untold Story of the Struma and World War II's Holocaust at Sea* (New York: Ecco, 2003).

60 Norman M. Naimark, *Fires of Hatred: Ethnic Cleansing in Twentieth-Century Europe* (Cambridge, MA: Harvard University Press, 2001), pp. 101–4.

61 冷戦下の黒海の戦略的位置づけについては、以下を参照。Harry N. Howard, *Turkey, the Straits, and U.S. Policy* (Baltimore: Johns Hopkins University Press, 1974).

62 Yu. Zaitsev and V. Mamaev, *Marine Biological Diversity in the Black Sea: A Study of Change and Decline* (New York: United Nations Development Program, 1997), p. 15.

63 "Bleak Story of the Black Sea Highlighted in Global Assessment of World's Waters," United Nations Environment Programme Press Release, October 12, 2001.

64 Laurence David Mee, "Protecting the Black Sea Environment: A Challenge for

30 Henry C. Barkley, *Between the Danube and the Black Sea, or Five Years in Bulgaria* (London: John Murray, 1876), p. 263.

31 Barkley, *Between the Danube and the Black Sea*, pp. 228–9.

32 Mark Pinson, "Ottoman Colonization of the Circassians in Rumili After the Crimean War," *Etudes balkaniques*, Vol. 8, No. 3 (1972): 76.

33 Alan W. Fisher, "Emigration of Muslims from the Russian Empire in the Years after the Crimean War," *Jahrbücher für Geschichte Osteuropas*, Vol. 35, No. 3 (1987): 356.

34 Justin McCarthy, *Death and Exile: The Ethnic Cleansing of Ottoman Muslims, 1821–1922* (Princeton: Darwin Press, 1995), p. 339.

35 Mark Levene, "Creating a Modern 'Zone of Genocide': The Impact of Nation- and State-Formation on Eastern Anatolia, 1878–1923," *Holocaust and Genocide Studies*, Vol. 12, No. 3 (Winter 1998): 396; Ronald Grigor Suny, *Looking Toward Ararat: Armenia in Modern History* (Bloomington: Indiana University Press, 1993), p. 99.

36 Kaori Komatsu, "Financial Problems of the Navy During the Reign of Abdülhamid II," *Oriente Moderno*, Vol. 20, No. 1 (2001): 218.

37 "Trebizond: Extracts from an Interview with Comm. G. Gorrini, Late Italian Consul-General at Trebizond, Published in the Journal 'Il Messaggero,' of Rome, 25th August 1915," in Arnold J. Toynbee (ed.) *The Treatment of Armenians in the Ottoman Empire*, 1915–1916 (London: HMSO, 1916), pp. 291–2.

38 ローザンヌ条約は、事務的には、その年の1月にトルコとギリシアの間で結ばれた個別の条約を認可するものであった。

39 引用は以下を参照。Stephen P. Ladas, *The Exchange of Minorities: Bulgaria, Greece and Turkey* (New York: Macmillan, 1932), p. 341.

40 引用は以下を参照。Nicolae Bîrdeanu and Dan Nicolaescu, *Contribuţi la istoria marinei române*, Vol. 1 (Bucharest: Editura ştiinţifică şi enciclopedică, 1979), p. 164.

41 S. M. Solov'ev, *History of Russia*, Vol. 3 (Gulf Breeze, FL: Academic International Press, 1976–2002), p. 164.

42 V. P. Vradii, *Negry Batumskoi oblasti* (Batumi: G. Tavartkiladze, 1914). 以下の文献も参照。Allison Blakely, *Russia and the Negro: Blacks in Russian History and Thought* (Washington: Howard University Press, 1986), chapter 1.

43 Nicolae Iorga, "Poporul românesc şi marea," *Revista istorică: Dări de samă, documente şi notiţe*, Vol. 24, Nos. 4–6 (April–June 1938): 100.

44 Mykhailo Hrushevs'kyi, *Na porozi Novoï Ukraïny* (Kyiv: Naukova dumka, 1991), p. 16.

45 この節の一部は以下の著作によっている。Adam Tolnay, "From the Water System to the Ecosystem: The Black Sea in the Development of Oceanography," unpublished manuscript (Georgetown University, 2002).

46 マルシーリについては以下を参照。Margaret Deacon, *Scientists and the Sea*, 1650–1900 (Ashgate: Aldershot, 1997), pp. 148–9.

10 Gromov et al., *Tri veka rossiiskogo flota*, Vol. 1, p. 242.

11 Langensiepen and Güleryüz, *The Ottoman Steam Navy*, p. 6.

12 ミドハト・パシャは、その後２回にわたり大宰相職を務めたが、アブデュルハミト二世の治世で反逆罪に問われ、アラビア半島に追放され、収監中に扼殺された。ミドハト・パシャ統治下のドブロジャについては、彼の子息のアリ・ハイダル・ミドハトによる伝記 Ali Haydar Midhat, *The Life of Midhat Pasha* (London: John Murray, 1903; reprint New York: Arno Press, 1973)、および Georgi Pletn'ov, *Midkhat Pasha i upravlenieto na Dunavskiia vilaet* (Veliko Turnovo: Vital, 1994)を参照。

13 Mose Lofley Harvey, "The Development of Russian Commerce on the Black Sea and Its Significance" (Ph.D. dissertation, University of California, Berkeley, 1938), p. 130.

14 Harvey, "The Development of Russian Commerce," pp. 158, 163, 171.

15 Karl Baedeker, *Russia, with Teheran, Port Arthur, and Peking*, 1st English edn. (London: T. Fisher Unwin, 1914), p. xviii.

16 Nikolai Nikolaevich Reikhel't, *Po Chernomu moriu* (St. Petersburg: A. S. Suvorin, 1891), pp. 230–1.

17 Harvey, "The Development of Russian Commerce," p. 104.

18 Harvey, "The Development of Russian Commerce," p. 147.

19 Harvey, "The Development of Russian Commerce," p. 181.

20 William Eleroy Curtis, *Around the Black Sea: Asia Minor, Armenia, Caucasus, Circassia, Daghestan, the Crimea, Roumania* (New York: Hodder and Stoughton, 1911), p. 57.

21 *A Hand-Book for Travellers in the Ionian Islands, Greece, Turkey, Asia Minor, and Constantinople, Including a Description of Malta; With Maxims and Hints for Travellers in the East* (London: John Murray, 1840); *A Handbook for Travellers in Turkey*, 3rd rev. edn. (London: JohnMurray, 1854).

22 Baedeker, *Russia, with Teheran*, pp. xvi, 445.

23 Thomas Forester, *The Danube and the Black Sea; Memoir on their Junction by a Railway Between Tchernavoda and a Free Port at Kustendjie* (London: Edward Stanford, 1857), pp. 210–11.

24 Twain, *The Innocents Abroad*, pp. 255–6［トウェイン『地中海遊覧記』下巻 112 頁］.

25 R. Arthur Arnold, *From the Levant, the Black Sea, and the Danube*, Vol. 2 (London: Chapman and Hall, 1868), pp. 193–4.

26 Vasilii Sidorov, *Okol'noi dorogoi: Putevyia zametki i vpechatleniia* (St. Petersburg: Tipografiia A. Katanskago, 1891), p. 259.

27 N. Begicheva, *Ot Odessy do Ierusalima: Putevyia pis'ma* (St. Petersburg: Tipografiia Glavnago upravleniia udelov, 1898), p. 10.

28 Sidorov, *Okol'noi dorogoi*, p. 79.

29 Reikhel't, *Po Chernomu moriu*, p. 59.

81 James Brant, "Report on the Trade at Trebizond" (February 15, 1832), PRO FO 195/101.
82 "Report on the Trade of Trebizond for the Year 1835" (December 31, 1835), PRO FO 195/101, n.p.
83 "Trebizond and the Persian Transit Route," PRO FO 195/2474, f. 2.
84 "Report on the Trade of Trebizond for the Year 1835" (December 31, 1835), PRO FO 195/101, n.p.
85 John McNeill to James Brant (November 1, 1837), James Brant Papers, British Library, Add. 42512, ff. 47–8.
86 Anderson, *Naval Wars*, p. 580.
87 Edmund Spencer, *Turkey, Russia, the Black Sea, and Circassia* (London: George Routledge, 1854), p. 233.
88 "Sebastopol in August 1855," in Leo Tolstoy, *Sebastopol* (Ann Arbor: University of Michigan Press, 1961), p. 226［レフ・トルストイ著、中村白葉・中村融訳「セヴァストーポリ」『トルストイ全集2：初期作品集（上）』、河出書房新社、1973年、261頁］.

〈第6章　国際社会と黒海〉

1 Mark Twain, *The Innocents Abroad*, in *The Complete Travel Books of Mark Twain*, Vol. 1 (Garden City, NY: Doubleday, 1966–7), p. 253［マーク・トウェイン著、吉岡栄一・飯塚英一・錦織裕之訳『地中海遊覧記』彩流社、1997年、下巻107頁。同書は、日本では浜田政二郎氏の訳による『赤毛布外遊記』（1949年、新月社）としても長年親しまれてきた］.
2 Adolphus Slade, *Records of Travels in Turkey, Greece, etc., and of a Cruise in the Black Sea, with the Capitan Pasha, in the Years 1829, 1830, and 1831*, Vol. 2 (Philadelphia: E. L. Carey and A. Hart, 1833), p. 155.
3 Henry C. Barkley, *A Ride Through Asia Minor and Armenia: Giving a Sketch of the Characters, Manners, and Customs of Both the Mussulman and Christian Inhabitants* (London: John Murray, 1891), p. 146. バークリーは、このとき、特にアルメニア人について記している。
4 Edith Durham, *High Albania*, reprint edn. (London: Phoenix Press, 2000), p. 1.
5 F. N. Gromov et al., *Tri veka rossiiskogo flota*, Vol. 1 (St. Petersburg: Logos, 1996), p. 210.
6 Gromov et al., *Tri veka rossiiskogo flota*, Vol. 1, p. 218.
7 Bernd Langensiepen and Ahmet Güleryüz, *The Ottoman Steam Navy, 1828–1923*, trans. James Cooper (Annapolis: Naval Institute Press, 1995), p. 3.
8 Slade, *Records of Travels* を参照。イギリス人のスレイドはオスマン帝国海軍顧問であり、1828-9年の戦争における黒海上での海軍活動を直接体験した。
9 Gromov et al., *Tri veka rossiiskogo flota*, Vol. 1, p. 242.

63　この記述は以下の文献に基づく。Christian Augustus Fischer, *Travels to Hyères, in the South of France, Performed in the Spring of 1806* (London: Richard Phillips, 1806). *A Collection of Modern and Contemporary Voyages and Travels*, Vol. 5 (London: Richard Phillips, 1806), pp. 68–76に収録。

64　Edmund Spencer, *Travels in the Western Caucasus*, Vol. 2 (London: Henry Colburn, 1838), p. 197. 南コーカサスのロシア・ペルシア国境秩序に関する記述については、以下を参照。G. Poulett Cameron, *Personal Adventures and Excursions in Georgia, Circassia, and Russia*, Vol. 1 (London: Henry Colburn, 1845), pp. 4–8.

65　Demidoff, *Travels in Southern Russia*,Vol. 1, pp. 279–80.

66　Slade, *Records of Travels*, Vol. 1, p. 252.

67　1841年のオデッサのラザレットについては、以下を参照。Symonds, *Extracts from Journal*, pp. 15–16.

68　Conte Territori, *A Geographical, Statistical, and Commercial Account of the Russian Ports of the Black Sea, the Sea of Asoph, and the Danube* (London: A. Schloss and P. Richardson, 1837), pp. 22–3およびReuilly, *Travels in the Crimea*, Vol. 5, p. 83.

69　Oliphant, *Russian Shores*, p. 230.

70　Spencer, *Travels in the Western Caucasus*, Vol. 2, p. 197.

71　Daniel Panzac, *La peste dans l'Empire ottoman, 1700-1850* (Louvain: Editions Peeters, 1985), p. 507.

72　Cameron, *Personal Adventures*, Vol. 2, p. 47, のハルコフに関する記述を参照。

73　Slade, *Records of Travels*, Vol. 1, p. 251. T. Gonzalez, "Carta particular de la costa setentrional del Mar Negro, comprehendida entre la embocadura del Rio Dniester al O. y Kerson al E." (Madrid, 1821). この地図には、11基の灯台が美しく描かれている。

74　James Henry Skene, *The Frontier Lands of the Christian and the Turk; Comprising Travels in the Regions of the Lower Danube in 1850 and 1851*, Vol. 1, 2nd edn. (London: Richard Bentley, 1853), p. 276.

75　Demidoff, *Travels in Southern Russia*, Vol. 2, p. 16.

76　"Chart of the Black Sea and Surrounding Countries, Shewing the Telegraphic Lines Now Actually in Existence and Working and Those Contemplated" (February 20, 1856), PRO FO 925/3556.

77　Slade, *Records of Travels*, Vol. 1, p. 247n.

78　コーカサス航路は実際のところライプツィヒから始まってオデッサ、ティフリスを経由してタブリーズまで通じており、1820年代—1830年代には主にアルメニア商人が支配していた。 Hommaire de Hell, *Travels in the Steppes*, p. 17.

79　"Trebizond and the Persian Transit Route," PRO FO 195 2474, f. 2.

80　Sir Robert Gordon to Brant (August 5, 1830), James Brant Papers, British Library, Add. 42512, ff. 1–2 verso.

礁の恐れがあり、さらに北西の風が吹くと、場所によっては水深が3フィート足らずになることもあった。

49 Jean, Baron de Reuilly, *Travels in the Crimea, and Along the Shores of the Black Sea, Performed During the Year 1803* (London: Richard Phillips, 1807). 出典は *A Collection of Modern and Contemporary Voyages and Travels*, Vol. 5 (London: Richard Phillips, 1807), p. 26.

50 Jones, *Travels*,Vol. 2, pp. 219, 223.

51 Jones, *Travels*,Vol. 2, pp. 295-300.

52 Dioque, *Un Haut-Alpin*, p. 185.

53 Coxe, *Travels in Russia*, Vol. 6, p. 889.

54 Jones, *Travels*, Vol. 2, p. 311.

55 Willard Sunderland, "Peasants on the Move: State Peasant Resettlement in Imperial Russia, 1805-1830s," *Russian Review*, Vol. 52, No. 4 (October 1993): 472-85 を参照。

56 Oliphant, *The Russian Shores*, p. 94. Anatole de Demidoff, *Travels in Southern Russia, and the Crimea: Through Hungary, Wallachia, and Moldavia, During the Year 1837*, Vol. 1 (London: John Mitchell, 1853), pp.350-1 および Xavier Hommaire de Hell, *Travels in the Steppes of the Caspian Sea, the Crimea, the Caucasus, &c.* (London: Chapman and Hall, 1847), pp. 76-81 も参照。

57 Herlihy, *Odessa*, p. 34.

58 Mose Lofley Harvey, "The Development of Russian Commerce on the Black Sea and Its Significance" (PhD dissertation, University of California, Berkeley, 1938), pp. 100-1, 110, 124-6. 輸入に関しては、バルト海や陸路で運ばれてくる量に比べるときわめて少なかった。なお、数値は価格による。

59 Reuilly, *Travels*, p.72; Symonds, *Extracts from Journal*, pp. 13–14; Edmund Spencer, *Travels in Circassia, Krim-Tartary, &c.*, Vol. 1, 3rd edn. (London: Henry Colburn, 1839), p. 222.

60 世界史におけるペスト大流行のバリエーションに関する分析については以下を参照。Samuel K. Cohn, Jr., "The Black Death: End of a Paradigm," *American Historical Review*, Vol. 107, No. 3 (June 2002) www.historycooperative.org/journals/ahr/107.3/ah0302000703.html (May 27, 2003).

61 Daniel Panzac, *Quarantaines et lazarets: L'Europe et la peste d'Orient (XVIIe-XXe siècles)* (Aix-en-Provence: Edisud, 1986)を参照。

62 ハワードはヘルソン近郊に埋葬されたが、彼の功績を称える記念碑はロンドンの聖ポール大聖堂にある。オデッサにおけるペスト大流行の間、リシュリュー公爵はユダヤ人を街から追放するよう命じたと言われている。Adolphus Slade, *Records of Travels in Turkey, Greece, etc., and of a Cruise in the Black Sea, with the Capitan Pasha, in the Years 1829, 1830, and 1831*, Vol. 1 (Philadelphia: E. L. Carey and A. Hart, 1833), p. 252.

grand négoce à la mairie (Paris: Société d'Etudes des Hautes-Alpes, 1991).

34 Antoine-Ignace Anthoine de Saint-Joseph, *Essai historique sur le commerce et la navigation de la Mer-Noire*, 2nd edn. (Paris: L'Imprimerie de Mme. Veuve Agasse, 1820), pp. 30, 228-9.

35 たとえば、Bellin "Carte réduite de la mer Noire" (1772) や Samuel Dunn "First Part of Turkey in Europe" (1774) などを参照。Bellin の地図はおそらくアントワーヌにも知られていた。そこでは、ヘルソン周辺地域はいまだ「荒野」(plaines desertes) と記されており、クリミア南東岸沿いの水深しか明らかにされていない。Dunn の地図からはヘルソンは完全に除外されている。ドニエプル川の急流を含めた帝国内の水路を正確に示したロシアの地図は、1801 年になってようやく出版された。

36 Jean Denis Barbié de Bocage, *Recueil de cartes géographiques, plans, vues et médailles de l'ancienne Grèce, relatifs au voyage du jeune Anacharsis, précédé d'une analyse critique des cartes* (Paris: Imprimerie de Isidore Jacob, 1817).

37 Anderson, *Naval Wars*, p. 319.

38 Anderson, *Naval Wars*, p. 327.

39 Sebag Montefiore, *Prince of Princes: The Life of Potemkin* (New York: Thomas Dunne Books, 2001), p. 414.

40 John Paul Jones, *Life of Rear-Admiral John Paul Jones* (Philadelphia: Grigg and Elliot, 1846), pp. 274–5.

41 引用は以下を参照。Samuel Eliot Morison, *John Paul Jones: A Sailor's Biography*, new edn. (Annapolis: Naval Institute Press, 1989), p. 454.

42 クリミア行政府の所在地を選ぶにあたって、アクメスジトとバフチサライの間での投票になった。ポチョムキンは、投票用紙代わりにバラの花びらを入れて投票するよう友人に依頼することで、シンフェローポリ支持を仄めかしたという。Coxe, *Travels in Russia*, Vol. 6, p. 766.

43 Patricia Herlihy, *Odessa: A History, 1794-1914* (Cambridge, MA: Harvard Ukrainian Research Institute, 1986), pp. 37-44.

44 William Symonds, *Extracts from Journal in the Black Sea in 1841* (London: George Pierce, 1841) p. 19.

45 Herlihy, *Odessa*, pp. 120-1.

46 Pallas, *Travels* 参照。この木食い虫はその後数十年にわたって悩ましい問題であり、船底に銅版を貼り付けることでようやくその害を抑えることができた。

47 「宿駅」を利用したステップ紀行について、以下の著作に生き生きと描かれている。Laurence Oliphant, *The Russian Shores of the Black Sea in the Autumn of 1852*, 3rd edn. (London: Redfield, 1854; reprint Arno Press, 1970), pp. 104-109, 118-20.

48 George Matthew Jones, *Travels in Norway, Sweden, Finland, Russia, and Turkey; Also on the Coasts of the Sea of Azov and of the Black Sea*, Vol. 2 (London: John Murray, 1827), p. 142. アゾフ海はきわめて水深が浅いため、タガンロークが主要な港になることはなかった。12 フィート以上の水深を必要とする大型船は常に座

18 Khodarkovsky, *Where Two Worlds Met*, p. 225.

19 Peter Simon Pallas, *Travels Through the Southern Provinces of the Russian Empire, in the Years 1793 and 1794*, Vol. 1 (London: T. N. Longman and O. Rees et al., 1802-3), p. 117.

20 Henry A. S. Dearborn, *A Memoir of the Commerce and Navigation of the Black Sea, and the Trade and Maritime Geography of Turkey and Egypt*, Vol. 1 (Boston: Wells and Lilly, 1819), pp. 337-9.

21 Henry Augustus Zwick, *Calmuc Tartary; or a Journey from Sarepta to Several Calmuc Hordes of the Astracan Government; from May 26 to August 21, 1823* (London: Holdsworth and Ball, 1831), p. 87.

22 人口の見積もりについては以下を参照。Khodarkovsky, *Where Two Worlds Met*, pp. 32-3, 232; "Kalmuk," *Encyclopaedia of Islam;* Benjamin von Bergmann, *Voyage de Benjamin Bergmann chez les Kalmuks, trans.* M. Moris (Châtillon-sur-Seine: C. Cornillac, 1825), pp. 21, 336-7, 400.

23 この記述はZwick, *Calmuc Tartary*, pp. 95-7における移動中のカルムイク人に関する後世の叙述に基づく。

24 Thomas De Quincey, *Revolt of the Tartars* (New York: Longmans, Green, and Co., 1896), p. 3［トマス・ド・クインシー著、土岐恒二訳「タタール人の反乱」『トマス・ド・クインシー著作集3』国書刊行会、2002年、263頁］。

25 Khodarkovsky, *Where Two Worlds Met*, p. 233.

26 Le père Amiot, "Monument de la transmigration des Tourgouths, à Pe-king, le 8 novembre 1772," in *Mémoires concernant l'histoire, les sciences, les arts, les moeurs, les usages, etc., des Chinois, par les missionnaires de Pekin*, Vol. 1 (Paris: Chez Nyon 1776), pp. 405-18.

27 Khodarkovsky, *Where Two Worlds Met*, p. 234.

28 Le père Amiot, "Extrait d'une lettre du P. Amiot, missionnaire en Chine, à M. Betin, Ministre et Secrétaire d'état, de Pe-king, le 15 octobre 1773," in *Mémoires concernant l'histoire, les sciences, les arts, les moeurs, les usages, etc., des Chinois, par les missionnaires de Pekin*, Vol. 1 (Paris: Chez Nyon, 1776), p. 422.

29 Pallas, *Travels*, Vol. 1, p. 115.

30 Ségur, *Memoirs and Recollections*, Vol. 3, pp. 166-7.

31 "Intelligence Relative to the Russian Naval Force in the Black Sea," (n.d.), Public Record Office, London (以降 PRO) FO 95/8/9, ff. 485-6.

32 William Coxe, *Travels in the Northern Countries of Europe* (London, 1802) から抜粋され、William Coxe, *Travels in Russia* として以下の本に収録されている。John Pinkerton (ed.) *A General Collection of the Best and Most Interesting Voyages and Travels in All Parts of the World*, Vol. 6 (London: Longman, Hurst, Rees, and Orme, 1808-14), p. 890.

33 Georges Dioque, *Un Haut-Alpin à Marseille: Le Baron Anthoine, 1749-1826, du*

Human Landscape," p. 46.

31 Evliya Çelebi, *Narrative of Travels*, Vol. 2, p. 39.

32 Ostapchuk, "The Human Landscape," pp. 41–3.

33 Guillaume Le Vasseur, sieur de Beauplan, *A Description of Ukraine*, trans. Andrew B. Pernal and Dennis F. Essar (Cambridge, MA: Harvard Ukrainian Research Institute, 1993), pp. 67–8.

34 Evliya Çelebi, *Narrative of Travels*, Vol. 2, pp. 59–64.

35 Beauplan, *Description of Ukraine*, p. 69.

36 Ostapchuk, "The Human Landscape," p. 35.

〈第5章　ロシア帝国と黒海〉

1 Denis Diderot, *Encyclopédie, ou Dictionnaire raisonné des sciences, des arts et des métiers* (1751-80; Stuttgart: Friedrich Fromman Verlag, 1966), "Pont-Euxin."

2 Michael Khodarkovsky, *Russia's Steppe Frontier: The Making of a Colonial Empire, 1500–1800* (Bloomington: Indiana University Press, 2002), p. 8.

3 Khodarkovsky, *Russia's Steppe Frontier*, p. 17.

4 Khodarkovsky, *Russia's Steppe Frontier*, p. 22.

5 Khodarkosvky, *Russia's Steppe Frontier*, p. 223.

6 R. C. Anderson, *Naval Wars in the Levant, 1559-1853* (Liverpool: Liverpool University Press, 1952), pp. 238-9.

7 Anderson, *Naval Wars*, pp. 240-2.

8 ヴォルガ・ドン運河計画に関して、全般的な記述を残しているのは以下の著作である。John Perry, *The State of Russia Under the Present Czar* (London: Benjamin Tooke, 1716; reprint New York: Da Capo Press, 1968). ペリーはイギリス海軍軍人で、この計画の主任顧問を務めた。

9 Louis-Philippe, comte de Ségur, *Memoirs and Recollections of Count Ségur, Ambassador from France to the Courts of Russia and Prussia*, 3 vols. (London: H. Colburn, 1825-7).

10 Ségur, *Memoirs and Recollections*, Vol. 3, pp. 2-3.

11 Ségur, *Memoirs and Recollections*, Vol. 3, pp. 18-19.

12 Ségur, *Memoirs and Recollections*, Vol. 3, pp. 91-2.

13 Ségur, *Memoirs and Recollections*, Vol. 3, p. 45.

14 Ségur, *Memoirs and Recollections*, Vol. 3, p. 104.

15 Ségur, *Memoirs and Recollections*, Vol. 3, p. 192.

16 Ségur, *Memoirs and Recollections*, Vol. 3, pp. 45, 230-1.

17 カルムイク人の初期の移住に関する記述は、ホダルコフスキーの研究に依っている。Michael Khodarkovsky, *Where Two Worlds Met: The Russian State and the Kalmyk Nomads, 1600-1771* (Ithaca: Cornell University Press, 1992).

16 İnalcık and Quataert, *An Economic and Social History*, Vol. 1, p. 285. ホダルコフスキーによれば 17 世紀前半だけで、モスクワ大公国住民に対するタタールによる襲撃によって、15-20 万の人びとが捕えられた。Michael Khodarkovsky, *Russia's Steppe Frontier: The Making of a Colonial Empire, 1500–1800*（Bloomington: Indiana University Press, 2002）, p. 22.

17 Halil İnalcık, "Servile Labor in the Ottoman Empire," in Abraham Ascher, Tibor Halasi-Kun, and Béla K. Király（eds.）*The Mutual Effects of the Islamic and Judeo-Christian Worlds: The East European Pattern*（New York: Brooklyn College Press, 1979）, p. 34.

18 Nicolae Iorga, *Studii istorice asupra Chiliei și Cetății Albe*（Bucharest: Institutul de Arte Grafice Carol Göbl, 1899）, p. 161.

19 国家所有の奴隷についての補完的供給源は、devşirme（デヴシルメ、「子ども税」）であった。キリスト教徒子弟はイスタンブルに連れてこられ、イスラームに改宗し、オスマン帝国の行政機関や軍によって雇用された。デヴシルメは 14 世紀から 17 世紀まで行われ、おもにバルカン半島南部のスラヴ系のギリシア正教徒に適用された。

20 Evliya Çelebi, *Narrative of Travels in Europe, Asia, and Africa, in the Seventeenth Century*, trans. Joseph von Hammer, Vol. 2（London: Oriental Translation Fund of Great Britain and Ireland, 1834）, p. 58.

21 Marie Guthrie, *A Tour, Performed in the Years 1795–6, Through the Taurida, or Crimea, the Antient Kingdom of Bosphorus, the Once-Powerful Republic of Tauric Cherson, and All the Other Countries on the North Shore of the Euxine, Ceded to Russia by the Peace of Kainardgi and Jassy*（London: T. Cadell, Jr., and W. Davies, 1802）, p. 154.

22 August von Haxthausen, *Transcaucasia: Sketches of the Nations and Races Between the Black Sea and the Caspian*（London: Chapman and Hall, 1854）, p. 8.

23 İnalcık and Quataert, *An Economic and Social History*, Vol. 1, p. 284.

24 引用は以下を参照。Şerban Papacostea, "La pénétration du commerce génois en Europe Centrale: Maurocastrum（Moncastro）et la route moldave," *Il Mar Nero*, Vol. 3（1997–8）: 149–58.

25 引用は以下を参照。Ostapchuk, "The Human Landscape," p. 28.

26 Palmira Brummett, *Ottoman Sea Power and Levantine Diplomacy in the Age of Discovery*（Albany: State University of New York Press, 1994）, pp. 95–8.

27 Nikolai Ovcharov, *Ships and Shipping in the Black Sea: XIV–XIX Centuries*, trans. Elena Vatashka（Sofia: St. Kliment Ohridski University Press, 1993）, pp. 19–23.

28 こうした落書に関する主要な研究として以下を参照。Ovcharov, *Ships and Shipping in the Black Sea.* 本節もその記述によっている。

29 Ostapchuk, "The Human Landscape," p. 39.

30 Ahmed Hasanbegzade, *Tarih-i al-i 'Osman*. 引用は以下を参照。Ostapchuk, "The

60　引用は以下を参照。Bryer, "Ludovico da Bologna," p. 195.
61　Bryer, "Ludovico da Bologna," p. 186.

〈第４章　オスマン帝国と黒海〉

1　"Kara Deniz," *Encyclopedia of Islam*, Vol. 4, pp. 575–7.
2　Halil İnalcık, "The Question of the Closing of the Black Sea Under the Ottomans," *Archeion Pontou*, Vol. 35 (1979): 108.
3　引用は以下を参照。Elizabeth Zachariadou, "The Ottoman World," in Chistopher Allmand (ed.) *The New Cambridge Medieval History of Europe*, Vol. 7 (Cambridge: Cambridge University Press, 1998), p. 829.
4　"Istanbul," *Encyclopedia of Islam*, Vol. 4, p. 244.
5　「キプチャク」は草原に住む遊牧系の民族であり、彼らの言語はテュルク系キプチャク語群に属する。トルコ語は同じテュルク系であるが、オグズ語群の一言語である。
6　Victor Ostapchuk, "The Human Landscape of the Ottoman Black Sea in the Face of the Cossack Naval Raids," *Oriente Moderno*, Vol. 20, No.1 (2001): 28–9.
7　引用は以下を参照。Ostapchuk, "The Human Landscape," p. 33.
8　Halil İnalcık, with Donald Quataert (eds.) *An Economic and Social History of the Ottoman Empire*, Vol. 1 (Cambridge: Cambridge University Press, 1997), p. 271. 以下も参照。Gilles Veinstein, "From the Italians to the Ottomans: The Case of the Northern Black Sea Coast in the Sixteenth Century," *Mediterranean Historical Review*, Vol. 1, No. 2 (December 1986): 221–37.
9　正教信者は北岸における多くの小都市では多数派であり続けた。Veinstein, "From the Italians to the Ottomans," p. 224.
10　Halil İnalcık, *Sources and Studies on the Ottoman Black Sea. Vol. 1: The Customs Register of Caffa, 1487–1490* (Cambridge, MA: Ukrainian Research Institute, Harvard University Press, 1996).
11　Veinstein, "From the Italians to the Ottomans," p. 223.
12　本章を執筆するにあたり、Felicia Roşu の支援に感謝する。古代において黒海からの奴隷の数はおそらく、他の地中海沿岸からきた奴隷の数よりも少なかった。David C. Braund and Gocha R. Tsetskhladze, "The Export of Slaves from Colchis," *Classical Quarterly*, Vol. 39, No. 1 (1989): 114–25. オスマン期における黒海の奴隷貿易に関する古典的な論文として以下を参照。Alan Fisher, "Muscovy and the Black Sea Slave Trade," *Canadian-American Slavic Studies*, Vol. 6 (1972): 575–94.
13　M. I. Finley, "The Black Sea and Danubian Regions and the Slave Trade in Antiquity," *Klio*, No. 40 (1962): 53.
14　Pero Tafur, *Travels and Adventures, 1435–1439*, trans. Malcolm Letts (New York: Harper and Brothers, 1926), p. 133.
15　İnalcık and Quataert, *An Economic and Social History*, Vol. 1, p. 283.

No. 2 (December 1986): 223.

42 Bratianu, *La mer Noire*, pp. 243–4.

43 Gabriele de' Mussi, *Ystoria de morbo seu mortalitate qui fuit a. 1348*. 引用は以下を参照。Francis Aidan Gasquet, *The Black Death of 1348 and 1349*, 2nd edn. (London: George Bell and Sons, 1998), p. 20.

44 引用は以下を参照。Gasquet, *The Black Death*, p. 12.

45 Alexander Alexandrovich Vasiliev, "The Foundation of the Empire of Trebizond (1204–1222)," *Speculum*, Vol. 11, No. 1 (January 1936): 7–8.

46 Vasiliev, "The Foundation," p. 19.

47 William Miller, *Trebizond: The Last Greek Empire of the Byzantine Era, 1204–1461*, new enlarged edn. (Chicago: Argonaut, 1969), p. 31.

48 この記述は、Bryer and Winfield, *The Byzantine Monuments*, Vol. 1, pp. 178-9 の鮮やかな挿絵に基づいている。

49 この教会は 1880 年代にモスクへ転用され、フレスコ画は石膏で上塗りされた。石膏の定着をよくするために壁一面を粗く削ったときに図像は損傷したが、それでもなおビザンツ期フレスコ画の至宝の一つに数えられている。1950 年代には全面的な修復の試みが始まった。David Talbot Rice (ed.) *The Church of Haghia Sophia of Trebizond* (Edinburgh, Edinburgh University Press, 1968).

50 Bryer and Winfield, *The Byzantine Monuments*, Vol. 1, pp. 185–6.

51 残念なことに、修道院は長い間、老朽化が進んでいたが、2000 年にトルコ政府の支援を受けた意欲的な改修計画が始動した。

52 Ruy González de Clavijo, *Embassy to Tamerlane, 1403–1406*, trans. Guy Le Strange (London: George Routledge and Sons, 1928), pp. 111–3［クラヴィホ著、山田信夫訳『チムール帝国紀行』桃源社、1967 年、108-9 頁］.

53 Bryer and Winfield, *The Byzantine Monuments*, Vol. 1, p. 251.

54 Miller, *Trebizond*, p. 69.

55 Balard, *La Romanie génoise*, Vol. 1, p. 6.

56 この点については以下を参照。Rudi Paul Lindner, *Nomads and Ottomans in Medieval Anatolia* (Bloomington: Research Institute for Inner Asian Studies, Indiana University, 1983).

57 Anthony Bryer, "Greek Historians on the Turks: The Case of the First Byzantine–Ottoman Marriage," in his *Peoples and Settlement in Anatolia and the Caucasus, 800–1900* (London: Variorum Reprints, 1988), p. 481.

58 George Makris, "Ships," in Angeliki E. Laiou (ed.) *The Economic History of Byzantium: From the Seventh Through the Fifteenth Century*, Vol. 1 (Washington: Dumbarton Oaks, 2002), p. 99.

59 このルドヴィコの説明は以下に基づいている。Anthony Bryer, "Ludovico da Bologna and the Georgian and Anatolian Embassy of 1460-1461", *The Empire of Trebizond and the Pontos* (London: Variorum Reprints, 1980), chapter 10 .

Russia: A Source Book, 850–1700 (Gulf Breeze, FL: Academic International Press, 2000), p. 10.

23　引用は以下を参照。Alexander Alexandrovich Vasiliev, *The Goths in the Crimea* (Cambridge, MA: Mediaeval Academy of America, 1936), pp. 111–12.

24　Marco Polo, *The Travels of Marco Polo*, trans. Ronald Latham (Harmondsworth: Penguin, 1958), p. 344［マルコ・ポーロ、スティケッロ・ダ・ピーサ著、高田英樹訳『世界の記：「東方見聞録」対校訳』名古屋大学出版会、2013 年、611 頁］.

25　Gheorghe Ioan Brătianu, *La mer Noire: Des origines à la conquête ottomane* (Munich: Romanian Academic Society, 1969), pp. 44–5.

26　引用は以下を参照。Michel Balard, *La Romanie génoise (XIIe–début du XVe siècle)*, Vol. 2 (Rome: Ecole Française de Rome, 1978), p. 501.

27　G. I. Brătianu, *Recherches sur le commerce génois dan la Mer Noire au XIIIe siècle* (Paris: Librairie Orientaliste Paul Geuthner, 1929), p. 157.

28　G. I. Brătianu, *Actes des notaires génois de Péra et de Caffa de la fin du treizième siècle (1281–1290)* (Bucharest: Cultura Naţională, 1927).

29　Balard, *La Romanie génoise*, Vol. 1, pp. 142, 373.

30　Pero Tafur, *Travels and Adventures, 1435–1439*, trans. Malcolm Letts (New York: Harper and Brothers, 1926), p. 133.

31　Ibn Battuta, *Travels in Asia and Africa, 1325–1354*, trans. H. A. R. Gibb (New York: Robert M. McBride and Co., 1929), p. 143.

32　Tafur, *Travels and Adventures*, pp. 132, 134–5.

33　Tafur, *Travels and Adventures*, pp. 134, 137.

34　*The Journal of Friar William of Rubruck*, in Manuel Komroff (ed.) *Contemporaries of Marco Polo* (New York: Dorset Press, 1989), p. 55［カルピニ、ルブルク著、護雅夫訳『中央アジア・蒙古旅行記』、講談社、2016 年、160-1 頁］.

35　Anthony Bryer and David Winfield, *The Byzantine Monuments and Topography of the Pontos*, Vol. 1 (Washington: Dumbarton Oaks Research Library and Collection, 1985), p. 18.

36　*The Journal of Friar William of Rubruck*, pp. 88, 134–6［カルピニ、ルブルク『中央アジア・蒙古旅行記』267-72 頁］.

37　Brătianu, *La mer Noire*, p. 230.

38　Francesco Balducci Pegolotti, *La pratica della mercatura,* Allen Evans (ed.) (Cambridge, MA: Mediaeval Academy of America, 1936), pp. 21–2.

39　*The Journal of Friar William of Rubruck*, p. 59［カルピニ、ルブルク『中央アジア・蒙古旅行記』166 頁］.

40　Josafa Barbaro, *Travels of Barbaro,* in *Travels to Tana and Persia*, trans. William Thomas and S. A. Roy (London: Hakluyt Society, 1873), pp. 11–12.

41　Gilles Veinstein, "From the Italians to the Ottomans: The Case of the Northern Black Sea Coast in the Sixteenth Century," *Mediterranean Historical Review,* Vol. 1,

Review, Vol. 86, No. 2 (April 1981): 284.

5 Maurice, *Treatise on Strategy*, 11.2, 引用は以下を参照。Michael Maas (ed.) *Readings in Late Antiquity* (London: Routledge, 2000), p. 328.

6 Herodotus, *Histories*, 4.110–117.

7 Josafa Barbaro, *Travels of Barbaro*, in Josafa Barbaro and Ambrogio Contarini, Travels to Tana and Persia, trans. William Thomas and S. A. Roy (London: Hakluyt Society, 1873), p. 30.

8 Procopius, *Wars*, 8.5.31–33.

9 Procopius, *Buildings*, 3.7.1–10.

10 Constantine VII Porphyrogenitus, *De administrando imperio*, trans. R. J. H .Jenkins, new rev. edn. (Washington: Dumbarton Oaks Center for Byzantine Studies, 1967), pp. 6, 53.

11 Speros Vryonis, Jr., *The Decline of Medieval Hellenism in Asia Minor and the Process of Islamization from the Eleventh Through the Fifteenth Century* (Berkeley: University of California Press, 1971), p. 17.

12 Constantine VII Porphyrogenitus, *De administrando imperio*, 7.

13 Constantine VII Porphyrogenitus, *De administrando imperio*, 13.

14 Lionel Casson, *Ships and Seamanship in the Ancient World*, rev. edn. (Baltimore: Johns Hopkins University Press, 1995), pp. 148–51.

15 J. R. Partington, *A History of Greek Fire and Gunpowder* (Baltimore: Johns Hopkins University Press, 1999), p. 15.

16 Alexander Alexandrovich Vasiliev, *Byzance et les Arabes*, eds. Henri Grégoire and Marius Canard, Vol. 2, Part 2 (Brussels: Editions de l'Institut de philologie et d' histoire orientales et slaves, 1950), p. 150.

17 Peter Simon Pallas, *Travels Through the Southern Provinces of the Russian Empire, in the Years 1793 and 1794*, Vol. 2 (London: T. N. Longman and O. Rees et al., 1802–3), pp. 290, 297.

18 Robert Browning, "The City and the Sea," in Speros Vryonis, Jr. (ed.) *The Greeks and the Sea* (New Rochelle, NY: Aristide D. Caratzas, 1993), pp. 98–9.

19 Ahmad Ibn Fadlan, *Puteshestvie Akhmeda Ibn-Fadlana na reku Itil' I priniatie v Bulgarii Islama*, ed. Sultan Shamsi (Mocow: Mifi-Servis, 1992).

20 ハザールと、のちのクリミアにおけるテュルコ語話者ユダヤ「カライム人」コミュニティとのつながりは、ほぼ偽りとみて間違いない。ハザール＝カライム近親説に対する肯定的な意見については以下を参照。Arthur Koestler, T*he Thirteenth Tribe: The Khazar Empire and Its Heritage* (New York Random House, 1976). この説に対する学術的反論としては以下を参照。Zvi Ankori, *Karaites in Byzantium: The Formative Years, 970-1100* (New York: AMS Press, 1968).

21 Constantine VII Porphyrogenitus, *De administrando imperio*, 4.

22 *Povest' vremennykh let*, 引用は以下を参照。Basil Dmytryshyn (ed.) *Medieval*

たかどうかについては論争がある。

59　Dio Chrysostom, "Borysthenitic Discourse," 36.24.

60　Dio Chrysostom, "Borysthenitic Discourse," 36.7-8.

61　Ovid, *Tristia*, 3.13.28［オウィディウス著、木村健治訳「悲しみの歌」『悲しみの歌／黒海からの手紙』京都大学学術出版会、1998 年所収、第 3 巻第 13 歌 28］.

62　この描写は Appian, "Mithridatic Wars,"116-17 および Plutarch, "Pompey," 45 に基づいている。新たに征服された地域のリストは確実に誇張である。実際、ポンペイウスはそれらの地域のほとんどに足を踏み入れたことはなかった。

63　Peter S. Wells, *The Barbarians Speak: How the Conquered Peoples Shaped Roman Europe* (Princeton: Princeton University Press, 1999), p. 94.

64　David Magie, *Roman Rule in Asia Minor to the End of the Third Century after Christ* (New York: Arno Press, 1975), p. 217.

65　Plutarch, "Pompey," 42.

66　Plutarch, "Pompey," 32.

67　Ovid, *Tristia*, 4.6.47.

68　Cassius Dio, *Roman History*, 68.13-15.

69　Claudius Ptolemy, *The Geography*, trans. and ed. Edward Luther Stevenson (New York: Dover, 1991), p. 82.

70　Flavius Arrianus, *Arrian's Voyage Round the Sea, Translated; and Accompanied with a Geographical Dissertation, and Maps* (Oxford: J. Cooke, 1805), p. 3.

71　Arrianus, *Arrian's Voyage*, p. 1.

72　Arrianus, *Arrian's Voyage*, p.9.

73　Arrianus, *Arrian's Voyage*, pp. 14-15.

74　Lucian, "Alexander the False Prophet," 17［ルキアノス著、内田次信訳「偽預言者アレクサンドロス（第 42 篇）」『偽預言者アレクサンドロス』（内田次信・戸高和弘・渡辺浩司訳）京都大学学術出版会、2013 年所収 17］.

75　H. F. Pelham, "Arrian as Legate of Cappadocia," *English Historical Review*, Vol. II, No. 44 (October 1896): 637.

76　引用は以下を参照。Pelham, "Arrian as Legate," 640.

〈第３章　ビザンツ帝国と黒海〉

1　Procopius, *Wars*, 7.29.16.

2　Herodotus, *Histories*, 4.144.

3　Hélène Ahrweiler, "Byzantine Concepts of the Foreigner: The Case of the Nomads," in Hélène Ahrweiler and Angeliki E. Laiou (eds.) *Studies on the Internal Diaspora of the Byzantine Empire* (Washington: Dumbarton Oaks Research Library and Collection, 1998), pp. 1–15.

4　Walter Goffart, "Rome, Constantinople, and the Barbarians," *American Historical the Middle of the Fourth Century Before the Christian Aera*, trans. William Beaunont, Vol. 1 (London: J. Mawman, F. C. and J. Rivington et al., 1817), p. i.

49 たとえば以下を参照。Marie Guthrie, *A Tour, Performed in the Years 1795–6, Through the Taurida, or Crimea, the Antient Kingdom of Bosphorus, the Once-Powerful Republic of Tauric Cherson, and All the Other Countries on the North Shore of the Euxine, Ceded to Russia by the Peace of Kainardgi and Jassy* (London: T. Cadell, Jr. and W. Davies, 1802), p. 29; Henry A. S. Dearborn, *A Memoir of the Commerce and Navigation of the Black Sea, and the Trade and Maritime Geography of Turkey and Egypt*, Vol. 1 (Boston: Wells and Lilly, 1819), p. 313; *A Collection of Modern and Contemporary Voyages and Travels*, Vol. 5 (London: Richard Phillips, 1807)に所収の Jean, Baron de Reuilly, *Travels in the Crimea, and Along the Shores of the Black Sea, Performed During the Year 1803* (London: Richard Phillips, 1807) p. 53; Edward Daniel Clarke, *Travels to Russia, Tartary, and Turkey* (New York: Arno Press, 1970) [reprint of Vol. 1 of his T*ravels in Various Countries of Europe, Asia, and Africa*, London, 1811], p. 348.

50 Tim Severin, *The Jason Voyage* (New York: Simon and Schuster, 1958).

51 Strabo, *Geography*, 1.2.10 [ストラボン『ギリシア・ローマ世界地誌』、第1巻第2章10].

52 Strabo, *Geography*, 1.2.10, 11.2.19. 近代の旅行者たちも同様の技術をグルジア北中央部に住むスヴァン人（ストラボンの「ソアネ人」か？）の間に見出した。しかし、古代のコルキス、すなわちファシス川流域のグルジア低地との具体的な関係性は不明である。たとえば、Edmund Spencer, *Travels in the Western Caucasus*, Vol. I, (London: Henry Colburn, 1838), p. 341 を参照。ルーマニアのロマ、あるいはジプシーによる同様の慣習については、James Henry Skene, *The Frontier Lands of the Christian and the Turk*, Vol. I, 2nd edn. (London: Richard Bentley, 1853), p. 323 を参照。

53 Alexander Baschmakoff, *La synthèse des périples pontiques: Méthode de précision en paléoethnologie* (Paris: Librairie Orientaliste Paul Geuthner, 1948), pp. 14-16. Braund が議論するところでは、最初期のペリプロイのいくつかは4世紀に由来しているようであるが、おそらくは6世紀の資料に基づいているという。Braund, *Georgia in Antiquity*, p. 17 を参照。

54 Bryer and Winfield, *The Byzantine Monuments*, Vol. I, p. 119.

55 Thucydides, *History of the Peloponnesian War*, 2.97 [トゥキュディデス著、藤縄謙三訳『歴史Ｉ』京都大学学術出版会、2000年、第2巻97].

56 Sergei Saprykin, "Bosporus on the Verge of the Christian Era (Outlines of Economic Development," *Talanta: Proceedings of the Dutch Archaeological and Historical Society*, Vols. 32-3 (2000-1): 96. コーカサス諸都市の衰退については以下を参照。Braund, *Georgia in Antiquity*, p. 63.

57 Gocha R. Tsetskhladze, "Black Sea Piracy," *Talanta: Proceedings of the Dutch Archaeological and Historical Society*, Vols. 32-3 (2000-1): 13-14.

58 Dio Chrysostom, "Borysthenitic Discourse," 36.4. ディオンが実際にオルビアを訪れ

31 Mikhail Rostovtzeff, *Iranians and Greeks in South Russia* (1922; reprint New York: Russell and Russell, 1969), p. 11 [ロストウツェフ著、坪井良平・榧本亀次郎訳『古代の南露西亜』原書房、1974年(初版、桑名文星堂、1944年)、15-6頁].

32 5世紀の文学におけるバルバロイの表象については以下を参照。Edith Hall, *Inventing the Barbarian: Greek Self-Definition Through Tragedy* (Oxford: Clarendon Press, 1989).

33 S. L. Solovyov, Ancient Berezan: *The Architecture, History and Culture of the First Greek Colony in the Northern Black Sea* (Leiden: Brill, 1999) を参照。

34 Herodotus, *Histories*, 4.108.

35 Timothy Taylor, "Thracians, Scythians, and Dacians, 800 BC-AD 300," in Barry Cunliffe (ed.) *The Oxford Illustrated Prehistory of Europe* (Oxford: Oxford University Press, 1994), p. 389.

36 Pausanias, *Description of Greece*, 1.31.2 [パウサニアス著、飯尾都人訳『ギリシア記』龍溪書舎、1991年、第1巻第5章31-2、31章2].

37 Herodotus, *Histories*, 4.5.

38 Herodotus, *Histories*, 4.75.

39 Herodotus, *Histories*, 1.105.

40 Herodotus, *Histories*, 4.46.

41 詳しくは以下を参照。Sergei I. Rudenko, *Frozen Tombs of Siberia: The Pazyryk Burials of Iron Age Horsemen*, trans. M. W. Thompson (Berkeley: University of California Press, 1970); Rostovtzeff, *Iranians and Greeks;* Ellis H. Minss, *Scythians and Greeks: A Survey of Ancient History and Archaeology on the North Coast of the Euxine from the Danube to the Caucasus* (Cambridge: Cambridge University Press, 1913); Renate Rolle, *The World of the Scythians*, trans. F. G. Walls (Berkeley: University of California Press, 1989).

42 Rolle, *The World of the Scythians*, p. 128.

43 Diogenes Laertius, *Lives of the Eminent Philosophers*, 1.103 [ディオゲネス・ラエルティオス著、加来彰俊訳『ギリシア哲学者列伝』岩波書店、1991年、上巻95頁も参照].

44 Herodotus, *Histories*, 4.76-77.

45 Plato, *The Republic*, 10.600 [プラトン著、藤沢令夫訳『国家』岩波書店、1979年、第10巻600]; *Aristotle, Posterior Analytics*, 1.13 [アリストテレス著、高橋久一郎訳「分析論後書」『分析論前書:分析論後書』(今井和正、河谷淳、 高橋久一郎訳) 岩波書店、2014年所収、第1巻第13章]: Strabo, *Geography*, 7.3.8; Pliny the Elder, *Natural History*, 7.56.198. すなわち石板による単純な錨ではなく爪を備えた錨である。

46 Jan Fredrik Kindstrand, *Anacharsis: The Legend and the Apophthegmata* (Uppsala: University of Uppsala, 1981), pp. 3-10.

47 Plutarch, *The Dinner of the Seven Wise Men*, 148c-e [プルタルコス著、瀬口昌久訳「七賢人の饗宴」『モラリア2』京都大学学術出版会、2001年所収、148C-E].

48 Jean-Jacques Barthélemy, *Travels of Anacharsis the Younger in Greece, During*

10 Herodotus, *Histories*, 2.104-105.

11 キンメリア人研究の現状については以下を参照。A. I. Ivanchik, *Kimmeriitsy: Drevnevostochnye tsivilizatsii i stepnye kochevniki v VIII-VII vekakh do n. e.* (Moscow: Russian Academy of Sciences, 1996).

12 Gocha R. Tsetskhladze, "Greek Colonisation of the Black Sea Area: Stages, Models, and Native Population," in Gocha R. Tsetskhladze (ed.) *The Greek Colonisation of the Black Sea Area: Historical Interpretation of Archaeology* (Stuttgart: Franz Steiner, 1998), pp. 8-68.

13 Plato, *Phaedo*, 109b.

14 Strabo, *Geography*, 12.3.11.

15 Strabo, *Geography*, 11.2.17.

16 Pliny the Elder, *Natural History*, 6.4.13. ストラボンによれば、この数字は誇張されているが、それでも、おそらく70を下らない部族が存在したという。Strabo, *Geography*, 11.2.16.

17 Strabo, *Geography*, 11.3.1; Pliny the Elder, *Natural History*, 6.4.13.

18 Strabo, *Geography*, 7.4.4.

19 Herodotus, *Histories*, 4.53 [ヘロドトス『歴史』巻4、35].

20 Michael Grant, *The Rise of the Greeks* (New York: Scribner's, 1988), p. 273.

21 黒海西部の都市の発展については、以下の著作がもっとも重要な研究書である。Krzysztof Nawotka, *The Western Pontic Cities: History and Political Organization* (Amsterdam: Adolf M. Hakkert, 1997) Chris Scarre, *The Penguin Historical Atlas of Ancient Rome* (London: Penguin, 1995), p. 81.

23 ペリクレスの遠征の結果、多くの都市と交易地がアテナイの支配下に入った。紀元前425年にはおよそ50もの黒海周辺の都市がアテナイに貢納していた。Braund, *Georgia in Antiquity*, p. 125.

24 Anthony Bryer and David Winfield, *The Byzantine Monuments and Topography of the Pontos,* Vol. 1 (Washington: Dumbarton Oaks Research Library and Collection, 1985), p. 128, note 35.

25 Virgil, *Georgics*, 1.58, 2.440-445 [ウェルギリウス著、小川正廣訳『牧歌：農耕詩』京都大学学術出版会、2004年、第1巻58、第2巻440-5].

26 Xenophon, Anabasis, 4.8; Pliny the Elder, *Natural History*, 21.45.77も参照。黒海沿岸産のツツジの受粉を媒介するミツバチは、現在でもトルコ語で「デリ・バル（狂った蜂蜜）」と呼ばれる幻覚を引き起こす蜂蜜を産することで知られている。

27 Diodorus Siculus, *Library of History*, 31.24.

28 Pliny the Elder, *Natural History*, 9.18.48.

29 Strabo, *Geography*, 7.6.2.

30 Peter Simon Pallas, *Travels Through the Southern Provinces of the Russian Empire, in the Years 1793 and 1794,* Vol. 2 (London: T.N. Longman and O. Rees et al., 1802-3), p. 289.

査船（Alcoa Seaprobe）という船を開発した。ＣＩＡはそのデザインを真似て船を作り、1975年に沈没したソ連の潜水艦を秘密裏に引き揚げた。バスカムは著作権侵害を申し立てたが、裁判で勝利を得ることは無かった。Willard Bascom, *The Crest of the Wave: Adventures in Oceanography* (New York: Harper and Row, 1988), pp. 266–9.

25 Robert D. Ballard et al., "Deepwater Archaeology of the Black Sea: The 2000 Season at Sinop, Turkey," *American Journal of Archaeology*, Vol. 105, No. 4 (October 2001): 607–23.

26 Robert D. Ballard, "Deep Black Sea," *National Geographic* (May 2001): 68.

27 Fredrik Hiebert et al., "From Mountaintop to Ocean Bottom: A Holistic Approach to Archaeological Survey along the Turkish Black Sea Coast," in J. Tancredi (ed.) *Ocean Pulse* (New York: Plenum, 1997), pp. 93–108; Ballard et al., "Deepwater Archeology," p. 608.

28 Fredrik T. Hiebert, "Black Sea Coastal Cultures: Trade and Interaction," *Expedition*, Vol. 43, No. 1 (2001): 12.

〈第２章　ギリシア・ローマと黒海〉

1 Xenophon, *Anabasis*, 7.1.29［クセノフォン著、松平千秋訳『アナバシス：敵中横断六〇〇〇キロ』岩波書店、1993年、巻7第1章29］.

2 ギリシア人による最初の遠征の年代づけは困難である。詳しくは以下を参照。Thomas S. Noonan, "The Grain Trade of the Northern Black Sea in Antiquity," *American Journal of Philology*, Vol. 94, No. 3 (1973): 231-42; Stefan Hiller, "The Mycenaeans and the Black Sea," in Robert Laffineur and Lucien Busch (eds.) *Thalassa: L'Egée préhistorique et la mer* (Liège: Université de Liège, 1991), pp. 207-16.

3 Plato, *Phaedo*, 109b［プラトン著、岩田靖夫訳『パイドン：魂の不死について』岩波書店、1998年、109 B］.

4 Xenophon, *Anabasis*, 5.4.

5 Pierre Gilles, *The Antiquities of Constantinople*, ed. Ronald G. Musto, trans. John Bell, 2nd edn. (New York: Italica Press, 1988), p. xlv.

6 Strabo, *Geography*, 11.2.12

7 Pliny the Elder, *Natural History*, 4.9.44［プリニウス著、中野定雄ほか訳『プリニウスの博物誌』雄山閣、1986、2012年、第4巻9：44］.

8 Strabo, *Geography*, 11.2.1; Pliny the Elder, *Natural History*, 7.1.10, 7.2.17; Herodotus, Histories, 3.116, 4.24, 4.106［ヘロドトス著、松平千秋訳『歴史』筑摩書房、1967年、第3巻116、第4巻24、第4巻106］.

9 David Braund, *Georgia in Antiquity: A History of Colchis and Transcaucasian Iberia, 550 BC-AD 562* (Oxford: Clarendon Press, 1994), pp. 50, 90.

境（フロンティア）』北星堂書店、1973年9頁より一部改変].

8 Stanley Washburn, *The Cable Game: The Adventures of an American Press-Boat in Turkish Waters During the Russian Revolution* (Boston: Sherman, French, and Co., 1912), pp. 73–4.

9 W. S. Allen, "The Name of the Black Sea in Greek," *Classical Quarterly*, Vol. 41, Nos. 3-4 (July-October 1947): 86–8.

10 Diodorus Siculus, *The Library of History*, 5.47.

11 Strabo, *Geography*, 1.3.6, 7.3.18［ストラボン著、飯尾都人訳『ギリシア・ローマ世界地誌』龍渓書舎、1994年、第1巻第3章6、第7巻第3章18].

12 Flavius Arrianus, *Arrian's Voyage Round the Euxine Sea* (Oxford: J. Cooke, 1805), p. 7.

13 Procopius, *History of the Wars*, 8.6.25–28.

14 Joseph Pitton de Tournefort, *A Voyage into the Levant*, trans. John Ozell, Vol. 2 (London: D. Browne, A. Bell, J. Darby et al., 1718), pp. 95–6. トゥルネフォールの他、黒海に関する初期の重要な地理学研究として Peter Simon Pallas, *Travels Through the Southern Provinces of the Russian Empire, in the Years 1793 and 1794*, 2 vols. (London: T. N. Longman and O. Rees et al., 1802–3).

15 原黒海湖の大洪水について議論に火をつけた論文として以下を参照。W. B. F. Ryan et al., "An Abrupt Drowning of the Black Sea Shelf," *Marine Geology*, No. 138 (1997): 119-26. 反論として以下を参照。Naci Görür et al. "Is the Abrupt Drowning of the Black Sea Shelf at 7150 yr BP a Myth?" *Marine Geology*, No. 176 (2001): 65–73.

16 William Ryan and Walter Pitman, *Noah's Flood: The New Scientific Discoveries about the Event that Changed History* (New York: Simon and Schuster, 1998), pp. 234–5.

17 Robert D. Ballard, D. F. Coleman, and G. D. Rosenberg, "Further Evidence of Abrupt Holocene Drowning of the Black Sea Shelf," *Marine Geology*, Vol. 170, Nos. 3-4 (November 2000): 253–61.

18 Strabo, *Geography*, 7.4.3.

19 Strabo, *Geography*, 2.5.22; Ammianus Marcellinus, *Res Gestae*, 21.8.10.

20 George Matthew Jones, *Travels in Norway, Sweden, Finland, Russia, and Turkey; Also on the Coasts of the Sea of Azov and of the Black Sea*, Vol. 2 (London: John Murray, 1827), pp. 393–4.

21 Jamie Morton, *The Role of the Physical Environment in Ancient Greek Seafaring* (Leiden: Brill, 2001), p. 164, note 28.

22 Strabo, *Geography*, 2.5.22.

23 *Black Sea Pilot*, 2nd edn. (London: Hydrographic Office, Admiralty, 1871), p. 3.

24 Willard Bascom, "Deep-Water Archaeology," *Science*, Vol. 174 (October 15, 1971): 261-9. バスカムは海底から難破船を引き揚げることができるアルコア海洋調

注

原　注

〈第１章　先史時代の黒海〉

1　Mark Twain, *Life on the Mississippi* (New York: Harper and Brothers, 1923), p. 4［マーク・トウェイン著、吉田映子訳『ミシシッピの生活』彩流社、1994年、上巻19頁］.

2　Fernand Braudel, *The Mediterranean and the Mediterranean World in the Age of Philip II*, trans. Siân Reynolds, 2 vols. (London: Collins, 1972)［フェルナン・ブローデル著、浜名優美訳『地中海』全5巻、藤原書店、1991年―1995年］.

3　水域のとらえ方については以下を参照。Martin W. Lewis and Kären E. Wigen, *The Myth of Continents: A Critique of Metageography* (Berkeley: University of California Press, 1997). 海域史に関する具体的な成果としては以下の著作を挙げる。Peregrine Horden and Nicholas Purcell, *The Corrupting Sea: A Study of Mediterranean History* (Oxford: Blackwell, 2000); K. N. Chaudhuri, *Trade and Civilisation in the Indian Ocean: An Economic History from the Rise of Islam to 1750* (Cambridge: Cambridge University Press, 1985); Kenneth McPherson, *The Indian Ocean: A History of the People and the Sea* (Oxford: Oxford University Press, 1993); O. H. K. Spate, *The Pacific since Magellan*, 3 vols. (Minneapolis: University of Minnesota Press, 1979, 1983, 1988); Walter A. McDougal, *Let the Sea Make a Noise: A History of the North Pacific from Magellan to MacArthur* (New York: BasicBooks, 1993); Barry Cunliffe, *Facing the Ocean: The Atlantic and Its Peoples, 8000 BC–AD 1500* (Oxford: Oxford University Press, 2001).

4　ラリー・ウルフによると、後進的かつ非文明的な境界地域として「東ヨーロッパ」をとらえる見方はその起源を啓蒙期にまで遡ることができる。たしかに当時の知識人がヨーロッパの東端についてある種の特定の見方を抱くようになっていったことは確かだろう。もっとも冷戦期のような明確な政治的意味を持つ領域として「東ヨーロッパ」が当時から認識されていたかどうかについては疑いが残る。Lally Wolff, *Inventing Eastern Europe: The Map of Civilization on the Mind of the Enlightenment* (Stanford: Stanford University Press, 1994).

5　Carnegie Endowment for International Peace, *The Other Balkan Wars* (Washington: Carnegie Endowment, 1993), p. 11.

6　Owen Lattimore, *Inner Asian Frontiers of China* (New York: American Geographical Society, 1951), chapter 8.

7　Frederick Jackson Turner, *Rereading Frederick Jackson Turner: "The Significance of the Frontier in American History" and Other Essays* (New York: Henry Holt, 1994), p. 33［F.J. ターナー著、松本政治・嶋忠正共訳『アメリカ史における辺

トルストイの中編小説『ハジ・ムラート』と短編『コーカサスの虜』は、コーカサスを旅したい気分にさせるか、あるいは行かなくてよかったと確信させるかのどちらかであろう。黒海の港についての生き生きとした描写としては、イサーク・バーベリ『オデッサ物語』に勝るものはない。ジョン・スタインベックはグルジアに魅了され、そのことを『ロシア紀行』で述べている。クルバン・サイード『アリとニノ』は、コーカサスを旅する人びとの多くがリストに加えているだろうが、残念ながら、地域についてのあらゆるお決まりのステレオタイプにまみれている。

現代の作家の中では、以下のものであれば間違いない。ノンフィクション文学の理想型であるAscherson（上掲）、トルコ人作家のオルハン・パムク（特に『白い城』と『黒い本』）、そしてアルバニア人作家イスマイル・カダレ（特に、黒海についてではないが東西の相互の誤解、そしてとらえどころのない古代ギリシアなるものの探求についての物語である*The File on H*）。ヴィクトル・ペレーヴィン『虫の生活』はクリミアを訪れた珍客の集団についての物語である。

も少なくないが、国民国家という概念が分析の枠組みとして根強く残っていることも示している。ウクライナについては、Andrew Wilson の *Ukrainian Nationalism in the 1990s*（New Haven, 1997）が入門には最適である。ロシアに関しては必読書が多数存在するが、黒海周辺地域における外交政策となるとほとんど存在しない。コーカサスについては、Svante Cornell, *Small Nations and Great Powers*（London, 2001）がもっとも優れた分析的研究である。トルコについては相当の数の文献があるが、広く読まれているものの中では Nicole and Hugh Pope, *Turkey Unveiled*（New York, 2000）が良い。トルコの外交政策については、Philip Robbins, *Suits and Uniforms*（London, 2003）を参照。残念ながら、ブルガリアとルーマニアの政治や社会に関しては、無条件で薦めるに足る最新の概説書はない。しかし、Vladimir Tismaneanu, *Stalinism for All Seasons*（Berkeley, 2003）は、共産主義時代のルーマニアと現代におけるその残滓についての信頼に足る著作である。

人類学は、真に刺激的な研究を生み出してきた。黒海東南岸沿いの地域の社会関係に関する文献は増えつつあり、数は少ないが熱心な民族誌学者や文化人類学者のグループによる研究がある。たとえば、Ildiko Beller-Hann and Chris Hann, *Turkish Region*（Santa Fe, 2000）や Michael Meeker, *A Nation of Empire*（Berkeley, 2002）などを参照せよ。

旅行ガイドと紀行文学

黒海全域をカバーする旅行ガイドブックは存在しない。しかし、各地について記述する一流の本は存在する。John Freely, *The Black Sea Coast of Turkey*（Istanbul, 1996）はボスポラスからグルジア国境までの旅の素晴らしい友となる。Bryer and Winfield（上掲）は、バックパックに入れて持ち運ぶにはいささかかさばるが、学術書としては必携である。沿岸のその他の地域については、Freely によるイスタンブルについての号を含め、*Blue Guides* が概して優れている。*Lonely Planet* シリーズも同様である。

文学史上、黒海が主題として取り上げられたことは少ない。関連する書籍は数多く存在するが、黒海そのものに注目した作品はほとんど存在しないのである。したがって、ここで旅の友として言及する著作は、私個人の嗜好を反映したものである。

Rose Macauley, *The Towers of Trebizond* は、失われた帝国を求めて旅するイギリス婦人についてのピカレスク小説である。マーク・トウェインはクリミアでロシアのツァーリに謁見し、その出来事をイスタンブルとオデッサについての面白おかしい印象とともに『地中海遊覧記』で記録している。ロシアの作家たちは、黒海北岸とコーカサスについては実に多くのことを語っているが、黒海そのものについての記述は少ない。プーシキンの『バフチサライの泉』は、クリミアを旅しながら読むといいだろう。レールモントフの『現代の英雄』と

優れた解説は、多くの読者を獲得している Isabel de Madariaga, *Russia in the Age of Catherine the Great*（New Haven, 1981）と Sebag Montefiore によるポチョムキンの伝記 *Prince of Princes*（New York, 2001）である。カルムイクについての主要な著作としては Michael Khodarkovsky, *Where Two Worlds Met*（Ithaca, 1992）がある。

Patricia Herlihy, *Odessa: A History, 1794-1914*（Cambridge, MA, 1986）は、都市・海港史の理想型である。残念なことに、トラブゾンやコンスタンツァといった他の主だった港に関してはこれに匹敵する良書は存在しない。南ロシアの諸都市の勃興については、はるか昔の博士学位論文であるが、Mose Lofley Harvey, "The Development of Russian Commerce on the Black Sea and Its Significance"（University of California, Berkeley, 1938）が基本的な資料となる。ロシア語話者には、ロシア海軍による3巻分の口述記録 F. N. Gromov et al.(eds.) *Tri veka rossiiskogo flota*（St. Petersburg, 1996）も役に立つだろう。ただし、軍事史にありがちな自己本位の誇張が含まれている。

1860年から現在まで

オスマン海軍史のきわめて有益な概説書としては、Bernd Langensiepen and Ahmet Güleryüz, *The Ottoman Steam Navy, 1828-1923*（Annapolis, 1995）がある。コーカサスとバルカンからのムスリムの強制移住は、まだ大いに研究の余地がある分野だが、McCarthy, *Death and Exile*（Princeton, 1995）などの優れた概説がある。Norman Naimark, *Fires of Hatred*（Cambridge, MA, 2001）は、20世紀の民族浄化を検討している。アメリカ支援局（American Relief Administration）の業績については、Bertrand Patenaude, *The Big Show in Bololand*（Stanford, 2002）で詳しく述べられている。

アルメニア人ジェノサイドとギリシア・トルコ住民交換について質の高い著作はけっして多くはない。ここでは Stephen Ladas の古典的著作 *The Exchange of Minorities*（New York, 1932）と Renée Hirschon の論集 *Crossing the Aegean*（New York, 2003）の2冊をあげておく。黒海とその沿岸地域の知的占有についての私の考察は、Victor A. Shnirelman, *Who Gets the Past?*（Washington, 1996）から影響を受けている。ストルマ号沈没については、Douglas Frantz and Catherine Collins, *Death on the Black Sea*（New York, 2003）で詳細に語られている。

1990年代初頭には、黒海周辺の国際協力についての多くの叙述がなされ、それに続く報告や分析であふれかえった。しかしながら、推薦しうるものはきわめて限られている。この地域の国際政治についてのもっとも優れた資料としては、以下の2つの論集がある。Tunç Aybak (ed.) *Politics of the Black Sea*（London, 2001）と Renata Dwan and Oleksandr Pavliuk (eds.) *Building Security in the New States of Eurasia*（Armonk, NY, 2000）である。

広義の環黒海地域に含まれる個々の国に関する文献には、比較的良質な作品が不可欠な教科書的著作となる。この本は驚くほど詳細に記述されており、また明快な文体で書かれている。ビザンツ海軍については、Hélène Ahrweiler, *Byzance et la mer*（Paris, 1966）を超える著作は出ていない。ビザンツ帝国からオスマン朝への移行期については、Speros Vryonis, Jr., *The Decline of Medieval Hellenism in Asia Minor and the Process of Islamization from the Eleventh Through the Fifteenth Century*（Berkeley, 1971）が標準的な書物となろう。ビザンツ期黒海の歴史については、包括的な著作はいまだに存在していない。

1500-1700 年

オスマン期の黒海についても、歴史家たちによるさらなる研究が待ち望まれている。しかし現時点でこの分野をリードしているのは、間違いなく Victor Ostapchuk である。*Oriente Moderno,* Vol. 20, No. I,（2001）所収の彼の 17 世紀の黒海についての浩瀚な論文は、さらなる大著の出版を期待させる。オスマン朝の起源についての多くの古いモデルに疑問を投げかける挑戦的な著作が、Rudi Paul Lindner, *Nomads and Ottomans in Medieval Anatolia*（Bloomington, 1983）と Cemal Kafadar, *Between Two Worlds*（Berkeley, 1995）である（そしてこれらは前述の Vryonis の著書を読む際の必携書でもある）。

オスマン朝の海事については、Palmira Brummett, *Ottoman Sea Power and Levantine Diplomacy in the Age of Discovery*（Albany, 1994）を参照。オスマン経済史における黒海の役割についての分析は、Halil İnalcık and Donald Quataert, eds, *An Economic and Social History of the Ottoman Empire*（Cambridge 1994）に収められている。また、Ehud R. Toledano, *The Ottoman Slave Trade and Its Suppression, 1840-1890*（Princeton, 1982）や Y. Hakan Erdem, *Slavery in the Ottoman Empire and Its Demise, 1800-1909*（New York 1996）のような、オスマン朝の奴隷所有についての洞察力に富んだ分析もある。

1700-1860 年

Khodarkovsky と Sunderland の著作（いずれも上掲）は、ロシアとステップとの関係についての私の考察に大きく影響を与えた。McNeill（こちらも上掲）も同様である。黒海の海軍史についてのもっとも優れた資料として、R. C. Anderson, *Naval Wars in the Levant, 1559-1853*（Liverpool, 1952）は、古くはあるがいまだ生彩を失っていない。ピョートル大帝のアゾフ海艦隊に関する主要な著作は、Edward J. Phillips, *The Founding of Russia's Navy*（Westport, CT, 1995）である。外交については、M. S. Anderson, *The Eastern Question, 1774-1923*（London, 1966）が今もなお優れた入門書となっている。オスマン帝国とロシア帝国の統治システムの比較研究としては、Dominic Lieven, *Empire*（New Haven, 2001）が必読書である。エカチェリーナの南進についてのもっとも味について考察をめぐらせている。Renata Rolle, *The World of the Scythians*（Berkeley, 1989）は、古代の北方草原地帯における遊牧民についての理解を深めようと試みるものである。Ellis Minns, *Scythians and Greeks*（Cambridge, 1913）と Mikhail Rostovtzeff, *Iranians and Greeks in South Russia*（New York, 1969）という2つの古い著作も、牧畜民の物質文化についての情報の源泉となる。黒海西岸について同様の情報を提供するのが、Vasile Pârvan, *Getica*（Bucharest, 1926）である。David Braund, *Georgia in Antiquity*（Oxford, 1994）も、地中海世界との旺盛な交流の時代であった紀元後1000年紀における黒海東岸についての魅力的な解釈を提示している。ローマ人と蛮族という広範なテーマについては、Peter Wells, *The Barbarians Speak*（Princeton, 1999）がとりわけ啓発的に思えた。実態がつかみにくいミトリダテスについて、もっとも主要な研究となるのが B. C. McGing, *The Foreign Policy of Mithridates VI Eupator, King of Pontus*（Leiden, 1986）である。

私が古代の海事の技術的側面について多くを依拠したのが、Lionel Casson, *Ships and Seamanship in the Ancient World*, rev. edn.（Baltimore, 1995）および Jamie Morton, *The Role of the Physical Environment in Ancient Greek Seafaring*（Leiden, 2001）の2冊である。これらは謙虚な表題を掲げてはいるが、その裏には広範なテーマにわたる優れた論考が収められている。ゴートとハザールについては、いまだに古典的な著作が出発点となっている。ここでは A. A. Vasiliev, *The Goths in the Crimea*（Cambridge, MA, 1936）と D. M. Dunlop, *The History of the Jewish Khazars*（New York, 1967）を挙げる。スキタイ・サルマタイ美術については、博物館の展覧会等に伴い、壮麗なイラストを含んだ新しい著作が刊行された。たとえば、Joan Aruz et al.（eds.）*The Golden Deer of Eurasia*（New York and New Haven, 2000）がその一例である。

500-1500年

ビザンツ史についてのもっとも読みやすい概説は――客観性を欠く部分も散見されるが――John Julius Norwich, *A Short History of Byzantium*（New York, 1997）である。同様の著作で、よりバランスのとれた著述を行っているのが Warren Treadgold, *A History of the Byzantine State and Society*（Stanford, 1997）である。Angeliki Laiou 編による *The Economic History of Byzantium: From the Seventh Through the Fifteenth Century*（Washington, 2000）は、黒海交易を含むビザンツ経済についての複数巻にわたる分析である。

トレビゾンド帝国の政治史についての古典的な著作としては、William Miller, *Trebizond: The Last Greek Empire of the Byzantine Era, 1204-1461*, new edn.（Chicago, 1969）を挙げる。トレビゾンドと黒海東岸についての存命中［2016年に死去］の第一人者は Anthony Bryer であり、彼の論考の多くはいくつかのリプリント版に再録されている。ジェノヴァ植民地については、Michel Balard, *La Romanie génoise (XIIe-début du XVe siècle)*（Rome, 1978）

その他の二次資料

環境と生態

黒海の自然環境についてはイギリス海軍省が出版していたthe Black Sea Pilotがもっとも詳しい。黒海の起源について、洪水説は一般書であるがWilliam Ryan and Walter Pitman, *Noah's Flood* (New York, 1998) が説明している。沿岸地域の急激な水没については、学術雑誌において議論が戦わされてきた。洪水説に肯定的な立場として、Robert D. Ballard et al., "Further Evidence of Abrupt Holocene Drowning of the Black Sea Shelf," *Marine Geology*, Vol. 170 (2000): 253-61があげられる。反対派にはNaci Görür et al., "Is the Abrupt Drowning of the Black Sea Shelf at 7150 yr BP a Myth?" *Marine Geology*, Vol. 176 (2001): 65-73。水中考古学の可能性について胸躍るレポートとして、Robert D. Ballard et al., "Deepwater Archaeology of the Black Sea: The 2000 Season at Sinop, Turkey," *American Journal of Archaeology*, Vol. 105 (2001): 607-23。黒海の生態については、以下に詳しい。Yu. Zaitsev and V. Mamaev, *Marine Biological Diversity in the Black Sea* (New York, 1997).

歴　史

紀元前700年－紀元後500年

黒海は――少なくとも西欧言語で著述する学者の間では――ギリシア・ローマ世界の中心に近い分野に比して、憐れな親類のような扱いを受けてきた。しかし、1990年代以降、ギリシア人の黒海進出への関心が高まるにつれ、状況は変わりつつある。同じ編者Gocha Tsetskhaladzeによる2冊の本、*The Greek Colonisation of the Black Sea Area* (Stuttgart, 1998) と*North Pontic Archaeology* (Leiden, 2001) は、この分野における研究の現状を提示する。オランダのブリル社によって出版されている"Colloquia Pontica"シリーズも、この地域における考古学の新しい成果について、もっとも重要な単著群を提供している。Fredrik Hiebertが率いるペンシルヴァニア大学を拠点としたプロジェクト、"Black Sea Trade Project"も、黒海についての議論の一大フォーラムであり、優れた知的交流の場となっている。プロジェクトの公式HPのURLは以下: www.museum.upenn.edu/Sinop/SinopIntro.htm [現在はhttps://www.penn.museum/sites/Sinop/SinopINtro.htm]。英国学士院も黒海研究の新たなプログラムを立ち上げた。その公式HP (www.biaa.ac.uk/babsi) [現在はhttp://biaa.ac.uk/research/item/name/british-academy-black-sea-initiative-babsi] は、世界中の研究者（とりわけ黒海に関心を持つ考古学者、古典学者、ビザンツ学者）の所在を調べるのにきわめて有用なポータルサイトである。

ギリシア人入植についての一般的な概説として最良のものが、John Boardman, *The Greeks Overseas* (London 1980) である。Jonathan Hallも著書*Hellenicity* (Chicago, 2002) において、「ギリシア性 ("Greekness")」の意

ーター・ジーモン・パラスの Peter Simon Pallas, *Travels Through the Southern Provinces of the Russian Empire*（London, 1802–3）とアナトール・ド・デミドフによる Anatole de Demidoff, *Travels in Southern Russia, and the Crimea*（London, 1853）がある。アナトリアおよびコーカサスの沿岸部に関する同様の記述には、William Hamilton, *Researches in Asia Minor, Pontus, and Armenia*（London, 1842）やハクストハウゼンによる August von Haxthausen, *Transcaucasia: Sketches of the Nations and Races Between the Black Sea and the Caspian*（London, 1854）を挙げることができる。エドマンド・スペンサーは、ロシア人に対してはかなりの偏見があるものの、19 世紀中葉の黒海に関する著作家の中ではもっとも多作かつ明敏な人物の一人である。Edmund Spencer, *Travels in the Western Caucasus*（London, 1838）および *Turkey, Russia, the Black Sea, and Circassia*（London, 1854）を参照せよ。

女性による紀行文にも興味深いものが少なくない。とりわけクリミアについては豊富である。たとえば、Elizabeth, Lady Craven, *A Journey Through the Crimea to Constantinople*（Dublin, 1789）や Marie Guthrie, *A Tour, Performed in the Years 1795–6, Through the Taurida, or Crimea*（London, 1802）、Mary Holderness, *New Russia: Journey from Riga to the Crimea, by Way of Kiev*（London, 1823）を参照せよ。

ヘンリー・バークレーが黒海西岸での鉄道技術者としての経験をまとめたのが Henry Barkley, *Between the Danube and the Black Sea, or Five Years in Bulgaria*（London, 1876）である。彼はタタール人のクリミアからブルガリアへの逃避行を目撃したが、長年の後にアナトリアで細々と生計を立てていたタタール人やチェルケス人などムスリム難民について *A Ride Through Asia Minor and Armenia*（London, 1891）の中でふたたび語っている。

グランド・ツアーの終焉により、東方のエキゾチシズムに浸り、驚嘆する作品のマーケットは縮小した（もっとも、不幸なことに 1990 年代に入ってから Robert Kaplan らの著作によってこの傾向が復活した）。しかし、それでも 20 世紀の紀行文にも読み応えのあるものは存在する。イギリス人ビジネスマンが、コーカサスの銅山をボリシェヴィキ政権に奪われた経験を記したものとして、James Colquhoun, *Adventures in Red Russia*（London, 1926）。シカゴの新聞に寄稿された紀行文として、William Eleroy Curtis, *Around the Black Sea*（New York, 1911）。やはりシカゴのジャーナリストがロシア革命のさなかに黒海を往復して記した著作が Stanley Washburn, *The Cable Game*（Boston, 1912）。ポントス沿岸住民が持っていた双方向の文化的影響と、1920 年代の強制移住に関する印象的な記録として、Thea Halo, *Not Even My Name*（New York, 2001）。

る。その他の重要な記録としては、Josafa Barbaro and Ambrogio Contarini, *Travels to Tana and Persia*, (London, 1873)、Pero Tafur, *Travels and Adventures*, 1435–1439 (New York, 1926)、Ibn Battuta, *Travels in Asia and Africa*, 1325-54 (New York, 1929)［イブン・バットゥータ著、家島彦一訳注『大旅行記』全8巻、平凡社、1996—2002年］、Ruy González de Clavijo, *Embassy to Tamerlane*, 1403–1406 (London, 1928)がある。Francesco Balducci Pegolotti による14世紀の東方のイタリア商人向けのガイドブックは、Allen Evans (ed.) *La pratica della mercatura*, (Cambridge, MA, 1936) において参照可能である。中世まで黒海のスラヴ／ロシア人の歴史を遡るには、Theofanis G. Stavrou and Peter R. Weisensel, *Russian Travelers to the Christian East from the Twelfth to the Twentieth Century* (Columbus, 1985) が最良の入門書である。

オスマン帝国の旅行家の中では、17世紀のエヴリヤ・チェレビに並ぶ者はいない。彼は、クリミア沿岸で難破し、失敗に終わったオスマン帝国によるアゾフ要塞の攻略戦を目撃した。彼の *Seyahatname* を凝縮したバージョンが *Narrative of Travels in Europe, Asia, and Africa, in the Seventeenth Century* (London, 1834) である。黒海におけるオスマンとコサックの邂逅については、にボープランよる Guillaume Le Vasseur, sieur de Beauplan, *A Description of Ukraine* (Cambridge, MA, 1993) が主要な史料である。

旅行家の記述は豊富で、とくに黒海が外国の商船に開放された18世紀以降のものはより有益で信頼に足る。セギュール伯ルイ・フィリップは1787年のエカチェリーナ女帝のクリミア旅行に随伴し、自身の著作 Louis-Philippe, comte de Ségur, *Memoirs and Recollections of Count Ségur* (London, 1825–7) の中で愉快な記録を残している。18世紀後半の貿易の困難さを描いた一次史料の中では、アントワーヌ・ド・サン＝ジョゼフによる Antoine-Ignace Anthoine de Saint-Joseph, *Essai historique sur le commerce et la navigation de la Mer-Noire*, 2nd edn. (Paris, 1820) に勝るものはない。別のフランス人 E. Taitbout de Marigny は、19世紀初頭にコーカサスの黒海沿岸地域での貿易に着手し、自身の旅行の記録を *Three Voyages in the Black Sea to the Coast of Circassia* (London, 1837) に残している。西洋の視点から19世紀のイスタンブルにおけるオスマン人の社会生活を もっとも正確に記述しているのが、Charles White, *Three Years in Constantinople; or, Domestic Manners of the Turks in 1844* (London, 1845) である。オスマン海軍については、イギリス人相談役による記録が、Adolphus Slade, *Records of Travels in Turkey, Greece, etc., and of a Cruise in the Black Sea, with the Capitan Pasha, in the Years 1829, 1830, and 1831* (Philadelphia, 1833). として出版されている。J. A. Longworth は北コーカサスにおける観察者にして愛国的旅行家であり、*A Year Among the Circassians* (London, 1840) の中で自身の旅を記録している。

18・19世紀のロシア帝国南方についてのもっとも優れた記述としては、ペ

貴重な文書を含んでいる。

トラブゾンの最初のイギリス領事であったJames Brant（ジェームス・ブラント）は1830年代に黒海を取り巻く情勢を注意深く観察していた。彼の私的な文書は大英図書館に所蔵されている。同図書館では、ブラントの経歴に関係する、Henry EllisとA. H. Layardの文書も参照した。

ルーマニアでは、ブカレストのルーマニア国立文書館内中央歴史文書館に位置する教育省と植民化担当国民オフィス、マケドニア・ルーマニア文化協会等の文書を参照して、ドブロジャにおけるヴラフ人植民計画の歴史を研究した。最終的に、その内容は本書には十分反映することはできなかった。しかし、失われた兄弟を探し出し、故郷に連れて行くという壮大な物語は、博士課程の学生には十分に魅力的なテーマとなろう。

旅行者の紀行文とその他主要テキスト

環黒海地域の旅行者に関する詳細な文献情報は、*Archeion Pontou*誌32号（1973-4）と33号（1975-6）および前述のBryer and Winfieldを参照のこと。

古代について、以下の基本史料はよく知られた作品である。常に信用できるわけではないが、まずはヘロドトス、そして軍事冒険家のクセノフォン、精緻な地理書を残したストラボン、泣き言ばかりのオウィディウスは人類最初のはがき作家の一人ともいうべき存在である。紀元前3世紀から伝わるアポロニオスの『アルゴナウタイ』はイアソン伝説に関する最重要史料である。ディオン・クリュソストモスの『ボリュステネス弁論集』は、紀元1世紀頃の主要な黒海植民都市を魅惑的かつ頽廃的に綴っている。2世紀に書かれた重要な史料であるアッリアノスの航海誌は、黒海南岸・東岸におけるローマ軍について多くのことを明らかにしている。帝政後期ローマの歴史家アンミアヌス・マルケリヌスは、ある程度詳細に黒海を記述しているが、彼が語るきわめてエキセントリックな「真実」は、いずれも著述家としてはいささか難のあるヘロドトスや大プリニウスの記述に依拠している。その他、多くの古代の著作家の作品の中に、黒海についてのまばらな記述や、沿岸の諸民族に関する興味深いこぼれ話を見つけることができるが、その多くはより古い記述の焼き直しであるといわざるをえない。

ビザンツ時代では、2名の主要な歴史家が際立っている。ユスティニアヌス帝治世の歴史家であるプロコピオスは、黒海対岸のフロンティアにおける複雑な情勢を記述している。コンスタンティノス帝ポルフュロゲネトスは、帝国運営の指南書（『帝国統治論』）を著し、その中で黒海北岸の異民族との関係に焦点を当てている。ビザンツ時代後期になると、多くの旅行家が黒海、とくにジェノヴァとヴェネツィアの商業植民市についての記述を残した。その一つが、Manuel Komroff (ed.) *Contemporaries of Marco Polo*（New York, 1928）であ

Keith Hitchins, *The Romanians: 1774-1866*（Oxford, 1996）と *Rumania: 1866-1947*（Oxford, 1994）が基本書である。

スタンフォード大学フーヴァー研究所出版局から出版されたナショナリティ研究叢書（Studies of Nationalities book series）は環黒海地域の諸民族に関する良質な情報を伝える。グルジアとアルメニアについては Ronald Grigor Suny, *The Making of the Georgian Nation*（1988）と *Looking Toward Ararat*（1993）、Alan Fisher, *The Crimean Tatars*（1978）、そして筆者の記した *The Moldovans*（2000）の名前を挙げよう。Macmillan-Palgrave と Curzon Press は、アブハズ、チェルケス、ラズ等に関する基本的な情報を伝える。

これらの総説的な著作に加えて、本書執筆に当たり、文書資料や古代から現在までの旅行者の記述、専門論文も参照した。史料については、以下で取り上げる。

文書館および個人蔵史料

環黒海地域の歴史を文書資料に基づいて執筆することは幾世代もかかる仕事である。当然ながら、さまざまな国で多言語の史料と向き合うことになる。ここではそのいくつかについて取り上げるに過ぎない。

スタンフォード大学フーヴァー研究所文書館には、第一次世界大戦中から南ロシアで人道支援にあたったアメリカ救援局（the American Relief Administration）の非常に価値の高い史料が保存されている。本書執筆に当たり、戦争時におけるバルカンへのロシア人の脱出に関して S. N. Paleologue の記録や Mikhail N. Girs（コンスタンティノープル［イスタンブル］駐在ロシア公使）および Frank A. Golder（アメリカ救援局員）の私信も使用した。1919 年にアルメニアで活動したアメリカ軍事派遣団は、戦後の東アルメニアにおける人道的に危機的な状況について詳細に記している。

米国議会図書館ではロジャー・ファンタン・クリミア戦争写真コレクション（the Roger Fenton Crimean War Photograph Collection、オンラインで公開）が戦争の様相を逐一伝えて価値が高い。同図書館の地理と地図読書室はさまざまな黒海の歴史地図を所蔵しているが、とりわけ 1841 年の Egor Manganari（エゴール・マンガナリ）の地図帳は貴重である。

米国ピウスツキ研究所（ニューヨーク）のアーカイブでは、Edmund Charaszkiewicz、Jerzy Ponikiewski、Apolinary Kiełczyński の記録を利用した。これらの私的文書やプロメテウス誌（*Prométhée*、パリにて 1920 年代から 30 年代にかけて発行）は、プロメテウス運動に関する基礎的史料である。

ロンドンのパブリック・レコード・オフィス（PRO）には 19 世紀黒海商業に関するイギリス駐在官による年次レポートが残されている。すべて外務省（Foreign Office）のファイルに含まれており、有益な情報を含んでいる。海軍および陸軍省ファイルは数量的には劣るが、とりわけ第二次世界大戦に関するそして大西洋については優美なBarry Cunliffe, *Facing the Ocean*（Oxford, 2001）である。

黒海については、Gheorghe Ioan Brătianu, *La Mer Noire: Des origines à la conquête ottomane*（Munich, 1969）とNeil Ascherson, *Black Sea*（London, 1995）から本書の着想を得た。前者は主要なルーマニア人歴史家による重厚な書物であり、歴史の解釈における貴重な貢献である。続編も構想されていたが、共産党政権下で著者が獄死したため実現しなかった。後者は旅行記であり、歴史エッセーでもある。文明と野蛮の意味について洞察をめぐらす美しい書物である。他書からの多くの引用で成り立つ古書では、Henry A. S. Dearborn, *A Memoir of the Commerce and Navigation of the Black Sea, and the Trade and Maritime Geography of Turkey and Egypt*（Boston, 1819）を挙げる。Anthony Bryer and David Winfield, *The Byzantine Monuments and Topography of the Pontos*, 2 vols.（Washington, 1985）は黒海南東岸に関する地理学、考古学、建築と歴史を横断する優れた分析を提示する。本書を上回る著作が世に出ることは今後ないであろう。なぜなら、内容の素晴らしさ以上に、著者が分類した史跡の中には都市設計者や高速道技術者によってすでに破壊されたものが少なくないからである。

黒海沿岸の風土と人びとについて、それぞれの地域に個々に取り上げるのが不可能なほどの歴史叙述の伝統が存在する。長めの小論文とも言うべきMark Mazower, *The Balkans: A Short History*（New York, 2000）は200頁におさめられた最良の書である。1000頁の分量となれば、おそらくL. S. Stavrianos, *The Balkans Since 1453*（New York, 2000）を筆頭に挙げるべきであろう。ウクライナ史については、ナショナリズムに偏った書籍が少なくないが、Orest Subtelny, *Ukraine: A History*, 2nd edn.（Toronto, 1994）とAndrew Wilson, *The Ukrainians*（New Haven, 2000）はバランスのとれた良書である。ロシアとステップ、黒海については、数え切れないほどの研究が存在する。しかし、以下の二冊が研究の出発点としてふさわしい。Michael Khodarkovsky, *Russia's Steppe Frontier*（Bloomington, 2002）とWillard Sunderland, *Taming the Wild Field*（Ithaca, 2004）である。ちなみに前者のタイトルはMcNeillの前掲書に敬意を表している。

コーカサスは、ロシアやバルカンに比べて、残念ながら研究に乏しい。しかし、地域と歴史に関して、Yo'av Karny, *Highlanders*（New York, 2000）はジャーナリストの見地から明敏な考察を加えている。学術的な著作では、W. E. D. Allen and Paul Muratoff, *Caucasian Battlefields*（Cambridge, 1953）は、やや古いが良い入門書である。オスマン帝国と現代のトルコについては、Halil İnalcık, Suraiya Faroqhi, Bernard Lewis, Stanford Shaw の作品が研究の指標となる。Erik J. Zürcher, *Turkey: A Modern History*, rev. edn.（New York, 1998）はバランスがとれて参照しやすい。ブルガリアとルーマニアについては、Richard Crampton, *A Concise History of Bulgaria*（Cambridge, 1997）および

文献目録と読書案内

原則として原著の表記を転記した。ただし、本文中で言及したか、邦訳が存在する人名および書名等については日本語表記を用いた場合もある。なお、訳書については原注等に補足した情報を参照されたい。また、著名な文学作品については原著にならい、特に詳細な文献情報は付さない。

環黒海地域の歴史・社会・政治に関する仕事は、かならずいくつもの境界を越えなければならない。歴史学と社会科学の学問的境界、中央・東ヨーロッパとロシア帝国／ソヴィエト連邦、オスマン帝国／トルコの地理的境界などである。本項の目的は、こうした分野において私が使用した資料を読者に紹介し、また、環黒海地域をより深く知る上で有益な道しるべを提供することにある。詳しい参照文献や英語以外の言語による資料については各章の注を参照されたい。

総　説

海域、フロンティア、地域史をあつかうあらゆる書物は、オーウェン・ラティモアとフェルナン・ブローデルという、二人の知の巨人の影響を受けている。Owen Lattimore, *Inner Asian Frontiers of China* (New York, 1951) と Fernand Braudel, *The Mediterranean and the Mediterranean World in the Age of Philip II* (London, 1972) はあらゆる研究の礎である。ラティモアの著作に続く、あるいはその応答でもある重要な著作が、近代誕生前後の南東ヨーロッパをあつかった William McNeill, *Europe's Steppe Frontier, 1500-1800* (Chicago, 1964) である。地域史については、いまだに Oscar Halecki, *The Limits and Divisions of European History* (London, 1950) 以上に深い洞察を示した書物は存在しない。ヨーロッパにおける地域呼称の変化については、Larry Wolff, *Inventing Eastern Europe* (Stanford, 1996) および Maria Todorova, *Imagining the Balkans* (Oxford, 1997) が優れたガイドとなる。

海域の歴史は学術分野としていまだ確立していない（遠洋史とか海底生物史などと呼ばれることになるだろうか？）。しかし、その研究はさかんになりつつある。Martin Lewis and Kären E. Wigen, *The Myth of Continents* (Berkeley, 1997) は海域の歴史により注意を払っている。海域を中心にとらえた研究として参考になったのは以下の著作である。地中海について、Peregrine Horden and Nicholas Purcell, *The Corrupting Sea* (Oxford, 2000)、インド洋について、もはや古典とも呼べる K. N. Chaudhuri, *Trade and Civilisation in the Indian Ocean* (Cambridge, 1985) および素晴らしく明快な Richard Hall, *Empires of the Monsoon* (London, 1996)、太平洋については包括的な O. H. K. Spate, *The Pacific Since Magellan*, 3 vols. (Minneapolis, 1979, 1983, 1988) および魅力的だが時に風変わりな Walter A. McDougall, *Let the Sea Make a Noise* (New York, 1993)、

〈や行〉

〈ら行〉

〈わ行〉

〈ま行〉

〈な行〉

〈は行〉

#【索　引】

［訳者紹介］ ＊は監訳者 ［ ］は担当章

＊ 前田弘毅
別掲
［1］［5］

居阪 僚子（いさか りょうこ）
東京大学大学院総合文化研究科博士後期課程単位取得退学。コーカサス史専攻。主な業績として、「西洋古代史料における騎馬遊牧民の部族集団－草原地帯西部を中心に」『年報地域文化研究』第12号、2008年など。
［2］［5］

浜田 華練（はまだ かれん）
東京大学大学院総合文化研究科准教授。東方キリスト教思想、アルメニア教会史専攻。博士（学術、東京大学）。主な業績として、『一なるキリスト・一なる教会 ビザンツと十字軍の狭間のアルメニア教会神学』知泉書館、2022年、三代川寛子編『東方キリスト教諸教会』明石書店、2017年（共著）など。
［3］［5］

仲田 公輔（なかだ こうすけ）
岡山大学社会文化科学学域講師。ビザンツ史専攻。主な業績として、「ビザンツ皇帝レオン6世の対アルメニア人有力者政策」『史学雑誌』125編7号、2016年など。
［2］

岩永 尚子（いわなが なおこ）
国際関係学（中東）専攻。主な業績として、『世の中への扉 イスラム世界 やさしいQ&A』講談社、2017年。
［4］

保苅 俊行（ほかり としゆき）
一般社団法人日本生活問題研究所副所長。元外交官。主な業績として、チャールズ・トリップ著、大野元裕監修『イラクの歴史』明石書店、2004年(共訳者)など。
［6］

三上 陽一（みかみ よういち）
在デンバー日本国総領事館総領事。主な業績として，田所昌幸・阿川尚之編『海洋国家としてのアメリカ パクス・アメリカーナへの道』千倉書房、2013年など（共著者）。
［7］

[著者紹介]

チャールズ・キング

ジョージタウン大学准教授（外交大学院・政治学部、イオン・ラツィウ記念ルーマニア学講座担当、出版当時）。政治学博士（オックスフォード大学）。その後、エドモンド・A・ウォルシュ外交大学院主任を経て現在は国際関係論・政治学教授。主な業績として *The Ghost of Freedom: A History of the Caucasus*, Oxford University Press, 2008. *Odessa: Genius and Death in a City of Dreams,* W. W. Norton, 2011, *Midnight at the Pera Palace: The Birth of Modern Istanbul,* W.W. Norton, 2014 など。

[監訳者紹介]

前田 弘毅（まえだ　ひろたけ）

東京都立大学人文社会学部教授。西アジア（イラン・グルジア）史専攻、ユーラシア研究。博士（文学、東京大学）。主な業績として、『コーカサスを知るための60章』明石書店、2006年（共編著）、『多様性と可能性のコーカサス』北海道大学出版会、2009年（編著）、"Exploitation of the Frontier," in Willem Floor and Edmund Herzig (eds.), *Iran and the World in the Safavid Age*, London: I. B. Tauris, 2012. "Transcending Boundaries: When the Mamluk Legacy Meets a Family of Armeno-Georgian Interpreters", in Michael A. Reynolds ed., *Constellations of the Caucasus*, Princeton: Markus Wiener Publishing Inc, 2015 など。

世界歴史叢書

黒海の歴史

――ユーラシア地政学の要諦における文明世界

2017年4月20日　初版第1刷発行

2022年7月21日　初版第3刷発行

著　者　チャールズ・キング

監訳者　前田弘毅

発行者　大江道雅

発行所　株式会社 明石書店

〒101-0021　東京都千代田区外神田6-9-5

電　話 03（5818）1171

FAX 03（5818）1174

振　替　00100-7-24505

http://www.akashi.co.jp

編集／組版　本郷書房

装　丁　明石書店デザイン室

印刷／製本　モリモト印刷株式会社

（定価はカバーに表示してあります）　ISBN978-4-7503-4474-4